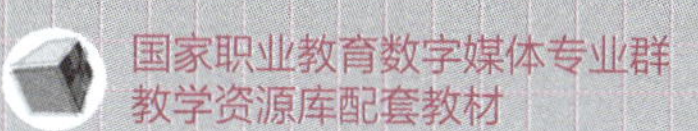

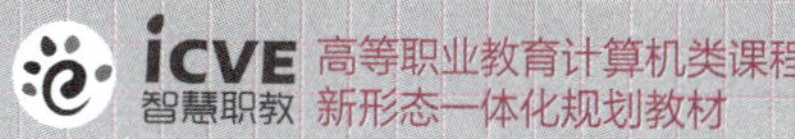

Photoshop CS6 中文版 项目化标准教程

▶主编　于亮　雷波

高等教育出版社·北京

内容提要

本书是国家职业教育数字媒体专业群教学资源库配套教材。

本书主要讲解 Photoshop 的基础知识，内容包括基本的界面操作、图形图像基础理论、选区的创建与调整、图像的修饰与润色、文字的输入与编辑以及滤镜的使用技巧，尤其对于 Photoshop 的重点知识（如图层、通道等）进行了较为深入的讲解。

为了学习者能够快速且有效地掌握核心知识和技能，也方便教师采用更有效的传统方式教学，或者更新颖的线上线下的翻转课堂教学模式，该书配有 114 个微课，学习者可以通过扫描书中的二维码进行观看。与该书配套的数字课程已在“智慧职教”（www.icve.com.cn）网站上线，读者可登录网站学习，详见“智慧职教服务指南”。此外，该书还提供了其他丰富的数字化课程教学资源，包括电子课件（PPT）、案例素材等，教师可发邮件至编辑邮箱 1548103297@qq.com 索取。

本书适合于高职高专院校和本科院校继续教育学院的电子信息类专业作为教材使用，也可作为从事图形图像处理与设计的技术人员的参考或自学用书。

图书在版编目（CIP）数据

Photoshop CS6 中文版项目化标准教程 / 于亮，雷波主编. --北京：高等教育出版社，2019.11

ISBN 978-7-04-051734-7

Ⅰ. ①P… Ⅱ. ①于… ②雷… Ⅲ. ①图象处理软件-高等职业教育-教材 Ⅳ. ①TP391.413

中国版本图书馆 CIP 数据核字（2019）第 074033 号

Photoshop CS6 Zhongwenban Xiangmuhua Biaozhun Jiaocheng

策划编辑 刘子峰　责任编辑 吴鸣飞　封面设计 赵 阳　版式设计 于 婕
插图绘制 于 博　责任校对 商红彦 刘娟娟　责任印制 赵义民

出版发行	高等教育出版社	网　址	http://www.hep.edu.cn
社　址	北京市西城区德外大街 4 号		http://www.hep.com.cn
邮政编码	100120	网上订购	http://www.hepmall.com.cn
印　刷	固安县铭成印刷有限公司		http://www.hepmall.com
开　本	787 mm × 1092 mm 1/16		http://www.hepmall.cn
印　张	18		
字　数	480 千字	版　次	2019 年 11 月第 1 版
购书热线	010-58581118	印　次	2019 年 11 月第 1 次印刷
咨询电话	400-810-0598	定　价	49.50 元

物 料 号 51734-00

智慧职教服务指南

基于“智慧职教”开发和应用的新形态一体化教材，素材丰富、资源立体，教师在备课中不断创造，学生在学习中享受过程，新旧媒体的融合生动演绎了教学内容，线上线下的平台支撑创新了教学方法，可完美打造优化教学流程、提高教学效果的“智慧课堂”。

“智慧职教”是由高等教育出版社建设和运营的职业教育数字教学资源共建共享平台和在线教学服务平台，包括职业教育数字化学习中心（www.icve.com.cn）、职教云（zjy2.icve.com.cn）和云课堂（APP）三个组件。其中：

- 职业教育数字化学习中心为学习者提供了包括“职业教育专业教学资源库”项目建设成果在内的大规模在线开放课程的展示学习。
- 职教云实现学习中心资源的共享，可构建适合学校和班级的小规模专属在线课程（SPOC）教学平台。
- 云课堂是对职教云的教学应用，可开展混合式教学，是以课堂互动性、参与感为重点贯穿课前、课中、课后的移动学习 APP 工具。

“智慧课堂”具体实现路径如下：

1. 基本教学资源的便捷获取

职业教育数字化学习中心为教师提供了丰富的数字化课程教学资源，包括与本书配套的电子课件（PPT）、微课、教学设计、课程标准、习题答案等。未在 www.icve.com.cn 网站注册的用户，请先注册。用户登录后，在首页或“课程”频道搜索本书对应课程“Photoshop CS6 项目化教程”，即可进入课程进行在线学习或资源下载。

2. 个性化 SPOC 的重构

教师若想开通职教云 SPOC 空间，可将院校名称、姓名、院系、手机号码、课程信息、书号等发至 1548103297@qq.com，审核通过后，即可开通专属云空间。教师可根据本校的教学需求，通过示范课程调用及个性化改造，快捷构建自己的 SPOC，也可灵活调用资源库资源和自有资源新建课程。

3. 云课堂 APP 的移动应用

云课堂 APP 无缝对接职教云，是“互联网+”时代的课堂互动教学工具，支持无线投屏、手势签到、随堂测验、课堂提问、讨论答疑、头脑风暴、电子白板、课业分享等，帮助激活课堂，教学相长。

国家职业教育数字媒体专业群教学资源库简介

国家职业教育数字媒体专业群教学资源库建设项目于2014年6月获教育部批准立项，主持单位为深圳信息职业技术学院，另有广州工程技术职业学院等31家联合单位参与建设。

该项目紧密对接我国文化创意产业，以先进的职业教育理念为指导，以提高数字媒体专业群人才培养质量为根本，以提升专业服务产业能力为目的，整合国内外院校、企业等合作单位的力量，通过系统化设计，建成了内容丰富、技术先进、功能强大，具有“泛在化、国际化、智能化、开放化、精品化”特色的数据仓库型专业教学资源库。

资源库整体建设的创新点与特色主要有四点。一是受众特色，即开设残疾人频道，提供优质“三语”资源服务助力残疾人；二是应用特色，即建设了“UU”威客平台，实现创新创意的交易自助、创业自主；三是教学特色，即以微课为中心展开教学活动，处理教学难点；四是资源特色，即深度的国际化合作，探索人才培养模式与资源转化。

项目构建了一个共享共用、互融互通、易扩易用的资源库平台，开发了一套“可持续发展平台+专业方向”的专业群课程体系，建设了包含10个专业（方向）、79门课程、477门微课、“17+1”个应用资源子库的共享型专业教学资源库，完成各类资源141313余条。开设服务于学习者、教学者、企业、政府行业、院校、残疾人六类用户的专用频道，构建了一个融就业、创业、项目发标、作品交易于一体的“UU”威客平台。

项目构建了开放型、共享型的学习社区，满足了六类用户不同层次的学习需求，实现了资源的有效共享。至2018年12月，各类注册用户总数为13081人，建立了资源库持续“保鲜”机制，确保资源的动态更新。数字媒体专业群教学资源库已成为用户自主学习的平台、企业宣传的窗口、社会培训的园地、技术交流的社区和人才供需的桥梁，为提高全国高职院校数字媒体专业群人才培养水平提供了良好的资源保障。

前　言

Photoshop 是图形图像领域领先的处理软件，在平面设计、网页设计、三维设计、数码照片处理等诸多领域广泛应用。Photoshop 同时也是一个实践操作性很强的软件，学习者必须在练中学、学中练，才能够掌握具体的软件操作知识。

目前，许多学校都开设了“图形图像处理基础”等课程，有些是因为所开设的专业涉及图形图像处理的软件，有些为学生的选修课程。但无论课程开设的原因是什么以及内容上如何取舍，重点都是讲解 Photoshop 的基础知识。本书就是一本以讲解 Photoshop 基础知识为主的标准入门教程，因而具有较为广泛的适用性。

需要特别指出的是，本书讲解的许多基础知识，如图像文件的格式、颜色模式、分辨率、位图与矢量图的区别等，不仅对于学习 Photoshop 有非常重要的意义，对于学习其他同类型的软件也具有相当重要的理论铺垫作用。

为了配合广大学生和工程技术人员尽快掌握 Photoshop 的使用方法，本书以通俗的语言、大量的插图和实例，由浅入深地详细讲解了 Photoshop 的强大功能。本书的主要特点如下：

1）本书考虑了 Photoshop 在使用时的操作性问题，针对内容进行了优化安排，根据读者的特点循序渐进地进行讲解，按顺序将知识点逐渐展开，让基础较薄弱的读者也可以轻易入门。

2）本书所举实例不仅注重技术性，更注重实用性与艺术性，使读者通过学习不仅能够举一反三，达到事半功倍的效果，还可以欣赏到优秀的设计作品。

3）本书突出教学性，在以实例讲解功能、知识要点时，配有大量案例的详细步骤，并在每章后面安排了相应的课后练习，其中包含选择题和操作题，便于学生进行复习及自测。

4）本书提供了微课、拓展知识和拓展实训等补充学习资料，对于书中部分疑难知识和扩展内容，可以通过扫描对应的二维码观看并学习。

5）为了方便广大教师在教学中使用本书，我们特别邀请了参与平面设计师认证考试题库建设的相关人员为本书编写了 200 道考试题目。

本书共分为 13 章，以循序渐进的方式与通俗易懂的语言讲解了 Photoshop 的绝大部分基础知识，内容包括图形图像基础理论、选区的创建与调整、图像的修饰与润色、文字的输入与编辑以及滤镜的使用技巧。考虑到软件使用时的“二八”原则，本书特意对 Photoshop 的重点知识（如图层、通道等）进行了较为深入的讲解。

本书由于亮、雷波主编，黄心渊老师对本书进行了审阅，在此表示感谢。本书附送的所有配套资源文件只可用于自学，不可用于其他任何商业用途，不得在网络中传播。教师可发邮件至编辑邮箱 1548103297@qq.com 索取教学基本资源。

限于编者水平有限，本书在操作步骤、效果及表述方面定然存在不少不尽如人意之处，希望各位读者批评指正。

编　者

2019 年 7 月

前言

目　录

第 1 章

Photoshop 基础知识

- 掌握新建、打开、保存与关闭图像文件的方法。
- 掌握调整图像大小的方法。
- 掌握裁剪与精确设置画布大小的方法。
- 熟悉图像分辨率的概念及用途。
- 熟悉位图图像与矢量图形的概念及特点。
- 了解颜色模式及相关概念。
- 掌握设置与使用颜色的方法。
- 掌握回退操作及“历史记录”面板的用法。

本章导读

PPT
Photoshop 基础知识

本章主要讲解 Photoshop 的基础知识，其中包括与图像文件相关的新建、打开、保存、设置图像及画布大小、设置颜色、回退操作等。此外，本章讲解 Photoshop 中的部分关键性概念，如图像分辨率、位图图像以及矢量图形等。

知识详解

微课 1-1
熟悉 Photoshop 的操作环境

1.1 图像文件的基本操作

1.1.1 新建图像文件

微课 1-2
新建、打开与保存图像文件

创建图像最常用的方法是新建文件，然后在新文件中制图。

选择“文件”→“新建”命令，将弹出如图 1.1 所示的对话框，在此对话框中可以设置新文件的名称、宽度、高度、分辨率、颜色模式和背景内容等属性。

如果需要创建的文件尺寸属于常见的尺寸，可以在对话框的“预设”下拉列表中选择相应的选项，并在“大小”下拉列表中选择相对应的尺寸，从而简化新建文件操作。

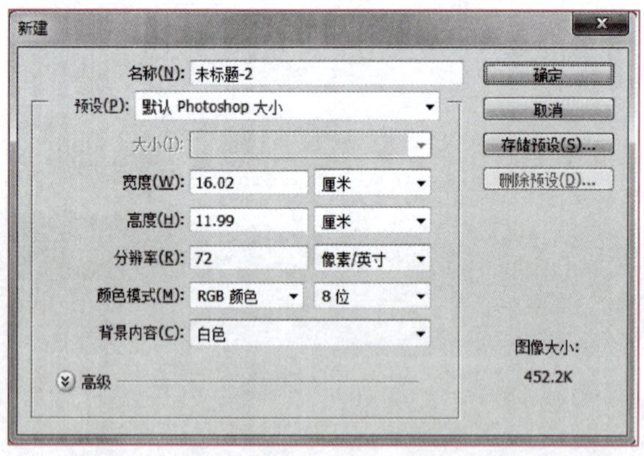

图 1.1 “新建”对话框

提示：如果在新建文件之前曾执行“副本”操作，则对话框的宽度及高度数值自动匹配副本图像的高度与宽度尺寸。

1.1.2 打开图像文件

要在 Photoshop 中打开图像文件，可以按照以下方法操作。

- 选择“文件”→“打开”命令。
- 按快捷键 Ctrl+O。

- 在“开始”工作区中单击“打开”按钮。

以上三种方法，都可以在弹出的对话框中选择要打开的图像文件，然后单击“打开”按钮即可。

另外，直接将要打开的图像拖至 Photoshop 工作界面中也可以打开。但需要注意的是，从 Photoshop CS5 开始，必须将图像置于当前图像窗口以外，如菜单区域、面板区域或软件的空白位置等，如果置于当前图像窗口内，会将其创建为智能对象。

笔 记

1.1.3 保存图像文件

1. 直接保存

若想保存当前操作的文件，选择“文件”→“存储”命令，弹出“另存为”对话框，设置文件名、文件类型及文件位置，单击“保存”按钮即可。

需要注意的是，只有当前操作的文件具有通道、图层、路径、专色、注解，在“格式”下拉列表中选择支持保存这些信息的文件格式时，对话框中的“Alpha 通道”“图层”“注解”“专色”选项才会被激活，可以根据需要选择要保存信息的文件格式。

2. 存储为

若要将当前操作文件以不同的格式、不同的名称或不同的存储路径再保存一份，可以选择“文件”→“存储为”命令，在弹出的“另存为”对话框中根据需要更改选项并保存。

例如，要将 Photoshop 中制作的产品宣传册通过电子邮件给客户看小样，因其结构复杂、有多个图层和通道，文件所占空间很大，通过 E-mail 很可能传送不过去，此时，就可以将 PSD 格式的原稿另存为 JPEG 格式的副本，让客户能及时、准确地看到宣传册效果。

1.1.4 关闭图像文件

直接单击图像窗口右上角的关闭图标，或选择“文件”→“关闭”命令，或直接按快捷键 Ctrl+W 即可关闭文件。

对于操作完成后没有保存的图像，执行关闭文件操作后，会弹出提示框询问用户是否需要保存，可以根据需要选择其中一个选项。

除了关闭文件外，还有“文件”→“退出”这样一个命令，此命令不仅会关闭图像文件，同时将退出 Photoshop，也可以直接使用快捷键 Ctrl+Q 退出。

1.2 图像与画布的设置

1.2.1 调整图像大小与分辨率

1. 了解图像分辨率

对于任何一种与图像有关的设计软件而言，图像分辨率都是一个非常重要的

笔 记

概念。它与图像的输出尺寸、质量存在着密切的关系。下面对其进行详细讲解。

图像分辨率是图像中每英寸像素点的数目，通常用像素/英寸（ppi）来表示。

图像分辨率常以宽×高的形式来表示。例如，一幅长宽比为 3∶2 的图像的分辨率是 300 ppi，则此图像在宽度方向上有 600 像素，而在高度方向上有 900 像素，图像的像素总量是 600×900。

很明显，高分辨率的图像比相同打印尺寸的低分辨率图像包含的像素多，因而图像更清楚更细腻。图 1.2 为相同大小的情况下，不同分辨率的图像的显示效果，可以看出分辨率为 10 ppi 的图像看上去更模糊不清晰。

(a) 分辨率为72ppi

(b) 分辨率为30ppi

(c) 分辨率为10ppi

图 1.2 不同分辨率的图像

要确定图像的分辨率，可以考虑图像的最终用途，根据用途不同对图像设置不同的分辨率。

- 如果所制作的图像用于网络，分辨率只需要满足典型的显示器分辨率（72 或 96 ppi）即可。
- 如果图像用于打印、输出，则分辨率需要满足打印机或其他输出设置的要求。
- 对于印刷用图，图像分辨率不应该低于 300 ppi。

2. 设置图像大小

如果需要改变图像尺寸，可以使用“图像”→“图像大小”命令。使用此命令时，首先要考虑的因素是是否需使图像的像素发生变化，这一点将从根本上影响图像被修改后的状态。

如果图像的像素总量不变，提高分辨率将降低其打印尺寸，而提高其打印尺寸将降低其分辨率。但图像像素总量发生变化时，可以在提高其打印尺寸的同时保持图像的分辨率不变，反之亦然。

在此，分别以在像素总量不变的情况下改变图像尺寸和在像素总量变化的情况下改变图像尺寸为例，讲解如何使用此命令。

在像素总量不变的情况下，改变图像尺寸的操作方法如下。

（1）选择“图像”→“图像大小”命令，弹出如图 1.3 所示的对话框。

（2）在对话框中取消选中“重定图像像素”复选框。在对话框左侧提供了图像的预览功能，用户在改变尺寸或进行缩放后，可以在此看到调整后的效果。

图 1.3 “图像大小”对话框

（3）在对话框的“宽度”“高度”文本框右侧选择合适的单位。

（4）分别在对话框的“宽度”“高度”两个文本框中输入小于原值的数值，即可降低图像的尺寸，此时输入的数值无论大小，对话框中“像素大小”中的数值都不会有变化。

（5）如果在改变其尺寸时，需要保持图像的长宽比，则选中“约束比例”复选框，否则取消其选中状态。

在像素总量变化的情况下改变图像尺寸，可以在“图像大小”对话框中选中“重定图像像素”复选框，然后在“宽度”“高度”文本框右侧选择合适的单位，在两个文本框中输入不同的数值即可。

如果在像素总量发生变化的情况下将图像的尺寸变小，然后再以同样方法将图像的尺寸放大，则不会得到原图像的细节，因为 Photoshop 无法恢复已损失的图像细节，这是最容易被初学者忽视的问题之一。

1.2.2 改变画布尺寸

要在 Photoshop 中改变图像画布的尺寸，可以使用以下两种工具。

1. 裁剪工具

在 Photoshop CS6 中，“裁剪工具”有了很大的变化，用户除了可以根据需要裁掉不需要的像素外，还可以使用多种网络线进行辅助裁剪、在裁剪过程中进行拉直处理以及决定是否删除被裁剪掉的像素等。其工具选项栏如图 1.4 所示。下面来讲解其中各选项的使用方法。

图 1.4 裁剪工具栏

“裁剪工具”选项栏中各参数的含义如下。

● 裁剪比例：在此下拉列表中，可以选择“裁剪工具”在裁剪时的比例。另外，若是选择“存储预设”命令，在弹出的对话框中可以将当前所设置的裁剪比例、像素数值及其他选项保存成为一个预设，以便于以后使用；若是选择“删

拓展知识 1-1
设置图像颜色模式

微课 1-3
裁剪工具

除预设”命令，在弹出的对话框中可以将用户存储的预设删除；若是选择“大小和分辨率”选项，在其中可以详细设置要裁剪的图像宽度、高度以及分辨率等参数；若选择“旋转裁剪框”命令，则可以将当前的裁剪框逆时针旋转 90°，或恢复为原始的状态。

- 设置自定长宽比：在此处的数值输入框中，可以输入裁剪后的宽度及高度像素数值，以精确控制图像的裁剪。
- “纵向与横向旋转裁剪框”按钮：单击此按钮，与在“裁剪比例”下拉列表中选择“旋转裁剪框”命令的功能是相同的，即将当前的裁剪框逆时针旋转 90°，或恢复为原始的状态。
- “拉直”按钮：单击此按钮后，可以在裁剪框内进行拉直校正处理，特别适合裁剪并校正倾斜的画面。在使用时，可以将鼠标置于裁剪框内，然后按住鼠标左键沿着要校正的图像拉出一条直线，如图 1.5 所示，释放鼠标后，即可自动进行图像旋转，以校正画面中的倾斜。图 1.6 是按 Enter 键确认变换后的效果。

图 1.5 绘制拉直直线

图 1.6 确认变换后的效果

- 删除裁剪的像素：选中此复选框时，在确认裁剪后，会将裁剪框以外的像素删除；反之，若未选中此复选框，则可以保留所有被裁剪掉的像素。当再次选择“裁剪工具”时，只需要单击裁剪控制框上的任意一个控制句柄，或执行任意的编辑裁剪框操作，即可显示被裁剪掉的像素，以便于重新编辑。

微课 1-4
透视裁剪工具

2. 透视裁剪工具

在 Photoshop CS6 中，过往版本中“裁剪工具”上的“透视”选项被独立出来，形成一个新的“透视裁剪工具”，并提供更为便捷的操控方式及相关选项设置，其工具选项栏如图 1.7 所示。

图 1.7 “透视裁剪工具”选项栏

下面通过一个简单的实例讲解此工具的使用方法。

（1）打开文件“项目 1\1.2.2-2-素材.jpg”，如图 1.8 所示。在本例中，将针对其中变形的图像进行校正处理。

（2）选择“透视裁剪工具”，将鼠标置于建筑的左下角位置，如图 1.9 所示。

（3）单击鼠标左键添加一个透视控制柄，然后向上移动鼠标至下一个点，并配合两点之间的辅助线，使之与左侧的建筑透视相符，如图 1.10 所示。

图 1.8 素材图像

图 1.9 添加第一个透视控制柄

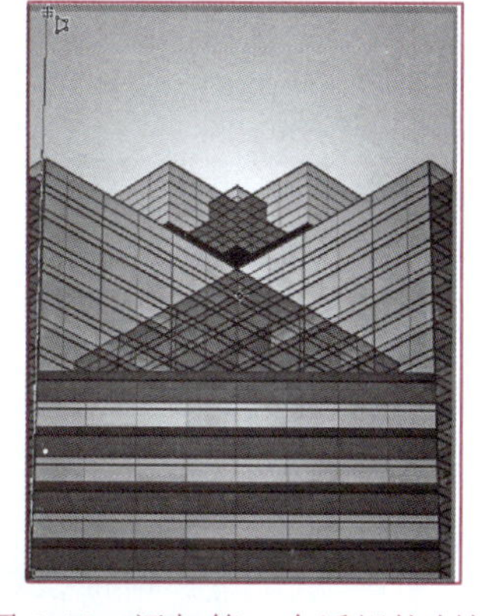

图 1.10 添加第二个透视控制柄

（4）按照步骤 3 的方法，在水平方向上添加第三个变形控制柄，如图 1.11 所示。由于此处没有辅助线可供参考，因此只能目测其倾斜的位置添加变形控制柄，在后面的操作中再对其进行更正。

（5）将鼠标置于图像右下角的位置，以完成一个透视裁剪框，如图 1.12 所示。

（6）对右侧的透视裁剪框进行编辑，使之更符合右侧的透视校正需要，如图 1.13 所示。

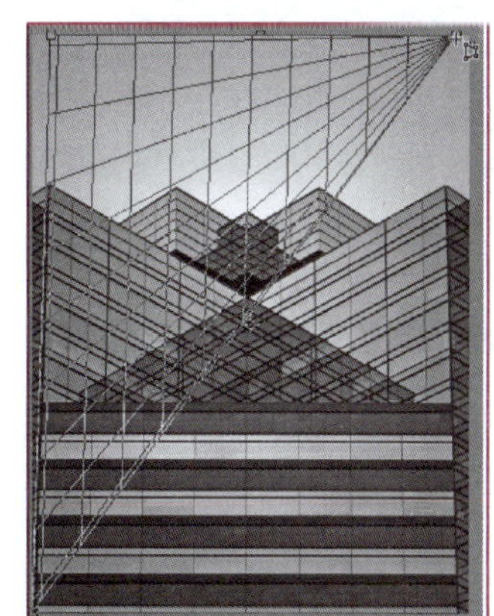

图 1.11 添加第三个透视控制柄

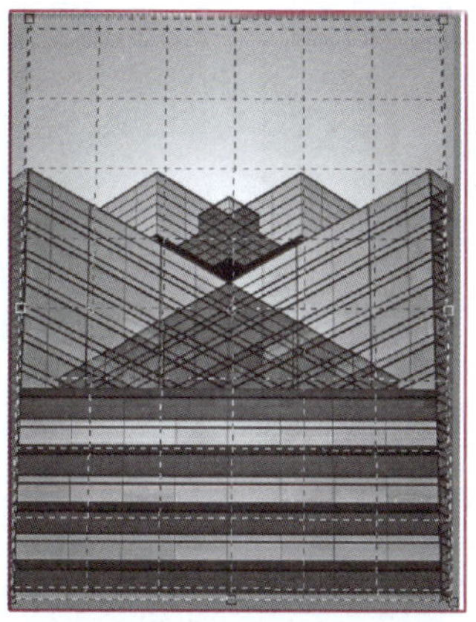

图 1.12 完成透视裁剪框

图 1.13 编辑透视裁剪框

（7）确认裁剪完毕，按 Enter 键确认变换，得到如图 1.14 所示的最终效果。

3. 精确改变画布尺寸

“裁剪工具”在改变画布尺寸时有很大的随意性，如果需要精确改变画布的尺寸，可以选择“图像”→“画布大小”命令，在弹出的如图 1.15 所示的对话框中进行设置。

“画布大小”对话框中各参数的含义如下。

- 宽度、高度：在“宽度”与“高度”数值输入框中输入数值，可改变图像画布尺寸。如果在此输入的数值大于原图像文件，则画布被扩展，图像周围出现空白区域；如果输入的数值小于原图像文件，则 Photoshop 提示用户将进行裁剪，单击“继续”按钮，即可裁剪画布得到新的画布尺寸。
- 定位：单击“定位”项右侧的控制块，可以确定画布扩展或被裁剪的方向。

例如，图 1.16 为原图，在“画布大小”对话框中将高度和宽度分别设置为 45 像素和 30 像素，单击左上方定位块，图像向右侧或下侧扩展画面如图 1.17 所示。

图 1.14 最终效果

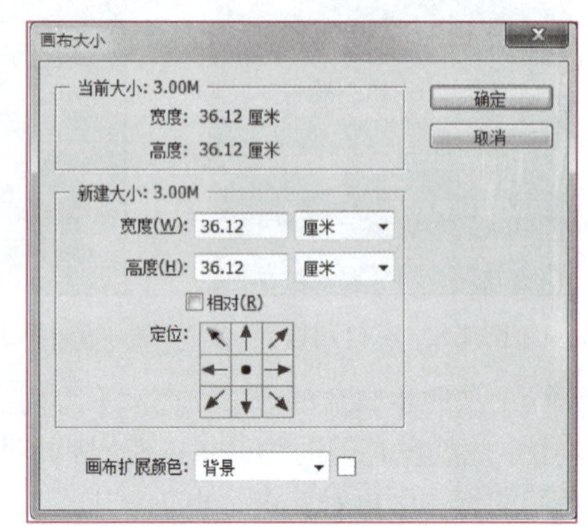

图 1.15 “画布大小”对话框

图 1.16 原图

图 1.17 向右或下侧扩展画面

提示： 如果扩展后画布的尺寸大于原画布的尺寸，扩展出的画布将填充背景色，在此笔者将背景色设置为黑色。

- 画布扩展颜色：可以在弹出的下拉列表中选择扩展画布后显示的颜色，如果需要自定义颜色，可以单击右侧的颜色块，在弹出的“拾色器（画布扩展颜色）”对话框中选择合适的颜色。

提示： 如果图像不包含“背景”图层，则“画布扩展颜色”下拉列表不可用。

1.3 位图图像与矢量图形

位图图像与矢量图形是每一个从事与图像有关的设计工作者都会遇到的两类图像文件，因此了解这两类图像文件的特点，具有非常重要的意义。

1.3.1 位图图像

位图图像与像素构成可以表达出色彩丰富、过渡自然的效果，位图的缺点是在保存图像时，计算机需要记录每个像素点的位置和颜色，所以图像像素点越多（分辨率越高），图像越清晰，而文件所占硬盘空间也越大，在处理图像时计算机运算速度也就越慢。

一幅尺寸固定的位图图像中所包含的像素数目是固定的，如果将图像放大，其相应的像素点也会放大，当像素点被放大到一定程度后，图像就会变得不清晰，边缘会出现锯齿。

图 1.18 为位图图像原始效果，图 1.19 是放大显示比例以观察局部图像时的状态，此时不难看出，图像放大后显示出非常明显的像素块。

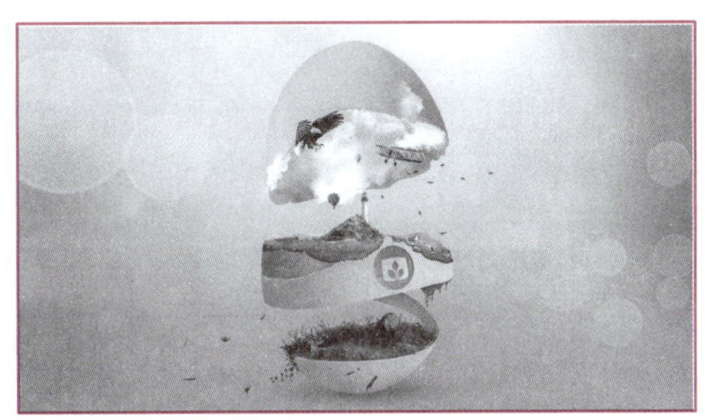

图 1.18　原图像

图 1.19　放大观察局部图像

位图图像一般由 Photoshop 和 PhotoImpact、Paint、Cool3D 等位图图像软件绘制生成，当然使用矢量软件也可以输出位图图像。除此之外，使用数码相机所拍摄的照片和使用扫描仪扫描的图像也都以位图形式保存。

1.3.2　矢量图形

矢量图形是一种以数学公式来定义线条和形状的文件。这种文件适合于保存色块、形状感明显的视觉图形，这也是之所以被称为图形而不是图像的原因。

由于矢量图软件是用数学公式来定义线条、形状和文本的，所以这些对象的线条非常光滑、流畅，放大观察矢量图形时，可以看到线条仍然保持良好的光滑度及比例相似性。图 1.20 为使用矢量软件 Illustrator 所绘制的图形及其被放大后的效果。

(a) 原始效果

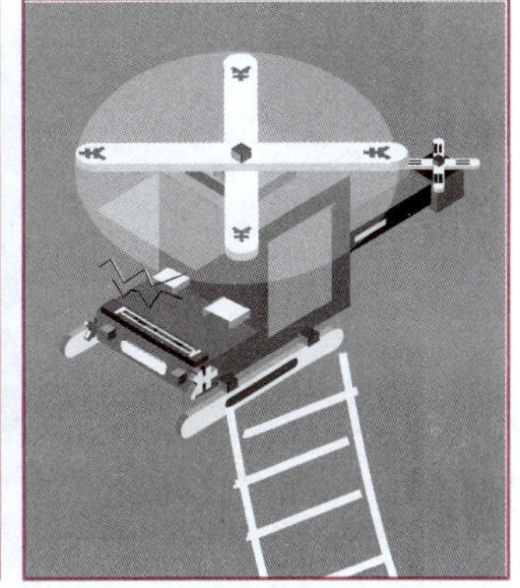

(b) 放大后效果

图 1.20　矢量图的原始效果及其放大后的效果

矢量图软件的优点是文件所占据的磁盘空间相对较小，其文件尺寸取决于图形中所包含的对象数量和复杂程度。文件大小与输出介质的尺寸几乎没有什么关系，这一点与位图图像的处理相反。

1.4 掌握基本的颜色设置方法

使用 Photoshop 的绘图工具绘图时，选择正确的作图颜色至关重要。

在 Photoshop 中选择颜色的工作是在工具箱下方的颜色选择区中进行的，此区域中可以分别选择前景色与背景色。前景色又称为绘图色，背景色也称为画布色。工具箱下方的颜色选择区由前景色色块、背景色色块、“前景色与背景色转换”按钮及“默认前景色/背景色”按钮组成，如图 1.21 所示。

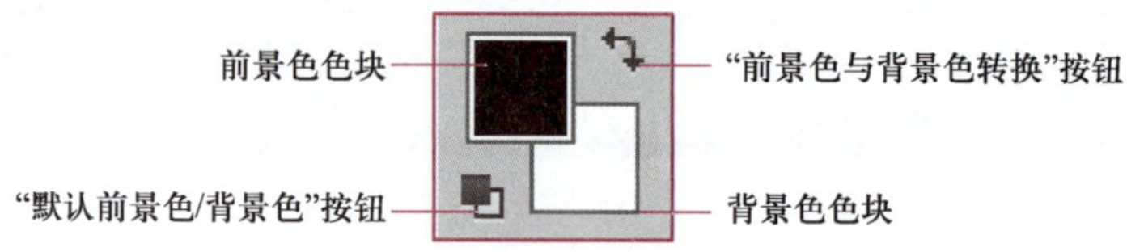

图 1.21 前景色和背景色设置

拓展知识 1-2
“颜色”面板与“色板”面板

- “前景色与背景色转换”按钮：单击该按钮，可以交换前景色和背景色的颜色。
- “默认前景色/背景色”按钮：单击该按钮可恢复为前景色为黑色、背景色为白色的默认状态。

单击前景色色块或背景色色块，可以弹出“拾色器（前景色）”（见图 1.22）或“拾色器（背景色）”对话框。

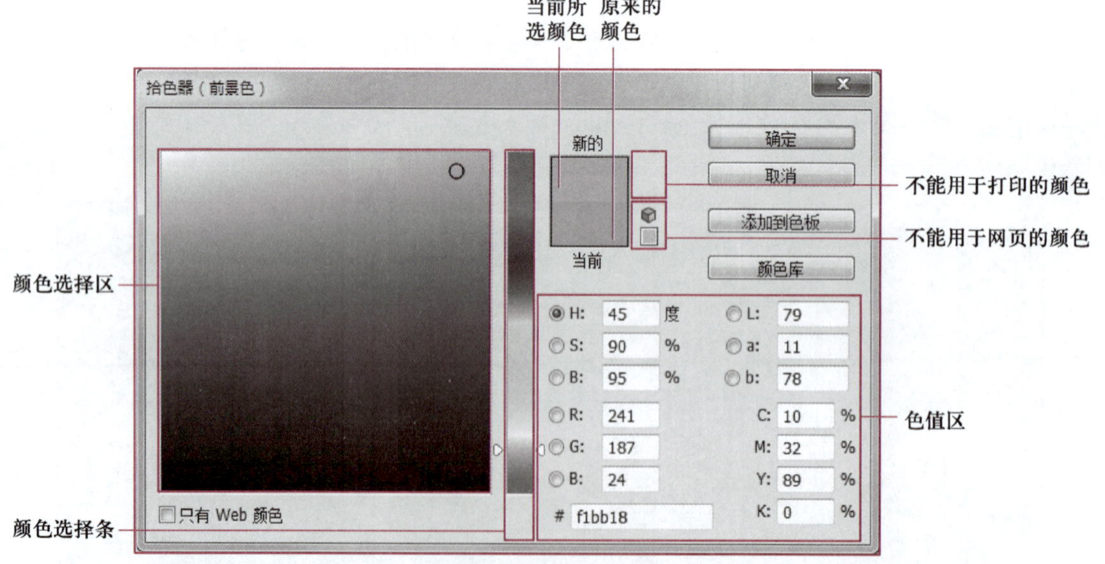

图 1.22 “拾色器（前景色）”对话框

在“拾色器”对话框中单击任何一点即可选择一种颜色，如果拖动颜色条上的三角形滑块，就可以选择不同颜色范围中的颜色。

笔 记

1.5 回退操作

1.5.1 基本的纠正命令

使用 Photoshop 绘图的一大好处就是容易纠正操作中的错误。Photoshop 提供了许多用于纠错的命令，其中包括“文件”→“恢复”命令、“编辑”→“还原”命令、“重做”命令、“前进一步”命令和“后退一步”命令等。下面分别讲解这些命令的作用。

1. 恢复命令

选择“文件”→“恢复”命令，可以返回到最近一次保存文件时图像的状态，但如果刚刚对文件进行了保存是无法执行“恢复”操作的。

需要注意的是，如果当前文件没有保存到磁盘，则“恢复”命令也是不可用的。

2. 还原与重做命令

选择“编辑”→“还原”命令可以向后回退一步，选择“编辑”→“重做”命令，可以重做被执行了还原命令的操作。

两个命令交互显示在编辑菜单中，执行“还原”命令后，此处将显示为“重做”命令，反之亦然。

提示：由于两个命令被集成在一个命令显示区域中，故掌握两个命令相互切换的快捷键 Ctrl+Z 对于快速操作非常有好处。

3. 前进一步和后退一步命令

选择“编辑”→“后退一步”命令，可以对图像所做的操作向后返回一次，多次选择此命令，可以一步一步取消已做的操作。

在已经执行了“编辑”→“后退一步”命令后，“编辑”→“前进一步”命令才会被激活，选择此命令，可以向前重做已执行过的操作。

1.5.2 “历史记录”面板

在所有能够纠正操作错误的功能中，“历史记录”面板无疑是最强大而且最有效的。使用“历史记录”面板，不仅能清楚地了解操作者对图像已执行的操作步骤，如使用的工具、命令等，还可以有选择地回退至图像的某一历史状态。

在当前没有新建或打开任何图像的情况下，“历史记录”面板显示为空白，新建或打开图像后，该面板就会记录用户所做的每一步操作，显示方式为“图标+操作名称”，从而便于用户清楚地看出当前图像曾经执行的操作。

在进行一系列操作后，如果希望回退至某一个历史状态，只需要使用鼠标左键单击该历史记录的名称即可，此时在所选历史记录后面的操作都将灰度显示，如图 1.23 所示。

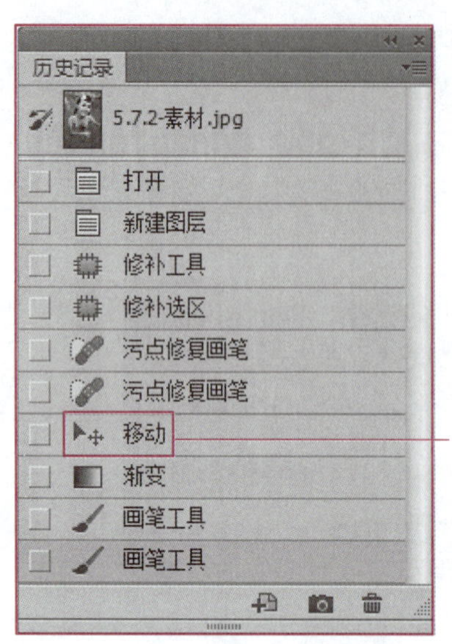

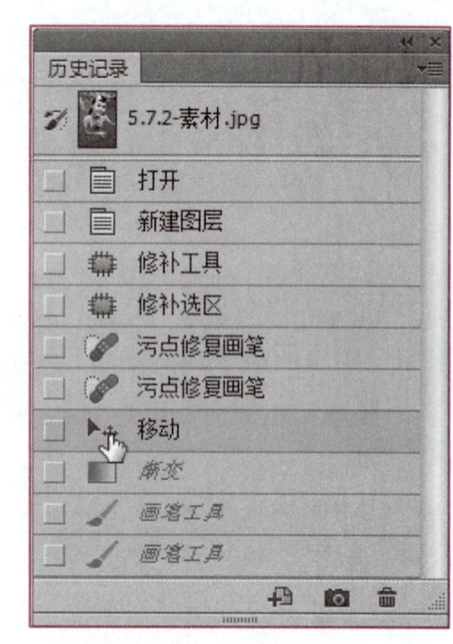

图 1.23 回退至某个历史记录状态实例

笔 记

默认状态下，“历史记录”面板只记录最近 20 步的操作，要改变记录步骤，可以选择“编辑”→“首选项”→“性能”命令或按快捷键 Ctrl+K，在弹出的“首选项”对话框中改变默认的参数值。

项目实训

标准三分构图的裁剪技巧

在摄影中，三分构图法是由黄金分割构图法简化而来的一种常用构图方法，但有时由于拍摄匆忙或失误，照片并没有符合三分构图，因而导致画面显得不够美观、重点不突出或画面不平衡等问题。Photoshop 中的“裁剪工具”可以对照片进行任意的裁剪，且该工具还可以设置“三等分”等网格叠加选项，从而在裁剪过程中，帮助摄影师确认画面元素的位置，并形成严谨的三分构图效果。

（1）打开“项目 1\项目实训-素材.jpg”。首先，可以利用“裁剪工具”的三分网格，观察当前照片的整体构图情况。

（2）选择“裁剪工具”，并在其工具选项栏中设置“三等分”叠加方式，如图 1.24 所示。

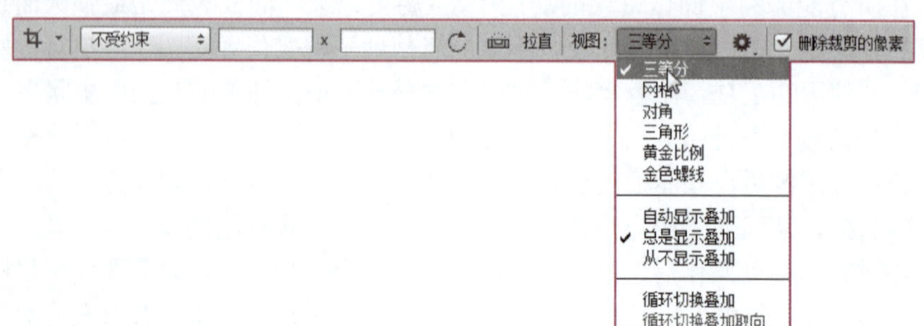

图 1.24 设置裁剪工具工具参数

（3）在选择“裁剪工具”后，默认情况下照片周围会显示一个控制句柄为空心的裁剪框，如图 1.25 所示。

（4）在照片中单击，各控制句柄变为实心，并按照所设置的裁剪参数，创建相应的裁剪框，此时应该显示一个带有三分线的裁剪框，如图 1.26 所示。

图 1.25　空心的裁剪框

图 1.26　带有三分线的裁剪框

提示：对当前的照片来说，通过三分网格可以看出，画面已经属于标准的三分构图，地平线位于下方的三分线上。但在本例中，是要将其从方幅裁剪为横幅，并仍然保持画面符合三分构图的要求，因此需要根据画面比例进行上下方向的裁剪处理。

（5）按住 Alt 键向下拖动顶部中间的裁剪控制句柄，以向内进行裁剪，然后将鼠标置于裁剪框内部，向上拖动照片，直至将海平面置于下方的三分线上，如图 1.27 所示。

（6）得到满意的效果后，按 Enter 键确认即可，如图 1.28 所示。

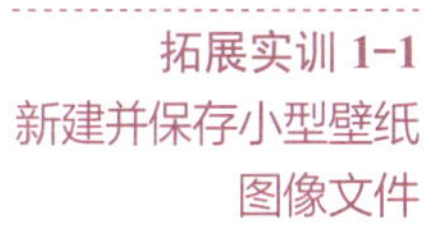

图 1.27　选择裁切的范围

图 1.28　最终效果

拓展实训 1-2
一张照片多种方案的裁剪

课后练习

一、选择题

1．下列选项中，Photoshop 可以将文件存储的图像格式为（　　）。

文本 习题答案

A．PSD 格式　　B．JPEG 格式
C．GIF 格式　　D．PDF 格式

2．下列可以调出“新建”对话框的操作是（　　）。
A．按快捷键 Ctrl+N
B．双击 Photoshop 的空白区域
C．按快捷键 Ctrl+Alt+Shift+N
D．单击 Photoshop 的空白区域

3．下列关于打开图像文件的正确操作是（　　）。
A．按快捷键 Ctrl+O
B．将要打开的图像拖至 Photoshop 中
C．双击 Photoshop 的空白区域
D．按快捷键 Ctrl+N

4．下列属于图像颜色模式的是（　　）。
A．CMYK 模式　　B．RGB 模式
C．LAB 模式　　D．灰度模式

5．下列可以用于定义前景色的方法是（　　）。
A．单击工具箱底部的前景色色块，在弹出的对话框中选择颜色
B．在“颜色”面板中选择前景色色块，然后拖动滑块以设置颜色
C．在“颜色”面板中选择前景色色块，然后在底部的色谱色吸取颜色
D．单击工具箱底部的任意一个色块，在弹出的“拾色器”中选择颜色

6．下列可以改变画布大小的功能是（　　）。
A．“裁剪工具”　　B．“移动工具”
C．“索引颜色”命令　　D．“画布大小”命令

7．图 1.29 所示的图片中，仅从图像内容角度来说，（　　）是位图模式，（　　）是矢量图模式。

A

B

C

图 1.29　备选图片

二、操作题

1．新建一个尺寸为 1024×768 像素、分辨率为 96 像素/英寸、其他属性随意的文件，并将其保存在“我的图像文件”中。

2. 打开图 1.30 所示的文件“项目 1\操作题 2-素材.jpg”，结合本章讲解的“裁剪工具”，将其裁剪为图 1.31 所示的状态。

图 1.30　原图像

图 1.31　裁剪后的图像

笔 记

第 2 章

创建与使用选区

学习目标

- 掌握创建规则选区的方法。
- 掌握创建不规则选区的方法。
- 掌握取消、反选、羽化、调整边缘等调整选区的方法。

本章导读

选区是 Photoshop 中的一个非常重要的图像选择功能，其主要作用就是限制操作过程中的图像范围。利用各种不同的选区创建工具及命令，可以将很多图像轻易地选择出来，从而使要进行的操作限定于该区域。

本章讲解关于选区的若干项操作。掌握这些操作知识有助于得到正确的操作效果。

知识详解

微课 2-1
矩形选框工具

2.1 制作规则型选区

2.1.1 矩形选框工具

使用“矩形选框工具”可建立矩形选区。其操作非常简单，只要用鼠标拖过要选择的区域即可。在此需要重点讲解的是“矩形选框工具”选项栏“样式”下拉列表中的选项，如图 2.1 所示。

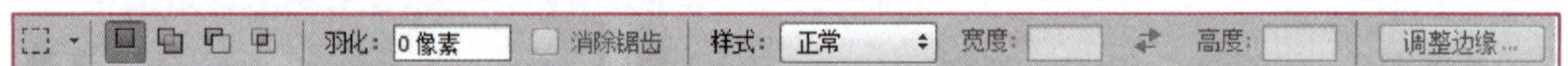

图 2.1 “矩形选框工具”选项栏

此工具的使用方法较为简单，直接在图像中拖动即可得到一个矩形选区，如图 2.2 所示。

图 2.2 绘制矩形选区

提示：如当前图像中没有选区，拖动鼠标时按住 Shift 键，将创建一个正方形选区；按 Shift+Alt 组合键，将以单击点为中心创建一个正方形选区。

“矩形选框工具”选项栏的“样式”下拉列表中有“正常”“固定比例”和“固定大小”三个选项。默认状态下选择“正常”选项，此时利用“矩形选框工具”

可以绘制任意大小的选区，另外两个选项的作用如下。

- 固定比例：选择此选项，“宽度”和“高度”数值输入框将被激活，在其中输入数值可以固定选区“高度”与“宽度”的比例，此时利用“矩形选框工具”可以创建大小不同但比例相同的选区。
- 固定大小：选择此选项，在“宽度”和“高度”数值输入框中输入选区所需要的高、宽值，用“矩形选框工具”在页面中单击，可创建大小固定的选区。

提示： 如果在绘制选区时未释放鼠标左键的情况下，按住空格键移动鼠标可以移动正在绘制的选择区域，用这种方法可以将选择区域从当前所处位置移至另一处。此技巧对于以下将要讲述的其他选择工具同样适用。

2.1.2 椭圆选框工具

微课 2-2
椭圆选框工具

在所选工具图标上单击右键，将显示与其工具同处一组的隐藏工具，如图 2.3 所示，在其中选择“椭圆选框工具”即可创建圆形选区。图 2.4 为使用此工具所创建的多个椭圆选区。

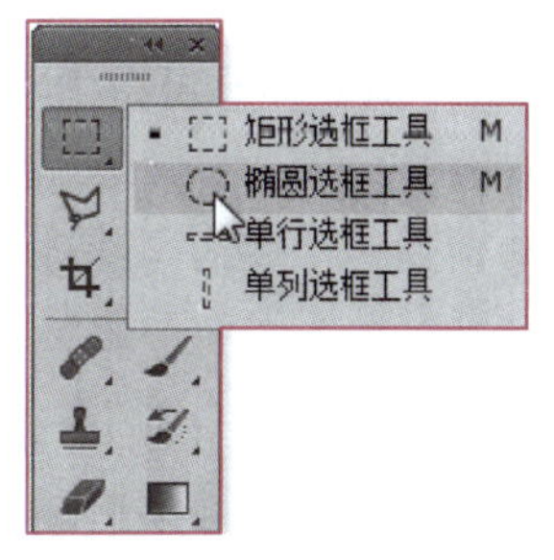

图 2.3 选择“椭圆选框工具”

图 2.4 椭圆选区

选择“椭圆选框工具”后，其选项栏如图 2.5 所示，其中多数参数与“矩形选框工具”选项栏相同。

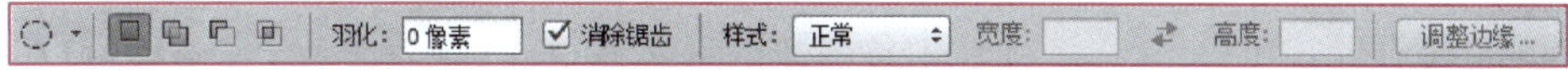

图 2.5 “椭圆选框工具”选项栏

2.2 制作不规则型选区

2.2.1 套索工具组

套索工具组中的工具主要用于创建不规则的选区，在此工具组中共包括三个工具。

1. 套索工具

“套索工具”是通过自由地移动鼠标来创建选区的工具，选区形状完全由用户自行控制，其工具选项栏中各选项的意义与“椭圆选框工具”相似，这里不再重述。

2. 多边形套索工具

“多边形套索工具”主要用于创建具有直边的选区，操作时在需选择对象的每个拐角处单击鼠标，如图 2.6 所示，直至最后一个单击点与第一个单击点的位置重合时，得到闭合的选区。

图 2.6 “多边形套索工具”使用示例

在绘制过程中，如果按 Delete 键，可以向前删除最近一次单击确定的选择区域拐点，从而修改最终得到的选择区域的形状。

提示： 如果无法找到第一点，在页面中双击鼠标左键也可以闭合选区。

使用此工具创建多边形选区时，按住 Shift 键，拖动光标可得到水平、垂直或 45° 方向的选择线。按住 Alt 键，可以暂时切换至“套索工具”，从而开始绘制任意形状的选区，释放 Alt 键，可再次切换至“多边形套索工具”。

3. 磁性套索工具

“磁性套索工具”是一个智能化的选取工具，其优点是能够非常迅速、方便地选择边缘较光滑且对比度较好的图像。“磁性套索工具”选项栏如图 2.7 所示，合理设置工具选项栏中的参数可以使选择更加精确。

羽化：0 像素 消除锯齿 宽度：10 像素 对比度：10% 频率：57 调整边缘...

图 2.7 “磁性套索工具”选项栏

“磁性套索工具”选项栏中各参数的含义如下。

- 宽度：在此数值框中输入数值，可以控制“磁性套索工具”探测的图像边缘的宽度。
- 对比度：在此数值框中输入数值，可设置“磁性套索工具”对颜色反差的敏感程度。数值越高，敏感度越低，即不容易捕捉到准确的边界点。
- 频率：在此数值框中输入数值，可以设置“磁性套索工具”在定义选择边界线时插入节点的数量，数值越高，插入的定位节点越多，得到的选区也越精确。图 2.8 为分别设置“频率”数为 10 和 80 时，Photoshop 插入的定位点。

提示： 1. 在绘制过程中，按 Alt 键，可以暂时切换至“套索工具”。如果要随时闭合选区，可以按住 Ctrl 键，使光标转换为形，然后单击即可，也可以在任意位置双击鼠标以闭合选区。

2. 在创建选区的过程中，“磁性套索工具”会根据颜色的对比度自动添加一些节点，如果认为已创建的节点位置不正确，可以通过按 Delete 键将其删除，每按一次 Delete 键，可以向前删除一个节点。

(a) 设置“频率”数值为10

(b) 设置“频率”数值为80

图 2.8 不同频率的效果

2.2.2 魔棒工具

微课 2-3
魔棒工具

使用“魔棒工具”能迅速在图像中选择颜色大致相同的区域，其操作非常简单，只需要用“魔棒工具”在要选择的区域单击鼠标即可。

如图 2.9 所示，用“魔棒工具”单击图像中的灰色区域，即可选择图像中所有灰色背景；如果此时在选区中填充图案，则可以将图像背景更换为图案效果，如图 2.10 所示。

图 2.9 用“魔棒工具”选择

图 2.10 将背景更换为图案效果

选择“魔棒工具”后，其工具选项栏如图 2.11 所示。

图 2.11 “魔棒工具”选项栏

“魔棒工具”选项栏中各参数的含义如下。

- 容差：此数值输入框中的数值，用于控制“魔棒工具”操作时的选择范围。“容差”值越大，选择的颜色范围越广，如果要精确选择某一种颜色，“容差”应该设置得小一些。图 2.12 是选择不同“容差”值所创建的选区，可以看出此数值越大得到的选择区域也越大。
- 连续：选择此选项，使用“魔棒工具”仅可以选择颜色相连接的区域。例如，在设置“容差”数值为 60 时，图 2.13 是在人物手臂内部的蓝色图像上单击的结果，由于被手臂的深色包围，与其他相近颜色的图像并不连续，因此仅选中了小部分图像。图 2.14 是取消选中“连续”选项时创建得到的选区，可以看出

笔 记

图像中所有与之相似的颜色都被选中了。

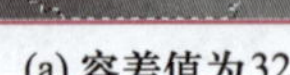

(a) 容差值为32

(b) 容差值为10

图 2.12 应用不同容差值的选择效果

图 2.13 只选择连续的区域

图 2.14 选择所有相似的区域

- 对所有图层取样：选择此选项，“魔棒工具”可以选择所有可见图层的相同颜色；如果不选择此选项，“魔棒工具”只选择当前图层中的相同颜色（关于图层的操作，请参阅本书第 3 章的内容）。

微课 2-4
快速选择工具

2.2.3 快速选择工具

使用“快速选择工具”绘图与使用“画笔工具”绘图的方法基本相同，只不过使用“快速选择工具”所生成的是选区而非图像。选择“快速选择工具”后，其选项栏如图 2.15 所示。

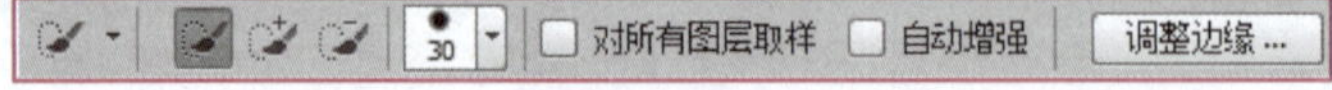

图 2.15 “快速选择工具”选项栏

“快速选择工具”选项栏中各参数的含义如下。

- 选区运算模式：限于该工具创建选区的特殊性，所以它只设定了三种选区运算模式，即“新选区”、“添加到选区”和“从选区减去”。
- 画笔：单击右侧的三角按钮，可调出如图 2.16 所示的画笔参数设置框，在此设置参数，可以对涂抹时的画笔属性进行设置。在涂抹过程中，可以设置画笔的硬度，以便创建具有一定羽化边缘的选区。
- 对所有图层取样：选中此选项，将不再区分当前选择了哪个图层，而是将所有看到的图像视为在一个图层上，然后创建选区。
- 自动增强：选中此选项，可以在绘制选区的过程中，自动增加选区的边缘。

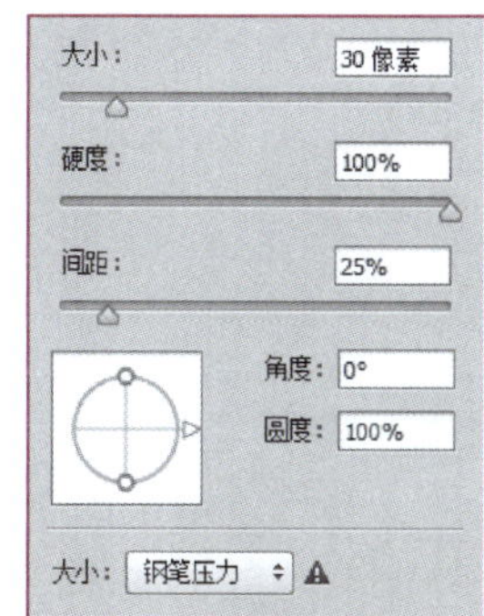

图 2.16 设置画笔参数

笔 记

- 调整边缘：使用“调整边缘”命令可以对现有的选区进行更为深入的修改，从而得到更为精确的选区。

下面通过一个简单的实例讲解此工具的使用方法。

（1）打开文件“项目 2\2.2.3-素材.jpg”。在本实例中，要将图像中的人物以外的区域选择出来。

（2）在工具选项栏上设置适当的参数及画笔大小 对所有图层取样 自动增强。

（3）在照片右上方按住鼠标左键，从上至下涂抹，得到类似于图 2.17 所示的选区。

（4）如果要选择更多的图像，则需要在其工具选项栏上选择“添加到选区”按钮，或在单击及拖动涂抹前，按住 Shift 键进行操作。图 2.18 就是按照此方法操作，选中人物以外区域时的状态。

图 2.17 拖动选择

图 2.18 选择结果

2.2.4 “色彩范围”命令

微课 2-5
“色彩范围”命令
（1）

相对于“魔棒工具”而言，“选择”→“色彩范围”命令虽然与其操作原理相同，但由于可选参数更多，因此功能更为强大。

使用此命令，可以从图像中一次得到一种颜色或几种颜色的选区，此命令弹出的对话框如图 2.19 所示。

“色彩范围”对话框中各参数的含义如下。

笔 记

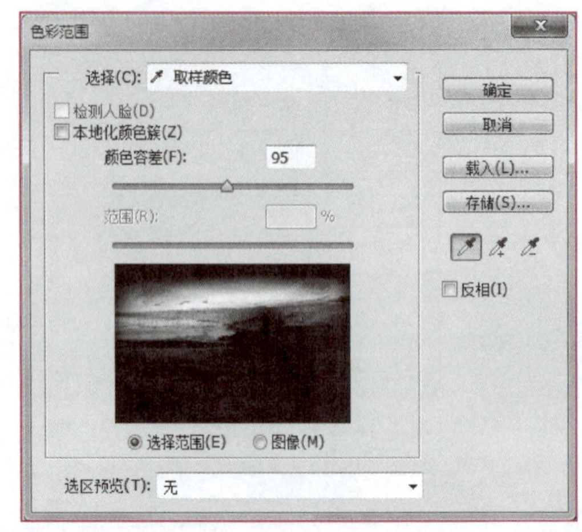

图 2.19 “色彩范围”对话框

- 选择：可以在此下拉列表中选择一个选项，以定义要选择的图像范围。例如，通过选择“红色”选项，可以选择整个图像中的红色区域，如果选择“高光”选项，则可以选中整个图像中的高光亮调区域。
- 颜色吸管：选择“吸管工具”，单击图像中要选择的颜色区域，则该区域内所有相同的颜色将被选中。如果需要选择不同的几个颜色区域，可以在选择一种颜色后，选择“添加到取样”按钮，单击其他需要选择的颜色区域。如果需要在已有的选区中去除某部分选区，可以选择“从取样中减去”按钮，单击需要去除的颜色区域。
- 颜色容差：如果要在当前基础上扩大选区，可以将“颜色容差”滑块向右侧滑动，以扩大“颜色容差”数值。图 2.20 为容差值为 50 及 90 时的选区效果。

(a) 容差值为50

(b) 容差值为90

图 2.20 容差值为 50 及 90 时的选区效果

- 反相：选择“反相”选项，可以将当前选区反选。
- 选择范围、图像：利用“选择范围”和“图像”单选按钮可指定预览窗口中图像的显示方式。
- 本地化颜色簇：如果希望精确控制选择区域的大小，选中此复选框，应用“吸管工具”在图像中单击，此时“范围”滑块将被激活，拖动此滑块，将以单击的位置为中心，调整选区的范围，如图 2.21 所示。

完成各选项设置后，单击“确定”按钮，退出对话框，即可得到所需要的选区。

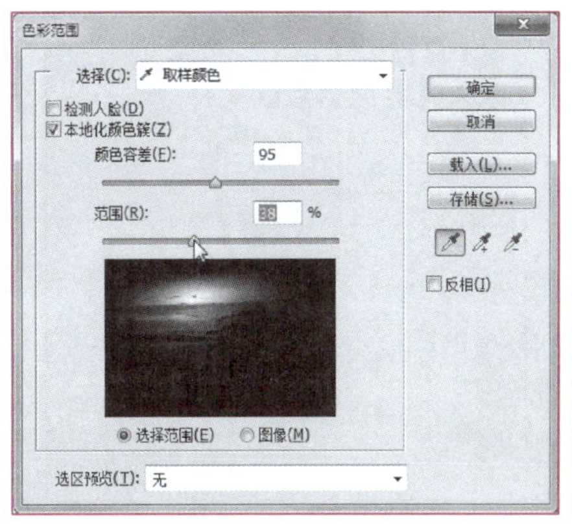

图 2.21 调整“范围”参数及得到的选区

提示：可以重复使用此命令，以选择颜色的子集。例如，若要选择整个图像高光亮调图像区域中的绿色区域，选择“色彩范围”对话框中的“高光”选项，单击“确定”按钮，然后，重新运用“色彩范围”对话框并选择“绿色”选项。

在 Photoshop CS6 中，在“色彩范围”命令中新增了检测人脸功能，从而可以在使用此命令创建选区时，自动根据检测到的人脸进行选择，对人像摄影师在日常修饰人物的皮肤时非常有用。

提示：要启用“人脸检测”功能，必须选中“本地化颜色簇”选项。

图 2.22 为使用“色彩范围”命令创建的选区。图 2.23 是使用“曲线”命令，然后对选中的皮肤图像进行提亮处理，并按 Ctrl+D 键取消选区后的状态。

微课 2-6
“色彩范围”命令（2）

图 2.22 创建的选区

图 2.23 提亮皮肤后的效果

2.3 编辑与调整选区

2.3.1 移动选区

移动选区的操作十分简单，使用任何一种选框工具，将光标放在选区内，此时光标的形状将会改变为，表示可以移动。

直接拖动选区，即可将其移动至图像的另一处。图 2.24 为移动前后的对比图。

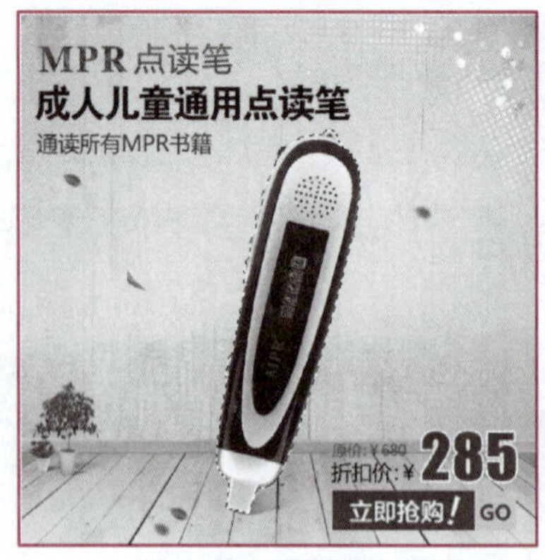

(a) 原选区

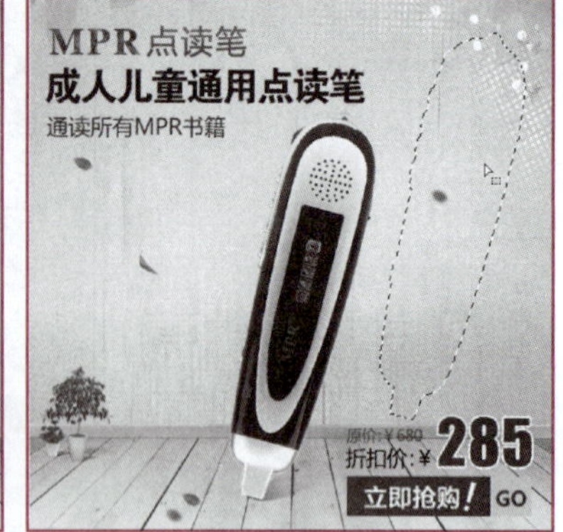

(b) 移动后的选区

图 2.24 原选区及移动后的选区

微课 2-7
编辑与调整选区

2.3.2 取消选择与再次选择

1. 取消选择区域

创建选区后，选择“选择”→“取消选择”命令或按 Ctrl+D 组合键，可取消选区。

2. 再次选择刚刚选取的选区

如要再次载入刚刚取消的选区，可选择“选择”→“重新选择”命令或按 Ctrl+ Shift+D 组合键。

2.3.3 反选

执行“选择”→“反向”命令，可以在图像中颠倒选区与非选区，使选区成为非选区，而非选区则成为选区。

如果操作的对象与其附近图像的颜色具有强烈的反差，可以基于操作对象的图像的边缘创建选区。例如，要选择图中的鞋图像，可以选择“磁性套索具”，在要选择图像的边缘单击以确定起始点，沿着要选择图像的边缘拖动光标创建选区，如图 2.25 所示，然后执行“选择”→“反向”命令，即可得到如图 2.26 所示的选区。

图 2.25 原选区

图 2.26 反选后的选区

2.3.4 羽化

如果要使“矩形选框工具”[矩形选框工具图标]、“椭圆选框工具”[椭圆选框工具图标]等工具创建的选择区域具有羽化效果，则必须在绘制选区前在各工具选项栏中输入“羽化”数值。换言之，如果在创建选区后，在“羽化”数值框中输入数值，该选区不会受到影响，此数值仅对以后创建的选区有效。

如果希望使已存在的选区羽化，可以选择“选择”→“修改”→“羽化”命令，在弹出的如图 2.27 所示的对话框中输入“羽化半径”数值。

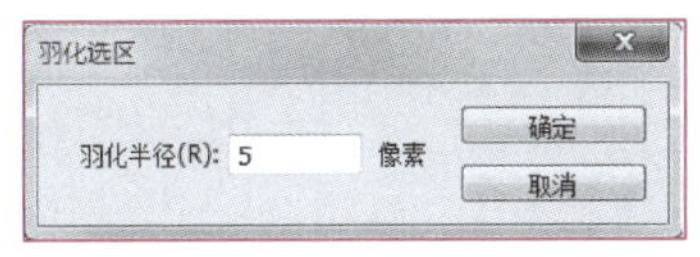

图 2.27 “羽化选区”对话框

拓展知识 2-1
收缩、扩展、平滑与扩边

拓展知识 2-2
变换选区

以图 2.28 所示的波浪形选区为例，图 2.29 是为选区添加 20 像素的羽化，并将其反向后，填充白色得到的效果，由于羽化参数的作用，得到了边缘非常柔和的边框效果。

图 2.28 创建了波浪区的图片

图 2.29 羽化后的效果

微课 2-8
变换选区

2.3.5 调整边缘

微课 2-9
调整边缘

“调整边缘”命令就是一系列选区编辑功能（如平滑、羽化等命令）的集合体。利用该命令可以在同一个对话框中对选区进行多重的编辑操作。

选择“选择”→“调整边缘”命令，即可调出其对话框，如图 2.30 所示。

另外，在各个选区绘制工具的工具选项栏上，也都增加了“调整边缘”按钮，单击此按钮，即可调出“调整边缘”对话框，以对当前的选区进行编辑。

下面分别讲解“调整边缘”对话框中各参数的含义。

1. “视图模式”区域

“视图模式”区域中各参数的含义如下。

- 视图列表：在此列表中，Photoshop 依据当前处理的图像，生成实时的预览效果，以满足不同的观看需求。根据此列表底部的提示，按 F 键，可以在各个视频之间进行切换；按 X 键只显示原图。
- 显示半径：选中此选项复选框，将根据所设置的半径数值，仅显示半径范围以内的图像。

笔 记

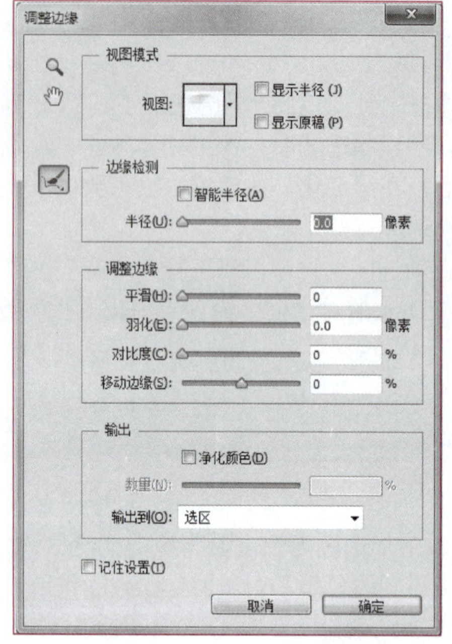

图 2.30 “调整边缘”对话框

- 显示原稿：选中此选项复选框，将依据原选区的状态及所设置的视图模式进行显示。

2. “边缘检测”区域

“边缘检测”区域中各参数的含义如下。

- 半径：此处可以设置检测边缘时的范围。
- 智能半径：选中此选项复选框，将依据当前图像的边缘自动进行取舍，以获得更精彩的选择结果。

3. “调整边缘”区域

“调整边缘”区域中各参数的含义如下。

- 平滑：当创建的选区边缘非常生硬，甚至有明显的锯齿时，使用此选项来进行柔化处理。
- 羽化：此参数与“羽化”命令的功能基本相同，都是用来柔化选区边缘的。
- 对比度：设置此参数可以调整边缘的虚化程度，数值越大则边缘越锐化。通常可以创建比较精确的选区。
- 移动边缘：该参数与“收缩”和“扩展”命令的功能基本相同，向左侧拖动滑块可以收缩选区，而向右侧拖动滑块则可以扩展选区。

4. “输出”区域

“输出”区域中各参数的含义如下。

- 净化颜色：选择此选项复选框，“数量”滑块被激活，拖动滑块调整其数值，可以去除选择后图像边缘的杂色。例如，图 2.31 就是选择此选项并设置适当参数前后的效果对比，可以看出，处理后的结果被过滤掉了原有的诸多杂色。
- 输出到：在此下拉列表中，可以选择输出的结果。

(a) 净化颜色前　　(b) 净化颜色后

图 2.31　净化颜色的前后对比

5. “工具”区域

“工具”区域中各参数的含义如下。

- “缩放工具”：使用此工具可以缩放图像的显示比例。
- “抓手工具”：使用此工具可以查看不同的图像区域。
- “调整半径工具”：使用此工具可以编辑检测边缘时的半径，以放大或缩小选择的范围。
- “抹除调整工具”：使用此工具可以擦除部分多余的选择结果。当然，在擦除过程中，Photoshop 仍然会自动对擦除后的图像进行智能优化，得到更好的选择结果，如图 2.32 所示。

图 2.32　抠图得到的结果

需要注意的是，“调整边缘”命令相对于通道或其他专门用于抠图的软件及方法，其功能还是比较简单的，因此无法苛求它能够抠出高品质的图像。通常可以作为在要求不太高的情况下，或图像对比非常强烈时使用，以快速达到抠图的目的。

项目实训

快速抠选人物头发

下面通过一个典型的实例讲解“套索工具”和“调整边缘”命令抠选人物图像的操作方法。

（1）打开文件“项目 2\项目实训-素材.jpg”，如图 2.33 所示。在本例中要将

笔 记

笔 记

其中的人物图像抠选出来，其中“调整边缘”命令主要负责的是人物的头发。

（2）使用“套索工具”将人物头发周围的大致轮廓选择出来，如图 2.34 所示。

图 2.33 素材图片

图 2.34 选择头发轮廓

（3）选择“选择”→“调整边缘”命令，在弹出的对话框中选中“智能半径”复选框并设置适当的“半径”参数，如图 2.35 所示，此时的效果如图 2.36 所示。

（4）结合“调整半径工具”和“抹除调整工具”，在人物头发周围进行涂抹，直至抠选出满意的结果，如图 2.37 所示。当然，这个过程根据图片处理难易的不同，需要反复使用这两个工具进行调整。

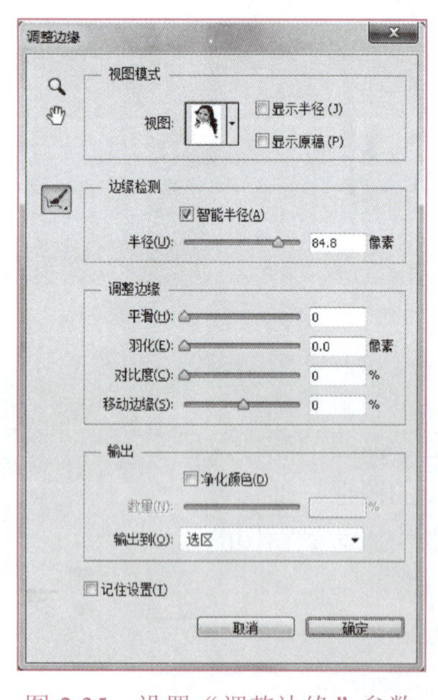

图 2.35 设置“调整边缘”参数

图 2.36 调整边缘后的效果

图 2.37 进一步抠选头发

（5）在“调整边缘”区域中可以对预览到的抠图结果进行细调，按照图 2.38 所示的参数，调整得到如图 2.39 所示的效果，从而使得边缘更加规整。

（6）在得到满意的抠选结果后，在“输出”区域中选中“净化颜色”选项，并设置输出方式，如图 2.40 所示。

（7）确定得到需要的抠图结果后，单击“确定”按钮，退出对话框即可，此时的图像效果如图 2.41 所示，对应的“图层”面板如图 2.42 所示。

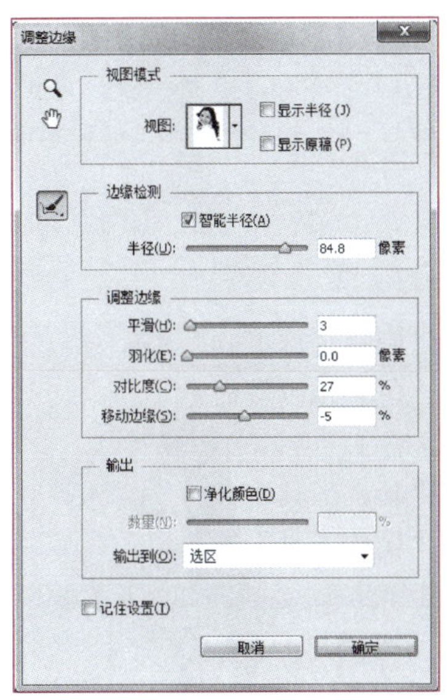

图 2.38　设置“调整边缘”参数以进行细调

图 2.39　细调后的效果

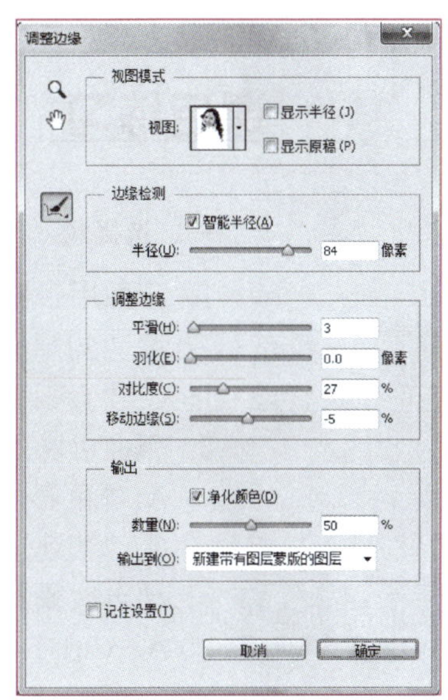

图 2.40　设置“净化颜色”选项

（8）下面将人物的其他部分也抠选出来。显示“背景”图层，使用“磁性套索工具”沿着人物身体边缘绘制选区，如图 2.43 所示。

图 2.41　净化颜色后的图像效果

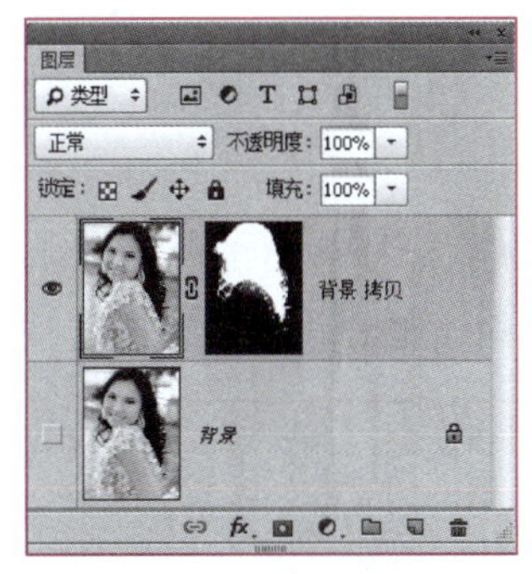

图 2.42　对应的图层

图 2.43　抠选人物身体

拓展实训 2-1
制作梦幻人物图像效果

（9）选中“图层 1”的图层蒙版，设置前景色为白色，按 Alt+Delete 组合键进行填充，按 Ctrl+D 组合键取消选区，隐藏“背景”图层后的效果如图 2.44 所示，此时的“图层”面板如图 2.45 所示。图 2.46 是将其应用于写真模板后的效果。

图 2.44　抠选身体后的效果

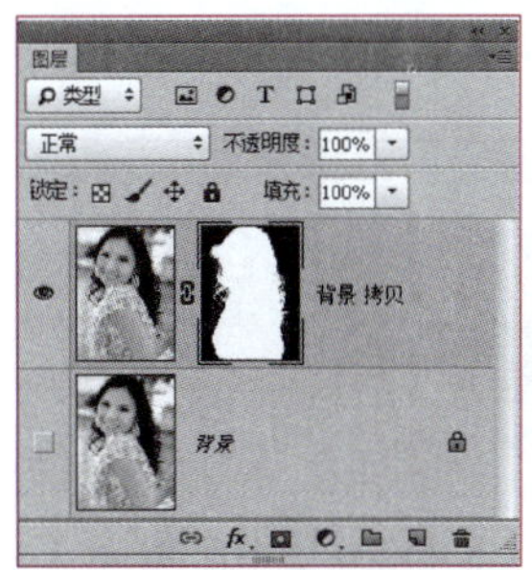

图 2.45　图层状态

图 2.46　最终应用效果

课后练习

文本 习题答案

笔 记

一、选择题

1. 下面用于创建规则选区的工具包括（　　）。

   A. “矩形选框工具”　　B. “椭圆选框工具”

   C. “套索工具”　　D. “色彩范围”命令

2. 下面可以用于创建不规则选区的工具包括（　　）。

   A. “色彩范围”命令　　B. “套索工具”

   C. “快速选择工具”　　D. “魔棒工具”

3. 要再次载入刚刚取消的选区，可以按组合键（　　）。

   A. Ctrl+D　　B. Ctrl+Alt+D

   C. Ctrl+Shift+D　　D. Ctrl+C

4. 取消选区操作的组合键是（　　）。

   A. Ctrl+Alt+D　　B. Ctrl+D

   C. Ctrl+Shift+D　　D. Ctrl+A

5. 下列选区编辑命令中，“调整边缘”命令的功能可以覆盖（　　）。

   A. “羽化”命令　　B. “平滑”命令

   C. “扩展”命令　　D. “变换选区”命令

二、操作题

1. 打开如图 2.47 所示的文件“项目 2\操作题 1-素材 1.tif”“项目 2\操作题 1-素材 2.tif”，结合本章讲解的知识，尝试制作如图 2.48 所示的效果。

(a) 操作题1素材图像1　(b) 操作题1素材图像2

图 2.47 操作题 1 素材图像

图 2.48 图像效果

2. 打开如图 2.49 所示的文件“项目 2\操作题 2-素材 1.tif”“项目 2\操作题 2-素材 2.tif”，结合本章讲解的知识，尝试制作如图 2.50 所示的效果。

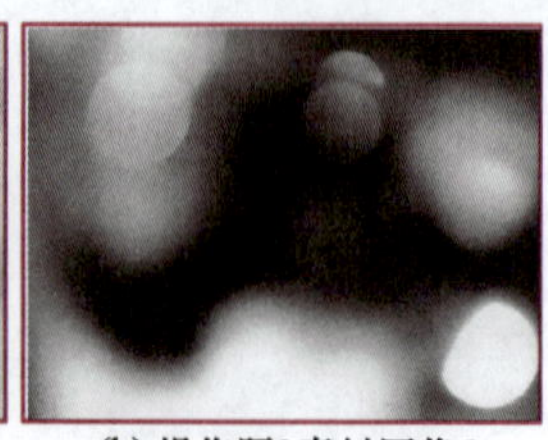

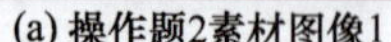
(a) 操作题2素材图像1　(b) 操作题2素材图像2

图 2.49 操作题 2 素材图像

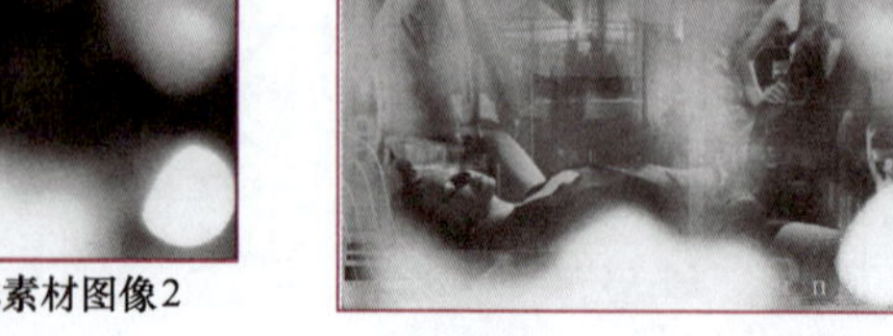

图 2.50 最终效果

3．打开如图 2.51 所示的文件“项目 2\操作题 3-素材.jpg”，利用本章讲解的“快速选择工具” ，将其中的人物图像选中，图 2.52 是将其以透明背景显示时的状态。

笔 记

图 2.51　操作题 3 素材图像

图 2.52　选出后的状态

第 3 章

认识与操作图层

学习目标

- 熟悉图层的原理。
- 熟悉“图层”面板及各功能按钮的作用。
- 掌握新建、复制、选择及删除图层及图层组基础操作。
- 熟悉对齐与分布图像的方法。
- 熟悉合并图层的类型及方法。

本章导读

PPT
认识与操作图层

笔 记

图层是 Photoshop 的核心功能之一。在 Photoshop 软件中对图像进行的所有操作都是基于某一个或某几个图层的，因此只有掌握图层，才能够掌握 Photoshop 软件的精髓。

本章主要讲解与图层相关的一些基础知识及相关操作，首先要了解图层的原理并对“图层”面板有一个基本的认知。在此基础上，进一步讲解新建、选择、删除改变顺序等图层与图层组的相关知识。这些是最常用、最重要的图层基础知识，因此要着重学习并掌握，从而为后面的学习打下良好的基础。

此外，本章还讲解对齐与分布、合并图层等知识。

知识详解

3.1 认识图层

3.1.1 图层的工作原理

可以将图层看作一张张独立的透明胶片，在每一个图层的相应位置创建组成图像的一部分内容，所有图层层叠放置在一起，就合成了一幅完整的图像。这一段关于图层的描述性文字，对图层的几个重点特性都有所表述。了解图层的这些特性，对于学习图层的深层次知识有很大的好处。

以图 3.1 所示的图像为例，通过图层关系的示意来认识图层的这些特性。可以看出，分层图像的最终效果是由多个图层叠加在一起产生的。由于透明图层除图像外的区域（在图中以灰白格显示）都是透明的，因此在叠加时可以透过其透明区域观察到该图层下方图层中的图像。由于背景图层不透明，因此观察者的视线在穿透所有透明图层后，停留在背景图层上，并最终产生所有图层叠加在一起的视觉效果。图 3.2 示意了图层的透明与合成特性。

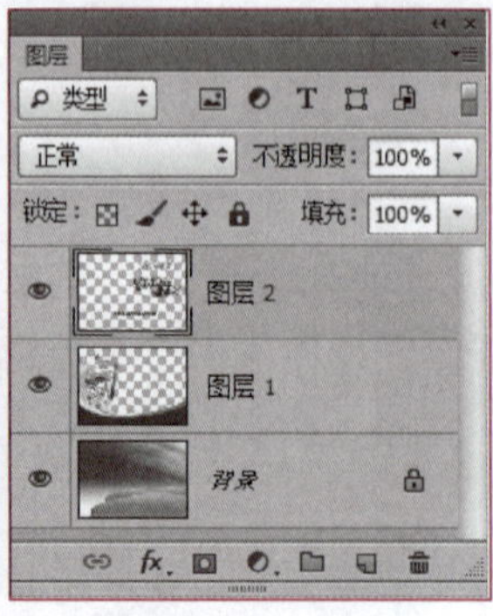

图 3.1 示例图像及对应的“图层”面板

笔 记

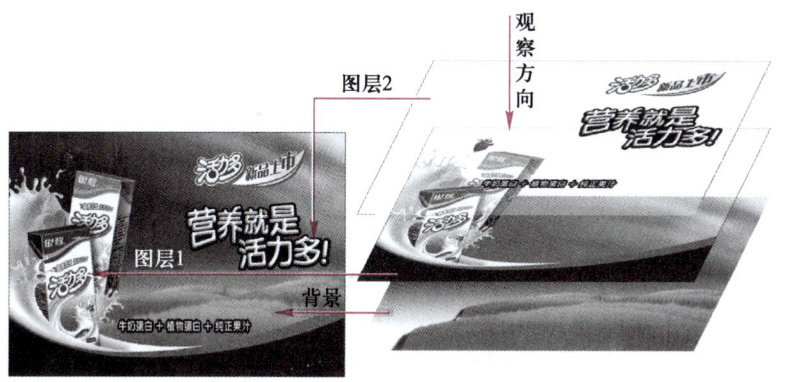

图 3.2 图层透明与合成特性示例

当然，这只是一个非常简单的示例，图层的功能远远不止于此，但通过这个示例可以理解图层最为基本的特性，即分层管理特性、透明特性、合成特性。

3.1.2 “图层”面板

对图层进行的各种操作基本都需在“图层”面板中完成，因此掌握“图层”面板是掌握图层操作的前提条件。选择“窗口”→“图层”命令或按 F7 键，可显示如图 3.3 所示的“图层”面板。

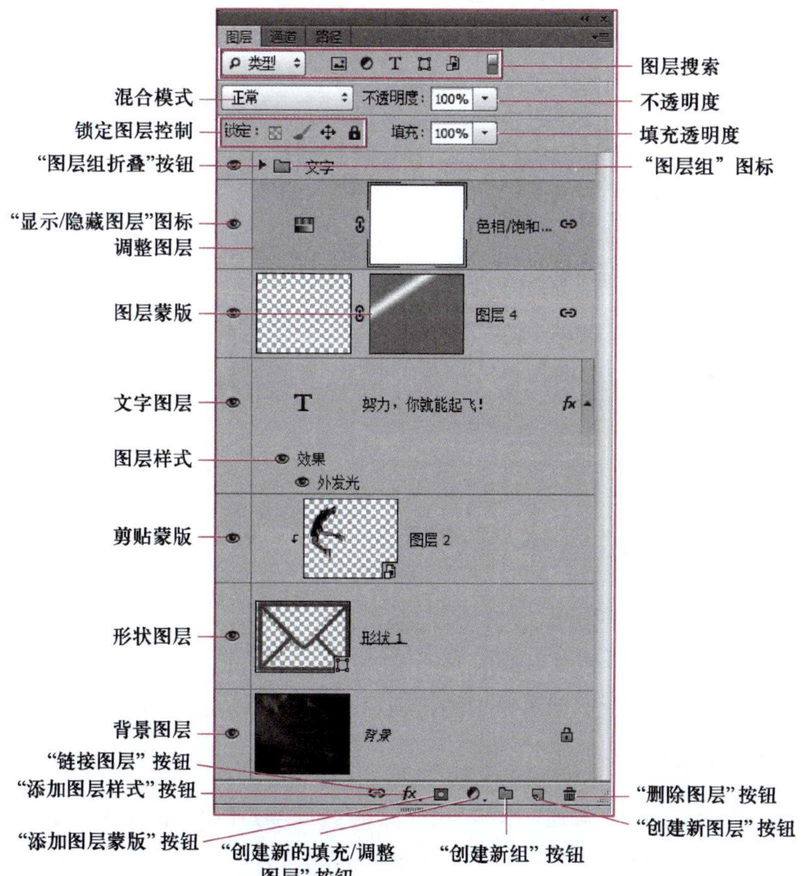

图 3.3 “图层”面板

笔记

虽然图 3.3 所示的“图层”面板看上去有些复杂，但实际上，如果了解了面板中的各个按钮及图标的意义，则就能够很容易读懂“图层”面板呈现的有关图像的信息。

在此简单介绍“图层”面板中的各个按钮与控制选项，在以后的章节中将对各个按钮及控制选项的使用方法及技巧进行详细介绍。

- 混合模式：在此列表中可以设置当前图层的混合模式。
- 不透明度：在此数值框中输入数值，可以控制当前图层的透明属性，数值越小则当前图层越透明。
- 锁定图层控制：在此可以分别控制图层的“透明区域可编辑性”“编辑”“移动”等图层属性。
- 填充：在此数值框中输入数值，可以控制当前图层中非图层样式部分的透明度。
- “显示/隐藏图层”图标：单击此图标，可以控制当前图层的显示与隐藏状态。
- “图层组折叠”按钮：单击此按钮，将其转换为状态，则打开处于折叠状态的图层组。
- “图层组”图标：此图标右侧显示为图层组的名称。
- “链接图层”按钮：在选中了多个图层的情况下，单击此按钮，可以将所选中的图层链接起来。当再次选中其中一个图层进行移动或变换等操作时，可以同时对所有的链接图层进行操作。
- “添加图层样式”按钮：单击该按钮，可以在弹出的下拉列表中选择“图层样式”命令，可以为当前图层添加“图层样式”。
- “添加图层蒙版”按钮：单击该按钮，可以为当前图层添加图层蒙版。
- “创建新组”按钮：单击该按钮，可以新建一个图层组。
- “创建新的填充/调整图层”按钮：单击该按钮，可以在弹出的菜单中为当前图层创建新的填充或调整图层。
- “创建新图层”按钮：单击该按钮，可以创建一个新图层。
- “删除图层”按钮：单击该按钮，在弹出的提示对话框中单击“是”按钮，即可删除当前所选图层。

3.2 图层的基本操作

3.2.1 新建图层

微课 3-1
新建图层

新建图层的方法有若干种，下面讲解最常用的两种方法。

1. 用菜单命令新建图层

选择“图层”→“新建”→“图层”命令，即可弹出如图 3.4 所示的“新建图层”对话框。设置“新建图层”对话框中的选项后，单击“确定”按钮，即可创建一个新图层。

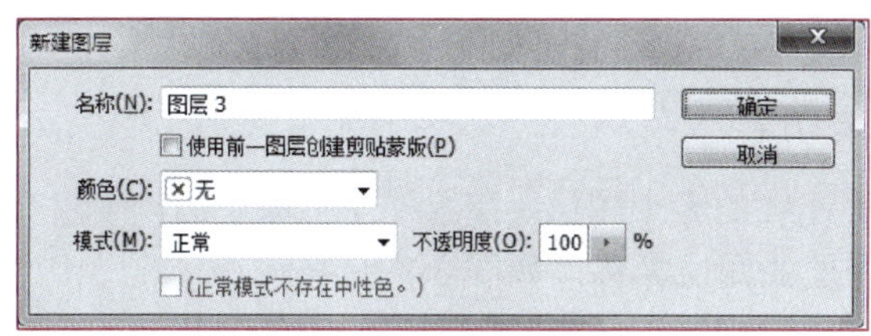

图 3.4 “新建图层”对话框

“新建图层”对话框中各参数的含义如下。

- 名称：在此文本框中可以输入新图层的名称。
- 使用前一图层创建剪贴蒙版：选中此复选框，新图层将与当前选择图层形成剪贴蒙版组。
- 颜色：在该下拉列表中选择一种颜色名称，以定义新图层在“图层”面板中显示的颜色。
- 模式：在“模式”下拉列表中可以为新图层选择一种图层混合模式。
- 不透明度：在该数值框可以输入新图层的不透明度值。
- 填充中性色：如果在“模式”下拉列表中选择一种适当的模式，则此选项可被激活。选择该选项，可以创建一个以“模式”下拉列表中选择模式为图层模式并填充灰色的图层。

拓展知识 3-1
通过拷贝和剪切新建图层

提示：此选项的模式将与在“模式”下拉列表中选择的模式相同，因此如果选择“变亮”模式，则此选项名为“填充变亮中性色（黑）”，而如果选择“柔光”模式，则此选项为“填充柔光中性色（50%灰）”。

2. 用按钮新建图层

单击“图层”面板右下方的“创建新图层”按钮，可直接创建一个新图层，这是新建图层最常用的操作方法。

微课 3-2
选择图层

3.2.2 选择图层

选择图层是图层操作的基本操作类型，只有正确选择图层，所有基于此图层的操作才有意义。Photoshop 提供了各种选择图层的方法，下面将一一讲解这些不同的操作方法。

1. 选择一个图层

要选择某一图层，只需在“图层”面板中单击需要的图层即可，如图 3.5 所示。处于选择状态的图层与普通图层具有一定区别，被选择的图层以蓝底显示。

2. 选择所有图层

使用此功能可以快速选择除“背景”图层以外的所有图层，其操作方法是按 Ctrl+Alt+A 组合键或选择“选择”→“所有图层”命令。

3. 选择连续图层

如果要选择连续的多个图层，在选择一个图层后，按住 Shift 键，在“图层”面板中单击另一图层的图层名称，则两个图层间的所有图层都会被选中，如图 3.6

拓展知识 3-2
锁定图层属性

所示。

4. 选择非连续图层

如果要选择不连续的多个图层，在选择一个图层后，按住 Ctrl 键，在“图层”面板中单击另一图层的图层名称，如图 3.7 所示。

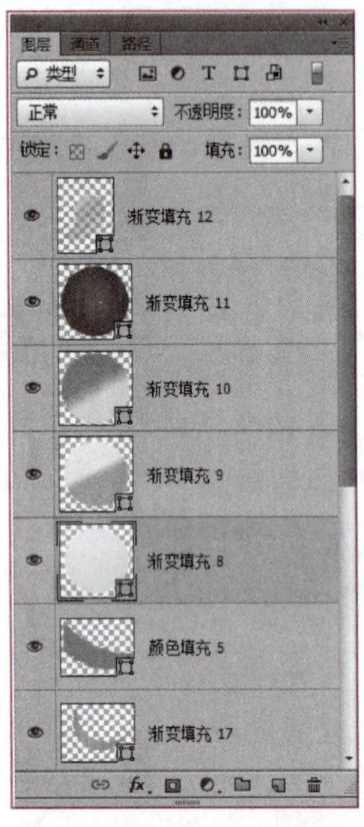

图 3.5 选择单个图层

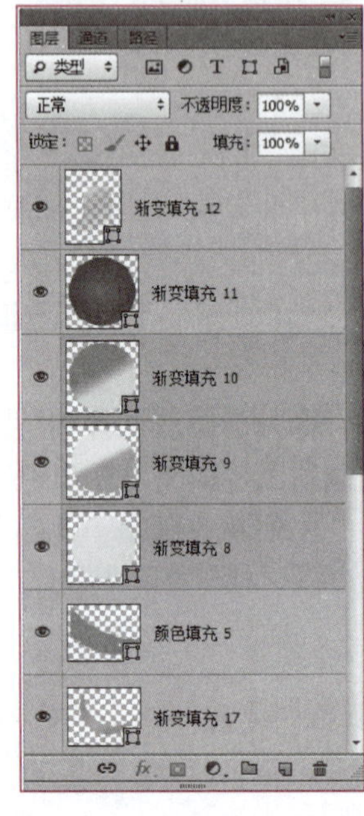

图 3.6 选择连续图层

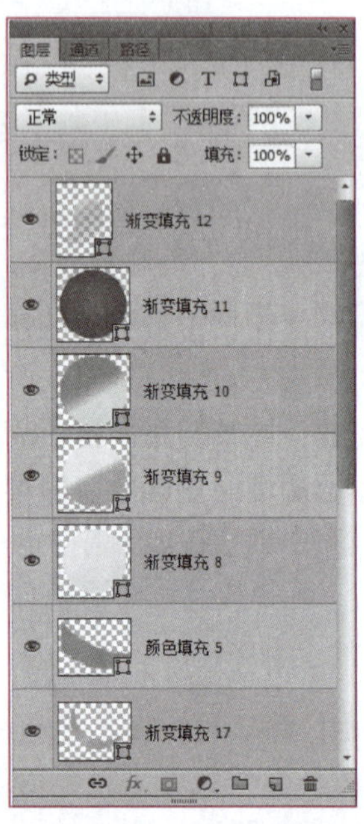

图 3.7 选择非连续图层

注意：仅 Photoshop CS2 及以上版本的软件才具有同时选择多个图层的功能。

微课 3-3
图层搜索

3.2.3 显示/隐藏图层、图层组或图层效果

显示/隐藏图层、图层组或图层效果操作是非常简单且基础的一类操作，只需要在“图层”面板中单击图层、图层组或图层效果左侧的眼睛图标，使该处图标呈现为，即可隐藏该图层、图层组或图层效果，再次单击相同位置，即可重新显示图层、图层组或图层效果。

提示：1. 如果在眼睛图标列中按住左键不放并向下拖动，则可以显示或隐藏拖动过程中所有光标掠过的图层。按住 Alt 键并单击图层左侧的眼睛图标，可以只显示该图层而隐藏其他图层；再次按住 Alt 键并单击该图层左侧的眼睛图标，即可重新显示其他图层。

2. 只有可见图层才可以被打印，所以如果要打印当前图像，则必须保证图像所在的图层是处于显示状态的。

3.2.4 复制图层

复制图层操作的实际意义是通过复制图层得到图层中的图像，下面分别讲解不同的复制图层操作方法。

1. 在同一图像文件中复制图层

微课 3-4
复制图层

在同一图像文件内复制图层的操作步骤如下。

（1）在“图层”面板中选择需要复制的图层。

（2）将图层拖动到“图层”面板底部的“创建新图层”按钮上即可创建新图层；也可以选择“图层”→“复制图层”命令，或在“图层”面板弹出的菜单中选择“复制图层”命令，设置“复制图层”对话框。

注意：如果同时选择了多个图层，按上面的操作方法，可以一次性复制多个图层。

2. 在不同图像文件中复制图层

在两个图像间复制图层的操作步骤如下。

（1）在原图像的“图层”面板中，选择要复制的图层。

（2）选择“选择”→“全部”命令，接着选择“编辑”→“副本”命令或按Ctrl+C组合键执行“副本”操作。

（3）选择目标图像，接着选择“编辑”→“粘贴”命令或按Ctrl+V组合键执行“粘贴”操作。

提示：建议并列排放两个图像文件，使用“移动工具”，从原图像中拖动需要复制的图层到目标图像中，使用这一操作方法的优点在于图像数据不会经过Windows的系统剪贴板，因此对于复制数据量比较大的图像具有很大优势。

3.2.5 重命名图层

在新建图层时，Photoshop以默认的图层名为其命名，但这些名称通常都无法满足用户个性化的需要，因此必须改变图层的名称，从而使其更易于识别与记忆。

改变图层的默认名称，可以双击图层缩览图右侧的图层名称，此时该名称就变为可输入状态，输入新的图层名称后，单击图层缩览图或按Enter键确认即可。

3.2.6 改变图层顺序

微课 3-5
改变图层顺序

由于上下图层间具有相互遮盖关系，因此在需要的情况下应该改变其上下次序，从而改变上下叠盖关系，进而改变图像的最终效果。图3.8为改变图层次序前后的不同效果。

要改变图层次序，可以在“图层”面板中选择需要移动的图层，然后拖动图层，当高亮线出现在希望到达的位置时，释放鼠标左键。

也可以选择“图层”→“排列”子菜单中命令：

- 选择“置为顶层”命令，可将当前图层移至所有图层的上方，成为最顶层。
- 选择“前移一层”命令，可将当前图层向上移一层。
- 选择“后移一层”命令，可将当前图层向下移一层。
- 选择“置为底层”命令，可将当前图层移至除背景层外所有图层的下方，成为最底层。

(a) 改变图层次序前

(b) 改变图层次序后

图 3.8 改变图层次序前后的不同效果

提示：按 Ctrl+]组合键可将当前选定的图层向上移动一层；按 Ctrl + [组合键可将当前选定的图层向下移动一层；按 Ctrl+Shift+]组合键可将当前选定的图层移至最顶层；按 Ctrl+Shift+[组合键可将当前选定的图层移至最底层。

3.2.7 快速选择图层中的非透明区域

获得当前图层的选择区域是一项非常重要的操作，除“背景”图层以外的所有图层，都可以通过按住 Ctrl 键并单击某图层的缩览图获得。

图 3.9 为按住 Ctrl 键并将鼠标置于图层缩览图上时的状态；图 3.10 为按住 Ctrl 键并单击该图层后所取得的非透明选区。

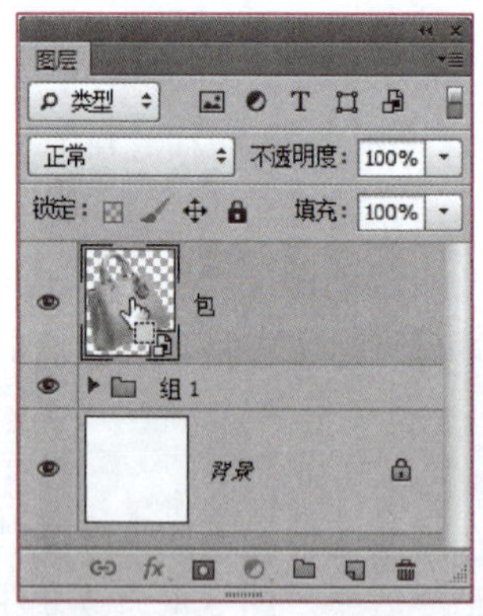

图 3.9 具有透明区域的图层

图 3.10 非透明选区

技巧：如要在现有选区中添加某图层非透明选区，可按住 Ctrl+Shift 组合键，在“图层”面板中单击图层缩览图。如要从现有选区中减去某图层的非透明选区，可按住 Ctrl+Alt 组合键，单击该图层的缩览图。如要得到当前选区与某图层非透明选区重叠的部分，可按住 Ctrl+Alt+Shift 组合键，单击该图层的缩览图。

微课 3-6
删除图层

3.2.8 删除图层

删除图层可以执行以下操作之一：

- 选择“图层”→“删除”→“图层”命令或单击“图层”面板底部的“删

除图层”按钮，在弹出的提示框中单击“是”按钮，即可删除所选图层。

- 在“图层”面板中选中需要删除的图层，并将其拖至“图层”面板下方的“删除图层”按钮上即可。
- 如果要删除处于隐藏状态的图层，可以选择“图层”→“删除”→“隐藏图层”命令，在弹出的提示对话框中单击“是”按钮即可。
- 选择“移动工具”的情况下，且当前图像中不存在选区及路径，按 Delete 键或 Back Space 键也可以删除当前选中的一个或多个图层。

拓展知识 3-3
图层过滤

3.3 图层组及其相关操作

图层组，顾名思义，是一组图层的总称，其功能类似于文件夹。使用图层组可以在最大程度上利用“图层”面板的空间，更加容易地对图层进行控制。

微课 3-7
图层组

对图层组进行复制、删除操作，可以实现对图层组中所有图层的复制、删除操作，这一点也类似于对文件夹进行的复制、移动、删除操作。

除此之外，通过控制图层组的透明、移动、编辑、锁定等属性，可以实现对图层组中所有图层相关属性的控制。

3.3.1 新建图层组

创建一个新的图层组，可以执行以下操作之一：

- 选择“图层”→“新建”→“组”命令或从“图层”面板下拉菜单中选择“新建组”命令，弹出如图 3.11 所示的对话框。在对话框中可以设置新图层组的“名称”“颜色”“模式”及“不透明度”，设置完成后单击“确定”按钮，即可创建新图层组。

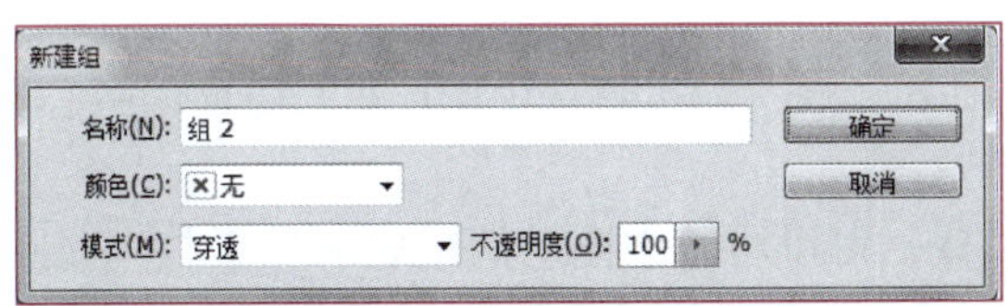

图 3.11 “新建组”对话框

- 如果单击“图层”面板的“创建新组”按钮，可以创建默认选项的图层组。
- 如果要将当前存在的图层合并至一个图层组，可以将这些图层选中，然后在“图层”面板下拉菜单中选择“从图层新建组”命令，在弹出的“从图层新建组”对话框中单击“确定”按钮即可。

提示：更为快捷的方法是选中要成组的图层后，直接按 Ctrl+G 组合键。

3.3.2 复制图层组

通过复制图层组，可以复制图层组中的所有图层，从而起到备份的作用。

复制图层组的操作如下。

- 在图层组被选中的情况下，选择“图层”→“复制组”命令，或选择“图层”面板弹出菜单中的“复制组”命令，即可以复制当前图层组。
- 将图层组拖至“图层”面板底部的“创建新图层”按钮上，待高光显示线出现时释放鼠标左键，即可以复制该图层组。复制图层组后，图层组中的所有图层都被复制。

3.3.3 删除图层组

通过删除图层组，可以删除当前图层组中的所有图层。要完成此任务，可以执行以下操作之一：

- 将目标图层组拖移至“图层”面板底部的“删除图层”按钮上，待高光显示线出现时释放鼠标左键即可。
- 在目标图层组被选中的情况下，选择“图层”面板弹出菜单中的“删除组”命令，在弹出的提示框中单击“仅组”按钮，即可删除图层组；如果单击“组合内容”按钮，将删除图层组及其中的所有图层。

拓展知识 3-4
嵌套图层组

3.4 对齐与分布

笔 记

3.4.1 对齐

在选中两个或更多个图层后，执行“图层”→“对齐”命令下的子菜单命令，或移动工具选项栏上的各个对齐按钮，可以将所有选中图层的内容相互对齐。

下面以“移动工具”选项栏上的对齐按钮为例，讲解其用法。

- “顶对齐”：可以将选中图层的最顶端像素与当前图层的最顶端像素对齐。
- “垂直居中对齐”：可以将选中图层垂直方向的中心像素与当前图层垂直方向的中心像素对齐。
- “底对齐”：可以将选中图层的最底端像素与当前图层的最底端像素对齐。
- “左对齐”：可以将选中图层的最左侧像素与当前图层的最左侧像素对齐。
- “水平居中对齐”：可以将选中图层水平方向的中心像素与当前图层水平方向的中心像素对齐。
- “右对齐”：可以将选中图层的最右侧像素与当前图层的最右侧像素对齐。

图3.12为未对齐的状态及对应的“图层”面板。图3.13为单击“左对齐”后的效果。

3.4.2 分布

在选中三个或更多的图层时，执行“图层”→“分布”命令下的子菜单命令，或“移动工具”选项栏上的各个分布按钮，可以将选中图层的图像位置以某种方式重新分布。

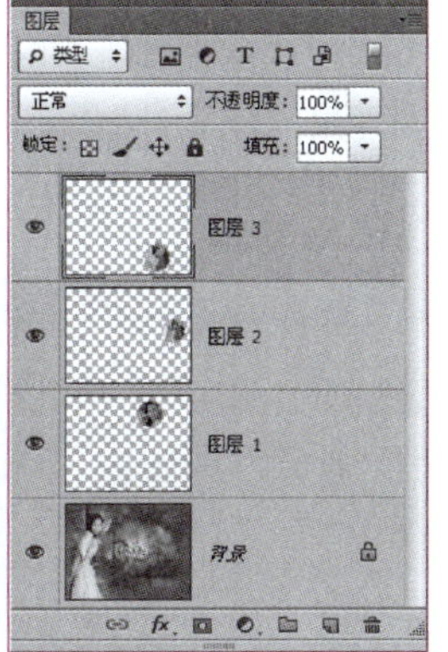

图 3.12　未对齐的状态及对应的“图层”面板

图 3.13　左对齐图层后的效果

下面以“移动工具”选项栏上的分布按钮为例，讲解其用法。

- “按顶分布”：从每个图层的顶端像素开始，间隔均匀地分布图层。
- “垂直居中分布”：从每个图层的垂直中心像素开始，间隔均匀地分布图层。
- “按底分布”：从每个图层的底端像素开始，间隔均匀地分布图层。
- “按左分布”：从每个图层的左端像素开始，间隔均匀地分布图层。
- “水平居中分布”：从每个图层的水平中心像素开始，间隔均匀地分布图层。
- “按右分布”：从每个图层的右端像素开始，间隔均匀地分布图层。

图 3.14 为对齐与分布前的图像。图 3.15 为将上面的三个图层选中，单击“水平居中分布”按钮后的效果。

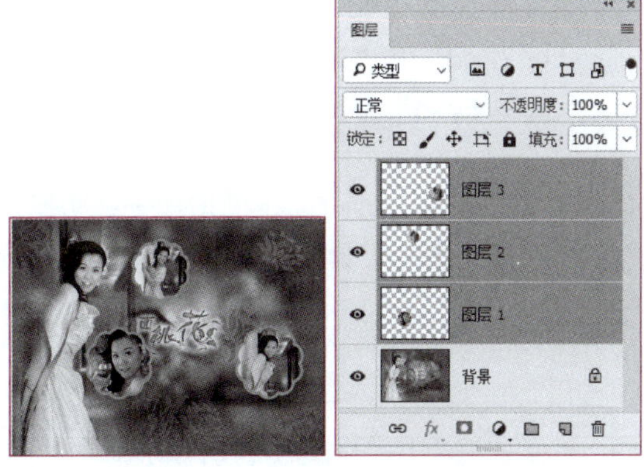

图 3.14　对齐与分布前的图像

图 3.15　水平居中分布后的效果

3.5　合并图层

合并图层的操作实质是使分布在若干图层上的图像叠合于一个图层中，要进行这样操作的前提是保证这些图层无须再进行修改。

微课 3-8
合并图层

3.5.1 合并选中图层

将需要合并的图层全部选中，然后按 Ctrl+E 组合键或选择“图层”→“合并图层”命令，可以合并这些选中的图层。

3.5.2 合并可见图层

如要一次性合并图像中所有可见图层，须确保所有需要合并的图层可见并且没有链接任何图层，然后选择“图层”→“合并可见图层”命令或从“图层”面板弹出菜单中选择“合并可见图层”命令。

笔 记

3.5.3 拼合图像

合并所有图层是指合并“图层”面板中所有未隐藏的图层。要执行这项操作，可以执行“图层”→“拼合图像”命令，或者在“图层”面板弹出菜单中选择“拼合图像”命令。

如果“图层”面板中含有隐藏的图层，执行此操作时，将会弹出提示对话框，如果单击“确定”按钮，Photoshop 则会拼合图层，然后删除隐藏的图层。

项目实训

电商广告发光特效字处理

本例主要运用图层的一些基础功能，结合素材图像，设计一款简单、实用的电商广告，并为其中的主体文字增加发光效果。

（1）打开“项目 3\项目实训-素材 1.psd”，如图 3.16 所示，将其作为本例的背景。

（2）打开“项目 3\项目实训-素材 2.psd”和“项目 3\项目实训-素材 3.psd”，并使用“移动工具”将其拖至“素材 1.psd”中，适当调整其位置，将其置于底部的平台上，如图 3.17 所示。

（3）为了让产品与平台的接触显得更真实，在产品下面增加一些阴影。选择“背景”图层并新建得到“图层 1”，选择“画笔工具”，并在其工具选项栏中设置参数，如图 3.18 所示。

图 3.16 素材 1

图 3.17 拖入素材

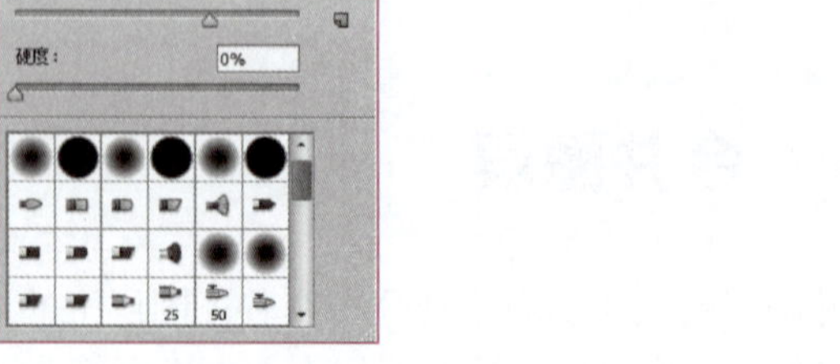

图 3.18 设置画笔参数

（4）使用“画笔工具”在产品与平台接触的位置涂抹多次，以模拟阴影效果，如图 3.19 所示，此时的“图层”面板如图 3.20 所示。

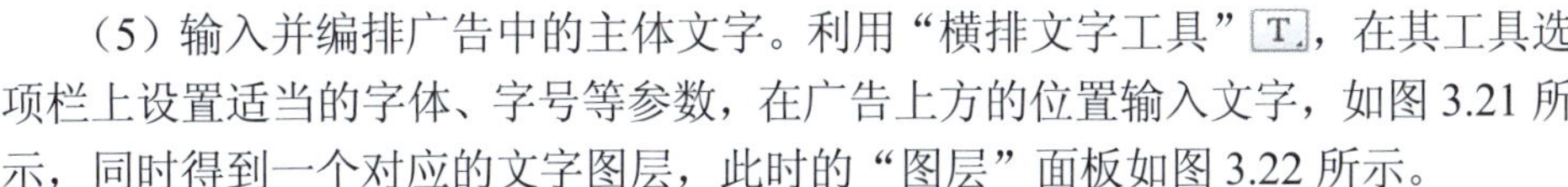

（5）输入并编排广告中的主体文字。利用“横排文字工具”[T]，在其工具选项栏上设置适当的字体、字号等参数，在广告上方的位置输入文字，如图 3.21 所示，同时得到一个对应的文字图层，此时的“图层”面板如图 3.22 所示。

拓展实训 3-1
设计照片墙式网站主页

图 3.19　绘制产品的阴影

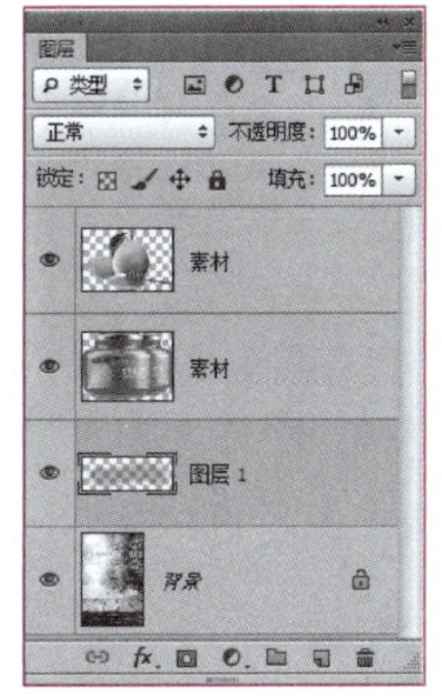

图 3.20　绘制阴影后的“图层”面板

图 3.21　输入主题文字

提示：本例使用的文字是使用了特殊的书法字体，读者计算机中如果没有相同的字体，可以使用其他类似的字体，或通过网络搜索相关的字体、书法字体进行替代。

（6）打开“项目 3\项目实训-素材 4.psd”，使用“移动工具”将其拖至广告文档中，得到“图层 2”，适当调整其位置，将其置于文字上方，如图 3.23 所示。

（7）设置“图层 2”的混合模式为“滤色”，使光芒叠加在文字上，如图 3.24 所示。

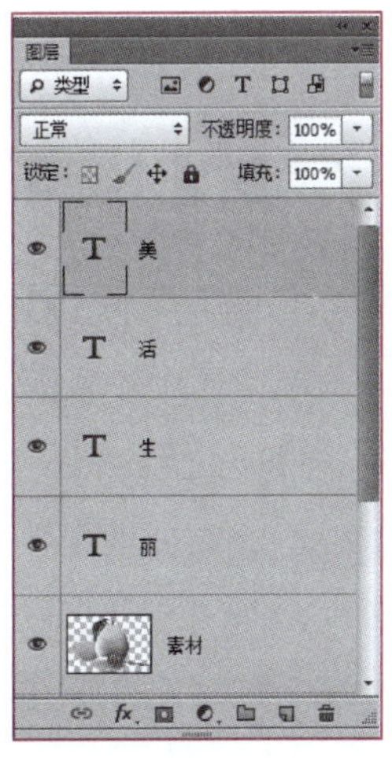

图 3.22　输入文字后的“图层”面板

图 3.23　摆放图像位置

图 3.24　设置图层混合模式后的效果

（8）按照步骤 6 和 7 的方法，打开并摆放“项目 3\项目实训-素材 5.psd”和“项目 3\项目实训-素材 6.psd”，设置相应的图层混合模式，直至得到满意的效果为止，如图 3.25 所示。

（9）结合广告的主题和需求，输入其他相关的说明文字即可，如图 3.26 所示，此时的“图层”面板如图 3.27 所示。

图 3.25 制作其他发光图像

图 3.26 最终效果

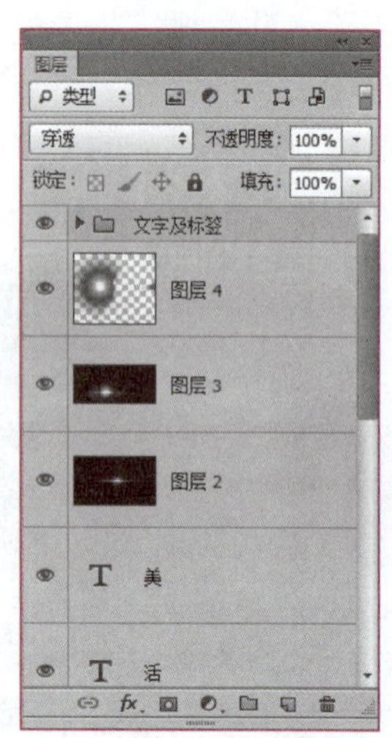

图 3.27 最终的“图层”面板

课后练习

一、选择题

1. 要在当前图层下方新建图层，应该按（　　）键，单击“创建新图层”按钮。

A. Alt　　B. Ctrl

C. Alt+Shift　　D. Ctrl+N

2. 单击“图层”面板上当前图层左边的眼睛图标，结果是（　　）。

A. 当前图层被锁定　　B. 当前图层被隐藏

C. 当前图层会以线条稿显示　　D. 当前图层被删除

3. 下列可用于向下合并图层的组合键是（　　）。

A. Ctrl+E　　B. Ctrl+shift+E

C. Ctrl+F　　D. Ctrl+Alt+E

4. 要对齐图层中的图像，首先应（　　）。

A. 选中要对齐的图层

B. 绘制选区将要对齐的图像选中

C. 将要对齐的图层链接起来

D. 将要对齐的图层合并

5. 下列操作不能删除当前图层的是（　　）。

A. 用鼠标将此图层拖至“删除图层”按钮上

B. 在“图层”面板菜单中选择“删除图层”命令

C. 在有选区时直接按 Delete 键

D. 直接按 ESC 键

笔 记

6．在 Photoshop 中提供了（　　）图层合并方式。

A．向下合并　　B．合并可见层

C．拼合图层　　D．合并图层组

7．下列可以创建新的空白图层的是（　　）。

A．双击“图层”面板的空白处，在弹出的对话框中选择“新图层”命令

B．单击“图层”面板中的创建新图层按钮

C．使用鼠标将图像拖至另一个文档中

D．按 Ctrl+N 键

8．要选中多个图层，可以按（　　）键。

A．Ctrl　B．Shift　C．Alt　D．Tab

9．下面对图层组描述正确的是（　　）。

A．在“图层”面板中单击“创建新组”按钮可以新建一个图层组

B．可以将所有选中图层放到一个新的图层组中

C．按住 Ctrl 键的同时单击图层组的名称，可以弹出“图层组属性”对话框

D．在图层组内可以对图层进行删除和复制

二、操作题

1．打开文件“项目 3\操作题 1-素材.psd”，如图 3.28 所示，通过调整图层顺序，制作如图 3.29 所示的效果。

图 3.28　素材图像

图 3.29　最终效果

2．打开文件“项目 3\操作题 2-素材.psd”，如图 3.30 所示，通过选择不同的图层，使用“移动工具”调整相应图像的位置，直至得到如图 3.31 所示的效果。

图 3.30　素材图像

图 3.31　最终效果

第 4 章

调整图像色彩

学习目标

- 熟悉使用“减淡工具”和“加深工具”修饰图像的方法。
- 掌握“去色”命令的使用方法。
- 掌握“反相”命令的使用方法。
- 掌握“亮度/对比度”命令的使用方法。
- 掌握“色彩平衡”命令的使用方法。
- 掌握“照片滤镜”命令的使用方法。
- 掌握“阴影/高光”命令的使用方法。
- 掌握“黑白”命令的使用方法。
- 掌握“色阶”命令的使用方法。
- 掌握“曲线”命令的使用方法。
- 掌握“色相/饱和度”命令的使用方法。

本章导读

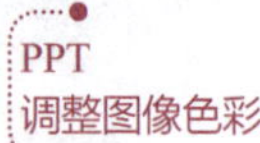

PPT
调整图像色彩

Photoshop 拥有着一系列功能各异的图像调整命令，使用它们可以对图像进行调色、校正对比度、校正曝光不足、显示亮部及暗部细节、统一图像色调、平衡图像色彩，甚至改变图像的整体质感等操作。本章将通过制作大量的照片处理实例，讲解 Photoshop 中易用且实用的图像调整命令，同时还穿插讲解了大量照片处理时的常用手法及技巧。

微课 4-1
减淡工具

知识详解

笔 记

4.1 使用工具调整图像

4.1.1 使用“减淡工具”提亮图像

使用“减淡工具”可以分别对图像中的高光、中间调以及阴影区域进行提亮调整，其工具选项栏如图 4.1 所示。

图 4.1 “减淡工具”选项栏

“减淡工具”选项栏各参数的含义如下。

- 画笔：在其中可以选择一种画笔，以定义使用“减淡工具”操作时的笔刷大小，画笔越大，操作时提亮的区域也越大。
- 范围：在下拉列表中选择此选项，可以定义“减淡工具”应用的范围，其中有“阴影”“中间调”及“高光”三个选项，可以处理图像中处于三个不同色调的区域。
- 曝光度：在该数值框中输入数值或拖动三角滑块，可以定义使用“减淡工具”操作时的淡化程度，数值越大，提亮的效果越明显。
- 保护色调：选择此选项，可以使操作后的图像色调不发生变化。

例如，图 4.2 为一张拍摄得较暗的照片，此时可以使用“减淡工具”对照片中的松鼠及下面的草地局部进行快速方便的操作，如图 4.3 所示。

4.1.2 使用“加深工具”增加图像对比度

与“减淡工具”刚好相反，“加深工具”可以对图像中的高光、中间调以及阴影区域进行提亮调整，其工具选项栏及操作方法与“减淡工具”的相同，故不再重述。

图 4.4 为原图像，图 4.5 为使用“加深工具”加深面部后的效果，可以看出操作后面部更具有立体感。

图 4.2 原图像

图 4.3 局部提亮处理后的效果

图 4.4 原图像

图 4.5 加深面部后的效果

灵活地使用“加深工具”与“减淡工具”，可以绘制出很多漂亮的插画作品。例如，图 4.6 为使用这两个工具通过加深与提亮操作绘制插画的基本流程。

图 4.6 绘制插画的流程图

笔 记

拓展知识 4-1
使用“海绵工具”处理图像饱和度

笔 记

4.2 快速调整命令

4.2.1 “去色”命令

顾名思义，“去色”就是去除图像中的所有色彩，从而得到一幅灰度图像的效果。

与选择“图像”→“模式”→“灰度”命令不同，选择“图像”→“调整”→“去色”命令后，可在原图像的颜色模式下将图像转换为灰度效果。

下面以一个实例来讲解使用“去色”命令制作图像视觉焦点的方法，其操作步骤如下。

（1）打开文件“项目 4\4.2.1-素材.tif”，如图 4.7 所示，在这幅图像中使用“去色”命令将人物的眼睛、嘴唇及戒指图像制作为视觉焦点。

（2）使用“套索工具”，按住 Shift 键，沿着图像中要突出的眼睛、嘴唇及戒指图像的边缘绘制选区，如图 4.8 所示。

（3）按快捷键 Ctrl+Shift+I，执行“反相”操作，以选中要处理为灰色的图像。

（4）选择“图像”→“调整”→“去色”命令或按快捷键 Ctrl+Shift+U 执行“去色”操作。

（5）按快捷键 Ctrl+D 取消选区，得到如图 4.9 所示的效果。

拓展知识 4-2
“阈值”命令

图 4.7 原图效果

图 4.8 绘制选区

图 4.9 最终效果

微课 4-2
“阈值”命令

4.2.2 “反相”命令

按 Ctrl+I 组合键或选择“图像”→“调整”→“反相”命令，可反相图像的色彩，即将图像中的颜色改变为其补色，此命令没有参数和选项可设置。图 4.10 是反相图像色彩前后的效果。

同样，如果当前图像存在选区，可以仅仅反相选区中图像的色彩。

微课 4-3
“亮度/对比度”命令

4.2.3 “亮度/对比度”命令

执行“图像”→“调整”→“亮度/对比度”命令，可以对图像进行全局调整。此命令属于粗略式调整命令，其操作方法不够精细，因此不能作为调整颜色的第一手段。

(a)

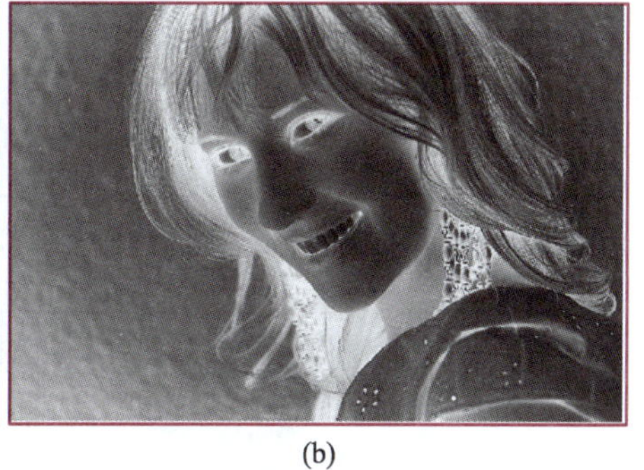
(b)

图 4.10 选择“反相”命令前后的效果对比

（1）打开文件“项目 4\4.2.3-素材.jpg”，如图 4.11 所示。选择“图像”→“调整”→“亮度/对比度”命令，弹出如图 4.12 所示的对话框。

图 4.11 要调整的图像

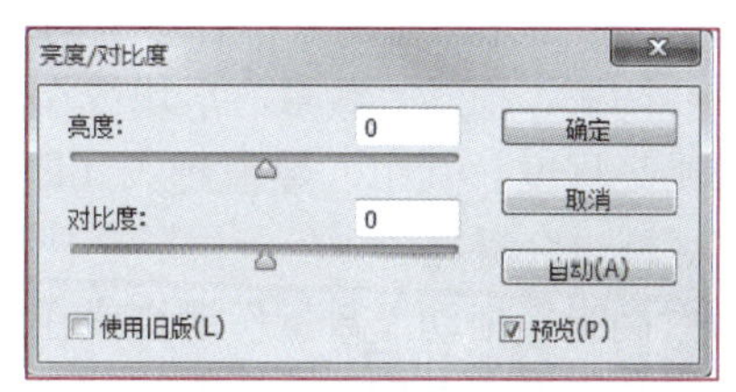

图 4.12 “亮度/对比度”对话框

（2）拖动对话框中的滑块进行调整，本例图像所使用的参数如图 4.13 所示。

- 亮度：用于调整图像的亮度。数值为正时，增加图像亮度；数值为负时，降低图像的亮度。
- 对比度：用于调整图像的对比度。数值为正时，增加图像的对比度；数值为负时，降低图像的对比度。
- 使用旧版：可以通过选择此选项，使用 Photoshop CS3 版本以前的“亮度/对比度”命令来调整图像，不建议选择此选项。
- “自动”按钮：在 Photoshop CS6 中，单击此按钮后，即可自动针对当前的图像进行亮度及对比度的调整。

（3）设置参数后，单击“确定”按钮，图像明暗度则发生相应的改变，如图 4.14 所示。

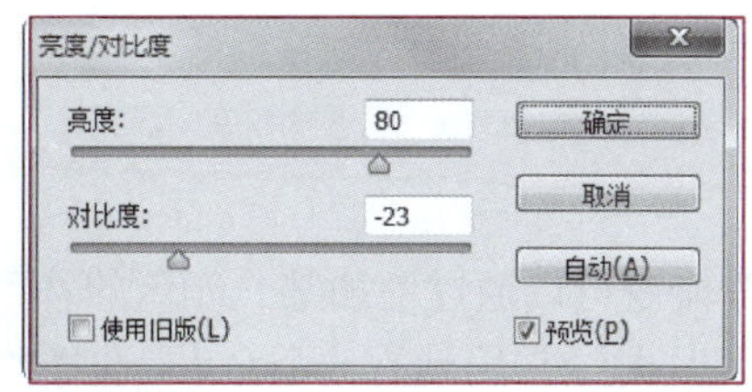

图 4.13 调整图像所使用的参数

图 4.14 调整后的图像效果

笔 记

拓展知识 4-3
“色调分离”命令

微课 4-4
“HDR 色调”命令

笔 记

4.2.4 “阴影/高光”命令

“阴影/高光”命令专门用于处理在拍摄中由于用光不当，而导致局部过亮或过暗的照片。选择“图像”→“调整”→“阴影/高光”命令，弹出如图 4.15 所示的“阴影/高光”对话框。

图 4.15 “阴影/高光”对话框

“阴影/高光”对话框中各参数的含义如下。

- 阴影：拖动“数量”滑块或在文本框中输入相应的数值，可以改变暗部区域的明亮程度。其中，数值越大（即滑块的位置越偏向右侧），则调整后的图像暗部区域也会越亮。
- 高光：拖动“数量”滑块或在文本框中输入相应的数值，可以改变高亮区域的明亮程度。其中，数值越大（即滑块的位置越偏向右侧），则调整后的图像高亮区域也会越暗。

图 4.16 为改变阴影前后图像的效果对比。

(a)

(b)

图 4.16 改变阴影前后图像的效果对比

4.3 高级调整命令

微课 4-5
“色彩平衡”命令

4.3.1 “色彩平衡”命令

使用“图像”→“调整”→“色彩平衡”命令可以通过增加某一颜色的补色，从而达到去除某种颜色的目的，是调整偏色照片时经常用到的一个命令。选择“图像”→“调整”→“色彩平衡”命令，弹出如图 4.17 所示的对话框。

笔 记

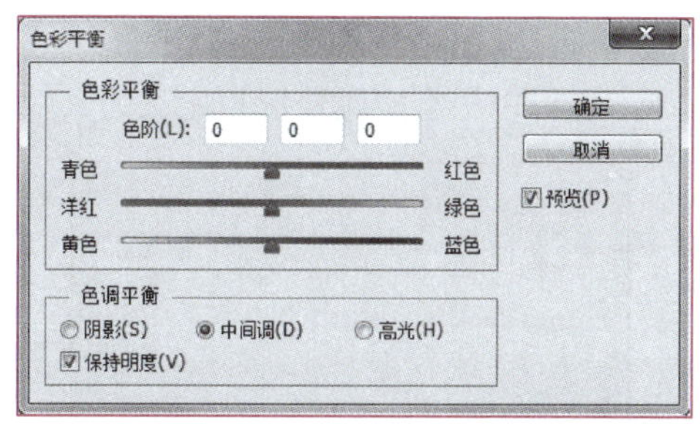

图 4.17 “色彩平衡”对话框

“色彩平衡”对话框中各参数含义如下。

- 阴影：选择此选项，调整图像阴影部分的颜色。
- 中间调：选择此选项，调整图像中间调的颜色。
- 高光：选择此选项，调整图像高亮部分的颜色。
- 保持明度：选择此选项，可以保持图像原来的亮度，即在操作时仅有颜色值被改变，像素的亮度值不变。

（1）打开素材“项目 4\4.3.1-素材.jpg”，如图 4.18 所示，可以看出图像中存在偏色。

（2）执行“图像”→“调整”→“色彩平衡”命令，分别选择“阴影”和“中间调”两个单选按钮，设置对话框中的参数，如图 4.19 和图 4.20 所示。

图 4.18 调整颜色前的原图像

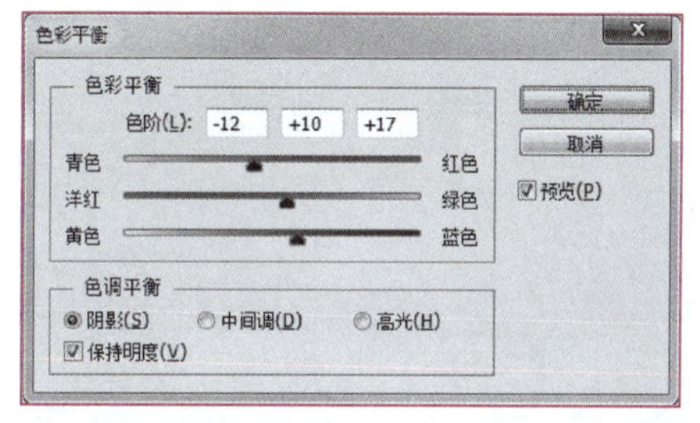

图 4.19 选择“阴影”选项并设置参数

（3）单击“确定”按钮，退出对话框，效果如图 4.21 所示。

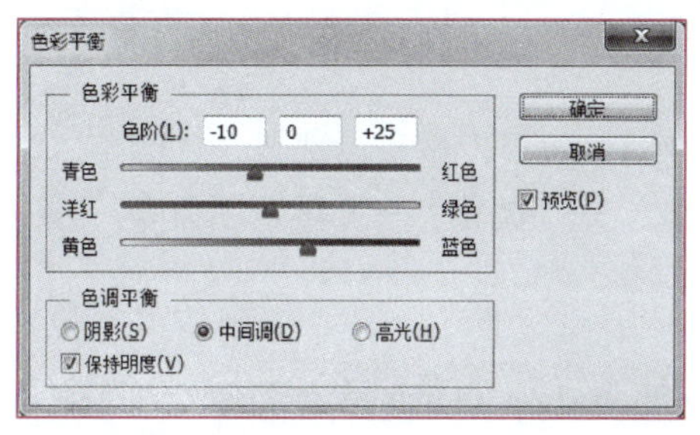

图 4.20 选择“中间调”选项并设置参数

图 4.21 调整特殊色彩后的效果

4.3.2 “照片滤镜”命令

执行“图像”→“调整”→“照片滤镜”命令用于调整图像的色调，如将暖

微课 4-6
“照片滤镜”命令

笔 记

色调照片调整成为冷色调等，弹出如图 4.22 所示的对话框。调整图像的色调，使其具有暖色调或冷色调，也可以根据实际情况自定义为其他的色调。

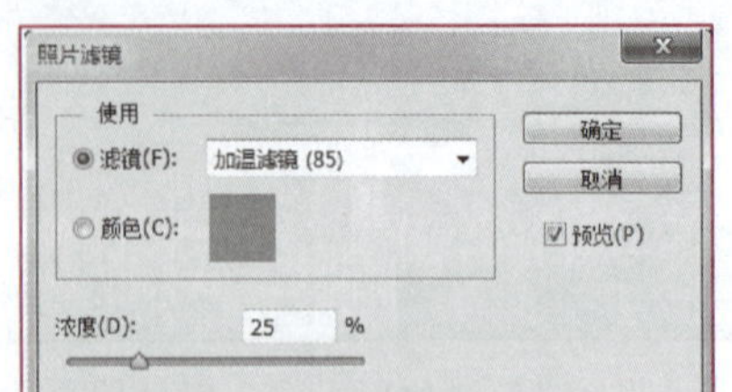

图 4.22 “照片滤镜”对话框

“照片滤镜”对话框中各参数含义如下。

- 滤镜：在该下拉列表中有多达 20 种预设选项，可以根据需要选择合适的选项，对图像进行调节。
- 颜色：单击该色块，在弹出的“拾色器”对话框中可以自定义一种颜色，作为图像的色调。
- 浓度：拖动滑块条，以便调整应用于图像的颜色数量，该数值越大，应用的颜色调整越大。
- 保留明度：在调整颜色的同时保持原图像的亮度。

图 4.23 为调整前后图像的色调效果对比。

(a)

(b)

图 4.23 原图像与调色后的效果

微课 4-7
“黑白”命令

4.3.3 “黑白”命令

“黑白”命令可以将图像处理成为灰度图像效果，也可以选择一种颜色，将图像处理成为单一色彩的图像。选择“图像”→“调整”→“黑白”命令，弹出如图 4.24 所示的对话框。

“黑白”对话框中各参数的含义如下。

- 预设：在此下拉列表中，可以选择 Photoshop 自带的多种图像处理方案，从而将图像处理成为不同程度的灰度效果。
- 颜色设置：在对话框中间的位置，存在着 6 个滑块，分别拖动各个滑块，即可对原图像中对应色彩的图像进行灰度处理。
- 色调：选择该选项，对话框底部的两个色条及右侧的色块将被激活，其中两个色条分别代表了“色相”与“饱和度”，在其中调整出一个要叠加到图像上的颜色，即可轻松完成对图像的着色操作。另外，也可以直接单击右侧的颜色块，在弹出的“拾色器”对话框中选择一个需要的颜色即可。

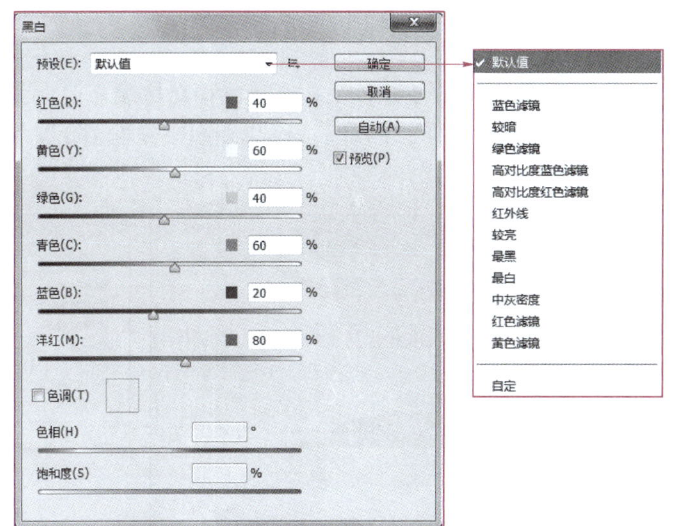

图 4.24 “黑白”对话框

微课 4-8
“渐变映射”命令

下面通过一个实例来讲解“黑白”命令的操作方法。

（1）打开文件“项目 4\4.3.3-素材.jpg”，如图 4.25 所示。在本例中，将使用“黑白”命令先制作灰度图像，再为图像叠加颜色，从而处理得到艺术化的摄影图像效果。

（2）按 Ctrl+Alt+Shift+B 组合键或选择“图像”→“调整”→“黑白”命令，在弹出的对话框中，可以在“预设”下拉列表中选择一种处理方案，如图 4.26 所示，此时图像的预览效果如图 4.27 所示。也可以直接在中间的颜色设置区域中拖动各个滑块，以调整图像的效果。

图 4.25 素材图像

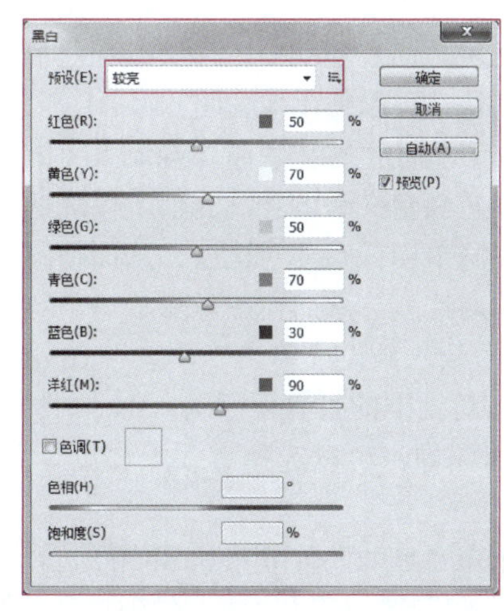

图 4.26 选择预设

图 4.27 预览效果

提示： 至此，已经将图像完全处理成满意的灰度效果了，下面在此基础上，为图像叠加一种艺术化的色彩。

（3）选中对话框底部的“色调”选项，此时下面的颜色设置区域将被激活，分别拖动“色相”及“饱和度”滑块，同时预览图像的效果，直至满意为止。

微课 4-9
“色阶”命令

4.3.4 “色阶”命令

笔 记

“色阶”命令可以调整图像的明暗度、中间色和对比度，是图像调整过程中使用最为频繁的命令之一，选择“图像”→“调整”→“色阶”命令，弹出如图 4.28 所示的对话框。

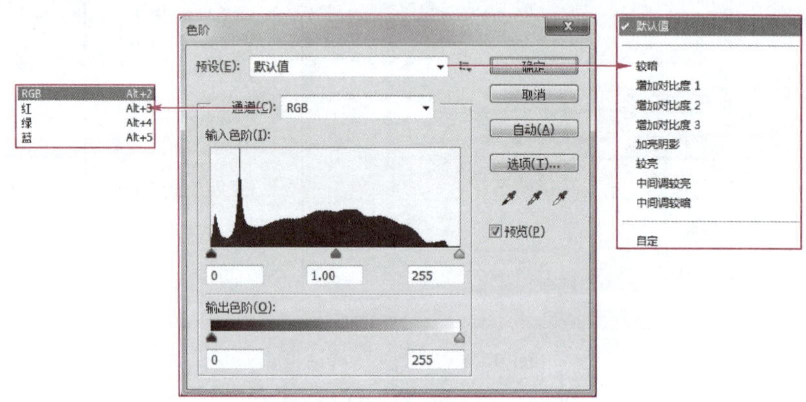

图 4.28 “色阶”对话框

“色阶”对话框中各参数的含义如下。

- 通道：在该下拉列表中可以选择要调整的通道，在调整不同颜色模式的图像时，该下拉列表中的选项也不尽相同。例如，在 RGB 模式中，该下拉列表显示“RGB”“红”“绿”和“蓝”4 个选项，而在灰度模式下，由于此时只有一个“灰色”通道，所以该下拉列表将不再提供任何选项。
- 输入色阶：分别拖动“输入色阶”直方图下面的黑、灰、白色滑块或在“输入色阶”数值框中输入数值，可以对应地改变照片的暗调、中间调或高光，从而增加图像的对比度。向左拖动白色滑块或灰色滑块，可以加亮图像；向右拖动黑色滑块或灰色滑块，可以使图像变暗。
- 输出色阶：拖动“输出色阶”控制条上的滑块或在“输出色阶”数值框中输入数值，可以重新定义暗调和高光值，以降低图像的对比度。其中，向右拖动黑色滑块，可以降低图像暗部对比度，从而使图像变亮；向左拖动白色滑块，可以降低图像亮部对比度，从而使图像变暗。
- 存储预设/载入预设：单击“预设”右侧的按钮，选择“存储预设”命令，可以将当前对话框的设置保存为*.alv 文件，在以后的工作中如果遇到需要进行同样设置的图像，可以选择“载入预设”命令，调出该文件，自动调整对话框的设置。
- 自动：单击“自动”按钮 Photoshop 将自动调整图像，其实质是 Photoshop 以 0.5%的比例调整图像的亮度，将图像中最亮的像素变成白色，将最暗的像素变成黑色，使图像中的亮度分布更均匀，消除图像不正常的亮部与暗部像素。

1. 使用滑块调整图像对比度

使用“色阶”命令可以简单、快速地调整图像的明暗度，其操作步骤如下。

（1）打开文件“项目 4\4.3.4-1 素材.jpg”，如图 4.29 所示。

笔记

图 4.29 素材图像

（2）按 Ctrl+L 组合键，使用“色阶”命令，如果要增加图像的明度，可以在“输入色阶”区域向左侧拖动白色滑块，如图 4.30 所示，此时的预览效果如图 4.31 所示。

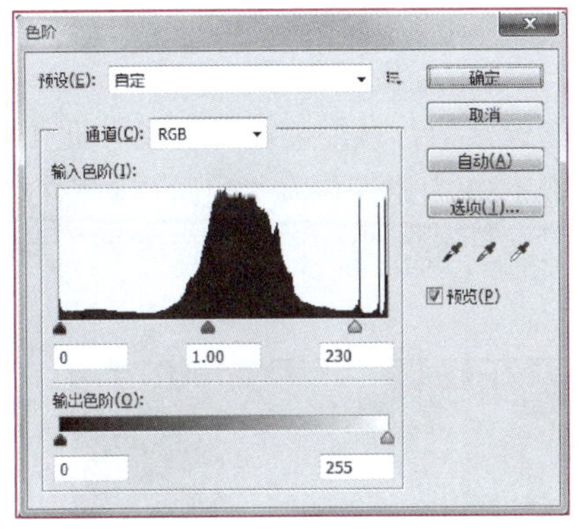

图 4.30 拖动白色滑块增加图像明度

图 4.31 调整后的效果

（3）如果要增加图像的暗度，可以向右侧拖动“输入色阶”区域中的黑色滑块，如图 4.32 所示，此时的预览效果如图 4.33 所示。

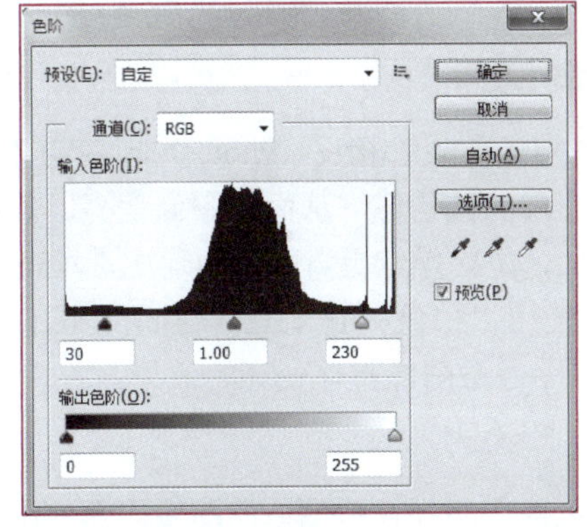

图 4.32 拖动黑色滑块增加图像暗度

图 4.33 调整后的效果

（4）如果要降低图像的明度，可以向左侧拖动“输出色阶”区域中的白色滑块；如果要降低图像的暗度，可以向右侧拖动“输出色阶”区域中的黑色滑块。

（5）调整完毕后，单击“确定”按钮，退出对话框。

笔 记

通过本案例，可以总结出以下规律：

- 要增加/降低图像的明度，可以拖动“输入色阶”区域中的白色滑块。
- 要增加/降低图像的暗度，可以拖动“输入色阶”区域中的黑色滑块。

2. 使用吸管调整图像对比度

除使用“输入色阶”与“输出色阶”对图像进行调整外，还可以使用对话框中的三个吸管工具对图像进行调整。从左到右三个吸管依次为“在图像中取样以设置黑场”、“在图像中取样以设置灰场”和“在图像中取样以设置白场”，单击其中任一吸管，然后将光标移到图像窗口中，光标将变成相应的吸管形状，单击即可完成色调调整。

黑、白吸管的工作原理是，当用户分别使用“在图像中取样以设置黑场”、“在图像中取样以设置白场”在图像的最暗与最亮（注意不是黑色与白色）的区域单击时，可以分别将图像最暗与最亮处的像素映射为黑色与白色，使Photoshop按改变的幅度重新分配图像中所有像素，从而调整图像。

下面分别讲解各个吸管工具的作用。

- “在图像中取样以设置黑场”：用该吸管在图像中单击，Photoshop将定义单击处的像素为黑点，并重新分布图像的像素值，从而使图像变暗，此操作类似于在输入色阶中向右侧拖动黑色滑块。图4.34为原图像及“色阶”对话框处于打开状态下“黑色吸管工具”所在的位置，图4.35为使用“黑色吸管工具”单击图像后图像整体变暗的效果。

图4.34 原图像及黑色吸管工具所在的位置

图4.35 使用黑色吸管单击图像后的效果

- “在图像中取样以设置白场”：与黑色吸管相反，Photoshop将定义白色吸管单击处的像素为白点，并重新分布图像的像素值，从而使图像变亮，此操作类似于在输入色阶中向左侧拖动白色滑块，但此操作更直观、精确。图4.36为原图像及“色阶”对话框处于打开状态下使用“白色吸管工具”所在的位置，图4.37为使用“白色吸管工具”单击图像后图像整体变亮的效果。

3. 使用灰色吸管工具纠正图像偏色

在使用素材图像的过程中，不可避免地会遇到一些偏色的图像，而使用“色阶”对话框中的“灰色吸管工具”可以轻松地解决这个问题。

“灰色吸管工具”纠正偏色操作的方法很简单，只需要使用吸管单击图像中某种颜色，即可在图像中消除或减弱此种颜色，从而纠正图像中的偏色状态。

图4.38为原图像，图4.39为“色阶”对话框处于打开状态下，使用“灰色

吸管工具”在图像中辅助线相交位置进行单击后的效果。可以看出，由于去除了部分绿色像素，图像中的人像面部呈现出红润的颜色。

图 4.36 原图像及白色吸管工具所在的位置

图 4.37 使用白色吸管单击图像后的效果

图 4.38 原图像

图 4.39 使用灰色吸管后的效果

注意：使用灰色吸管单击的位置不同，得到的效果也会不同，因此需要特别注意。

4.3.5 “曲线”命令

微课 4-10
“曲线”命令

“曲线”命令是 Photoshop 中调整图像最为精确的一个命令，其对话框如图 4.40 所示。在调整图像时，可以通过在对话框中的调节线上添加控制点并调整其位置，对图像进行精确地调整。

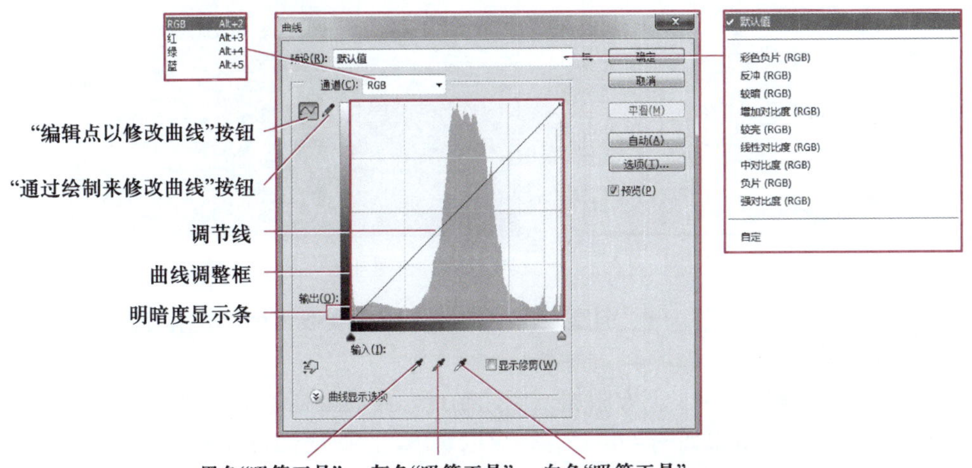

图 4.40 “曲线”对话框

笔 记

“曲线”对话框中各参数的含义如下。

- 预设：除了可以手工编辑曲线来调整图像外，还可以直接在“预设”下拉列表中选择一个 Photoshop 自带的调整选项。
- 通道：与“色阶”命令相同，在不同的颜色模式下，该下拉列表将显示不同的选项。
- 曲线调整框：该区域用于显示当前对曲线所进行的修改，按住 Alt 键，在该区域中单击可以增加网格的显示数量，从而便于对图像进行精确地调整。
- 明暗度显示条：即曲线调整框左侧及底部的渐变条。横向的显示条为图像在调整前的明暗度状态，纵向的显示条为图像在调整后的明暗度状态，图 4.41 分别为向上和向下拖动节点时，该点图像在调整前后的对应关系。
- 调节线：在该直线上最多可以添加 14 个节点，当鼠标指针置于节点上并改变状态时，就可以拖动该节点对图像进行调整。要删除节点，可以选中并将节点拖至对话框外部，或在选中节点的情况下，按住 Delete 键即可。
- “编辑点以修改曲线”按钮：使用该工具，可以在调节线上添加控制点，以曲线方式调整调节线。
- “通过绘制来修改曲线”按钮：使用该工具，可以以手绘方式在曲线调整框中绘制曲线。
- 平滑：当使用“通过绘制来修改曲线”按钮绘制曲线时，该按钮才会被激活，单击该按钮，可以让所绘制的曲线变得更加平滑。

1. 使用“曲线”命令调整图像

在前面的讲解中曾提到过，“曲线”命令是 Photoshop 中最为精确的一个图像调整命令。利用此命令的精确性，可以在尽量保证图像质量的情况下，显示出图像中的细节内容。下面以一个实例来进行讲解，其操作步骤如下：

（1）打开文件“项目 4\4.3.5-2-素材.jpg”，如图 4.42 所示。可以看出，图像的整体都偏暗，下面就利用“曲线”命令来解决这个问题。

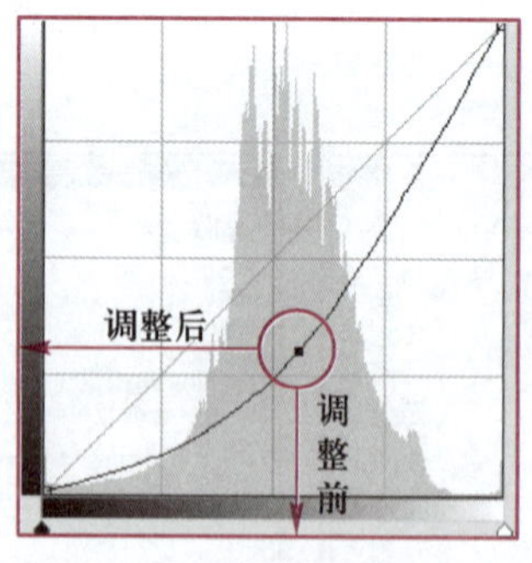

图 4.41 节点的对应关系

图 4.42 素材图像

（2）选择“图像”→“调整”→“曲线”命令或按 Ctrl+M 组合键调出“曲线”对话框。

（3）在调节线的左下方添加一个控制点，并向上拖动至如图 4.43 所示的状态，此时的预览效果如图 4.44 所示。可以看出，此时底部较暗图像中的细节已经基本显示出来了。

（4）此时图像的暗调区域仍然有比较明显的死黑区域，所以继续在暗调区域

的对应位置（即调节线的左下方）添加节点，并向上拖动，以更多地显示出暗调区域的图像，如图 4.45 所示，此时图像的预览效果如图 4.46 所示。

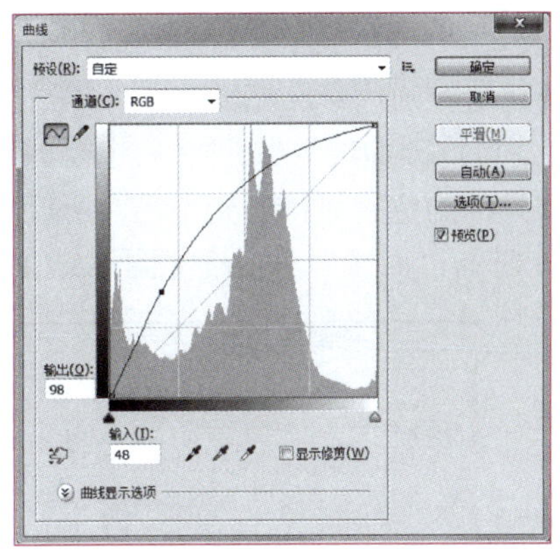

图 4.43　添加并调整节点

图 4.44　显示暗部的图像

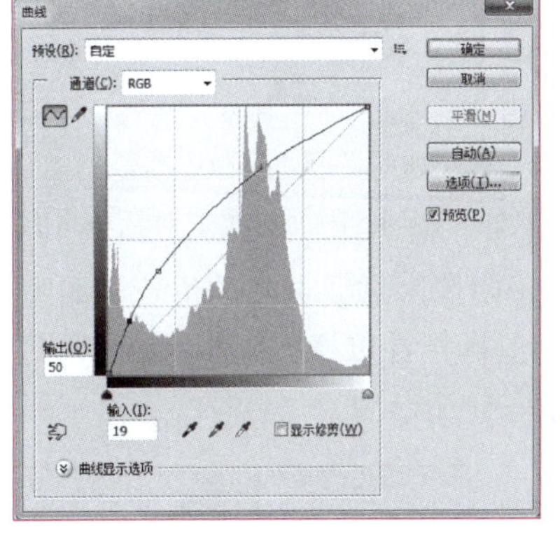

图 4.45　向上拖动左下方的控制点

图 4.46　继续显示更多暗调区域的细节

提示：此时，暗调图像已经基本显示出来，但整体的对比度有些偏低，下面就来解决这个问题。

（5）在调节线右上方添加一个节点并向上拖动，以提高图像的对比度，如图 4.47 所示，此时图像的预览效果如图 4.48 所示。

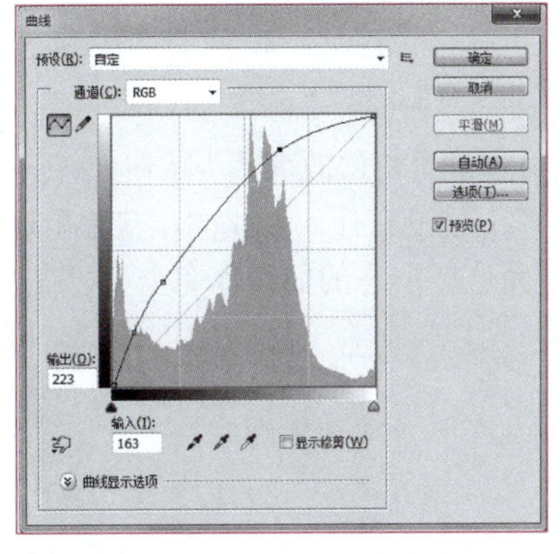

图 4.47　添加并调整节点

图 4.48　调整中间部分图像对比度后的效果

（6）调整后，单击“确定”按钮，退出对话框。

2．单击并拖动“可修改曲线”按钮调整图像

在“曲线” 对话框中的图像上单击并拖动“可修改曲线”按钮，单击此按钮，可以在图像中通过拖动的方式快速调整图像的色彩及亮度。

例如，图 4.49 是在图像上单击并拖动“可修改曲线”按钮后在要调整的图像位置摆放光标时的状态，由于当前摆放光标的位置显得曝光不足，所以将向上拖动光标以提亮图像，如图 4.50 所示，此时的“曲线”对话框如图 4.51 所示。

图 4.49 摆放光标位置

图 4.50 向上拖动光标以提亮图像

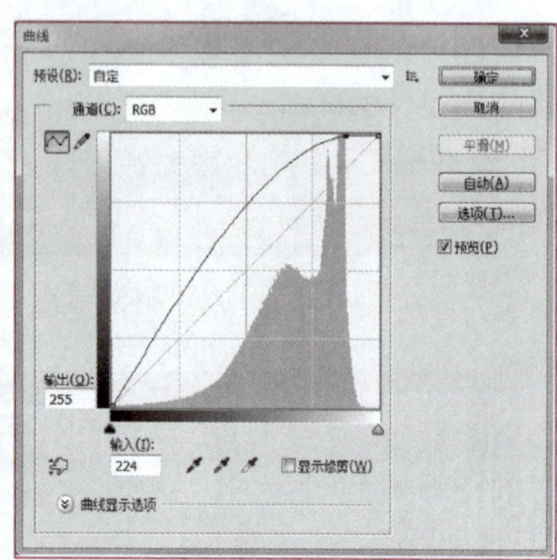

图 4.51 “曲线”对话框（1）

在上面处理的图像基础上，再将光标置于阴影区域要调整的位置，如图 4.52 所示，按照前面所述的方法，此时将向下拖动鼠标指针以调整阴影区域，如图 4.53 所示，此时的“曲线”对话框如图 4.54 所示。

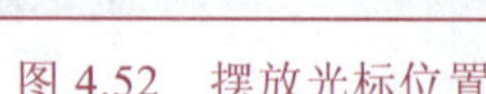

图 4.52 摆放光标位置

图 4.53 向下拖动光标以降暗图像

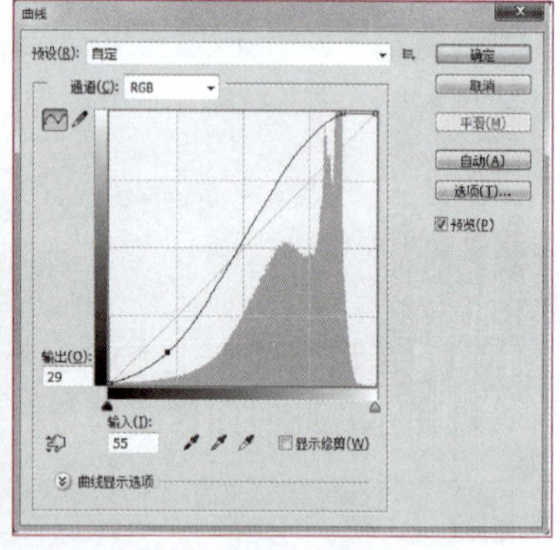

图 4.54 “曲线”对话框（2）

拓展知识 4-4
使用曲线精确调整图像明暗度

从示例可以看出，实际上在图像上单击并拖动“可修改曲线”按钮只不过是在操作的方法上有所不同，而在调整的原理上是没有任何变化的，就像上述示例中，是利用了 S 形曲线增加图像的对比度，而这样形态的曲线也完全可以在“曲线”对话框中通过编辑曲线的方式创建得到，所以读者在实际运用过程中，可以根据自己的喜好，选择使用何种方式来调整图像。

4.3.6 “色相/饱和度”命令

选择“图像”→“调整”→“色相/饱和度”命令可以依据不同的颜色分类

进行调色操作，还可以直接为图像进行统一的着色操作，弹出如图 4.55 所示的对话框。

微课 4-11
"色相/饱和度"命令

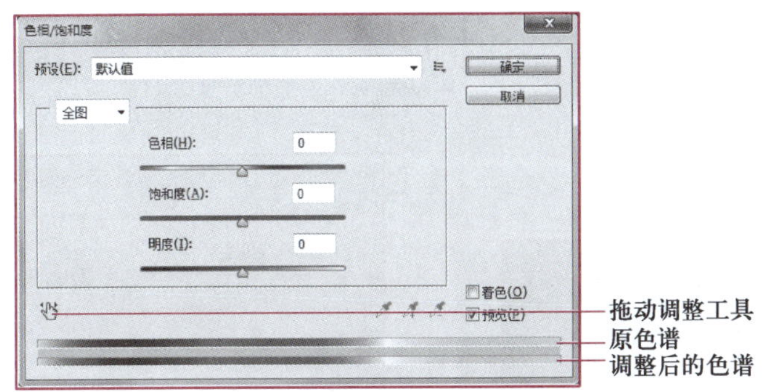

图 4.55 "色相/饱和度"对话框

"色相/饱和度"对话框中各参数的含义如下。

- 全图：选择此选项，将同时调整图像中所有的颜色。
- 着色：选择"红色""黄色""绿色""青色""蓝色"和"洋红"中的一种，仅调整图像中相应的颜色。
- 色相：用于调整图像颜色的色彩。
- 饱和度：用于调整图像颜色的饱和度。数值为正时，加深颜色的饱和度；数值为负时，降低颜色的饱和度，如果数值为-100，调整的颜色将变为灰度。
- 明度：用于调整图像颜色的亮度。
- "拖动调整工具"：在对话框中单击选中此工具后，在图像中单击某一种颜色，并在图像中向左或向右拖动，可以减少或增加包含所单击像素的颜色范围的饱和度；如果在执行此操作时按住 Ctrl 键，则左右拖动可以改变相对应区域的色相。

微课 4-12
"自然饱和度"命令

以图 4.56 所示的图像为例，图 4.57 为对其中的草地和花朵进行色彩美化后的效果。

图 4.56 素材图像

图 4.57 美化后的效果

4.3.7 "可选颜色"命令

相对于其他调整命令，"可选颜色"命令的原理较为难以理解。具体来说，它是通过为一种选定的颜色，增减青色、洋红色、黄色及黑色，从而实现改变该色彩的目的，在掌握了此命令的用法后，可以实现极为丰富的调整，因此常用于

微课 4-13
"替换颜色"命令

笔 记

制作各种特殊色调的照片效果。

选择"图像"→"调整"→"可选颜色"命令即可调出其对话框。

下面以图 4.58 所示的 RGB 三原色图为例，讲解此命令的工作原理。

在"颜色"下拉列表中选择"红色"选项，表示对该颜色进行调整，如图 4.59 所示。再选中"相对"单选项组，向右侧拖动"青色"滑块至 100%。

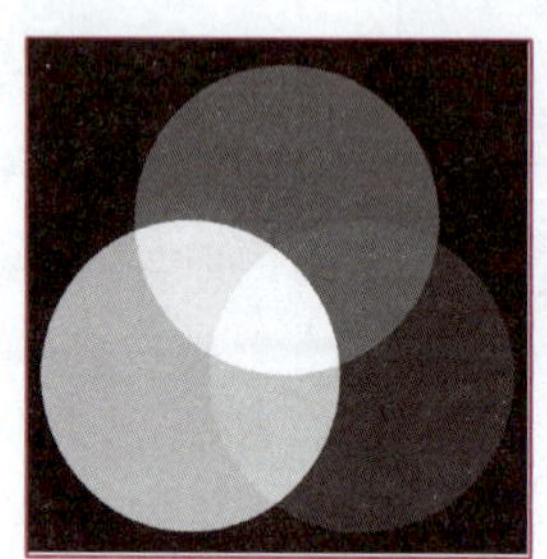

图 4.58 RGB 三原色图

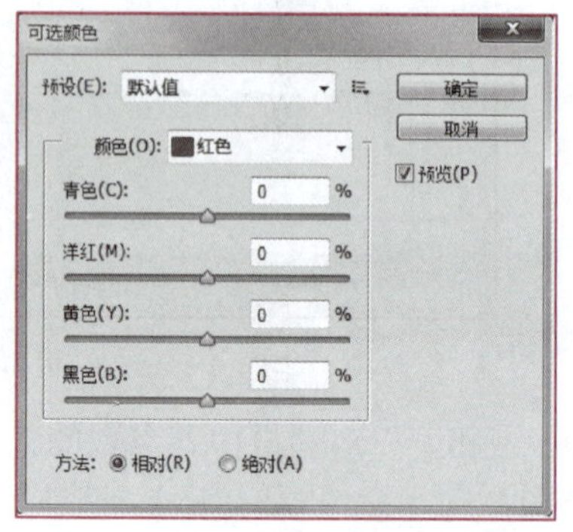

图 4.59 "可选颜色"对话框

由于红色与青色是互补色，当增加了青色时，红色就相应地变少，当增加青色至 100%时，红色完全消失变为黑色，如图 4.60 所示。

虽然在使用时没有其他调整命令那么直观，但熟练掌握之后，就可以实现非常多样化的调整。图 4.61 是使用"可选颜色"命令进行色彩调整前后的效果对比。

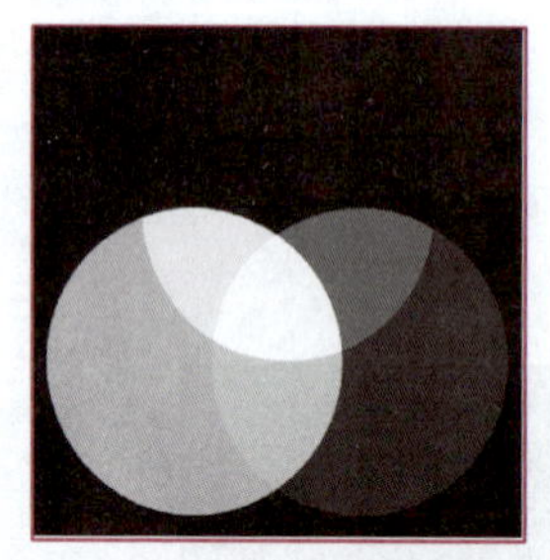

图 4.60 RGB 三原色将青色增加 100%后的效果

图 4.61 色彩调整前后的效果对比

项目实训

将黄绿色树叶调整成为金黄色

在本例中，主要是使用"亮度/对比度"命令调整照片的整体曝光与对比，然后结合"自然饱和度"与"可选颜色"命令，润饰照片整体及各部分的色彩。在选片时，可选择带有较大面积黄色叶子的树林，若能有天空或雪山等元素作为对比更佳。

(1) 打开素材"项目 4\项目实训-素材.jpg"，如图 4.62 所示。

笔 记

图 4.62　要处理的素材照片

（2）当前照片整体较为灰暗，因此在调色之前，先来优化一下照片的对比。选择“图像”→“调整”→“亮度/对比度”命令，在弹出的对话框中设置参数，如图 4.63 所示，以提高照片的亮度及对比度，得到如图 4.64 所示的效果。

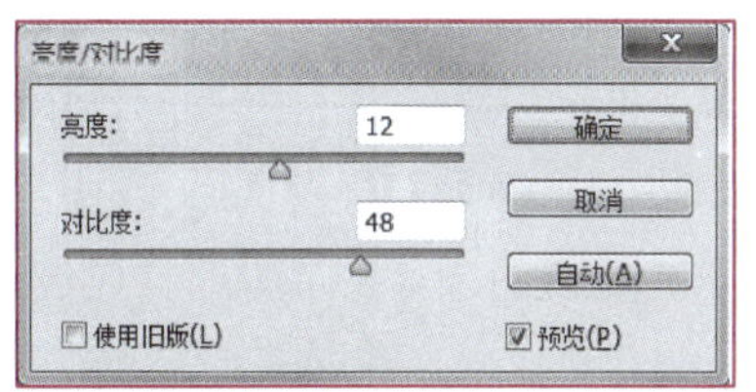

图 4.63　“亮度/对比度”对话框

图 4.64　调整亮度与对比度后的效果

（3）通过步骤 2 的调整，已经基本调整好照片的曝光，色彩饱和度也有所提高，但还不够，需继续提高照片整体的饱和度。选择“图像”→“调整”→“自然饱和度”命令，在弹出的对话框中设置参数，如图 4.65 所示，以提高照片色彩的饱和度，得到如图 4.66 所示的效果。

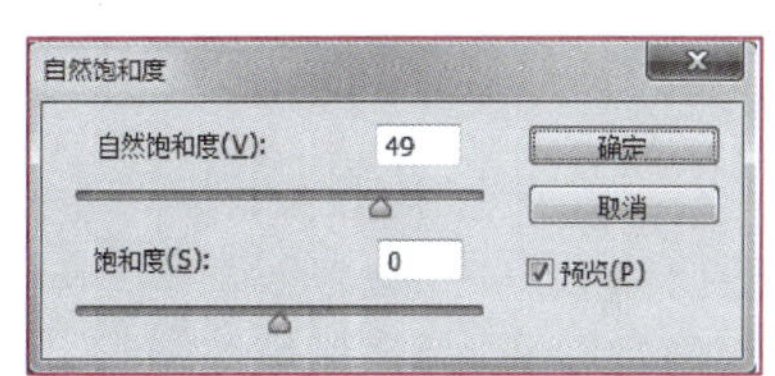

图 4.65　“自然饱和度”对话框

图 4.66　调整颜色饱和度后的效果

（4）至此，照片整体的调整已经基本完成。按照本例例前分析的文字，对其中的绿色和黄色的树叶进行调整。选择“图像”→“调整”→“亮度/对比度”命令，在弹出的对话框中设置参数，如图 4.67 和图 4.68 所示，以改变照片中黄色和青色的色彩，以强化照片的色彩对比，得到如图 4.69 所示的效果。

图 4.67 设置“可选颜色”中的黄色

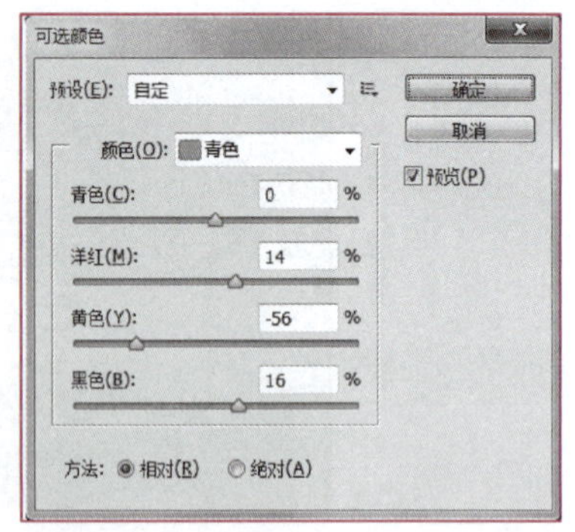

图 4.68 设置“可选颜色”中的青色

拓展实训 4-1
使用“色相/饱和度”命令调整图像颜色

拓展实训 4-2
校正照片偏色

图 4.69 调色后的最终效果

课后练习

一、选择题

文本 习题答案

1. 下列选项中（　　）可以去除图像颜色。
   A. “去色”命令　　B. “减淡工具”
   C. “反相”命令　　D. “海绵工具”
2. 应用“色彩平衡”命令的快捷键是（　　）。
   A. Ctrl+C　　B. Ctrl+Alt+B
   C. Ctrl+Shift+F　　D. Ctrl+B
3. 下列可以提亮图像的功能是（　　）。
   A. “减淡工具”　　B. “加深工具”
   C. “亮度/对比度”命令　　D. “色阶”命令
4. 使用“色阶”命令可以（　　）。
   A. 提高图像对比度　　B. 校正图像偏色
   C. 制作 HDR 效果　　D. 降低图像对比度
5. 使用“色相/饱和度”命令可以（　　）。
   A. 调整图像颜色　　B. 增加图像的饱和度
   C. 降低图像的亮度　　D. 增加图像的对比度
6. 使用“色彩平衡”命令可以（　　）。
   A. 校正图像颜色　　B. 为图像着色

C. 修复图像中的斑点　　　　D. 实现色调分离效果

7. 下面可以制作单色照片的命令是（　　）。

A.“色彩平衡”命令　　　　B.“色相/饱和度”命令

C.“黑白”命令　　　　D.“亮度/对比度”命令

笔 记

二、操作题

1. 结合本章讲解的颜色调整命令，至少使用三种方法将如图 4.70 所示的文件“项目 4/操作题 1-素材.tif”素材图像，调整得到如图 4.71 所示的效果。

图 4.70　原图像

图 4.71　校正后的图像效果

2. 打开文件“项目 4\操作题 2-素材.jpg”，如图 4.72 所示，结合本章的讲解，使用至少三种方法提亮图像，如图 4.73 所示，其中一种方法必须使用“减淡工具”，而另外两种方法应为本章讲解过的调整命令。

图 4.72　素材图像

图 4.73　提亮后的效果

3. 打开文件“项目 4/操作题 3-素材.tif”，如图 4.74 所示，结合本章的讲解，将绿色图像调整为红色图像，如图 4.75 所示。

图 4.74　素材图像

图 4.75　调整后的图像效果

笔记

4. 打开文件“项目 4\操作题 4-素材.tif”，如图 4.76 所示，结合本章的讲解，使用至少两种方法，将其处理成为如图 4.77 所示的亮度效果。

图 4.76 素材图像

图 4.77 调整亮度后的效果

5. 打开文件“项目 4\操作题 5-素材.psd”，如图 4.78 所示，结合本章的讲解，使用至少两种方法，将其处理成为如图 4.79 所示的灰度图像效果，其中有一种方法必须使用“黑白”命令。

图 4.78 素材图像

图 4.79 转换为灰度后的效果

6. 打开文件“项目 4/操作题 6-素材.tif”，如图 4.80 所示，结合本章讲解的颜色调整命令，至少使用三种方法，将其调整到如图 4.81 所示的单色效果。

图 4.80 素材图像

图 4.81 制作单色后的效果

第5章

绘制与修饰图像

学习目标

- 掌握“画笔工具”的相关参数及基本用法。
- 熟悉“画笔”面板中各参数的用法。
- 掌握创建及绘制渐变的方法。
- 掌握填充及描边图像的方法。
- 掌握常用的图像变换方法。
- 掌握“仿制图章工具”的用法。
- 掌握“修复画笔工具”的用法。
- 掌握“污点修复画笔工具”的用法。
- 掌握“修补工具”的用法。

本章导读

PPT
绘制与修饰图像

除了图像的融合功能外，Photoshop 还提供了丰富且强大的绘图功能，如画笔、渐变、描边及填充等，以便于根据需要绘制出各种需要的图像内容。

另外，图像的变换、修饰及修复功能，也是在处理图像时较为常用的功能，尤其在处理数码照片时，会经常用到修饰及修复功能，本章就将对这些常用的强大功能进行详细地讲解。

知识详解

5.1 画笔工具与“画笔”面板

5.1.1 画笔工具

微课 5-1
画笔工具

1. 画笔工具的基本用法

使用“画笔工具”能够绘制边缘柔和的线条，此工具在绘制中使用最为频繁。另外，在很多合成作品中，它也是融合图像、编辑图层蒙版以及模拟物体间投影等不可或缺的工具之一。

在使用“画笔工具”进行绘制工作时，除了需要选择正确的绘图前景色以外，还必须正确设置“画笔工具”选项。在工具箱中选择“画笔工具”，其工具选项栏如图 5.1 所示，在此可以选择画笔的笔刷类型并设置绘图透明度及其混合模式。

图 5.1 “画笔工具”选项栏

“画笔工具”选项栏各参数的含义如下。

- 画笔：在此下拉列表中选择合适的画笔大小。
- 模式：设置用于绘图的前景色与作为画布的背景之间的混合效果。“模式”下拉列表中的大部分选项与图层混合模式相同。
- 不透明度：设置绘图颜色的不透明度，数值越大，绘制的效果就越明显；反之，则越不清晰。图 5.2 为分别利用 50%和 100%的不透明度创建的不同绘制效果。
- 流量：设置拖动光标一次得到图像的清晰度，数值越小，越不清晰。
- “喷枪工具”：单击此图标，将“画笔工具”设置为“喷枪工具”，在此状态下得到的笔画边缘更柔和，而且如果在图像中单击并按住鼠标不放，前景色将在此点淤积，直至释放鼠标。

微课 5-2
混合器画笔工具

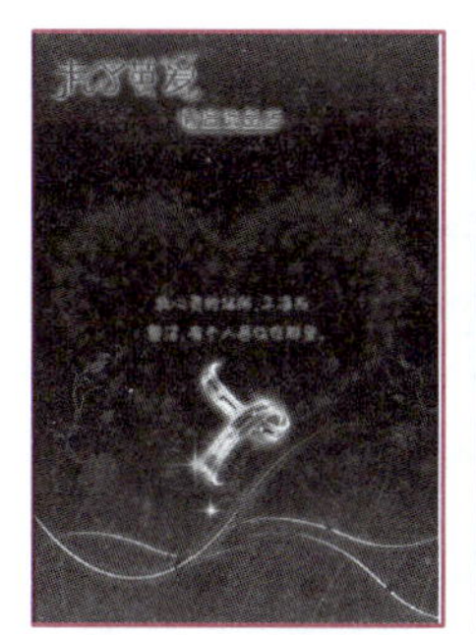

(a) 50%不透明度

(b) 100%不透明度

图 5.2 分别利用 50%和 100%的不透明度创建的不同绘制效果

2. 选择画笔

在“画笔”面板的显示画笔预设区列有各种画笔，要选择一种画笔，只需在预设区中单击要选择的画笔即可，如图 5.3 所示。另外，也可以单击“画笔”面板中的“画笔预设”按钮，在弹出的“画笔预设”面板中选择所需要的画笔，如图 5.4 所示。

在选择“画笔工具” 的情况下，还可以在画布中单击右键，在弹出的画笔选择框中选择需要的画笔类型，并设置基本的画笔大小及硬度属性，如图 5.5 所示。

拓展知识 5-1
铅笔工具

微课 5-3
铅笔工具

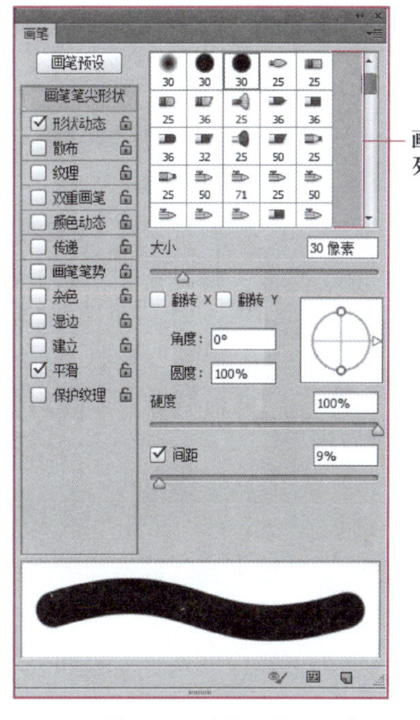

图 5.3 画笔形状列表框

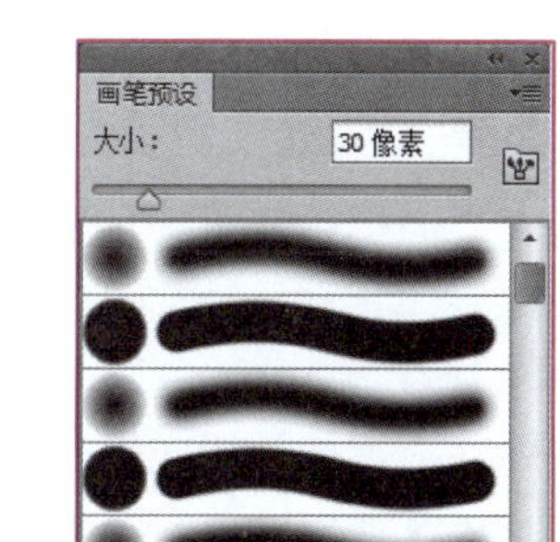

图 5.4 “画笔预设”面板

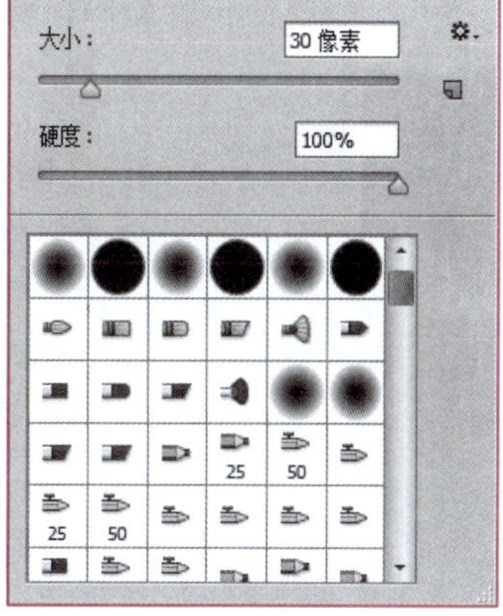

图 5.5 画笔选择框

5.1.2 “画笔”面板

1. 了解“画笔”面板

要在 Photoshop 中，掌握“画笔工具” 及“画笔”面板的使用方法非常重

笔 记

要，因为包括“画笔工具”、“模糊工具”在内的许多都使用该面板定义当前工作时所使用的笔刷状态及工作属性。换言之，在使用这些工具之前除了需要在这些工具的工具选项栏中选择合适的参数外，还需要在“画笔”面板中选择合适的笔刷，或通过在此面板上对笔刷的参数进行设置。

选择“窗口”→“画笔”命令或按 F5 键，可弹出如图 5.6 所示的“画笔”面板。

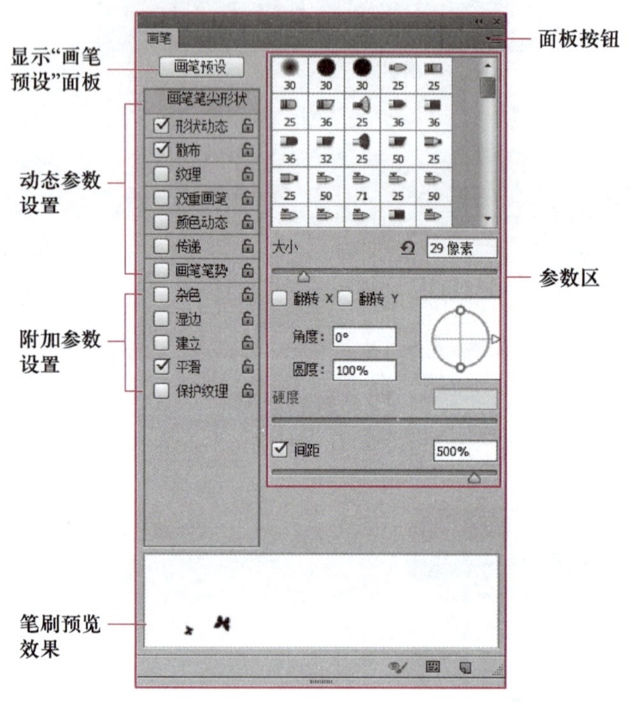

图 5.6 “画笔”面板

虽然，初看上去“画笔”面板中的参数众多、选项复杂，但只要明白了“画笔”面板的工作方式，则不难掌握这些参数与选项。

2. 设置画笔的常规参数

基本上“画笔”面板中的每一种笔刷都有数种属性可以设置，其中包括“大小”“角度”“圆度”“间距”，对于圆形画笔还有“硬度”参数可以设置。

除设置上述常规参数外，还可以单击“画笔”面板左上角的“画笔笔尖形状”按钮，设置其中的参数，拖动相应的滑块，或在参数输入框中输入数值即可。在调节的同时，在预视区观察调节后的效果，其中重要参数的含义如下。

- 大小：在“大小”数值输入框中输入数值或调节滑块，可以设置笔刷的大小。数值越大，笔刷直径越大，如图 5.7 所示。
- 硬度：在“硬度”数值输入框中输入数值或调节滑块，可以设置笔刷边缘的硬度。数值越大，笔刷的边缘越清晰，数值越小边缘越柔和。
- 间距：在“间距”数值输入框中输入数值或调节滑块，可以设置绘图时组成线段的两点间的距离。数值越大，间距越大。为笔刷的间距值设置一个足够大的数值，则可以得到如图 5.8 所示的点线效果。

(a) 笔刷直径大

(b) 笔刷直径小

图 5.7 笔刷大小示例

(a) “间距” 数值为100%

(b) “间距” 数值为200%

图 5.8 点线效果

- 圆度：在“圆度”数值输入框中输入数值，可以设置笔刷的圆度。数值越大，笔刷越趋向于正圆或画笔在定义时所具有的比例。

对于圆形笔刷，如果圆度小于 100%时，在“角度”数值输入框中输入数值，可以设置笔刷旋转的角度。而对于非圆形笔刷，在“角度”数值输入框中直接输入数值，则可以设置笔刷旋转的角度。

图 5.9 为圆形笔刷的各种效果，图 5.10 为非圆形笔刷的各种效果。

图 5.9 圆形笔刷绘图效果

(a)

(b)

图 5.10 非圆形笔刷绘图效果

3. 设置画笔的动态参数

微课 5-4 设置画笔的动态参数（1）

通过设置笔刷的“形状动态”参数，可以控制笔刷在绘制过程中的大小抖动、圆度抖动、角度抖动等参数属性的变化，并通过设置这些参数得到千变万化的笔刷形态。

“形状动态”中各参数的含义如下。

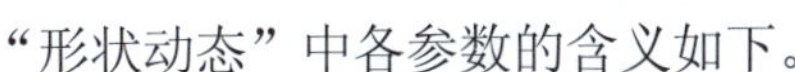

- 大小抖动：此参数控制笔刷在绘制过程中尺寸上的波动幅度，其数值越大，波动的幅度也越大，图 5.11 为设置不同数值时的笔刷效果。
- 控制：此下拉列表框中的选项控制波动发生的方式，其中有“关”“渐隐”“钢笔压力”“钢笔斜度”和“光笔轮”5 种方式可选。

微课 5-5 设置画笔的动态参数（2）

由于“钢笔压力”“钢笔斜度”“光笔轮”三种方式都需要压感笔的支持，因此如果没有安装此硬件，在“控制”下拉列表框的左侧将显示一个惊叹号。

比较常用的是“渐隐”，选择此选项后其右侧将激活一个数值输入框，在此可以输入数值以改变渐隐步长。图 5.12 为“渐隐”数值分别为 50 与 30 时的效果，可以看出步长的数值越大，笔画消失的距离越长。

微课 5-6
设置画笔的动态参数（3）

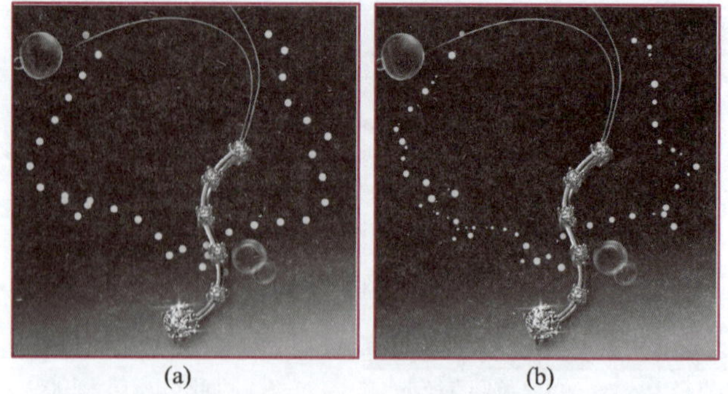

(a) (b)

图 5.11 不同“大小抖动”数值的对比效果图

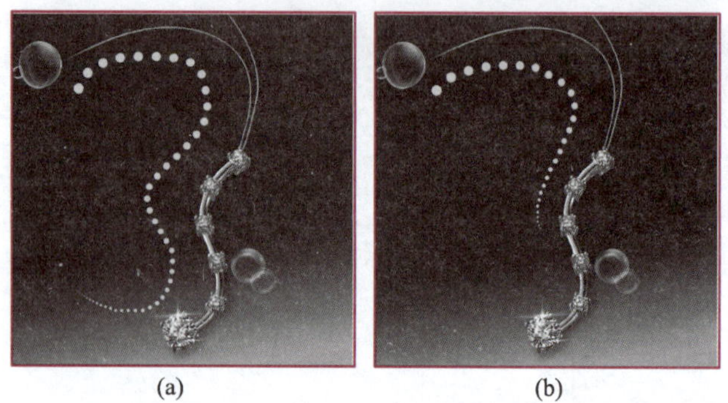

(a) (b)

图 5.12 不同“渐隐”数值的对比效果图

提示：由于“角度抖动”“圆度抖动”都具有上述下拉列表框，且其选项及意义相同，故不再重述。

微课 5-7
设置画笔的动态参数（4）

- 最小直径：此数值控制在尺寸发生波动时笔刷的最小尺寸值。此数值越大，发生波动的范围越小，则波动的幅度也会相应变小。
- 角度抖动：此参数控制笔刷在绘制过程中在角度上的波动幅度。其数值越大，波动的幅度也越大。
- 圆度抖动：此参数控制笔刷在绘制过程中在圆度上的波动幅度。其数值越大，波动的幅度也越大。图 5.13 为此数值为 0 及 100 时的笔刷的效果。

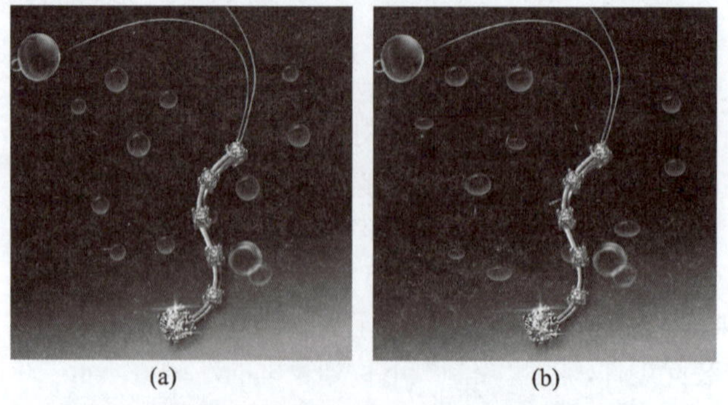

(a) (b)

图 5.13 不同“圆度抖动”数值

- 最小圆度：此数值控制笔刷在圆度发生波动时笔刷的最小圆度尺寸值。此数值越大，发生波动的范围越小，则波动的幅度也会相应变小。

● 画笔投影：选择此选项，在“画笔笔势”选项中设置倾斜及旋转参数，可以在绘图时得到带有倾斜和旋转属性的笔尖效果。

笔 记

4. 分散度属性参数

选择“散布”选项时，“画笔”面板中各参数的含义如下。

● 散布：此参数控制使用画笔绘制的笔画的偏离程度。百分数越大，偏离的程度越大。图 5.14 为在其他参数相同的情况下，设置不同“散布”值时的不同绘画效果。

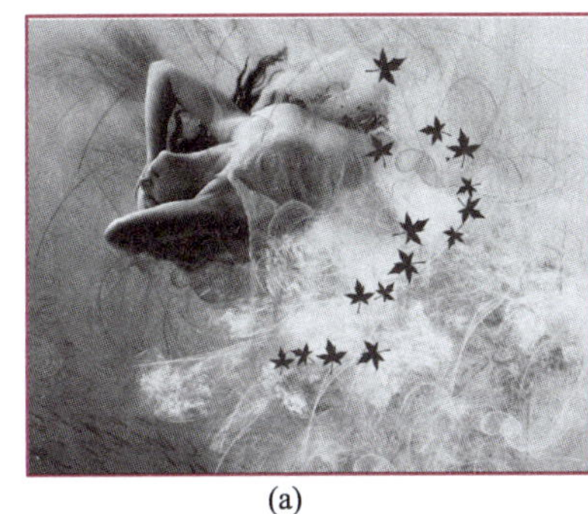
(a)

(b)

图 5.14 设置不同的“散布”值得到的效果

● 两轴：选择此选项，画笔在 X 及 Y 两个轴向上发生分散。如果不选择此选项，则只在 X 轴向上发生分散。

● 数量：此参数可以控制绘画时画笔的数量。图 5.15 为其他参数相同的情况下，使用较小“数量”值与较大“数量”值时所得到的绘画效果。

(a)

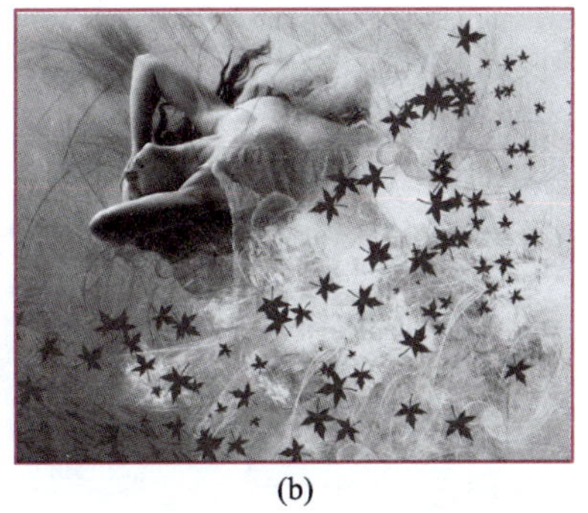
(b)

图 5.15 设置不同的“数量”值得到的效果

● 数量抖动：此参数控制在绘制的笔画中画笔数量的波动幅度。

拓展知识 5-2
“画笔”面板的其他参数

5.1.3 新建与删除画笔

1. 新建画笔

Photoshop 自带了大量的预设画笔，但即使这样也难以满足实际工作中的需要，而对于缺少的画笔，可以通过自定义画笔的形式制作个性化的画笔，以便使用。

微课 5-8
创建自定义画笔

下面以一幅花瓣素材图像定义为画笔为例，讲解定义画笔的方法，其操作步

笔 记

骤如下。

（1）打开文件“项目 5\5.1.3-素材.tif”，如图 5.16 所示。

（2）由于在 Photoshop 中无法将白色与透明区域定义为画笔，所以要确认需要定义为画笔的区域为非白色图像区域。

（3）选择“编辑”→“定义画笔预设”命令，在弹出的对话框中输入新画笔的名称。

（4）单击“确定”按钮退出对话框，即完成定义画笔。此时就可以看到刚刚定义好的画笔了，如图 5.17 所示。

图 5.16 素材图像

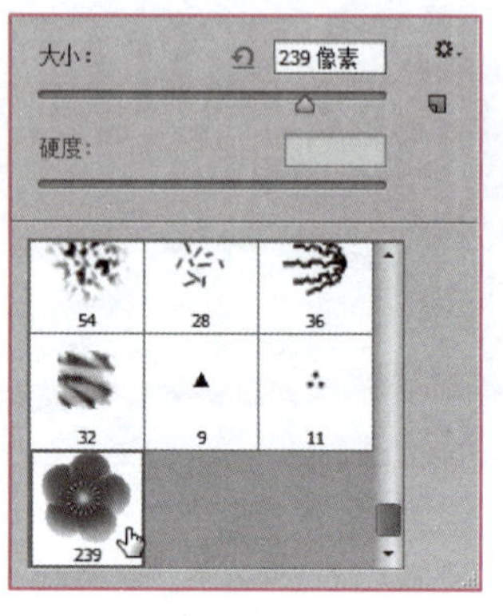

图 5.17 查看自定义的画笔

2. 删除画笔

要删除画笔，可以执行以下操作之一。

- 在“画笔”面板中单击“画笔预设”按钮，在弹出的“画笔预设”面板中选择要删除的画笔，单击“删除画笔”按钮，在弹出的对话框中单击“确定”按钮即可。
- 在“画笔”面板中单击“画笔预设”按钮，在弹出的“画笔预设”面板中选择要删除的画笔，按住鼠标左键，将要删除的画笔拖至“删除画笔”按钮上即可。

5.1.4 存储与载入画笔预设

1. 存储画笔

通过保存画笔，可以将画笔保存为一个预设文件，以便其他用户使用。

要保存画笔，可以单击“画笔”面板中的“画笔预设”按钮，然后单击“画笔预设”面板右上角的按钮，在弹出的菜单中选择“存储画笔”命令，在“存储”对话框中输入画笔名称并选择合适的路径，单击“保存”按钮，将其以文件形式保存起来。

2. 载入预设的画笔

要载入预设的画笔，可以单击“画笔”面板中的“画笔预设”按钮，然后单击“画笔预设”面板右上角的按钮，在弹出的菜单中选择“载入画笔”命令，在“载入”对话框中输入画笔名称并选择合适的路径，单击“载入”按钮，即可将载入的画笔追加到当前已有画笔的后面。

另外，也可以直接拖动画笔预设文件至 Photoshop 中，从而快速完成载入画笔预设的操作。

笔 记

5.2 绘制渐变图像

5.2.1 渐变工具选项栏

“渐变工具”的使用较为简单，其操作步骤如下。

（1）在工具箱中选择“渐变工具”。

（2）在工具选项栏所示的 5 种渐变类型中选择合适的渐变类型。

（3）单击渐变类型选择框“下拉列表”按钮，在弹出的如图 5.18 所示的“渐变类型”面板中选择合适的渐变效果。

图 5.18 “渐变类型”面板

（4）设置“渐变工具”选项栏中的其他选项。

（5）应用“渐变工具”在图像中拖动，即可创建渐变效果。

提示：拖动过程中，如果拖动的距离越长，渐变过渡越柔和，反之过渡越急促。如果在拖动过程中，按住 Shift 键，则可以在水平、垂直或 45° 方向应用渐变。

在 Photoshop 中可以通过在工具选项栏中单击按钮，分别创建如图 5.19 所示的 5 种渐变。

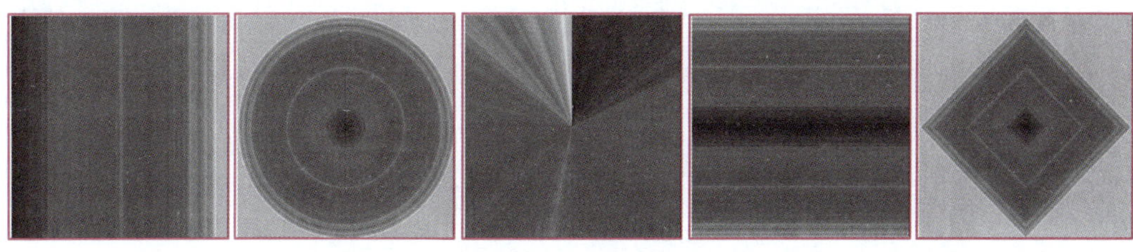

图 5.19 5 种渐变效果

选择“渐变工具”后，工具选项栏如图 5.20 所示。

图 5.20 “渐变工具”选项栏

“渐变工具”选项栏中各参数的含义如下。

- 模式：选择其中的选项，可以设置渐变颜色与底图的混合模式。
- 不透明度：在此所设置的数值可设置渐变的不透明度。数值越大，渐变越不透明，反之越透明。
- 反向：选择该选项，可以使当前的渐变反向填充。
- 仿色：选择该选项，可以平滑渐变中的过渡色，以防止在输出混合色时出现色带效果，从而导致渐变过渡出现跳跃效果。
- 透明区域：选择该选项，可使用当前的渐变按设置呈现透明效果，反之即使此渐变具有透明效果，也无法显示出来。

5.2.2 创建自定义渐变

微课 5-9
创建实色渐变

创建自定义渐变的操作步骤如下。

（1）在工具选项栏中选择任一种渐变类型。

（2）单击渐变类型选择框，如图 5.21 所示，弹出“渐变编辑器”对话框，如图 5.22 所示。

图 5.21 单击渐变类型选择框

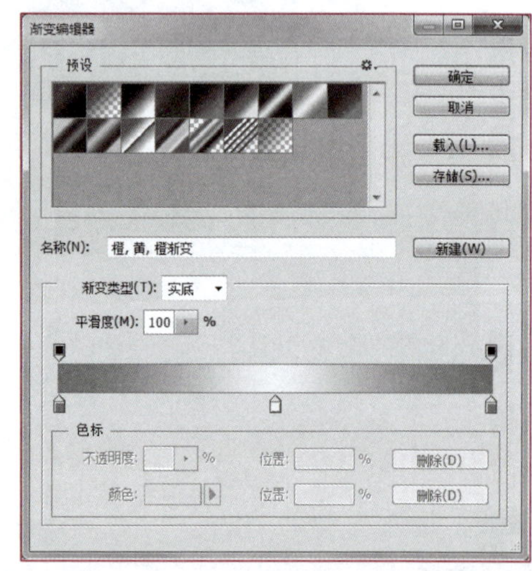

图 5.22 “渐变编辑器”对话框

（3）单击“预设”列表框中的任意一种渐变，基于该渐变来创建新渐变。

提示：在此选择一种与要定义的渐变相近的渐变，能够节省许多用于自定义渐变的时间。

（4）在“渐变类型”下拉列表中选择“实底”选项，如图 5.23 所示。

（5）单击“起始颜色”色标，如图 5.24 所示。

（6）单击“颜色”三角按钮▶，在弹出的菜单中选择“前景”命令，将该色标定义为前景色；如果选择“背景”命令，可以将该色标定义为背景色；如果需要选择其他颜色来定义该色标，可选择“用户颜色”命令，在弹出的“拾色器”对话框中选择所需要的颜色。

（7）按步骤（5）和（6）所述方法定义终点颜色色标。

（8）如果要定义多色渐变，可以直接在渐变条上单击，以添加一个色块，如图 5.25 所示，图 5.25（a）为在渐变条下的空白处放置鼠标指针，图 5.25（b）为单击添加一个色标，然后按步骤（5）和（6）所述方法定义该颜色色标的颜色。

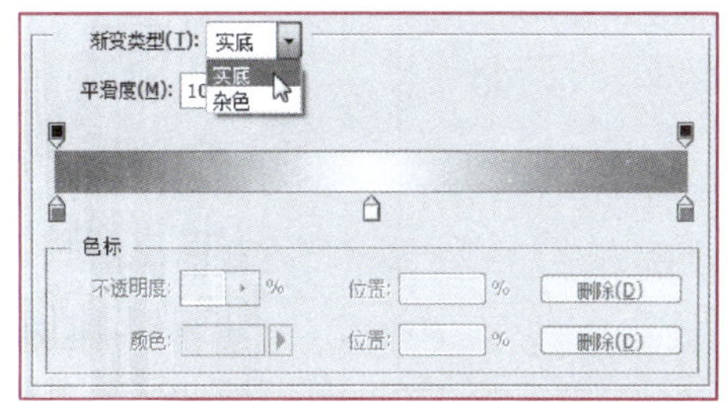

图 5.23　选择“实底”选项

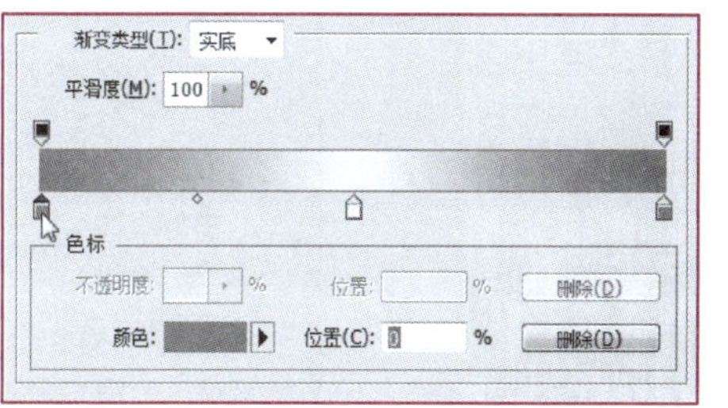

图 5.24　单击“起始颜色”色标

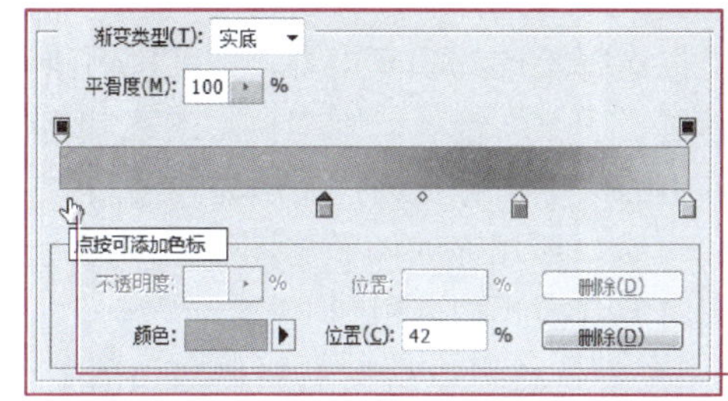

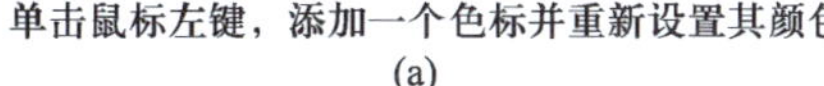

(a)

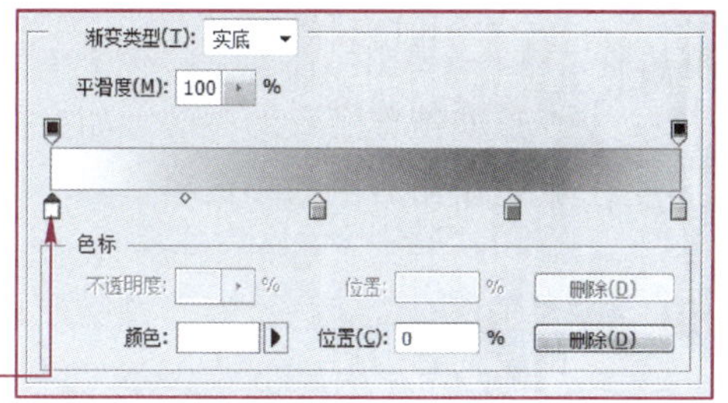

(b)

图 5.25　添加色块

（9）要调整某一色标所定义的颜色出现在渐变中的位置，可以在水平方向上将相应的色标拖曳到所需要的位置。

提示：在色标被选中的情况下，在“位置”数值输入框中输入一个百分数，可以精确定义色标的位置。

（10）要调整渐变的急缓程度，可以拖曳两个色标中间的“颜色中点”滑块（即菱形滑块）。向右侧拖动，可以使左侧色标所定义的颜色缓慢向右侧色标所定义的颜色过渡；反之如果向左侧拖动，则可使右侧色标所定义的颜色缓慢向左侧色标所定义的颜色过渡。

拓展知识 5-3
创建透明渐变

（11）如果要删除处于选中状态的色标，可以直接按住 Delete 键。

（12）单击“确定”按钮退出对话框，新创建的渐变色自动处于被选中状态。

提示：如果要将当前对话框中的预设面板中所有渐变保存为一个可调用的文件，可以单击对话框的“存储”按钮。

5.3　填充与描边

微课 5-10
创建透明渐变

5.3.1　填充

填充实色的操作非常简单，按 Alt+Delete 组合键可以填充前景色，按 Ctrl+Delete 组合键则使用背景色进行填充。但如果要进行更为复杂的图案填充及其他多个参数的控制，则需要选择“编辑”→“填充”命令，其对话框如图 5.26 所示。

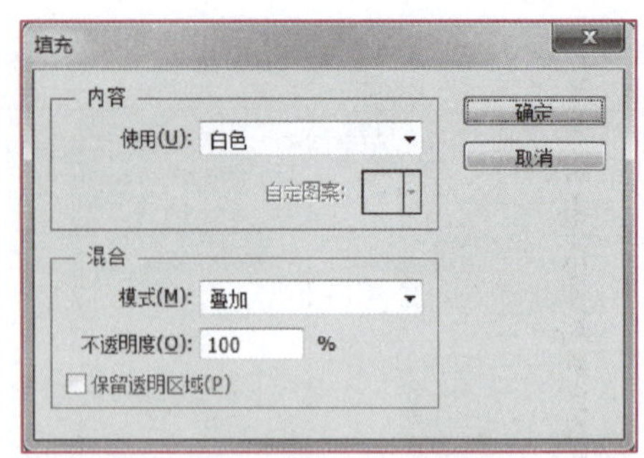

图 5.26 “填充”对话框

微课 5-11
填充

“填充”对话框中各参数的含义如下。

- 使用：在此下拉列表中，可以选择不同的填充内容，如使用前景色、背景色以及图案进行填充等。如果选择了“图案”选项，则“自定图案”选项将被激活，单击右侧的图案缩览图，在弹出的菜单中可以选择要填充的图案。
- 模式：在此下拉列表中，可以选择所填充的图像与图像之间的混合方法。关于混合模式的讲解，其原理与图层混合模式基本相同。

拓展知识 5-4
自定义图案

微课 5-12
自定义图案

除了使用 Photoshop 自带的图案外，还可以根据需要自定义图案。例如，图 5.27 为一幅自定图案图像，选择“编辑”→“定义图案”命令，在弹出的对话框中单击“确定”按钮，即可将图像定义成为图案。图 5.28 所示的界面顶部图像，就是使用刚刚所定义的图案制作得到的。

图 5.27 自定义图案图像

图 5.28 图案的应用效果

如果只需要图像中的部分，可以使用“矩形选框工具”，在没有设置任何“羽化”数值的情况下绘制选区，将要定义的图像选中，然后选择“编辑”→“定义图案”命令来定义图案即可。

“内容识别”填充方式，与其说它是一个填充，更不如说是一个具有创造力的“智能修补工具”，即在填充选定的区域时，可以根据所选区域周围的图像进行修补。就实际的效果来说，虽不能说百发百中，但确实为图像处理工作提供了一个更智能、更有效率的解决方案。

在实际使用时，可以先使用选区工具将要修除的对象选中，然后选择“编辑”→“填充”命令，在弹出的对话框 “使用”下拉列表中选择“内容识别”选项，单击“确定”按钮即可。以图 5.29 所示的图像为例，用“套索工具”选中右下角的图像，图 5.30 是使用“填充”命令将其删除后的效果，读者可以尝试使用类似的方法，将左下方多余的树枝删除。

笔 记

图 5.29 绘制选区

图 5.30 填充后的效果

5.3.2 描边

在当前存在选区的情况下，选择“编辑”→“描边”命令，弹出如图 5.31 所示的对话框。

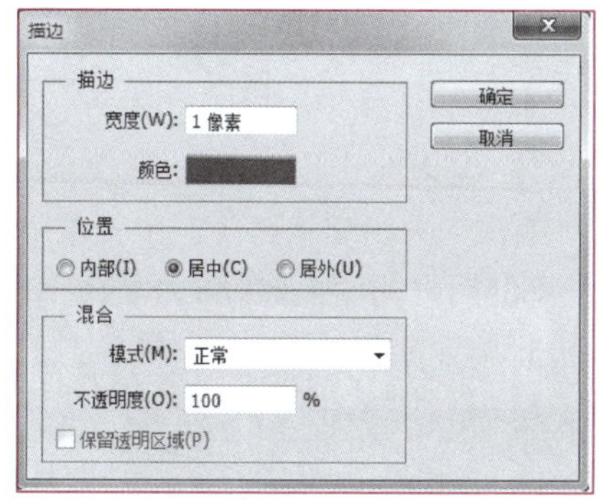

图 5.31 “描边”对话框

“描边”对话框中各参数的含义如下。

- 宽度：在该数值框中输入数值，可确定描边线条的宽度，数值越大，线条越宽。
- 颜色：单击该颜色块，在弹出的“拾色器”对话框中选择一种合适的颜色。
- 位置：选择其中的选项，可以设置描边线条相对于选区的位置。
- 保留透明区域：如果当前描边的选区范围内存在透明区域，选择该选项后，将不对透明区域进行描边。

微课 5-13
描边

图 5.32 为原图像，图 5.33 是绘制选区后的状态，图 5.34 为描边后的效果。

图 5.32 原图像

图 5.33 选区状态

图 5.34 描边后的效果

5.4 变换图像

5.4.1 基本变换操作

1. 变换概述

Photoshop 可以对图像、选区、选区中的图像及路径进行变换操作，虽然选择的对象不同，但其变换操作的本质是完全相同的。

微课 5-14
变换图像

笔 记

本节就将以变换图像为例，讲解各种变换对象的操作方法。

下面先了解一下变换不同对象时需要选择的命令。

• 如果变换对象为图像，或处于被选区选中的状态，则按 Ctrl+T 组合键或选择“编辑”→“自由变换”命令，或直接选择“编辑”→“变换”子菜单中的变换命令。

• 如果变换对象为选区，则选择“选择”→“变换选区”命令。在调出选区变换控制框后，可在“编辑”→“变换”子菜单中选择“缩放”或“旋转”等其他变换命令。

• 如果变换对象为路径，则按 Ctrl+T 组合键或选择“编辑”→“自由变换路径”命令，或直接选择“编辑”→“变换路径”子菜单中的变换命令。

虽然操作的对象不同，但调出的变换控制框状态是完全相同的。例如，图 5.35 是操作对象为图像的情况下调出的自由变换控制框。

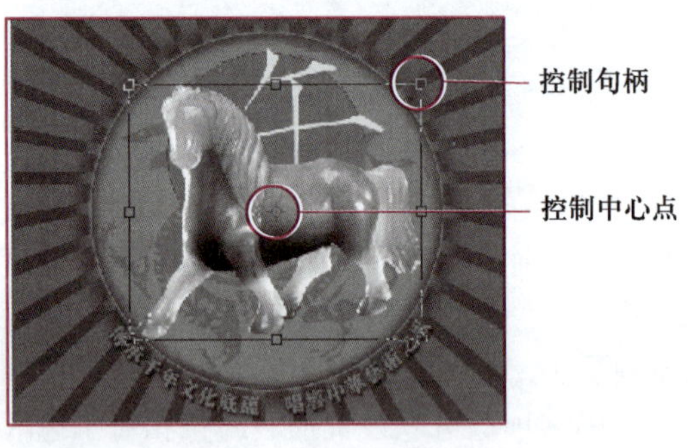

图 5.35 调出变换控制框

变换控制框各组件的含义如下。

• 控制句柄：在变换控制框周围共包括了 8 个这样的控制句柄，当选择命令或搭配合适的快捷键时，拖动这些控制句柄，即可制作得到多种变换及扭曲效果。

• 控制中心点：此中心点的位置决定了对象的缩放或旋转时的中轴。

2. 缩放

缩放图像的操作步骤如下。

（1）打开文件“项目 5\5.4.1-2-素材.psd”，执行“编辑”→“变换”→“缩放”命令或者按 Ctrl+T 组合键。

（2）将鼠标指针放置在自由变换控制框的控制句柄上，当鼠标指针变为↔双箭头形状时，拖动鼠标指针，即可改变图像的大小。其中，拖动左侧或者右侧的控制句柄，可以在水平方向改变图像的大小；拖动上方或者下方的控制句柄，可以在垂直方向上改变图像的大小；拖动拐角处控制句柄，可以同时在水平或者垂直方向改变图像的大小。

（3）得到需要的效果后释放鼠标，双击变换控制框以确认缩放操作。

图 5.36 为原图像，图 5.37 为缩小图像后的效果。

图 5.36　原图像

图 5.37　缩小图像后的效果

提示：在拖动控制句柄时，尝试分别按住 Shift 键及不按住 Shift 键进行操作，观察图像的不同效果。

3. 旋转

旋转图像的操作步骤如下。

（1）打开文件“项目 5\5.4.1-3-素材.psd”，如图 5.38 所示，其对应的“图层”面板如图 5.39 所示。

图 5.38　原图像

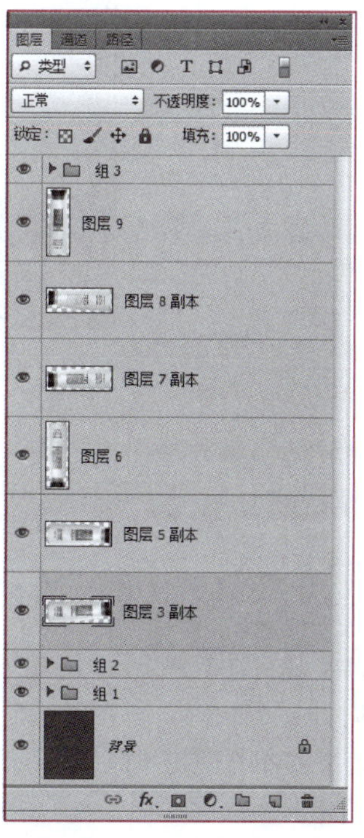

图 5.39　“图层”面板

（2）选择“图层3副本”，按Ctrl+T组合键调出自由变换控制框。

（3）将中心点移至左侧中间控制句柄上，如图5.40所示，再将光标置于控制框外围，当光标变为一个弯曲箭头↶时，拖动鼠标，如图5.41所示。按Enter键确认变换操作。

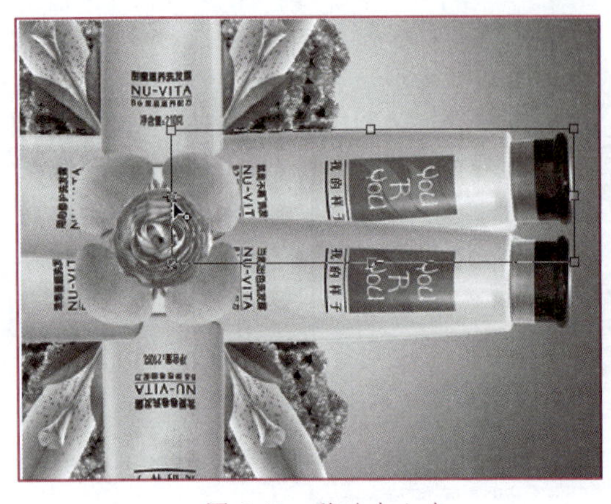

图5.40 移动中心点

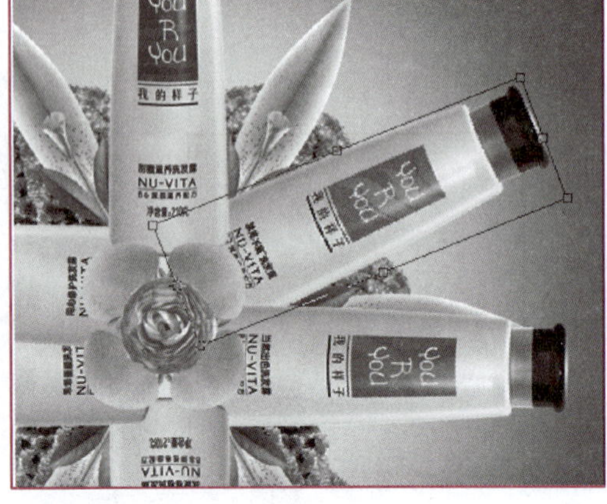

图5.41 旋转图像

（4）按照步骤3的方法分别对“图层5副本”“图层7副本”和“图层8副本”中的图像进行旋转，直至得到如图5.42所示的效果。

图5.42 最终效果

提示：如果需要按15°的倍数旋转图像，可以在拖动鼠标时按住Shift键，得到需要的效果后，双击变换控制框即可。

- 如果要将图像旋转180°，可以选择“编辑”→“变换”→“旋转180°”命令。
- 如果要将图像顺时针旋转90°，可以选择“编辑”→“变换”→“旋转90°（顺时针）”命令。
- 如果要将图像逆时针旋转90°，可以选择“编辑”→“变换”→“旋转90°（逆时针）”命令。

4. 扭曲

扭曲图像是应用非常频繁的一类变换操作。通过此类变换操作，可以使图像根据任何一个控制句柄的变动发生变形。扭曲图像的操作步骤如下。

（1）打开文件“项目 5\5.4.1-4-素材.psd”，执行“编辑”→“变换”→“扭曲”命令。

（2）将鼠标指针拖动到变换控制框附近或者控制句柄上，当鼠标指针变为▷箭头形状时，拖动鼠标，即可将图像拉斜变形。

（3）得到需要的效果后释放鼠标，并在变换控制框中双击鼠标左键，确认扭曲操作。

拓展知识 5-5
斜切

图 5.43 为扭曲图像的操作过程。

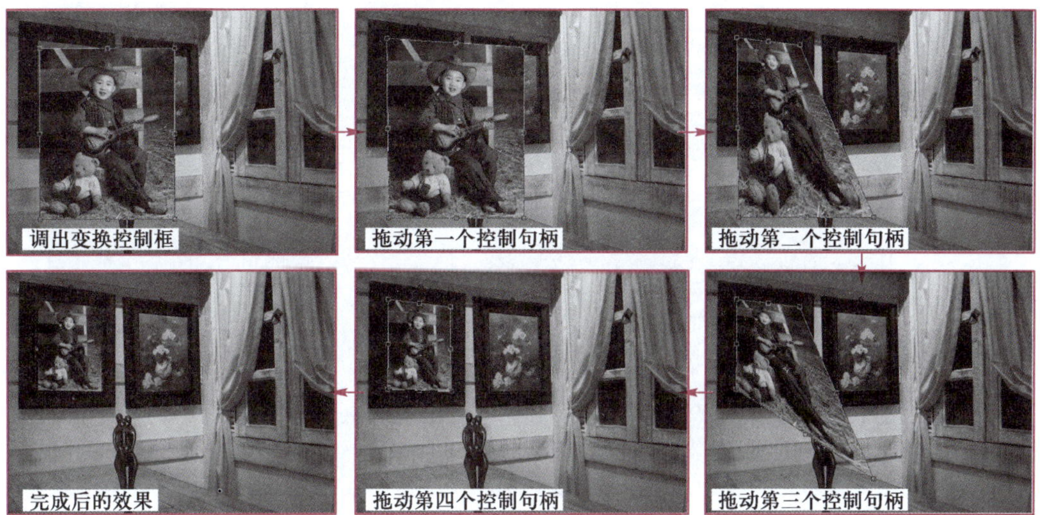

图 5.43 扭曲图像的操作过程

5. 透视

通过对图像应用透视变换命令，可以使图像获得透视的效果。透视图像的操作步骤如下。

（1）打开文件“项目 5\5.4.1-5-素材 1.jpg”和“项目 5\5.4.1-5-素材 2.jpg”，将“素材 2.jpg”文件拖至“素材 1.jpg”文件中，执行“编辑”→“变换”→“透视”命令。

（2）将鼠标指针拖动到控制句柄上，当鼠标指针变为▷箭头形状时拖动鼠标，即可使图像发生透视变形。

（3）得到需要的效果后释放鼠标，双击变换控制框，确认透视操作。

图 5.44 是图像添加透视效果的操作过程，其中的最终效果图设置了图层的混合模式，从而使整体图像的色彩更协调。

提示：执行此操作时应该尽量缩小图像的观察比例，尽量多显示一些图像外周围的灰色区域，以拖动控制句柄。

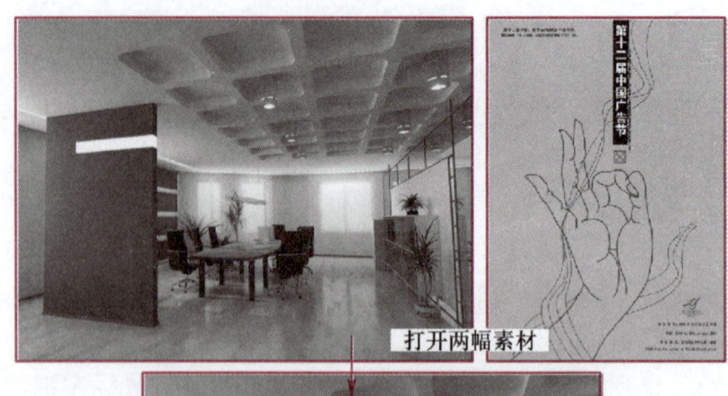

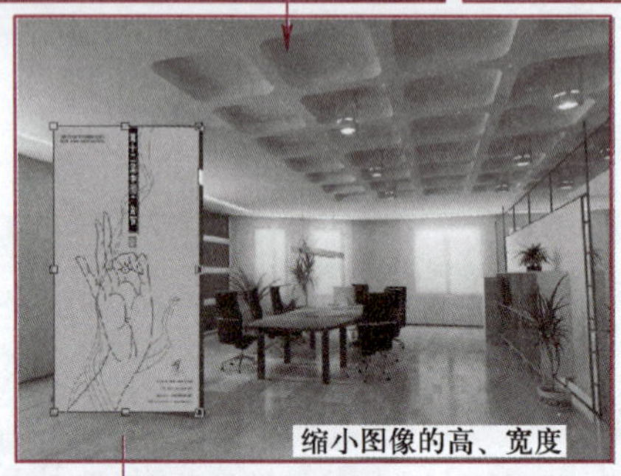

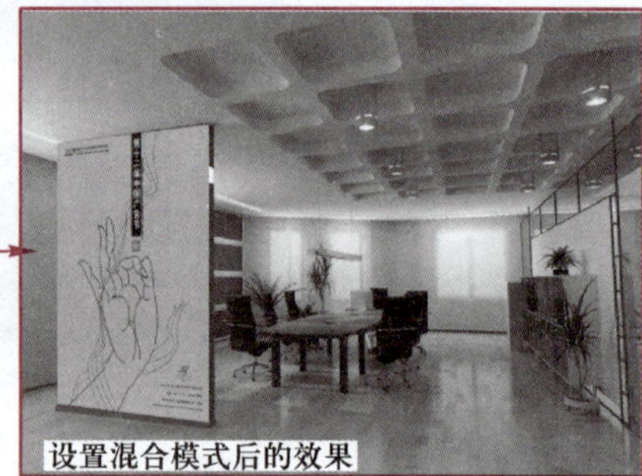

图 5.44 添加透视效果的操作过程

5.4.2 变形

微课 5-15
变形

选择“变形”命令可以对图像进行更为灵活、细致的变换操作，如制作页面折角及翻转胶片等效果。选择“编辑”→“变换”→“变形”命令即可调出变形控制框，同时工具选项栏将显示如图 5.45 所示的状态。

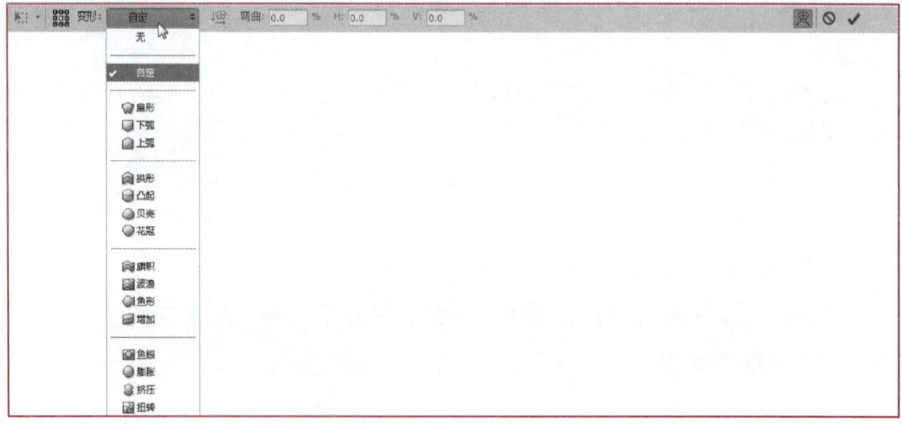

图 5.45 “变形”下拉列表

在调出变形控制框后，可以采用以下两种方法对图像进行变形操作。

- 直接在图像内部、锚点或控制句柄上拖动，直至将图像变形为所需的效果。
- 在工具选项栏的“变形”下拉列表中选择适当的形状。

变形工具选项栏中各参数的含义如下。

- 变形：在其下拉列表中可以选择 15 种预设的变形类型。如果选择“自定”选项，则可以随意对图像进行变形操作；如果选择预设的变形选项，则无法再随意对变形控制框进行编辑。
- “更改变形方向”按钮：单击该按钮，可以改变图像变形的方向。
- 弯曲：输入正值或者负值，可以调整图像的扭曲程度。
- H、V：输入数值，可以控制图像扭曲时在水平和垂直方向上的比例。

下面讲解如何使用此命令变形图像。

（1）打开“项目 5\5.4.2-素材 1.jpg”和“项目 5\5.4.2-素材 2.jpg”，如图 5.46 和图 5.47 所示，将“素材 2”拖至“素材 1”中，得到“图层 1”。

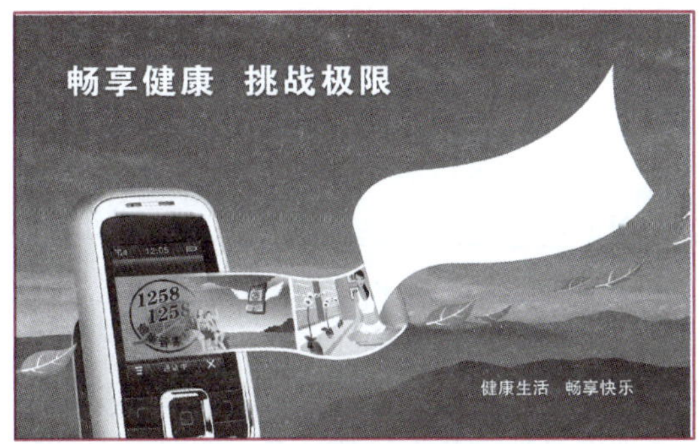

图 5.46 素材图像 1

图 5.47 素材图像 2

（2）按 F7 键显示“图层”面板，在“图层 1”的图层名称上右击，在弹出的快捷菜单中选择“转换为智能对象”命令，这样该图层即可记录所做的所有变换操作。

（3）按 Ctrl+T 组合键调出自由变换控制框，按住 Shift 键缩小图像并旋转图像，将其置于白色飘带的上方，如图 5.48 所示。

（4）在控制框内右击，在弹出的快捷菜单中选择“变形”命令，以调出变形网格。

（5）将鼠标指针置于变形网格右下角的控制句柄上，然后向右上方拖动使图像变形，并与白色飘带的形态变化相匹配，如图 5.49 所示。

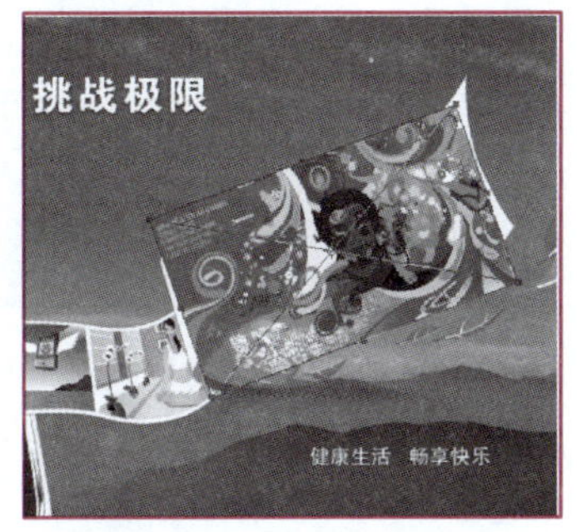

图 5.48 调整图像位置

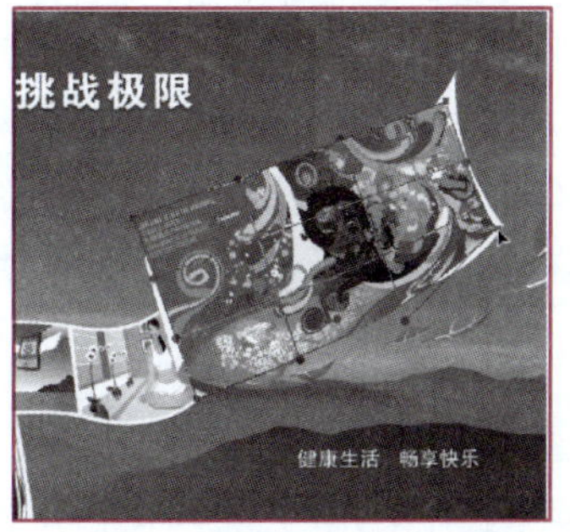

图 5.49 将图像右下角区域变形后的效果

（6）按照步骤 5 的方法，分别调整渐变网格的各个位置，直至得到如图 5.50 所示的状态。

（7）对图像进行变形处理后，按 Enter 键确认变换操作，得到的最终效果如图 5.51 所示。

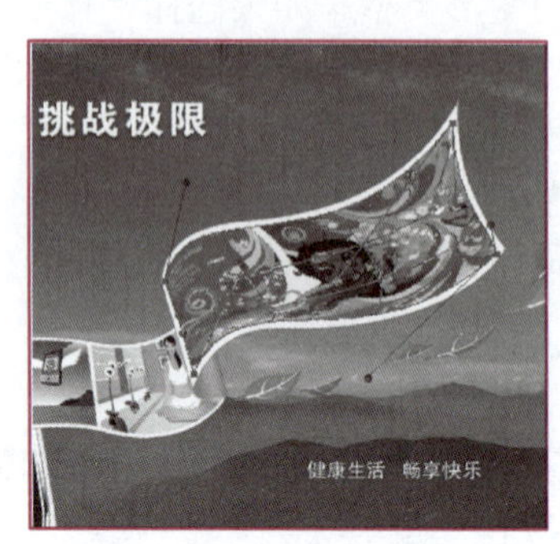

图 5.50 将图像其他区域进行变形

图 5.51 最终效果

拓展知识 5-6
操控变形

微课 5-16
操控变形

5.4.3 再次变换

如果已进行过任何一种变换操作，可以选择“编辑”→“变换”→“再次”命令，以相同的参数值再次对当前操作图像进行变换操作，使用此命令可以确保前后两次变换操作效果相同。例如，如果上一次变换操作为将操作图像旋转 90°，选择此命令，则可以对任意操作图像完成旋转 90° 的操作。

如果在选择此命令时按住 Alt 键，则可以对被操作图像进行变换操作的同时进行复制，如果要制作多个副本连续变换的操作效果，此操作非常见效。下面通过一个添加背景效果的示例讲解此操作。

（1）打开文件“项目 5\5.4.3-素材.psd”，如图 5.52 所示。为便于操作，将顶部的图层隐藏。

微课 5-17
再次变换

（2）选择“钢笔工具”，并在其工具选项栏中选择“路径”选项，在画布的上方绘制如图 5.53 所示的路径。

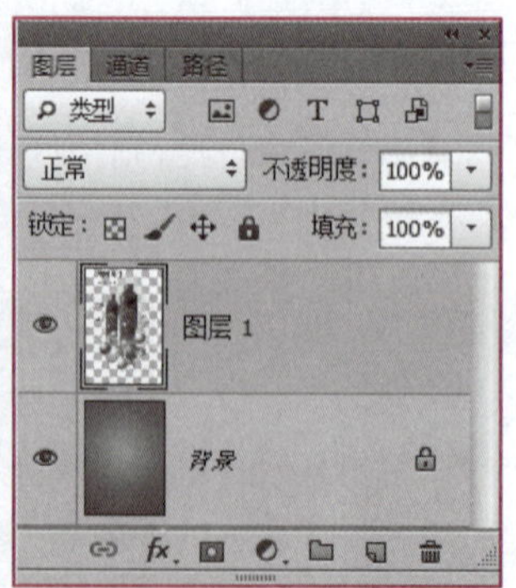

图 5.52 素材图像及对应的“图层”面板

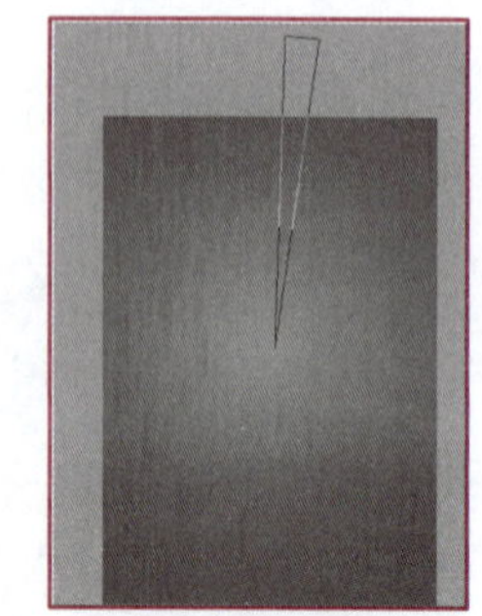

图 5.53 绘制路径

（3）按 Ctrl+Alt+T 组合键，调出自由变换并复制控制框，使用鼠标将控制中心点调整到左下角的控制句柄上，如图 5.54 所示。

（4）拖动控制框顺时针旋转 15°，可直接在工具选项栏上输入数值△ 15 度，得到如图 5.55 所示的变换状态。

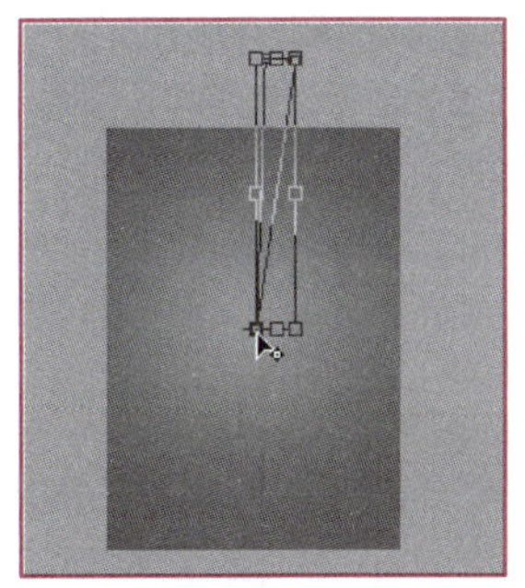

图 5.54　调整控制中心点

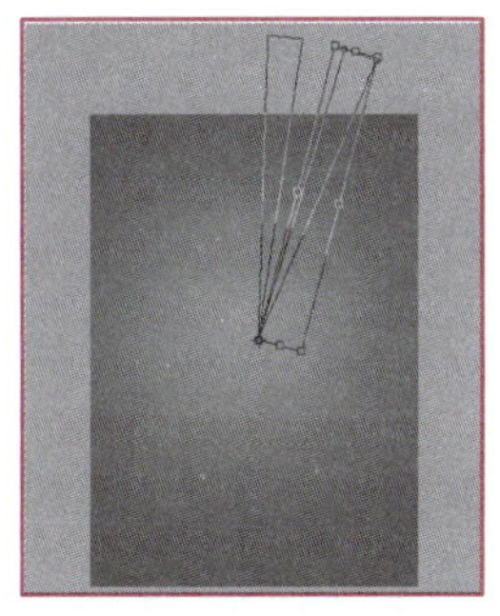

图 5.55　旋转路径

（5）按 Enter 键确认变换操作，连续按 Ctrl+Alt+Shift+T 组合键，执行连续变换并复制操作，直至得到如图 5.56 所示的效果。单击“创建新的填充”或“调整图层”按钮，在弹出的菜单中选择“渐变”命令，设置如图 5.57 所示对话框，单击“确定”按钮退出对话框，隐藏路径后的效果如图 5.58 所示，同时得到图层“渐变填充 1”。

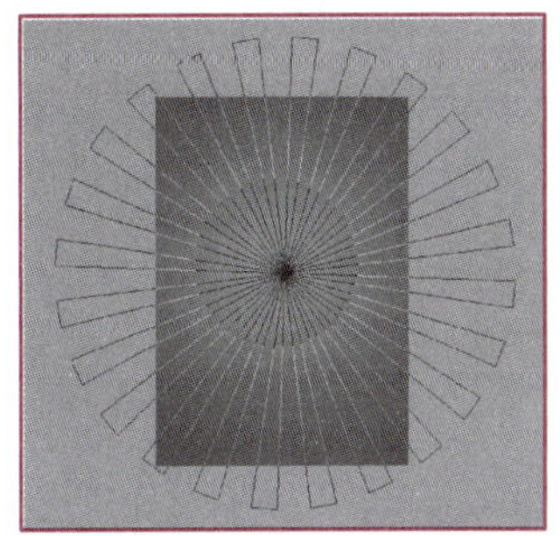

图 5.56　变换后的效果

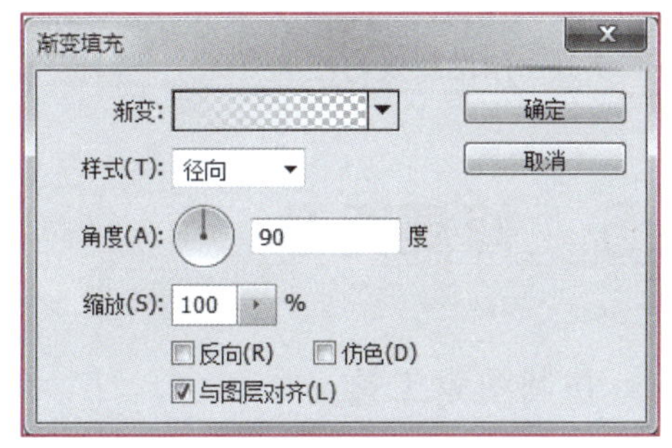

图 5.57　“渐变填充”对话框

提示：在“渐变填充”对话框中，渐变类型的各色标颜色值从左至右为“从 f5e895”到“透明”。

（6）图 5.59 是显示顶部图层后的效果，对应的“图层”面板如图 5.60 所示。

图 5.58　隐藏路径后的效果

图 5.59　图像整体状态

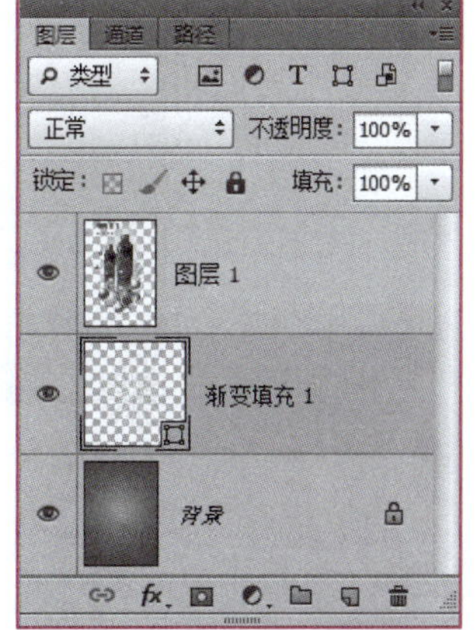

图 5.60　“图层”面板

拓展知识 5-7
精确变换

5.4.4 翻转操作

翻转图像操作包括将图像水平翻转和垂直翻转两种，操作如下。

- 如果要水平翻转的图像，可以选择“编辑”→“变换”→“水平翻转”命令。
- 如果要垂直翻转的图像，可以选择“编辑”→“变换”→“垂直翻转”命令。

图 5.61 为原图像及对应的“图层”面板，图 5.62 为将“图层 1”中的图像分别进行垂直翻转后的效果。

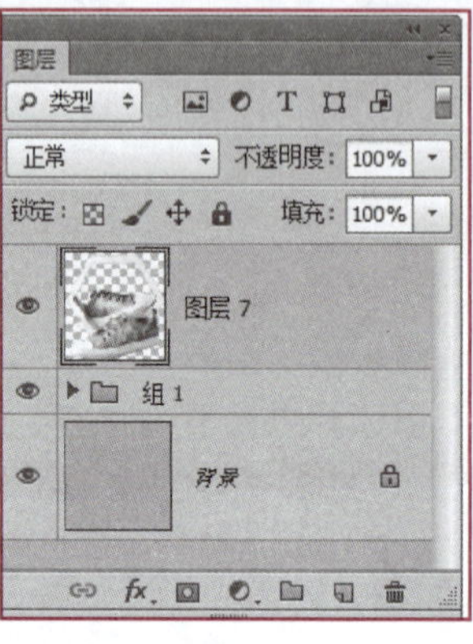

图 5.61 原图像及对应的“图层”面板

图 5.62 垂直翻转图像

5.5 修复图像

5.5.1 仿制图章工具

利用“仿制图章工具”可以将图像中的像素复制到当前图像的另一个位置，下面通过讲解一个实例，来说明如何去除照片中的杂物。

（1）打开文件“项目 5\5.5.1-素材.jpg”，如图 5.63 所示。

图 5.63 打开素材图像

（2）选择“仿制图章工具”，并设置其工具选项栏如图 5.64 所示。按住 Alt 键，在左下方没有光斑的面部图像上单击以定义源图像，如图 5.65 所示。

图 5.64 设置“仿制图章工具”选项栏

“仿制图章工具”选项栏中各参数的含义如下。

微课 5-18
背景橡皮擦工具

- 对齐：在工具选项栏中选择“对齐”选项，整个取样区域仅应用一次，即使操作由于某种原因而停止，当再次使用“仿制图章工具”操作时，仍可以从上次结束操作时的位置开始，直到再次取样。如果不选择此选项，则每次停止操作后再进行时，又从头开始复制。
- 样本：在其下拉列表中，可以选择定义源图像时的图层范围，包括“当前图层”“当前和下方图层”以及“所有图层”三个选项。

（3）将仿制图章的光标置于右侧的目标位置，如图 5.66 所示，单击鼠标左键以复制步骤（2）定义的源图像。

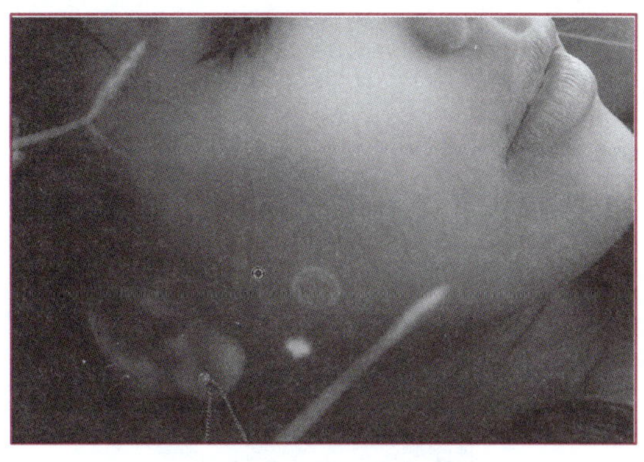

图 5.65 光标位置

图 5.66 复制后的效果

（4）按照步骤（2）和（3）的方法，适当调整画笔的大小、不透明度等参数，直至将该光斑修除，如图 5.67 所示。

图 5.67 最终效果

5.5.2 修复画笔工具

微课 5-19
修复画笔工具

“修复画笔工具”的最佳操作对象是有皱纹或雀斑等杂点的照片，或有污点、划痕的图像，因为“修复画笔工具”能够根据要修改点周围的像素及色彩将其完美无缺地复原，而不留任何痕迹。

使用“修复画笔工具”的具体操作步骤如下。

（1）打开文件“项目 5\5.5.2-素材.jpg”。

（2）选择“修复画笔工具”，在其工具选项栏中设置选项，如图 5.68 所示。

图 5.68 “修复画笔工具”选项栏

“修复画笔工具”选项栏中各参数的含义如下。

- 取样：用取样区域的图像修复需要改变的区域。
- 图案：用图案修复需要改变的区域。

（3）在“画笔”选项的下拉列表框中选择大小合适的画笔。

提示：画笔的大小取决于需要修补区域的大小。

（4）在“修复画笔工具”选项栏中选择“取样”选项，按住 Alt 键，在用于修改的区域单击取样，如图 5.69 所示。

（5）释放 Alt 键，并将光标放置在复制图像的目标区域，按左键拖动此工具，即可修复此区域，如图 5.70 所示。

图 5.69 在眼睛下方单击以取样

图 5.70 修复人物皱纹及眼袋的效果

5.5.3 污点修复画笔工具

微课 5-20
污点修复画笔工具

“污点修复画笔工具”用于去除照片中的杂色或者污斑。此工具与上面已讲解的“修复画笔工具”非常相似，但不同的是，使用此工具时不需要进行取样操作，只需要根据斑点大小设置画笔，然后在要修复的位置单击，如图 5.71 所示，即可去除此处的杂色或者污斑，如图 5.72 所示。

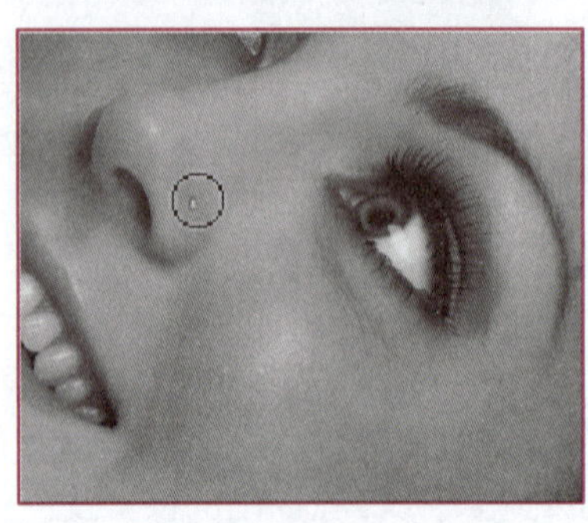

图 5.71 光标位置

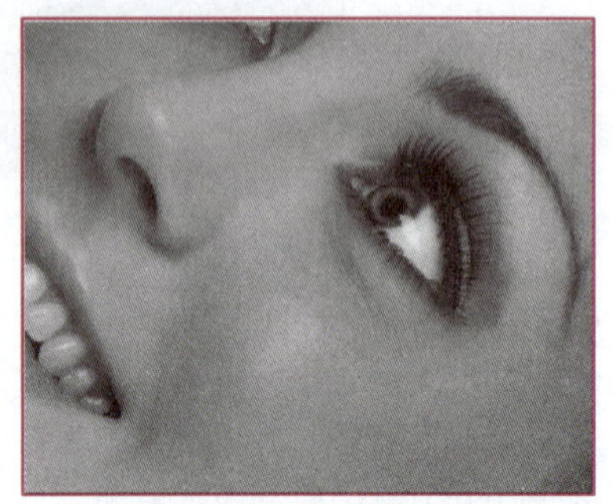

图 5.72 去除装饰物

5.5.4 修补工具

微课 5-21
修补工具

“修补工具”的原理与“修复画笔工具”相似，也可完美地恢复图像不满意的区域。与“修复画笔工具”不同之处在于，“修复画笔工具”着眼于点，而此工具着眼于面。换言之，使用此工具能够大面积修补图像，其操作步骤如下。

（1）打开文件“项目 5\5.5.4-素材.jpg”。

（2）选择“修补工具”，在工具选项栏中设置其选项，如图 5.73 所示。

图 5.73 “修补工具”选项栏

“修补工具”选项栏中各参数的含义如下。

- 源：选择“源”选项，则拖动选区并释放鼠标后，选区内的图像将被选区释放时所在的区域所代替。
- 目标：选择“目标”选项，则拖动选区并释放鼠标后，释放选区时的图像区域将被原选区的图像所代替。
- 透明：选择“透明”选项，被修饰的图像区域内的图像效果呈半透明状态。
- 使用图案：在未选中“透明”选项的状态下，在“修补工具”选项栏中选择一种图案，然后单击“使用图案”按钮，则选区内将被应用为所选图案。

（3）用“修补工具”在图像中选择需要修补或覆盖的区域，如图 5.74 所示。

（4）将光标放在选区中点，并拖动选区至目标图像区域，如图 5.75 所示。

（5）释放左键，即可用目标图像区域的图像覆盖被选中的图像。

图 5.74 选择需要修补或覆盖的区域

图 5.75 拖动选区

项目实训

微课 5-22
内容感知移动工具

HELLO KITTY 主题海报设计

（1）按 Ctrl+N 组合键新建一个文件，设置如图 5.76 所示对话框。

（2）设置前景色的颜色值为 5b87d7，背景色的颜色值为 b7d6ff，选择“线性渐变工具”并设置渐变类型为“前景色到背景色渐变”，从上到下绘制渐变，得到如图 5.77 所示的效果。

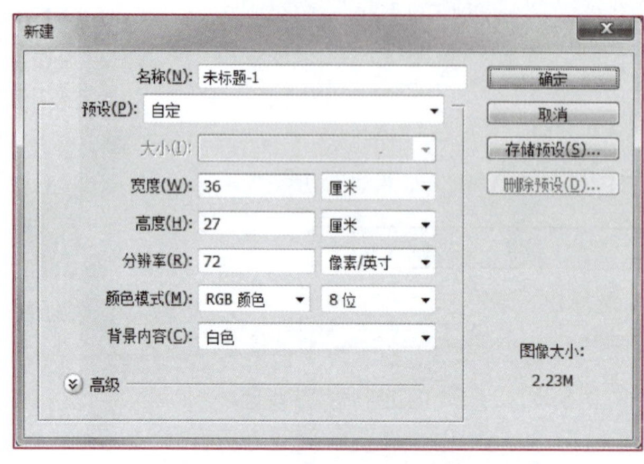

图 5.76 “新建”对话框

图 5.77 绘制渐变色后的效果

（3）打开文件“项目 5\项目实训-素材 1.psd”，如图 5.78 所示，使用“移动工具”将其移动到新建的文件中央，得到“图层 1”，按 Ctrl+T 组合键调出自由变换控制框，按 Shift 键将其缩小，按 Enter 键确认变换操作，得到如图 5.79 所示的效果。

图 5.78 素材图像

图 5.79 调整大小和位置后的效果

（4）打开文件“项目 5\项目实训-素材 2.psd”，如图 5.80 所示，选择“编辑”→“定义画笔预设”命令，在弹出的对话框中单击“确定”按钮，将素材定义为画笔。

（5）选择步骤（1）新建的文件，在“背景”图层上方新建一个图层，得到“图层 2”。

（6）设置前景色的颜色为白色，选择“画笔工具”，按 F5 键调出“画笔”面板，选择步骤（4）定义的画笔，设置其“笔尖形状”选项如图 5.81 所示，再选择“形状动态”和“散布”选项，设置如图 5.82 和图 5.83 所示，在新建文件中单击绘制，得到如图 5.84 所示的效果。

笔 记

图 5.80 素材图像

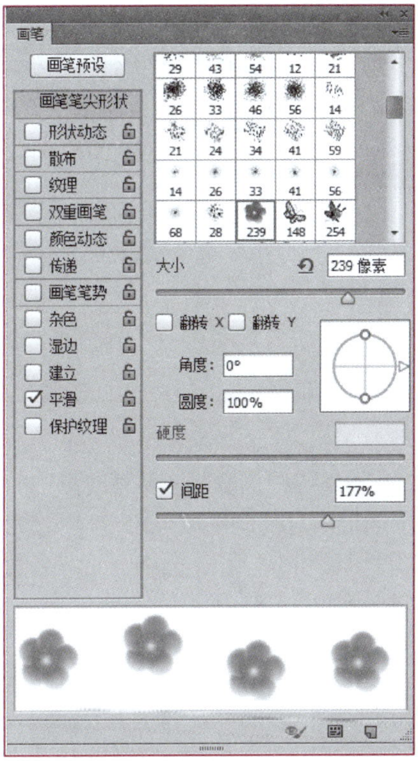

图 5.81 “笔尖形状”选项

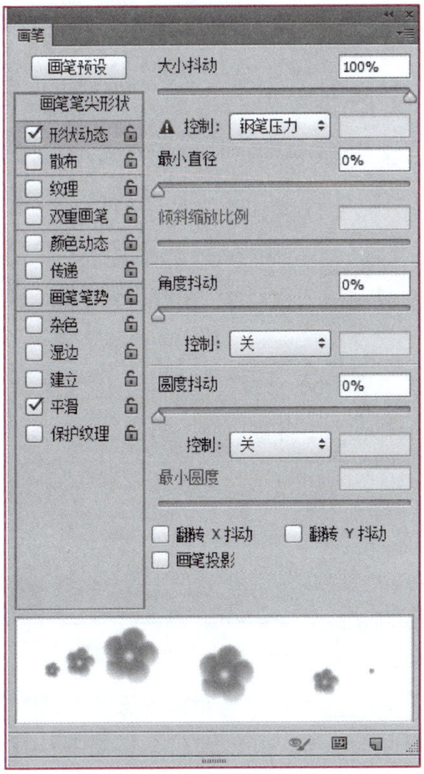

图 5.82 “形状动态”选项

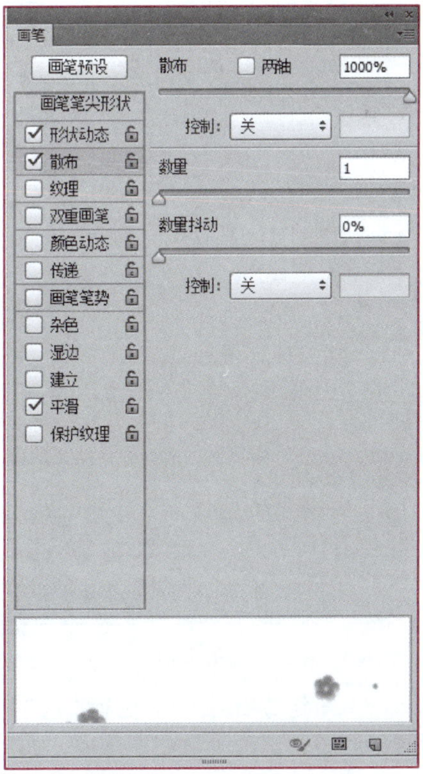

图 5.83 “散布”选项

笔 记

图 5.84 使用画笔涂抹后的效果

（7）新建“图层 3”，设置前景色的颜色为白色，选择“画笔工具”，在“画笔”面板中选择画笔“柔角 21”，设置“画笔笔尖形状”选项如图 5.85 所示，再选择“形状动态”和“散布”选项，设置如图 5.86 和图 5.87 所示，使用画笔涂抹，得到如图 5.88 所示的效果。

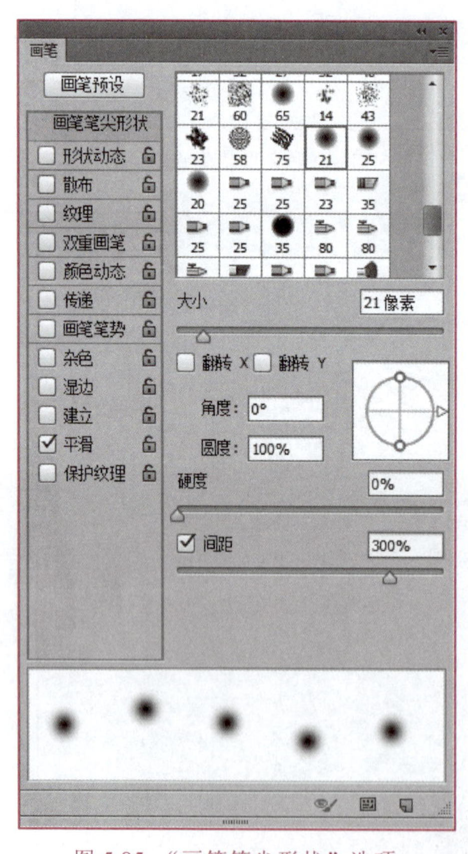

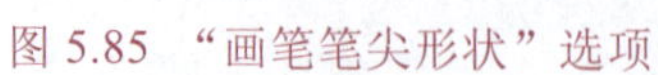

图 5.85 “画笔笔尖形状”选项

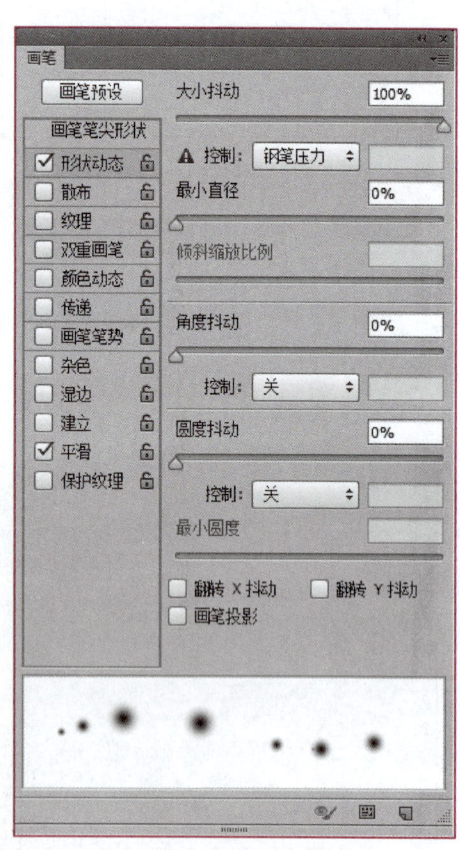

图 5.86 “形状动态”选项

（8）新建“图层 4”，选择“画笔工具”，在“画笔”面板中选择步骤（7）设置的画笔，修改“散布”选项，如图 5.89 所示，按 Shift 键在小猫周围及背景上绘制直线的散点，得到如图 5.90 所示的效果。

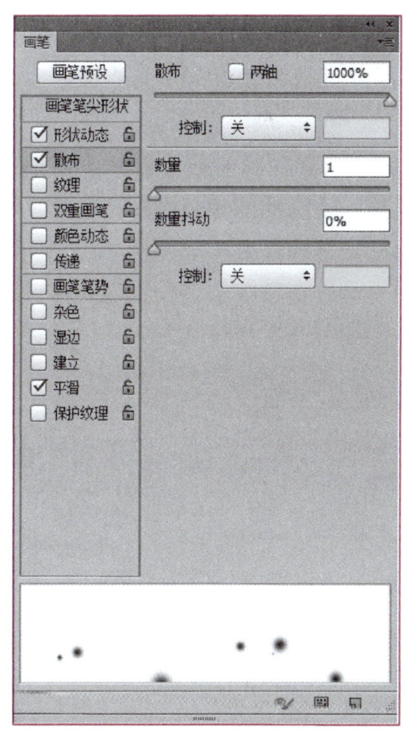

图 5.87 “散布”选项

图 5.88 使用画笔涂抹后的效果

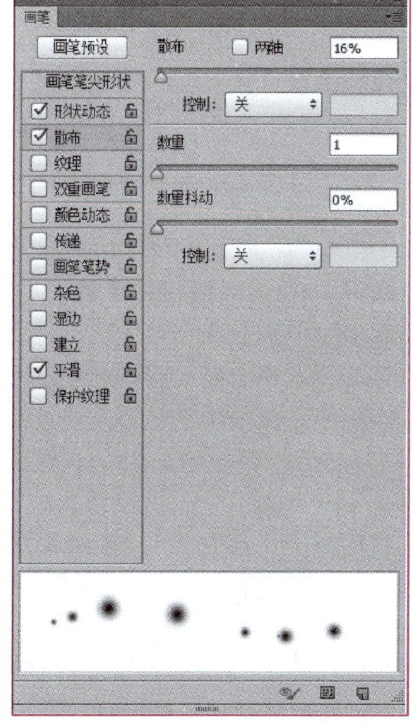

图 5.89 修改“散布”选项

图 5.90 使用画笔涂抹后的效果

（9）设置前景色的颜色为白色，选择“横排文字工具”T，并在其工具选项栏上设置适当的字体和字号，在小猫下方输入文字 HELLOKITTY，得到相应的文本图层，得到如图 5.91 所示的效果。

拓展实训 5-1
修除乱发

图 5.91　输入文字后的效果

课后练习

一、选择题

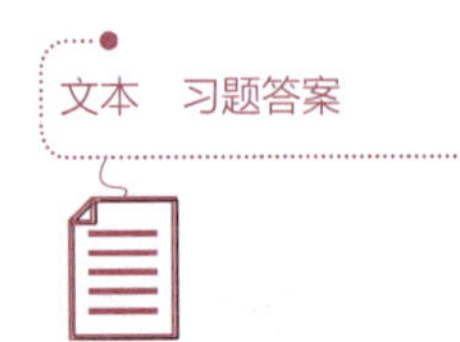

文本　习题答案

1. 显示“画笔”面板的快捷键是（　　）。
   A. F5　B. F4　C. F2　D. F6
2. 下列选项中，（　　）不属于“画笔”面板。
   A. 形状动态　B. 颜色动态　C. 传递　D. 分散动态
3. 使用“渐变工具”可以绘制出（　　）类型的渐变。
   A. 3 种　B. 4 种　C. 5 种　D. 6 种
4. 在“描边”对话框中，可以设置的属性有（　　）。
   A. 颜色　B. 粗细　C. 线条样式　D. 混合模式
5. 使用“画笔”面板可以完成的操作是（　　）。
   A. 选择、删除画笔　B. 设置画笔大小、硬度
   C. 设置画笔动态参数　D. 创建新画笔
6. 下列可以用于对图像进行透视变换处理的是（　　）。
   A. 选择“编辑”→“变换”→“自由变换”命令
   B. 选择“编辑”→“变换”→“透视”命令
   C. 选择“编辑”→“变换”→“斜切”命令
   D. 选择“编辑”→“变换”→“旋转”命令
7. 下列可以依据选区对图像进行修复处理的是（　　）。
   A. “橡皮擦工具”　B. “背景橡皮擦工具”
   C. “修补工具”　D. “移动工具”
8. 下列可以用于修复图像的工具包括（　　）。
   A. “仿制图章工具”　B. “污点修复画笔工具”
   C. “修复画笔工具”　D. “修补工具”

二、操作题

1. 打开文件“项目 5/操作题 1-素材.tif”，如图 5.92 所示，结合本章讲解的

各种修复工具，将该图像修复成为如图 5.93 所示的效果。

图 5.92 原图像

图 5.93 修复后的效果

2．打开文件“项目 5/操作题 2-素材 1.tif”和“项目 5/操作题 2-素材 2.tif”，如图 5.94 所示。结合本章讲解的擦除图像功能，在不使用图层蒙版及混合模式功能的情况下，制作如图 5.95 所示的图像效果（注意水面上的倒影）。

图 5.94 素材图像

3．结合本章讲解的渐变功能，尝试制作如图 5.96 所示的简单绘画效果。

图 5.95 混合效果

图 5.96 简单绘画效果

4．打开文件“项目 5/操作题 4-素材 1.psd”和“项目 5/操作题 4-素材 2.psd”，如图 5.97 和图 5.98 所示，将其定义成为画笔，然后结合本章关于“画笔工具”的讲解，绘制如图 5.99 所示的星光效果。

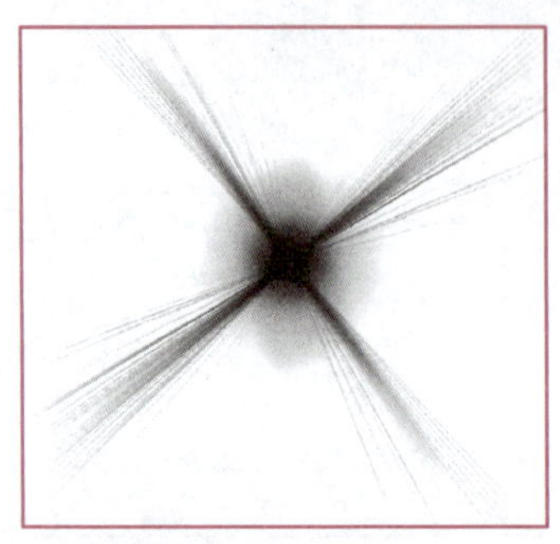
图 5.97 画笔素材

图 5.98 素材图像

图 5.99 绘制后的星光效果

5．打开文件“项目 5/操作题 5-素材.jpg”，如图 5.100 所示，至少使用两种方法修复人物的眼袋，得到如图 5.101 所示的效果。

图 5.100 素材图像

图 5.101 处理后的效果

第 6 章

绘制路径和形状

学习目标

- 了解路径的组成与分类。
- 掌握使用“钢笔工具”绘制各类路径与形状的方法。
- 了解使用“形状工具”绘制路径与形状的方法。
- 熟悉选择路径的方法。
- 熟悉“路径”面板的功能及常见操作。
- 熟悉路径运算的方法。

本章导读

PPT
绘制路径和形状

路径是Photoshop中的强大功能之一，它是基于贝塞尔曲线建立的矢量图形，所有使用矢量绘图软件或矢量绘图工具制作的线条，原则上都可以称为路径。

在Photoshop中，路径主要是以两种形式体现出来的，其中一种是路径线，而另外一种就是带有填充内容的形状。本章将对这两种路径形式的创建及编辑等操作进行讲解。

知识详解

6.1 认识与绘制路径

6.1.1 路径的组成与分类

路径是基于贝赛尔曲线建立的矢量图形，所有使用矢量绘图软件或矢量绘图工具制作的线条，原则上都可以称为路径。

路径可以是一个点、一条直线或者一条曲线，除了点外的其他路径均由锚点、锚点间的线段构成。如果锚点间的线段曲率不为零，锚点的两侧还有控制句柄。锚点与锚点之间的相对位置关系，决定了这两个锚点之间路径线的位置，锚点两侧的控制句柄控制该锚点两侧路径线的曲率。

图6.1所示，是用“钢笔工具”描绘的一条路径，路径线、锚点和控制句柄是其基本组成元素。

提示：下面在演示各个功能时所使用的路径，读者可以使用“自定形状工具”绘制得到。

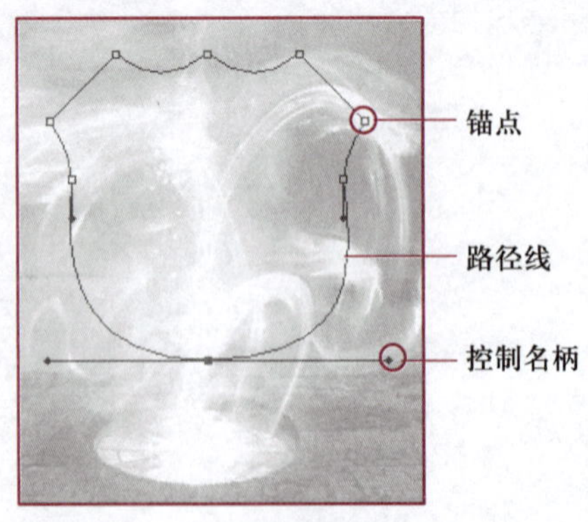

图6.1 路径的组成元素

下面将对路径及形状的绘制、编辑等操作进行讲解。

6.1.2 使用“钢笔工具”绘制路径

微课 6-1
钢笔工具

1. 了解“钢笔工具”

要绘制路径，可以使用“钢笔工具”和“自由钢笔工具”。选择两种工具中的任意一种，都需要在如图 6.2 所示的工具选项栏中选择绘图方式，其中有两种方式可选。

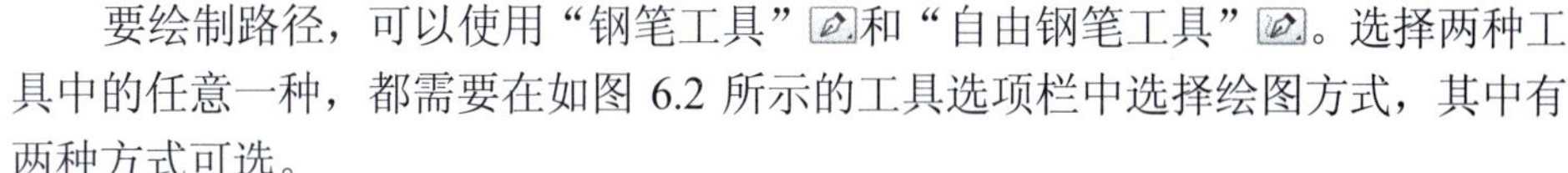

图 6.2 “钢笔工具”选项栏

笔 记

- 形状：选择此选项，可以绘制形状。
- 路径：选择此选项，可以绘制路径。

选择“钢笔工具”，在其工具选项栏中单击“设置”按钮，可以选择“橡皮带”选项。在“橡皮带”选项被选中的情况下，绘制路径时可以依据锚点与钢笔光标间的线段判断下一段路径线段的走向。

2. 绘制开放型路径

如果需要绘制开放型路径，可以在得到所需要的开放型路径后，按 Esc 键放弃对当前路径的选定；也可以随意再向下绘制一个锚点，然后按 Delete 键删除该锚点。与前一种方法不同的是，使用此方法得到的路径将保持被选择的状态。

3. 绘制闭合型路径

如果需要绘制闭合型路径，必须使路径的最后一个锚点与第一个锚点相重合，即在绘制到路径结束点处时，将鼠标指针放置在路径起始点处，此时在钢笔光标的右下角处显示一个小圆圈，如图 6.3 所示，单击该处即可使路径闭合，如图 6.4 所示。

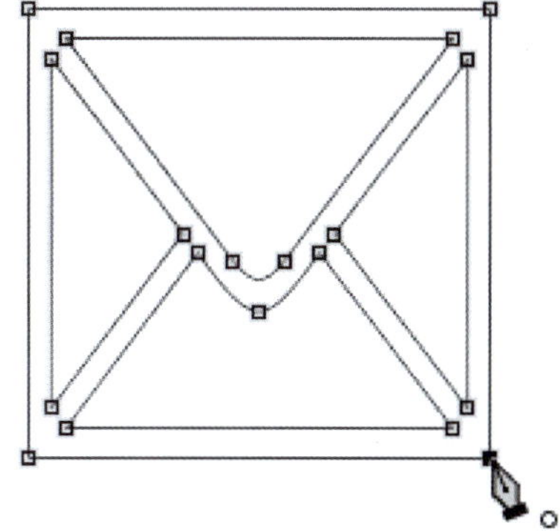

图 6.3 闭合路径时起始点的状态

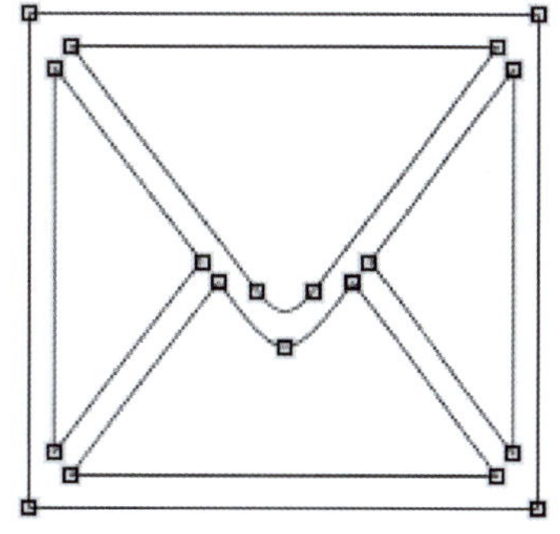

图 6.4 闭合路径后的效果

4. 绘制直线形路径

最简单的路径是直线形路径，构成此类路径的锚点都没有控制手柄。在绘制此类路径时，先将鼠标指针放置在绘制直线路径的起始点处，单击定义第一个锚

笔 记

点的位置，在直线结束的位置处再次单击，以定义第二个锚点的位置，两个锚点之间将创建一条直线形路径，如图 6.5 所示。

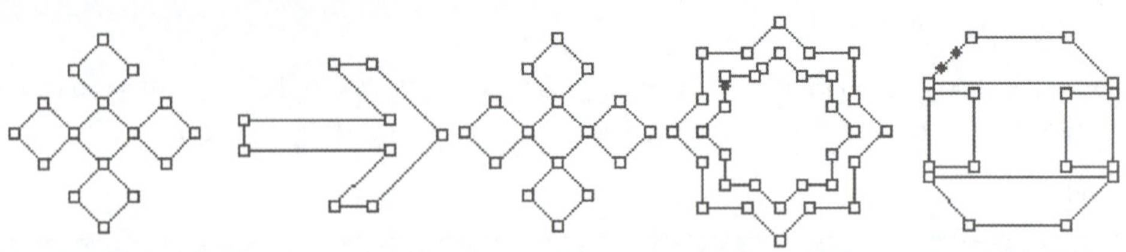

图 6.5 直线形路径的各种绘制效果

在绘制路径时按住 Shift 键，观察是否能够绘制出水平、垂直或者呈 45° 的直线形路径。

5. 绘制曲线形路径

如果某一个锚点有两个位于同一条直线上的控制手柄，则该锚点被称为曲线形锚点。相应地，包含曲线形锚点的路径被称为曲线形路径。制作曲线形路径的步骤如下。

（1）在绘制时，将钢笔光标放置在要绘制路径的起始点位置，单击鼠标左键，定义第一个点作为起始锚点，此时钢笔光标变成箭头形状。

（2）当单击鼠标左键以定义第二个锚点时，按住鼠标左键不放并向某方向拖动鼠标指针，此时在锚点的两侧出现控制手柄，拖动控制手柄直至路径线段出现合适的曲率，按此方法进行绘制，即可绘制出一段相连接的曲线路径。

在拖动鼠标指针时，控制手柄的拖动方向及长度决定了曲线段的方向及曲率。图 6.6 为曲线形路径效果。

图 6.6 曲线形路径效果

6. 绘制拐角形路径

拐角形锚点具有两个控制手柄，但两个控制手柄不在同一条直线上。在通常情况下，如果某锚点具有两个控制手柄，则两个控制手柄在一条水平线上并且会相互影响，即当拖动其中一个手柄时，另一个手柄将向相反的方向移动，在此情况下无法绘制出如图 6.7 所示的包含拐角形锚点的拐角形路径。

绘制拐角形路径的步骤如下。

（1）按照绘制曲线形路径的方法定义第二个锚点，如图 6.8 所示。

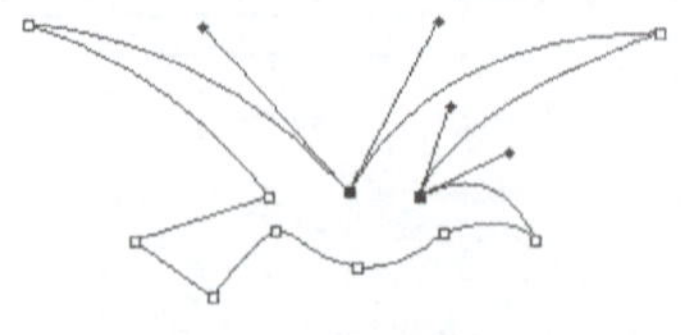

图 6.7 拐角形路径效果

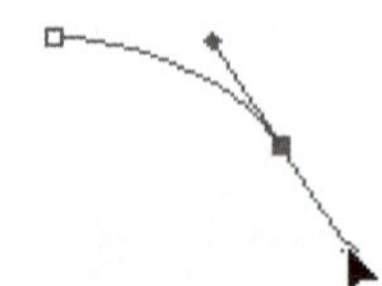

图 6.8 绘制第二个锚点

（2）在未释放鼠标左键前按住 Alt 键，此时仅可以移动一侧手柄而不会影响

笔 记

到另一侧手柄，如图 6.9 所示。

（3）先释放鼠标左键再释放 Alt 键，绘制第三个锚点，如图 6.10 所示。

图 6.9 选择拐角方向

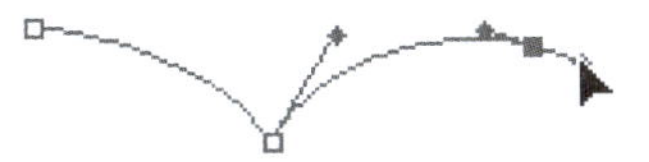
图 6.10 绘制第三个锚点

7. 在曲线段后接直线段

当用户通过拖动鼠标创建了一个具有双向手柄的锚点时（图 6.11），因为双向手柄存在相互制约的关系，所以按照通常的方法绘制下一段线条时将无法得到直线段。

在曲线段后绘制直线段的步骤如下。

（1）按通常绘制曲线形路径的方法定义第二个锚点，使该锚点的两侧位置出现控制手柄。

（2）按 Alt 键，用鼠标指针单击锚点中心，取消一侧的控制手柄，如图 6.12 所示。

（3）继续绘制直线形路径，效果如图 6.13 所示。

图 6.11 具有双向手柄的锚点

图 6.12 取消一侧的控制手柄

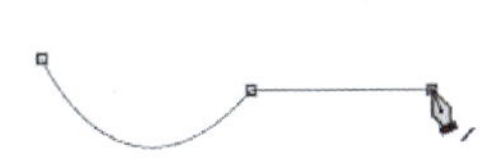
图 6.13 绘制直线形路径

8. 连接路径

在绘制路径的过程中，经常会遇到连接两条非封闭路径的情况。连接两条开放型路径的步骤如下。

（1）使用“钢笔工具”单击开放型路径的最后一个锚点，如果位置正确，则钢笔光标将变为连接钢笔光标形状，如图 6.14 所示。

（2）单击该锚点，使“钢笔工具”与锚点相连接，单击另一处断开位置，此时钢笔光标变为形状，在此位置单击鼠标左键，即可连接两条开放型路径，使其成为一条闭合型路径，如图 6.15 所示。

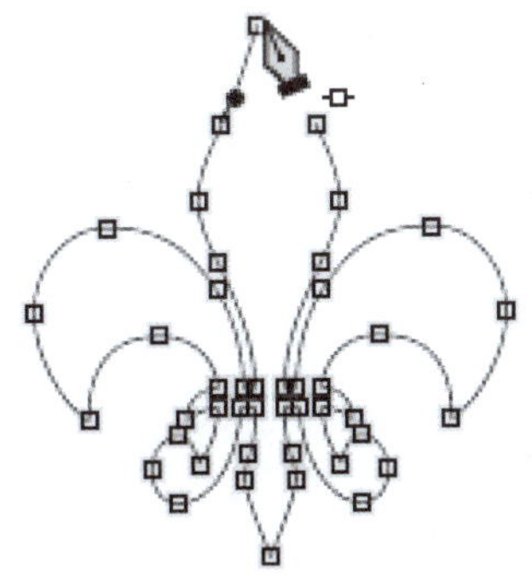
图 6.14 连接钢笔光标状态

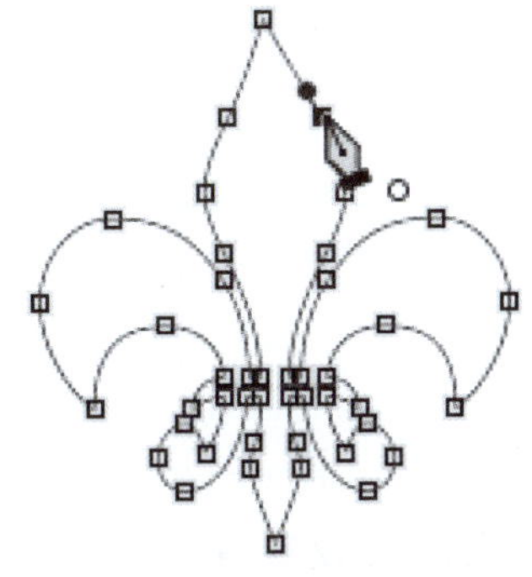
图 6.15 连接两条开放型路径

拓展知识 6-1
自由钢笔工具

9. 切断连续的路径

如果将一条闭合型路径转换为一条开放型路径，或者需要将一条开放型路径转换为两条开放型路径，则需要切断连续的路径。要切断路径，可以先使用“直接选择工具”选择要断开位置处的路径线段，再按 Delete 键。

6.1.3 使用形状工具绘制路径

微课 6-2
矩形工具

1. 形状工具概述

利用 Photoshop 中的形状工具，可以非常方便地创建各种几何形状或路径。在工具箱中的形状工具组上单击鼠标右键，将弹出隐藏的形状工具。使用这些工具都可以绘制各种标准的几何图形。用户可以在图像处理或设计的过程中，根据实际需要选用这些工具。图 6.16 就是一些采用形状工具绘制得到的图形，并应用于设计作品后的效果。

微课 6-3
圆角矩形工具

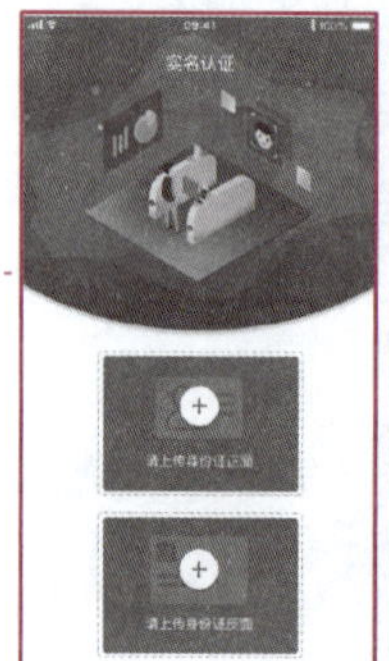

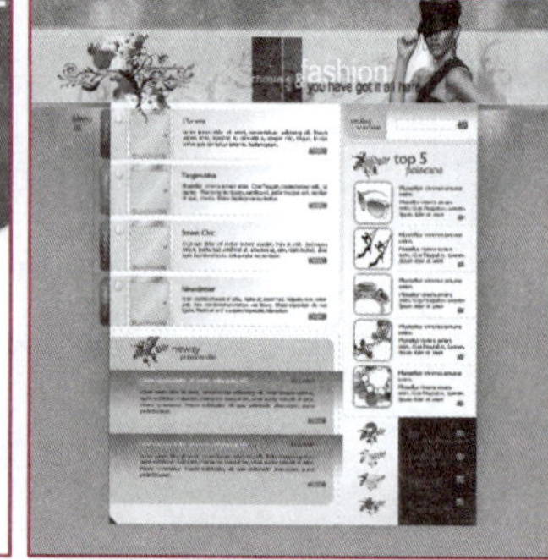

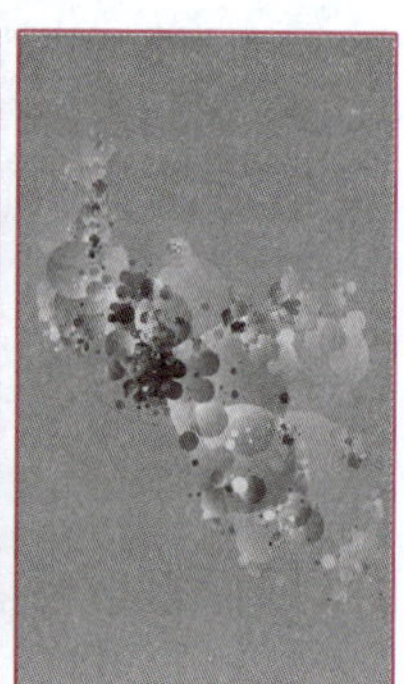

图 6.16 设计作品中的应用效果

微课 6-4
多边形工具

2. 精确创建图形

从 Photoshop CS6 开始，在使用“矩形工具”、“椭圆工具”、“自定形状工具”等图形绘制工具时，可以在画布中单击，此时会弹出一个相应的对话框。以使用“椭圆工具”在画布中单击为例，将弹出如图 6.17 所示的参数设置对话框，在其中设置适当的参数并选择选项，然后单击“确定”按钮，即可精确创建圆形。

微课 6-5
自定形状工具

微课 6-6
创建自定形状

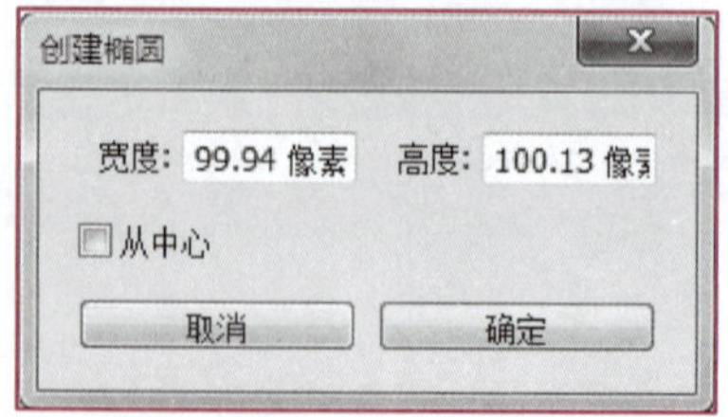

图 6.17 “创建椭圆”对话框

6.1.4 为形状设置填充与描边

在 Photoshop 中，可以直接为形状图层设置多种渐变及描边的颜色、粗细、线型等属性，从而更加方便地对矢量图形进行控制。

笔 记

要为形状图层中的图形设置填充或描边属性，可以在“图层”面板中选择相应的形状图层，然后在工具箱中选择任意一种形状绘制工具或“路径选择工具”，在工具选项栏上即可显示如图 6.18 所示的参数。

图 6.18 工具选项栏

• 填充或描边颜色：单击“填充颜色”按钮或“描边颜色”按钮，在弹出的如图 6.19 所示的面板中可以选择形状的填充或描边颜色，其中可以设置的填充或描边颜色类型为无、纯色、渐变和图案 4 种。

• 描边粗细：在此可以设置描边线条粗细的数值。例如，图 6.20 是将描边颜色设置为紫红色，且描边粗细为 6 点时得到的效果。

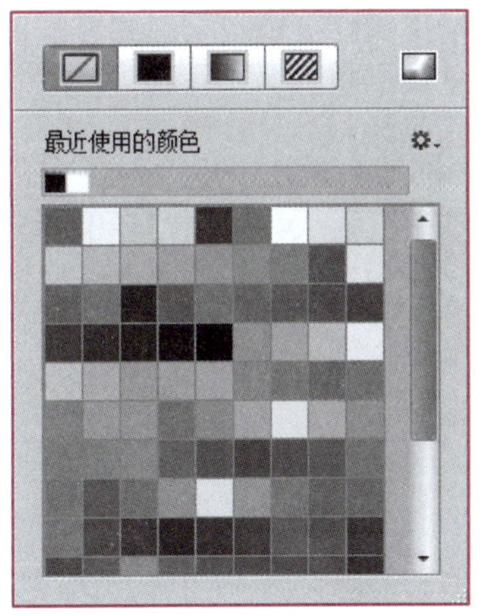

图 6.19 颜色面板

图 6.20 紫红色的描边效果

• 描边线形：如图 6.21 所示，可以设置描边的线形、对齐方式、端点及角点的样式。单击“更多选项”按钮，将弹出如图 6.22 所示的对话框，在其中可以更详细地设置描边的线型属性。图 6.23 是将描边设置为虚线时的效果。

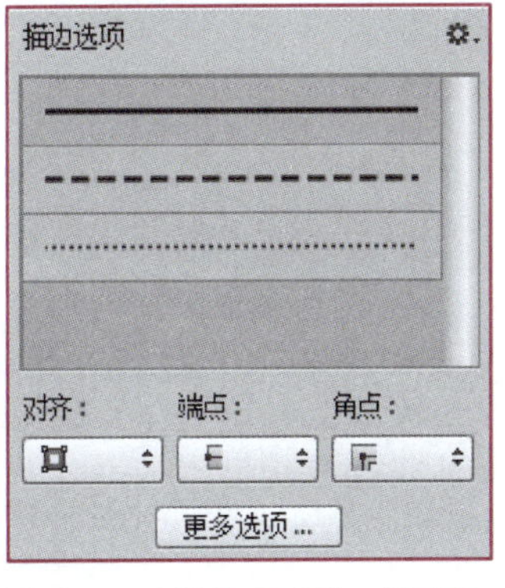

图 6.21 “描边选项”对话框

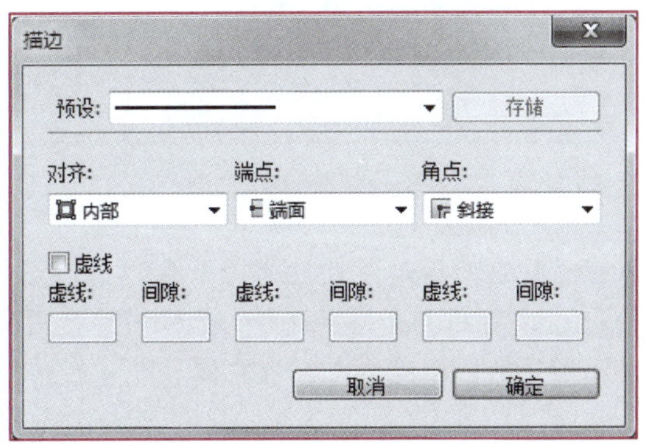

图 6.22 描边的详细对话框

图 6.23 虚线描边效果

拓展知识 6-2
创建自定义形状

6.2 选择路径

在 Photoshop 中可以使用两种工具完成路径的选择操作，即“路径选择工具”和“直接选择工具”，使用它们可以选择整条路径或只选择路径中的某个锚点。下面将分别讲解它们的用途和使用方法。

6.2.1 路径选择工具

如果在编辑过程中要选择整条路径，可以使用选择工具组中的“路径选择工具”，在整条路径被选中的情况下，路径上的锚点全部显示为黑色小正方形，如图 6.24 所示，此时使用此工具可移动整条路径的位置，如图 6.25 所示。

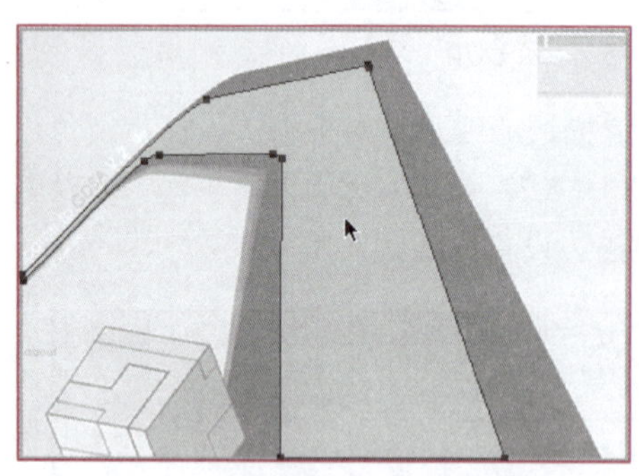

图 6.24 整条路径选择操作实例

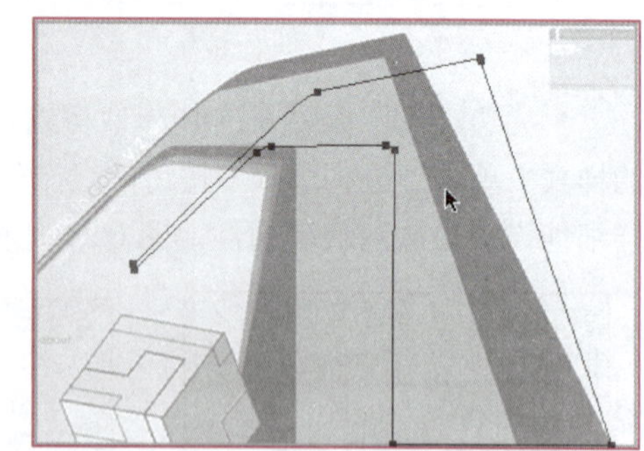

图 6.25 移动路径

提示： 如果当前使用的工具是“直接选择工具”，无需切换至“路径选择工具”，只需按 Alt 键单击路径，即可将整条路径选中；如果当前使用的是“直接选择工具”或者“路径选择工具”，只要按住 Ctrl 键单击鼠标左键，即可在这两个工具间进行切换。

6.2.2 直接选择工具

要选择路径中的锚点，需要使用工具箱中的“直接选择工具”，在路径中的锚点处于被选定的状态下呈黑色小正方形，未选中的锚点呈空心小正方形，如图 6.26 所示。图 6.27 是分别选中各个锚点并拖动其位置后得到的路径效果。

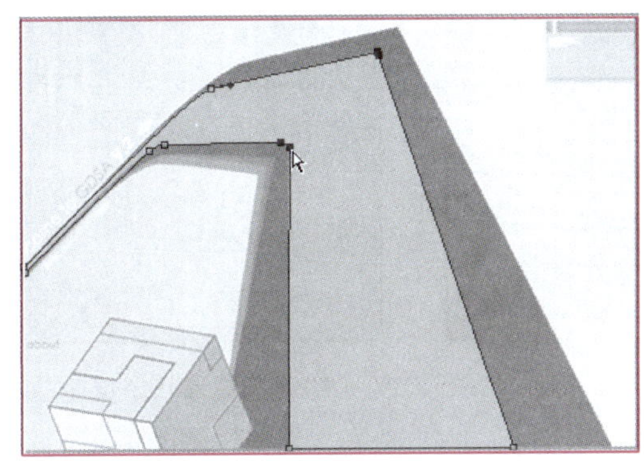

图 6.26　选择锚点

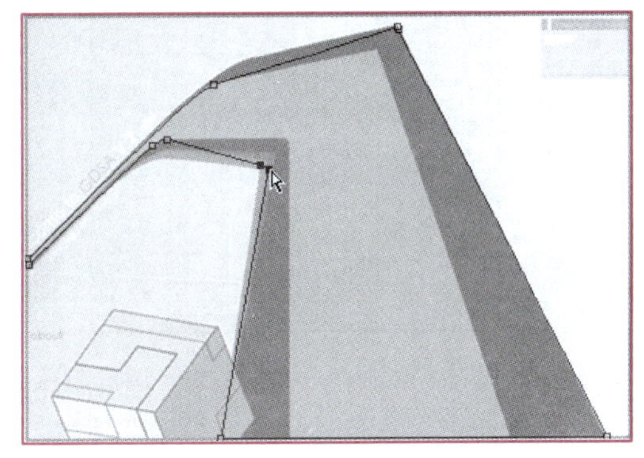

图 6.27　编辑锚点位置

根据需要可以用点选的方法选择一个锚点，如果要选择多个锚点，可以按 Shift 键不断单击锚点，或按住鼠标左键拖出一个虚线框，释放鼠标左键后，虚线框中的锚点将被选中，如图 6.28 所示。

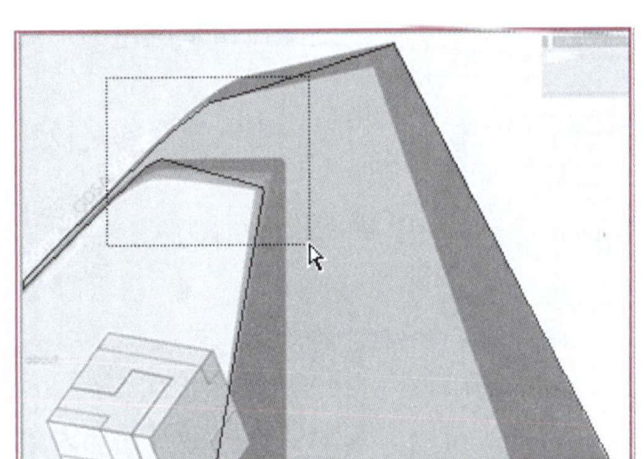

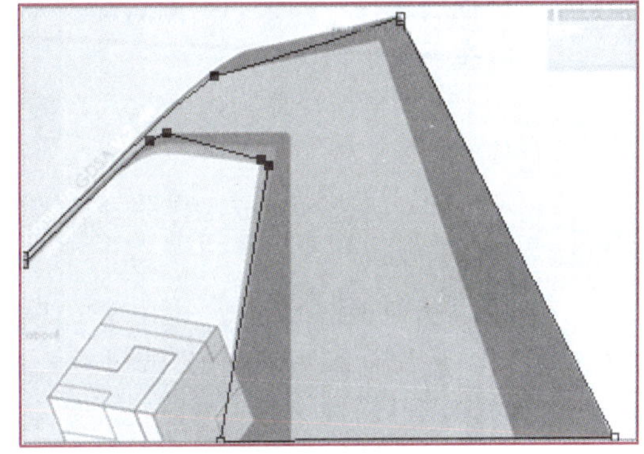

图 6.28　使用直接选择工具选择锚点

6.3 “路径”面板

6.3.1 认识“路径”面板

可以这么说，除了选择路径（即选择路径线、锚点等）以外，从简单的保存、删除路径，到复杂的填充及描边路径，都可以通过“路径”面板来完成。

微课 6-7
“路径”面板

默认情况下，创建的每一条路径都会显示在该面板中，如图 6.29 所示，而对于形状，当选择了一个形状图层时，在“路径”面板中也会显示出一个与之对应的路径项，如图 6.30 所示。

笔 记

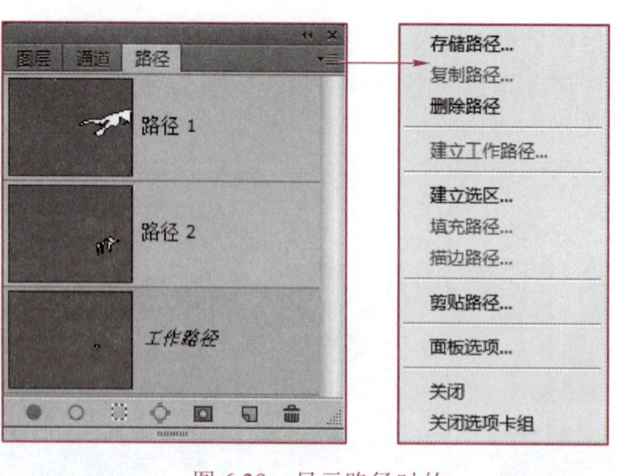

图 6.29 显示路径时的“路径”面板

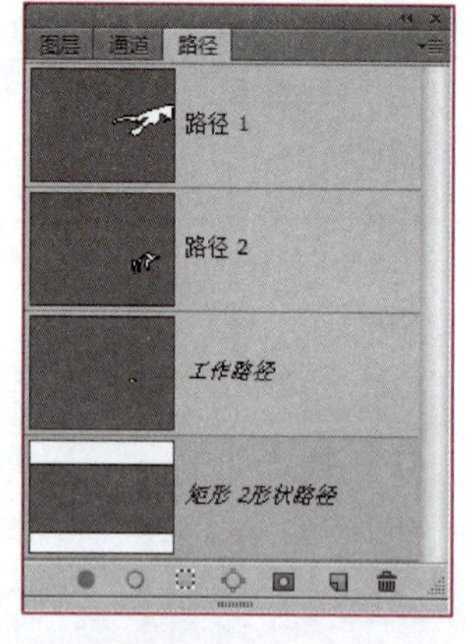

图 6.30 选择形状图层时的“路径”面板

“路径”面板中各个按钮的含义如下。

- “用前景色填充路径”按钮：单击此按钮，可以用前景色填充路径。如果当前所选路径是属于某个形状图层时，则此按钮呈灰色不可用状态。
- “用画笔描边路径”按钮：单击此按钮，可以用前景色和默认的画笔大小描边路径。如果当前所选路径是属于某个形状图层时，则此按钮呈灰色不可用状态。
- “将路径作为选区载入”按钮：单击此按钮，可以将当前选择的路径转换为选区。
- “从选区生成工作路径”按钮：单击此按钮，可以将当前选区存储为工作路径。
- “创建新路径”按钮：单击此按钮，可以新建一条路径。
- “删除当前路径”按钮：单击此按钮，在弹出的提示对话框中单击“是”按钮，可以删除选中的路径。如果当前所选路径是属于某个形状图层时，如果单击“是”按钮，则该形状图层会因为没有任何路径的限制，而使用本身的颜色填满整个画布。

6.3.2 新建路径

这里所说的新建路径并非前面所说的绘制路径线，在“路径”面板中新建的路径，是用于装载路径线的一个载体，其操作方法就是单击“路径”面板底部的“创建新路径”按钮，即可建立空白路径。

另外，使用路径绘制工具绘制路径时，如果当前没有在“路径”面板中选择任何一个路径，则 Photoshop 会自动创建一个“工作路径”。

注意： 在没有保存路径的情况下，绘制的新路径会替换原来的“工作路径”。

如果需要在新建路径时为其命名，可以按住 Alt 键并单击“创建新路径”按钮，在弹出的对话框中输入新路径的名称，单击“确定”按钮即可。

提示： 在“路径”面板中没有改变路径名称的命令，但可以通过双击路径的名称，待其名称变为可输入状态时，在弹出的对话框中重新输入文字以改变路径的名称。

6.3.3 填充路径

微课 6-8
为路径设置填充与描边

Photoshop 允许用户直接以当前的路径作为限制，来填充颜色或图案至路径中，其操作方法非常简单，只需在“路径”面板中单击“用前景色填充路径”按钮●即可。如果当前路径项中包含的路径不止一条，则需要选择要填充的路径；如果未选中任意一条路径，则同时对当前所有的路径执行填充操作。

图 6.31 为使用“钢笔工具”绘制的路径，图 6.32 是为路径填充实色并描边后的效果。

图 6.31 使用钢笔工具绘制的路径

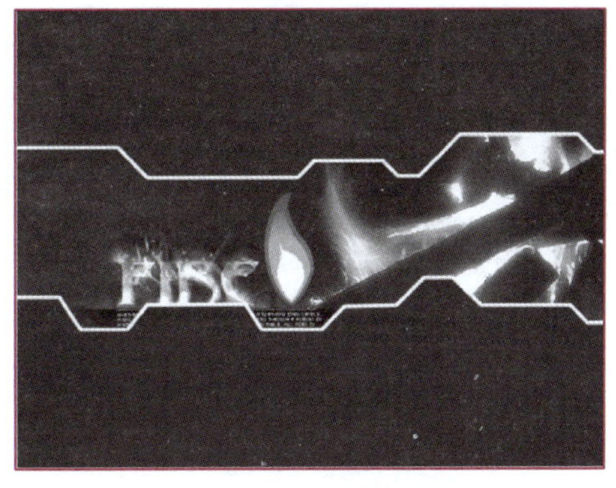

图 6.32 填充路径后的效果

提示：在默认情况下，Photoshop 以实色填充当前路径，如果要控制填充路径的参数选项，可以按住 Alt 键并单击●按钮或选择“路径”面板弹出菜单中的“填充路径”命令，设置弹出的“填充路径”对话框，如图 6.33 所示，从而得到更为丰富的填充效果。

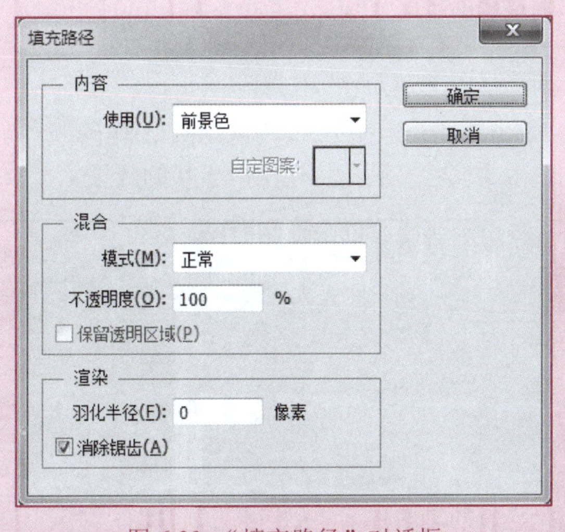

图 6.33 “填充路径”对话框

6.3.4 描边路径

在默认情况下，单击“路径”面板底部的“用画笔描边路径”按钮○后，就会以当前选择的绘图工具进行描边路径操作。如果按住 Alt 键单击该按钮，会弹

笔 记

出如图 6.34 所示的对话框。

在“描边路径”对话框的“工具”下拉列表中，列举出了所有可用于描边路径的工具，选择适当的工具，单击“确定”按钮，即可沿当前路径进行描边路径了。如果选中了“模拟压力”选项，并在“画笔”面板的“形状动态”选项中的“大小抖动”下方选择“钢笔压力”选项，如图 6.35 所示，那么在描边时会模拟压感笔绘图时的效果，在起点与终点都会出现拖尾效果。

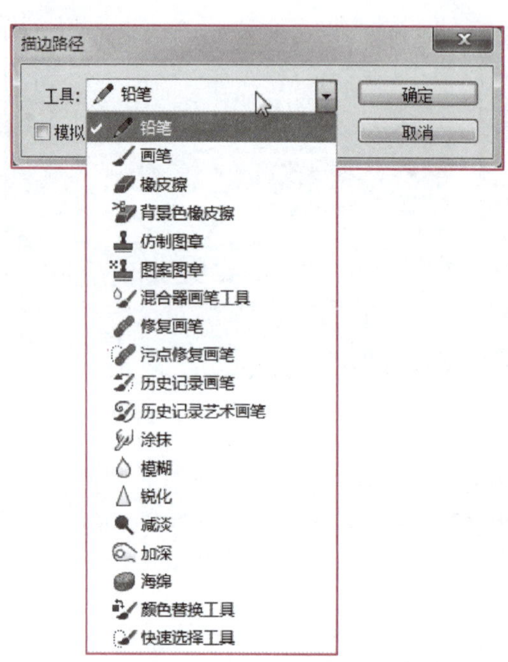

图 6.34 “描边路径”对话框

图 6.35 选择“钢笔压力”选项

图 6.36 为原路径，图 6.37 为应用圆形画笔进行描边后的效果，由于画笔设置有一定的散布属性，因此描绘出散点状的效果。

图 6.36 原路径

图 6.37 描边路径后的效果

6.3.5 保存“工作路径”

每次绘制新路径时，Photoshop 中都会自动创建一个“工作路径”，当再次绘制新的路径时，该"工作路径"中的内容就会被新内容所替代，要永久保存"工作路径"中的内容，就必须将其保存起来。

拓展知识 6-3
变换路径

要保存"工作路径"，可以双击该路径的名称，在弹出的对话框中单击"确定"按钮即可。

6.3.6 删除路径

删除路径可以执行以下操作之一。

- 选中要删除的路径，单击"路径"面板底部的"删除当前路径"按钮，在弹出的对话框中单击"是"按钮，即可删除路径。
- 按住鼠标左键，将要删除的路径拖至"路径"面板底部的"删除当前路径"按钮上即可。

6.3.7 选区与路径的相互转换

微课 6-9
选区与路径的相互转换

1. 将选区转换为路径

在 Photoshop 中创建选区的方法要比创建路径的方法多，所以很多情况下，可以先创建选区，然后再将选区转换成为路径进行编辑。由选区生成路径的步骤操作如下：

（1）结合各种选区创建功能，创建要转换成为路径的选区。

（2）按住 Alt 键，单击"路径"面板底部的按钮，或者选择"路径"面板弹出菜单中的"建立工作路径"命令，设置弹出的如图 6.38 所示的对话框。

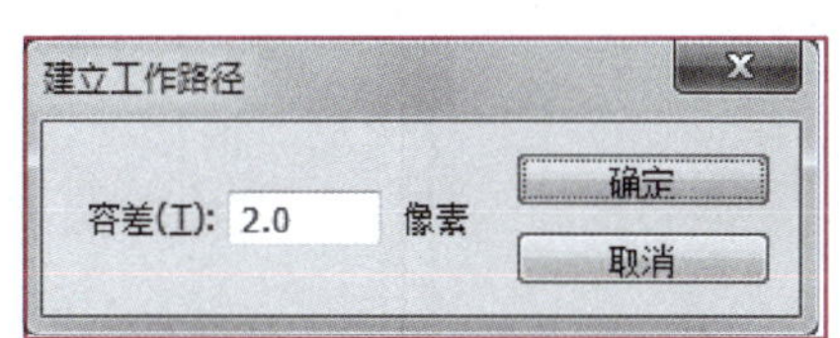

图 6.38 "建立工作路径"对话框

对话框中的"容差"数值框中的数值决定了路径所包括的定位点数，默认的容差值为 2 像素，在此可输入的容差值范围为 0.5～10 像素。

如果输入一个较高的容差值，则用于定位路径形状的锚点将较少，得到的路径较平滑。

如果选用一个较低的容差值，则可用的定位点将较多，产生的路径也将不平滑。

图 6.39 为原选区的状态，图 6.40 是将容差设置成 0.5 像素时得到的路径，图 6.41 是将容差设置成 10 像素时得到的路径状态，可以看出，锚点少了很多。

提示： 有时将选区转换为路径时会生成过于复杂的路径，以至于打印机无法打印。在这种情况下，最好是使用"删除锚点工具"删掉一些定位点或用较高的容差值重新创建路径。另外，由选区产生的路径和原始选区可能不完全相同。

图 6.39 原选区

图 6.40 容差值为 0.5 像素时生成的路径

图 6.41 容差值为 10 像素时生成的路径

2. 将路径转换为选区

要将当前选择的路径转换成为选区，可以单击“路径”面板底部的按钮，或在此面板的弹出菜单中选择“建立选区”命令。

图 6.42 为原路径，图 6.43 为按上述方法操作所得到的选区。

图 6.42 原路径

图 6.43 转换后生成选区

提示：也可以按住 Ctrl 键，单击面板中的路径图标，或按 Ctrl+Enter 键直接将路径转换成为选区。

6.4 路径运算

路径运算是能够绘制路径类工具的重要功能。下面以图 6.44 所示的形状及对应的“图层”面板为例，图 6.45 是为形状增加了图层样式以提升其美观程度后的效果。

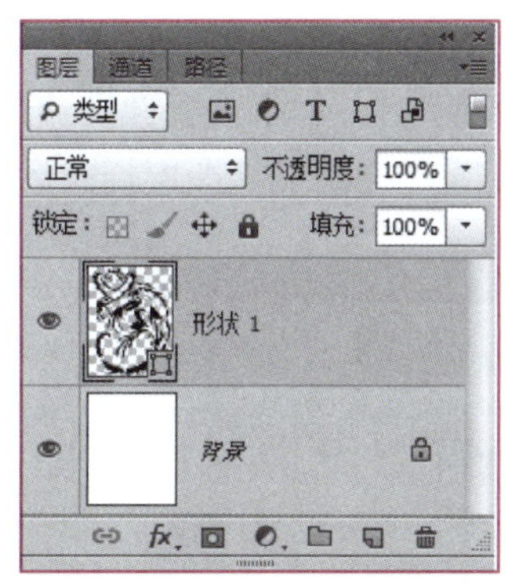

微课 6-10
路径运算

图 6.44　原形状及对应的“图层”面板　　图 6.45　添加图层样式后的效果

• 选择“新建图层”选项，然后绘制形状，可以在不改变原有任意一个形状的情况下，绘制一个新的形状。例如，图 6.46 为绘制新形状后得到的效果及对应的“图层”面板，图 6.47 为分别为两个形状图层添加了图层样式后得到的效果。

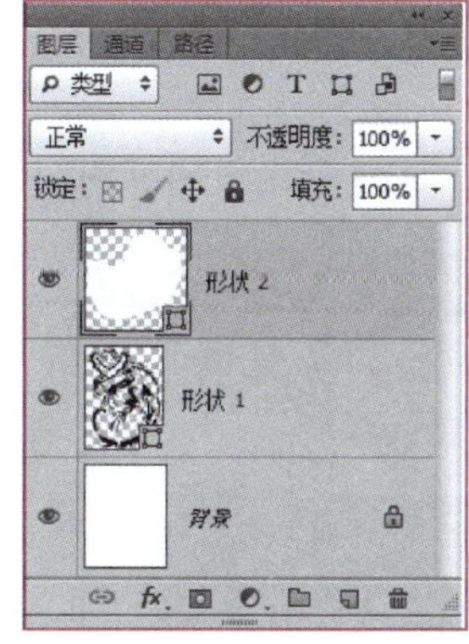

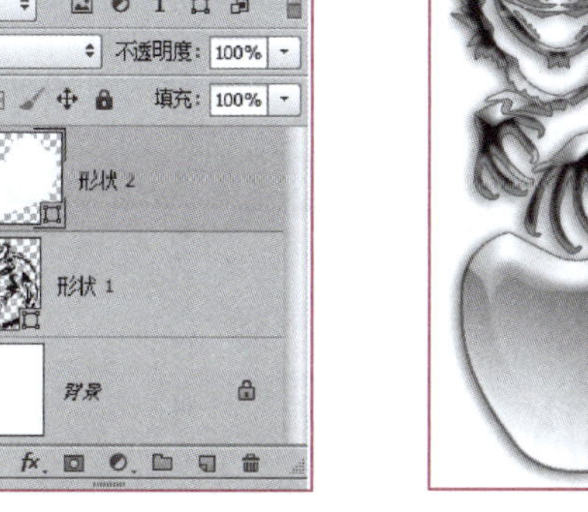

图 6.46　绘制新形状及对应的“图层”面板　　图 6.47　添加图层样式后的效果

提示：形状之间的运算，都必须在选择形状图层且路径处于显示的情况下才可以执行，因为只有在路径显示的情况下，各个运算模式才可以使用。如果当前进行的是路径运算，则没有这样的限制。

• 在形状图层缩览图下，选择“合并形状”选项，然后绘制形状，可向现有形状中添加新形状所定义的区域，得到如图 6.48 所示的效果。图 6.49 是为形状添加了图层样式后得到的效果。

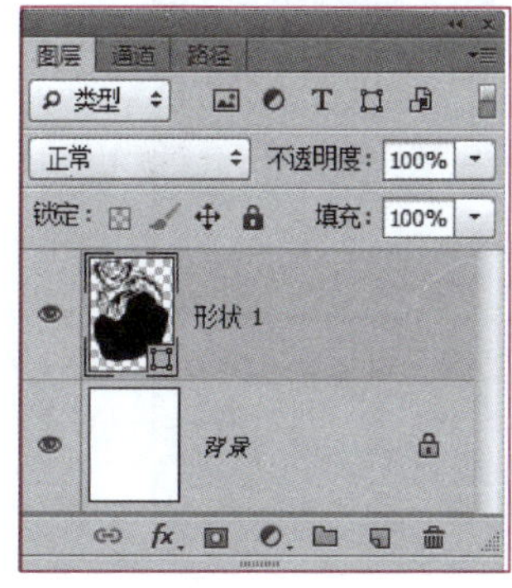

图 6.48　添加形状及对应的“图层”面板　　图 6.49　添加图层样式后的效果

• 选择“减去顶层形状”选项，然后绘制形状，可从现有形状中删除新形状与原形状的重叠区域。对上述而言，如果选择此按钮后再绘制形状，“路径”面板如图 6.50 所示，图 6.51 是为形状添加了图层样式后得到的效果。

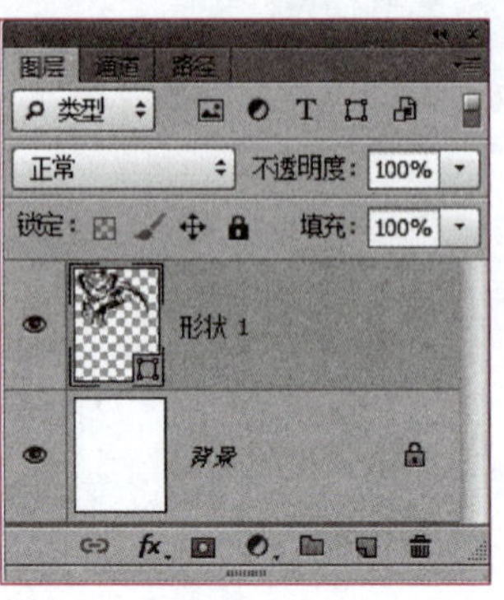

图 6.50 减去形状及对应的“图层”面板

图 6.51 添加图层样式后的效果

• 选择“与形状区域相交”选项，然后绘制形状，生成的新区域被定义为新形状与现有形状的交叉区域。对上述而言，选择此按钮后再绘制形状，“路径”面板如图 6.52 所示，图 6.53 是为形状添加了图层样式后得到的效果。

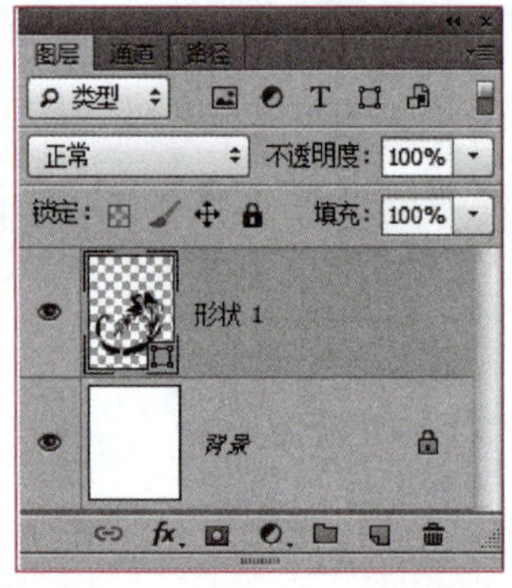

图 6.52 交叉形状及对应的“图层”面板

图 6.53 添加图层样式后的效果

• 选择“排除重叠形状”选项，然后绘制形状，可以定义生成的新区域为新形状和现有形状的非重叠区域。对上述而言，选择此按钮后再绘制形状，得到如图 6.54 所示的形状，图 6.55 是为形状添加了图层样式后得到的效果。

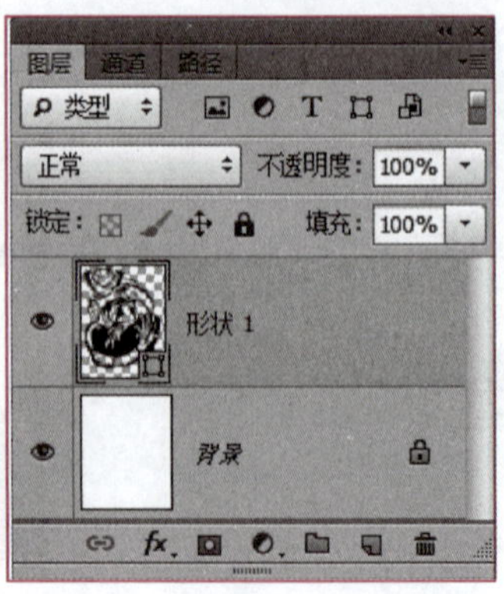

图 6.54 重叠形状及对应的“图层”面板

图 6.55 添加图层样式后的效果

通过以上实例，可以看出在绘制形状时，通过选择不同的选项，得到不同的新形状。

同理，在绘制路径时也可以通过选择不同的模式进行运算，以得到不同形状的复杂路径。由于运算的方法完全相同，故不再予以详细讲解。

提示：在绘制第二条路径时确定的路径间的运算模式，具有灵活的可编辑性，即如果要得到其他运算模式所定义的效果，可以在该路径被选中的情况下，直接在工具选项栏上选择不同的运算选项，建议各位读者打开本小节的素材文件，选择一条路径，然后分别在工具选项栏中选择不同的运算模式，将路径转换为选区，观察选择不同的模式后得到的不同效果，以增加感性认识。

项目实训

绘制可爱小猪

（1）按 Ctrl+N 键新建一个文件，设置如图 6.56 所示对话框。设置前景色的颜色值为 f49c8a。选择“钢笔工具”，并在其工具选项栏上选择“形状”选项，单击“填充”右侧的色块，在弹出的颜色显示框中选择刚刚设置的颜色（最近使用的颜色下方最左侧一个），在画布中心绘制小猪的外形，得到“形状 1”。其形状如图 6.57 所示。

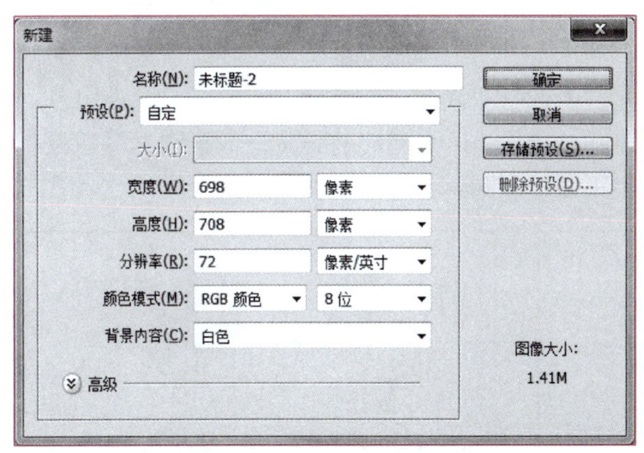

图 6.56 “新建”对话框

图 6.57 绘制小猪外形

（2）继续使用“钢笔工具”为小猪绘制头部的形状，得到“形状 2”。设置前景色的颜色值为 f8bfb1，并设置“填充”右侧的色块为前景色，此时的效果如图 6.58 所示。在“钢笔工具”选项栏上选择“合并形状”选项，绘制如图 6.59 所示的形状。

（3）在“钢笔工具”选项栏上选择“新建图层”选项，在小猪的耳朵上绘制形状，得到“形状 3”。设置前景色及“填充”右侧的色块均为黑色，此时的效果如图 6.60 所示。在“钢笔工具”选项栏上选择“合并形状”选项，继续绘制如图 6.61 和图 6.62 所示的形状。

笔 记

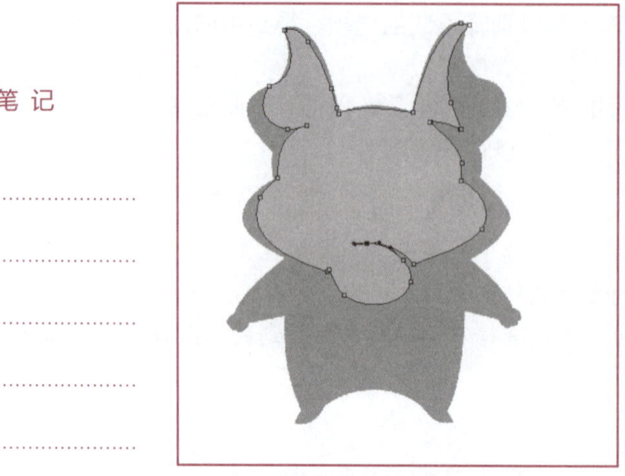
图 6.58 绘制小猪头部

图 6.59 绘制小猪身体

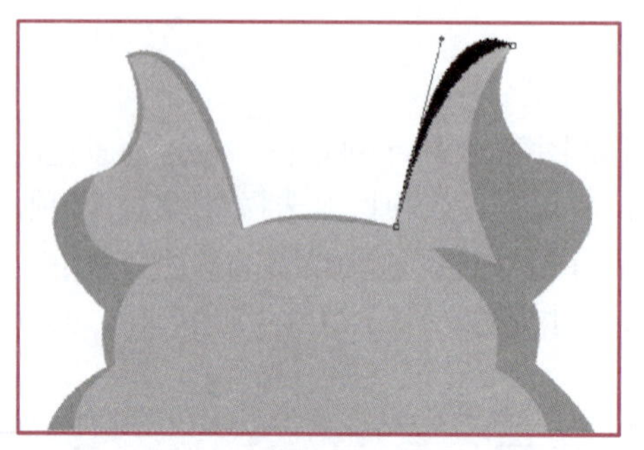
图 6.60 绘制小猪描边形状

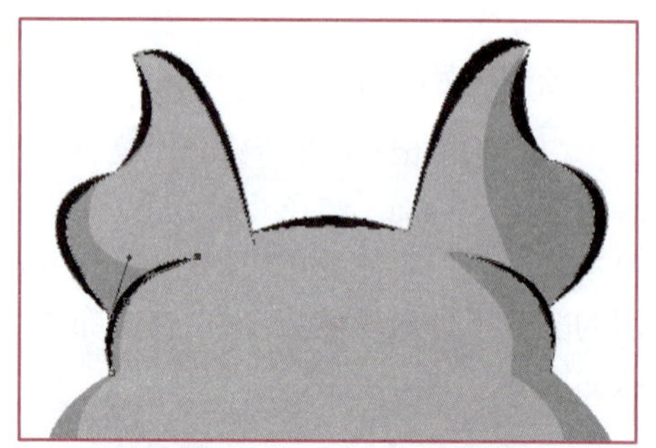
图 6.61 绘制其他描边形状

（4）在“钢笔工具”选项栏上选择“新建图层”选项，选择“椭圆工具”，绘制椭圆，在释放鼠标左键之前按住 Shift 键，椭圆将变成正圆。释放鼠标左键，得到如图 6.63 所示的一个正圆形眼睛，同时得到“椭圆 1”。

图 6.62 绘制小猪描边形状

图 6.63 绘制小猪的左眼

（5）选择“路径选择工具”，按住 Alt+Shift 键，将步骤（4）绘制的圆水平向右移动到如图 6.64 所示的位置，得到小猪的右眼。

笔 记

（6）按 Ctrl+Alt+T 键，调出“自由变换”并复制控制框，向下拖动控制框上边的控制句柄将圆压扁，再将形状移动到小猪鼻子的位置逆时针旋转 70°，得到如图 6.65 所示的效果。按 Enter 键确认变换操作。

图 6.64　复制并移动形状

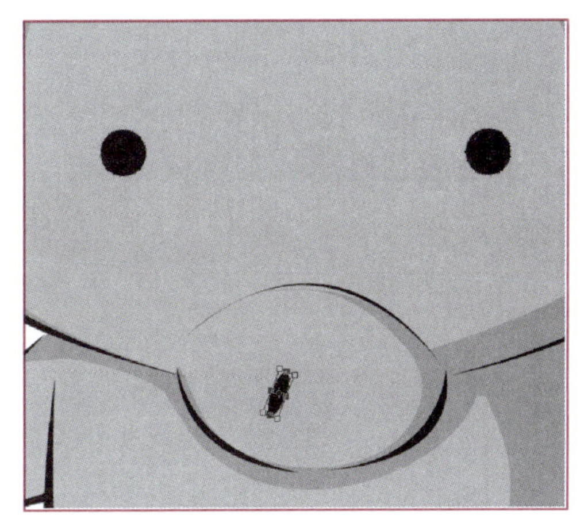
图 6.65　变换并复制形状

（7）再次按 Ctrl+Alt+T 键，调出“自由变换”并复制控制框，在控制框内单击鼠标右键，在弹出的快捷菜单中选择“水平翻转”命令并将其水平向右移动到如图 6.66 所示的位置。按 Enter 键确认变换操作。按照步骤（4）和（5）的方法为小猪绘制形状，得到“椭圆 2”。设置前景色及“填充”右侧的颜色值均为 f96566，效果如图 6.67 所示。

图 6.66　变换并复制形状

图 6.67　绘制的图形效果

（8）选择“背景”图层为当前操作图层。分别设置前景色及“填充”右侧的颜色值为 9a9999 和 d6d6d6，绘制“椭圆 3”和“椭圆 4”，得到如图 6.68 和图 6.69 所示的效果。

（9）按照前面同样的方法绘制得到如图 6.70 所示的最终效果。此时的“图层”面板如图 6.71 所示。

图 6.68 绘制阴影（1）

图 6.69 绘制阴影（2）

图 6.70 最终效果

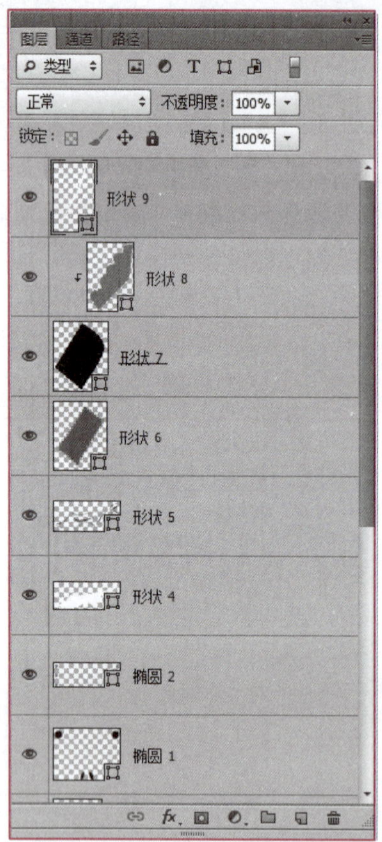

图 6.71 “图层”面板

拓展实训 6-1
连体特效文字——变形连合

课后练习

一、选择题

1. 下列用于绘制路径的工具包括（　　）。
   A. “钢笔工具” B. “自由钢笔工具”
   C. “直接选择工具” D. “添加锚点工具”

笔 记

2. 下列可以用于编辑路径的工具包括（　　）。

A. “转换点工具” B. “路径选择工具”

C. “删除锚点工具” D. “钢笔工具”

3. 下列关于选择路径的说法正确的是（　　）。

A. 使用“路径选择工具”可以选中整条路径

B. 使用“直接选择工具”可以选中路径中的某个锚点

C. 使用“直接选择工具”，按住 Alt 键，可以选中整条路径

D. 使用“直接选择工具”只能选择路径中的锚点及路径线

4. 下列可以绘制并得到形状图层的工具包括（　　）。

A. “钢笔工具” B. “矩形工具”

C. “椭圆工具” D. “直线工具”

5. 下列说法不正确的是（　　）。

A. 使用“钢笔工具”可以直接绘制图像

B. 使用“钢笔工具”可以绘制路径，但不可以绘制形状

C. 默认情况下，绘制路径时将在“路径”面板中自动创建“路径 1”，并随着绘制次数的增多，逐渐在面板中创建更多的路径

D. 显示“路径”面板的快捷键是 F7

6. 下列关于将路径转换成为选区的操作方法错误的是（　　）。

A. 在“路径”面板中选中要转换为选区的路径，按 Ctrl+Enter 键即可

B. 在“路径”面板中按住 Ctrl 键，单击要转换为选区的路径缩览图

C. 在“路径”面板中选中要转换为选区的路径，单击将路径作为选区载入按钮

D. 在“路径”面板中选中要转换为选区的路径，按 Shift+Enter 键即可

二、操作题

1. 结合本章学习的绘制路径及绘制图形的操作方法，绘制出如图 6.72 所示的招贴图像。

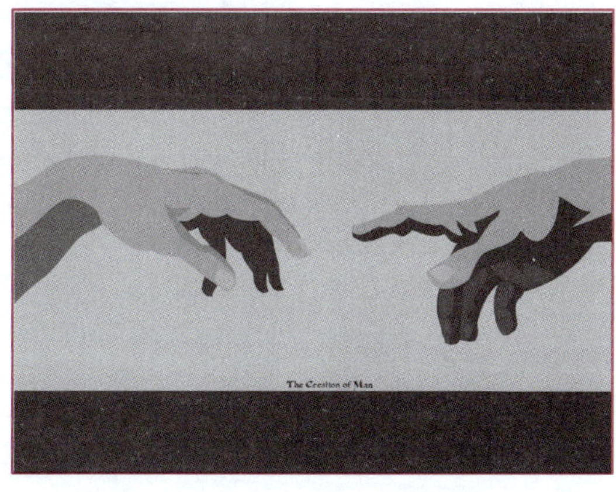

图 6.72　绘制招贴图像

2. 结合本章中讲解的形状绘制工具及路径运算功能，绘制一个如图 6.73 所示的黑色圆环，并将其定义成为画笔。

笔 记

3．使用操作题 2 中定义的画笔，新建一个文件并绘制如图 6.74 所示的路径，然后结合画笔描边路径功能，制作如图 6.75 所示的效果。

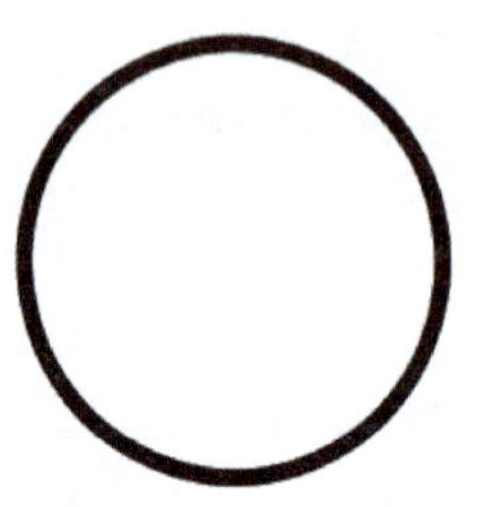

图 6.73 绘制黑色圆环

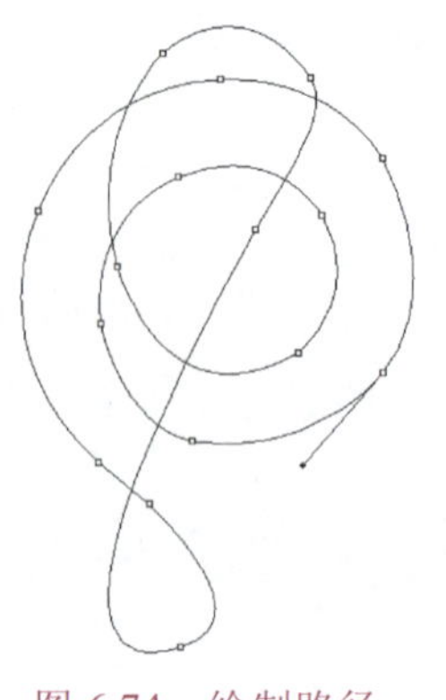

图 6.74 绘制路径

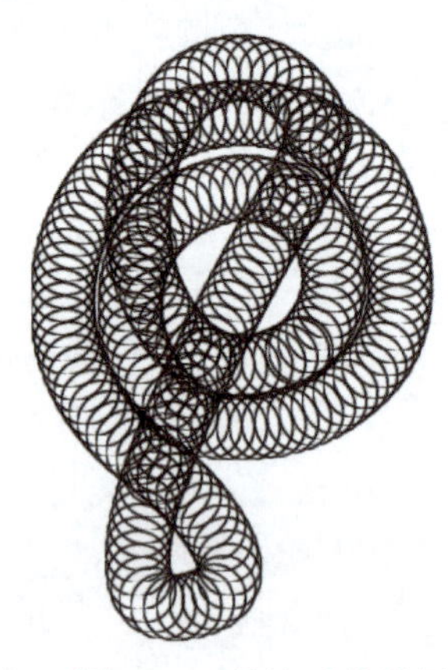

图 6.75 描边后的效果

4．新建一个尺寸为 1024×768 的文件，然后结合“钢笔工具”以及路径自由变换控制框、剪贴蒙版等功能，制作如图 6.76 所示的矢量渐变背景图像。

5．以操作题 4 制作的背景图像为基础，结合“钢笔工具”、“椭圆工具”、“矩形工具”以及复制路径、路径运算等功能，尝试制作如图 6.77 所示的完整作品。

图 6.76 绘制背景图像

图 6.77 完成整体作品

第 7 章

图像特效与合成

学习目标

- 掌握常用图层样式的功能及用法。
- 熟悉编辑与管理图层样式的方法。
- 掌握剪贴蒙版的原理及其相关操作。
- 掌握图层蒙版的原理及其相关操作。
- 掌握图层混合模式的原理与用法。

本章导读

PPT
图像特效与合成

Photoshop 具有强大的功能，可以制作出各种天马行空、光怪陆离的创意图像作品，其中起到重要作用的就是其特效与合成功能。从软件功能的角度来说，特效功能主要是指图层样式，合成功能则主要指蒙版与混合模式，其中蒙版又可以分为多种类型，本章主要讲解其中最为常用的剪贴蒙版和图层蒙版。

知识详解

7.1 图层样式

图层样式是 Photoshop 中最容易出效果的一个功能，使用此功能可以轻松得到投影、外发光、内发光、浮雕等多种效果。Photoshop 提供了 10 种图层样式效果，将这些图层样式组合起来并配合改变不同图层样式的参数，可以得到丰富多彩的效果。

图 7.1 为原图像及为图像添加图层样式后的效果。

(a)

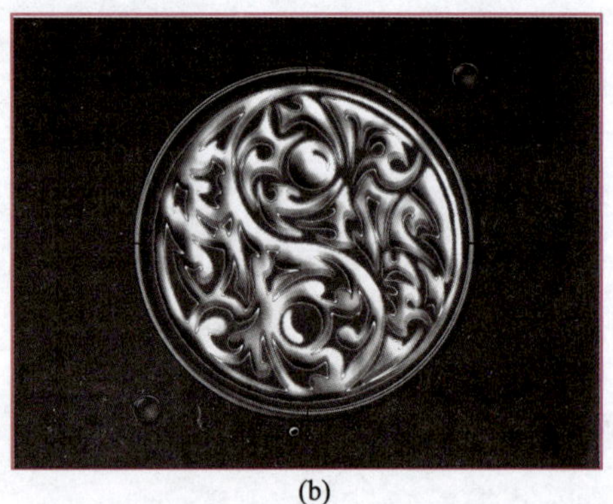

(b)

图 7.1 原图像及应用图层样式后的效果

7.1.1 图层样式的共性

微课 7-1
“图层样式”对话框

Photoshop 的各类图层样式集成在一个对话框中，这些图层样式具有很多共性，通常学习并掌握这些共性，能够举一反三掌握其他图层样式的使用或操作方法。

下面将以“斜面和浮雕”图层样式为例，讲解一下图层样式对话框中的参数分布。选择“图层”→“图层样式”→“斜面和浮雕”命令或单击“图层”面板底部的“添加图层样式”按钮 fx，在下拉菜单中选择“斜面和浮雕”命令，弹出如图 7.2 所示的“图层样式”对话框，在此将通过讲解此图层样式展示各种图层样式的共性。

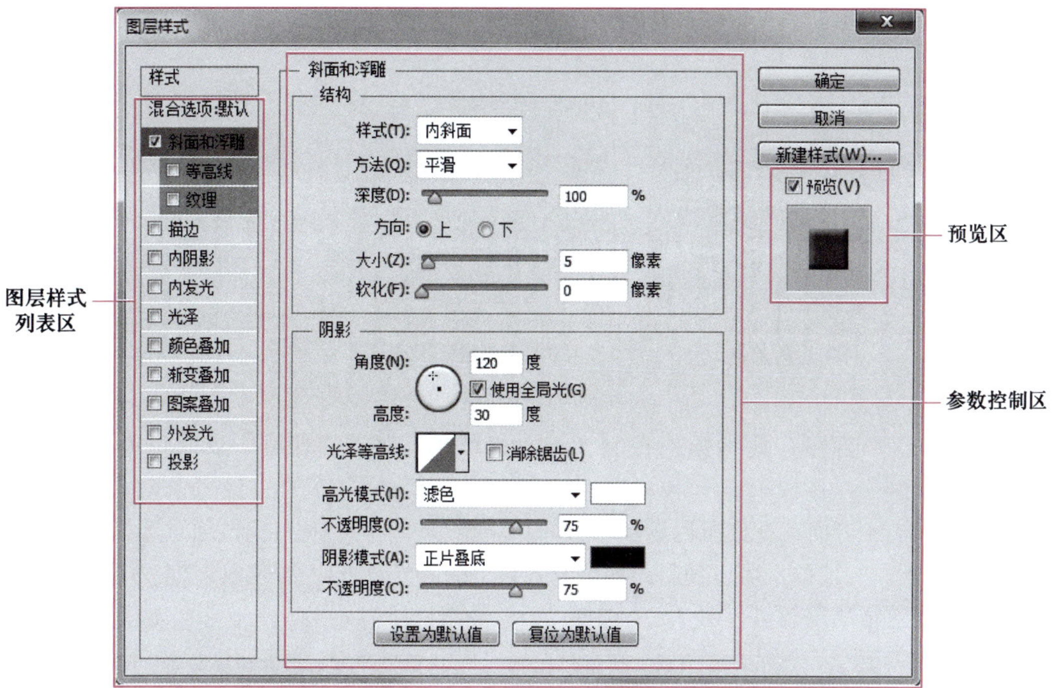

图 7.2 “斜面和浮雕”图层样式对话框

可以看出，“图层样式”对话框在结构上分为三个区域。

- 图层样式列表区：在该区域中列出了所有的图层样式，如果要同时应用多个图层样式，只需选中图层样式名称左侧的选项即可，如果要对某个图层样式的参数进行编辑，直接单击该图层样式的名称即可在对话框中间的参数控制区域显示出其参数。
- 参数控制区：在选择不同图层样式的情况下，该区域会即时显示出与之对应的参数选项。
- 预览区：在该区域中可以预览当前所设置的所有图层样式叠加在一起时的效果。

拓展知识 7-1
为图层组设置图层样式

7.1.2 图层样式介绍

下面分别对 Photoshop 中的各个图层样式进行讲解。

1. “斜面和浮雕”图层样式

微课 7-2
“斜面和浮雕”图层样式

使用“斜面和浮雕”图层样式，可以通过为图像添加高光及暗调，从而创建具有立体感的图像效果，在实际工作中该样式使用得非常频繁。

“斜面和浮雕”对话框中各参数的含义如下。

- 样式：选择“样式”选项，可以设置效果的样式。在此可以选择“外斜面”“内斜面”“浮雕效果”“枕状浮雕”和“描边浮雕”5 种效果。

提示：仅当图像具有“描边”图层样式时，“描边浮雕”才有效果。

- 方法：在此下拉列表框中可以选择“平滑”“雕刻清晰”和“雕刻柔和”三

笔记

种创建“斜面和浮雕”效果的方法，其效果分别如图 7.3 所示。

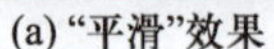
(a)“平滑”效果

(b)“雕刻清晰”效果

(c)“雕刻柔和”效果

图 7.3 三种创建“斜面和浮雕”效果的方法

- 深度：此参数值控制“斜面和浮雕”效果的深度，数值越大，效果越明显。
- 方向：在此可以选择“斜面和浮雕”效果的视觉方向，通过选择“上”或“下”复选框，可以使斜面和浮雕效果上的高光反方向呈现，图 7.4 为选择“上”复选框所得效果，图 7.5 为选择“下”复选框所得效果。

图 7.4 选择“上”复选框所得效果

图 7.5 选择“下”复选框所得效果

- 大小：此参数控制“斜面和浮雕”效果亮部区域与暗部区域的大小，数值越大，亮部区域与暗部区域所占图像的比例也越大。
- 软化：此参数控制“斜面和浮雕”效果亮部区域与暗部区域的柔和程度，数值越大，亮部区域与暗部区域越柔和。
- 角度：在此拨动角度轮盘的指针或输入数值，可以定义斜面和浮雕的方向。
- 使用全局光：选中该选项的情况下，如果改变任意一种图层样式的“角度”数值，将会同时改变所有图层样式的角度；如果需要为不同的图层样式设置不同的“角度”数值，应该取消此选项。
- 高光模式、阴影模式：在两个下拉列表框中，可以为形成“斜面和浮雕”效果的高光与阴影部分选择不同的混合模式，从而得到不同的效果。如果分别单击左侧颜色块，还可以在弹出的拾色器中为高光与阴影部分选择不同的颜色。
- 光泽等高线：使用等高线可以定义图层样式效果的外观。单击“下拉列表框”图标，将弹出“曲线”列表选择面板，在对话框中可选择多种 Photoshop 默认的曲线类型。

在设计中，图层样式常被用来为图像添加立体感觉。图 7.6 为添加此图层样式前的图像，图 7.7 为添加此图层样式后的效果，可以看出，添加图层样式后，在视觉上丰富了很多。

图 7.6　添加“斜面和浮雕”图层样式前的效果

图 7.7　添加“斜面和浮雕”图层样式后的效果

提示：由于下面讲解的各图层样式所弹出的对话框与“斜面和浮雕”对话框中的参数类似，故对于其他图层样式对话框中相同的选项，这里不再重复讲解。

2. “描边”图层样式

微课 7-3
“描边”图层样式

使用“描边”图层样式，可以用颜色、渐变或图案三种方式为当前图层中不透明像素描画轮廓，对于具有锐利边缘（如文字类）的图层而言，其效果非常显著。

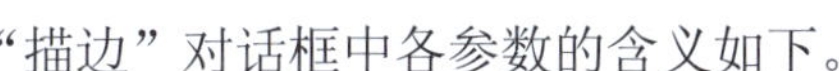

“描边”对话框中各参数的含义如下。

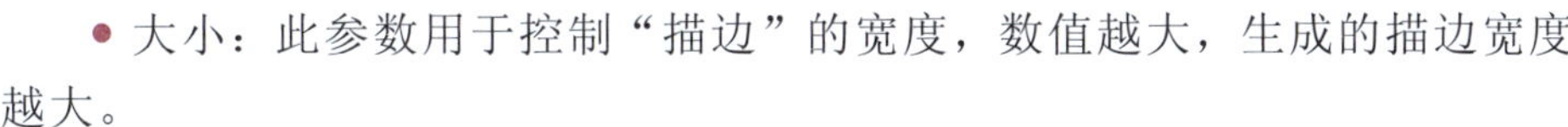

- 大小：此参数用于控制“描边”的宽度，数值越大，生成的描边宽度越大。

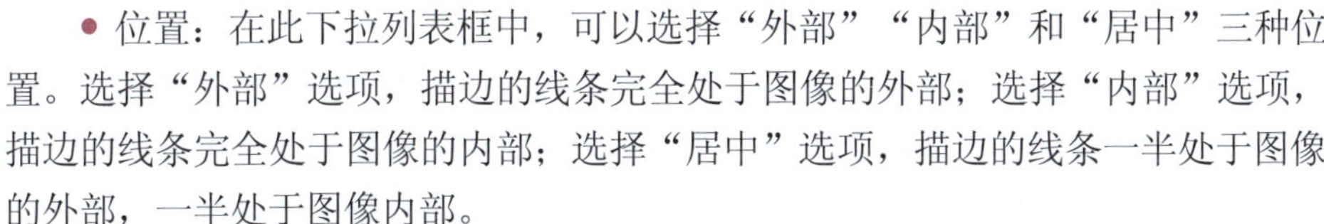

- 位置：在此下拉列表框中，可以选择“外部”“内部”和“居中”三种位置。选择“外部”选项，描边的线条完全处于图像的外部；选择“内部”选项，描边的线条完全处于图像的内部；选择“居中”选项，描边的线条一半处于图像的外部，一半处于图像内部。
- 混合模式：在此下拉列表中，可以为描边选择不同的“混合模式”，从而得到不同的效果。
- 不透明度：在此可以输入数值定义描边的不透明度，数值越大，描边效果越浓，反之越淡。
- 填充类型：在下拉表框中可以设置“描边”类型，其中有“颜色”“渐变”及“图案”三个选项。
- 颜色：单击右侧颜色块并在弹出的“拾色器”对话框中选择颜色，可以将此颜色指定为描边颜色。

图 7.8 为原图像及设置不同的填充类型时得到的描边效果。

(a) 原图像

(b) 单色描边效果

(c) 渐变描边效果

(d) 图案描边效果

图 7.8 “描边”图层样式实例

3. “内阴影”图层样式

微课 7-4
“内阴影”图层样式

使用“内阴影”图层样式，可以为非“背景”图层中的图像添加位于图像非透明区域内的阴影效果，使图像具有凹陷效果。

“内阴影”对话框中各参数的含义如下。

- 距离：在此滑动滑块条上的滑块或输入数值，可以定义“内阴影”的投射距离，数值越大，“内阴影”在视觉上距投射阴影的对象越远，其三维空间的效果就越好，反之则“内阴影”越贴近投射阴影的对象。
- 等高线：使用等高线可以定义图层样式效果的外观，单击此下拉列表按钮，将弹出“等高线”列表，可在该列表中选择等高线的类型，在默认情况下 Photoshop 自动选择线性等高线。

图 7.9 为在其他参数与选项不变的情况下，选择两种不同的等高线得到的效果。

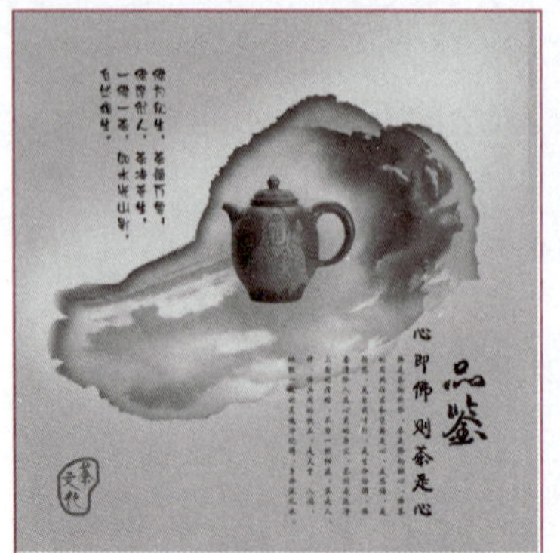

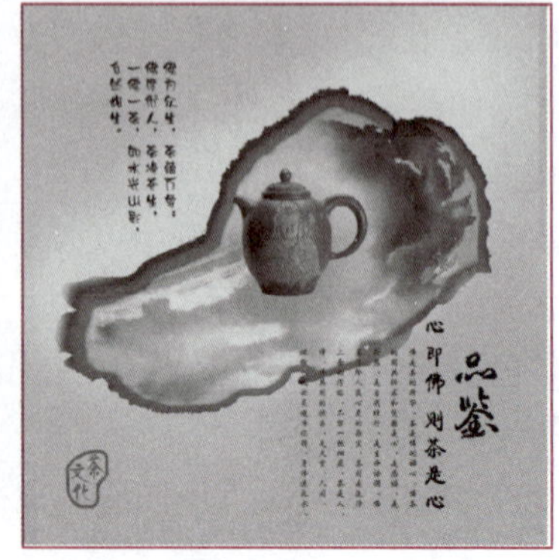

图 7.9 两种不同的等高线效果

- 消除锯齿：选择此选项，可以使应用等高线后的“内阴影”更细腻。
- 杂色：选择此选项，可以为“内阴影”增加杂色。

微课 7-5
“内发光”图层样式

4. “内发光”图层样式

使用“内发光”图层样式，可以为图像增加发光效果，图 7.10 为原图像，图 7.11 为月亮增加内发光时的效果。

图 7.10 原图像

图 7.11 设置内发光的效果

微课 7-6
“光泽”图层样式

5. “光泽”图层样式

“光泽”图层样式通常用于为图像添加光滑的磨光或金属效果，图 7.12 为原图像，图 7.13 为应用“光泽”效果后的效果。

图 7.12 原图像

图 7.13 添加“光泽”后的效果

> 提示：此图层样式的使用关键点在于等高线的类型及参数大小。

6. “颜色叠加”图层样式

选择“颜色叠加”样式，可以为图层叠加某种颜色。在对话框中只需单击“混合模式”右侧的色块，在弹出的“拾色器”对话框中选择一种颜色，并设置所需的混合模式及不透明度即可。

7. “渐变叠加”图层样式

使用“渐变叠加”图层样式，可以为图层叠加渐变效果。

“渐变叠加”对话框中各参数的含义如下。

- 样式：在此下拉列表框中，可以选择“线性”“径向”“角度”“对称的”和“菱形”5 种渐变类型。
- 与图层对齐：在此复选框被选中的情况下，渐变由图层中最左侧的像素应用至最右侧的像素。
- 渐变：在此单击下拉列表按钮，可以在弹出的“渐变编辑器”中选择渐变的效果。

图 7.14 为原图像，图 7.15 为添加“渐变叠加”图层样式后的效果。

图 7.14 原图像

图 7.15 添加“渐变叠加”图层样式后的效果

8. “图案叠加”图层样式

使用“图案叠加”图层样式，可以在图层上叠加图案，其对话框及操作方法与“颜色叠加”图层样式相似。

图 7.16 为在“图案”下拉列表框中选择不同的图案时得到的不同效果。

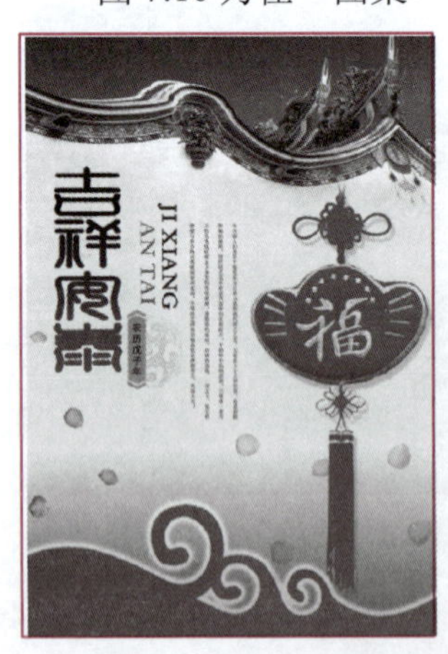

图 7.16 选择不同的图案时得到的不同图案叠加效果

9. “外发光”图层样式

微课 7-7
“外发光”图层样式

使用“外发光”图层样式，可为图像增加外发光效果，在此对话框中可以通过设置得到两种不同的发光方式，即纯色光、渐变光。

如果要得到渐变式发光效果，需要在对话框中选择“渐变类型”的下拉列表，并在弹出的“渐变类型”面板中选择一种渐变类型，图 7.17 为原图像，图 7.18 为渐变式外发光效果。

图 7.17 原图像

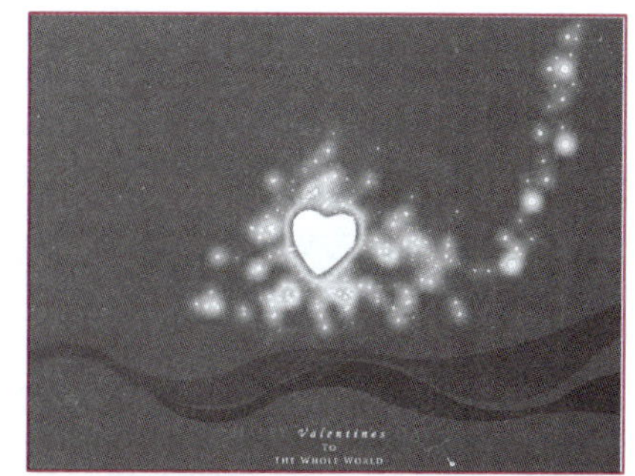

图 7.18 渐变式外发光效果

笔 记

10. “投影”图层样式

使用“投影”图层样式可以为图像添加阴影效果，图 7.19 为原图像及添加“投影”图层样式后的效果。

(a)

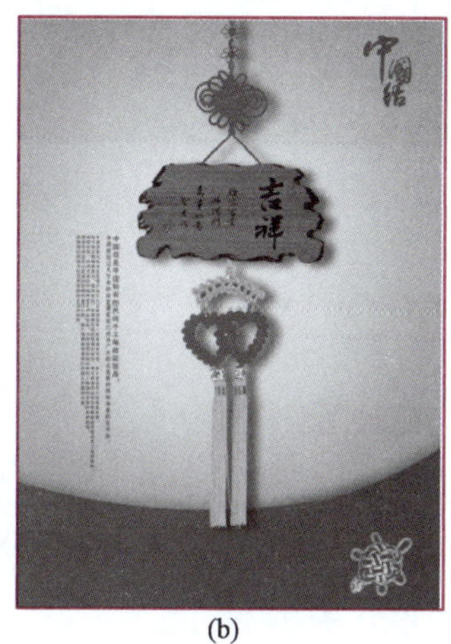

(b)

图 7.19 原图像及添加“投影”图层样式后的效果

“投影”图层样式对话框中各参数含义如下。

- 扩展：在此滑动滑块条上的滑块或输入数值，可以增加“投影”的投射强度，数值越大，“投影”的强度越大，颜色的淤积感觉越强烈。图 7.20 为其他参数值不变的情况下，“扩展”值分别为 5 与 50 情况下的“投影”效果。

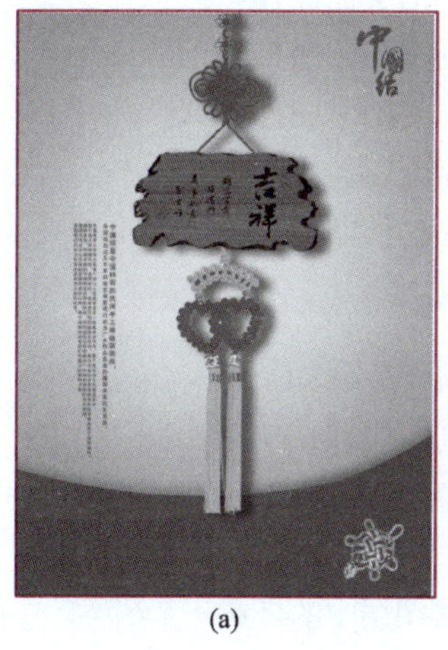

(a)

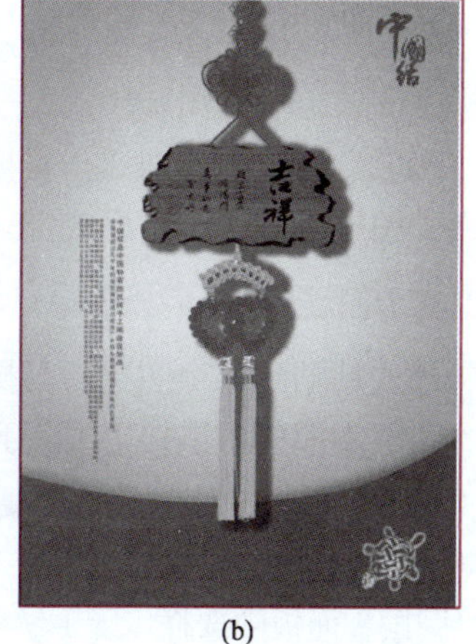

(b)

图 7.20 “扩展”值为 5 和 50 时的投影效果

笔 记

• 大小：此参数控制“投影”的柔化程度大小，数值越大，“投影”的柔化效果越明显，反之则越清晰。图 7.21 为其他参数值不变的情况下，“大小”值分别为 4 与 40 两种数值的“投影”效果。

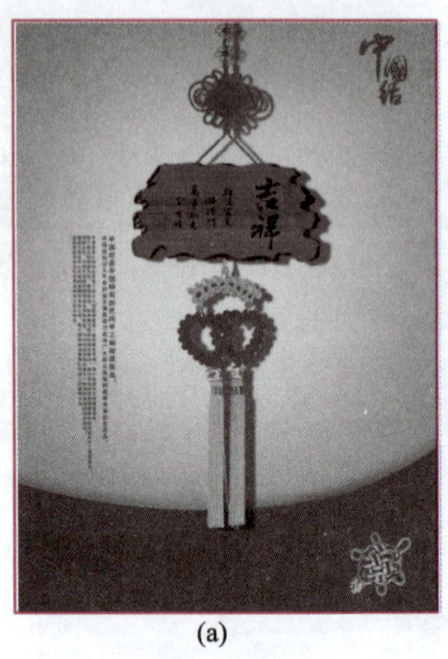

(a)

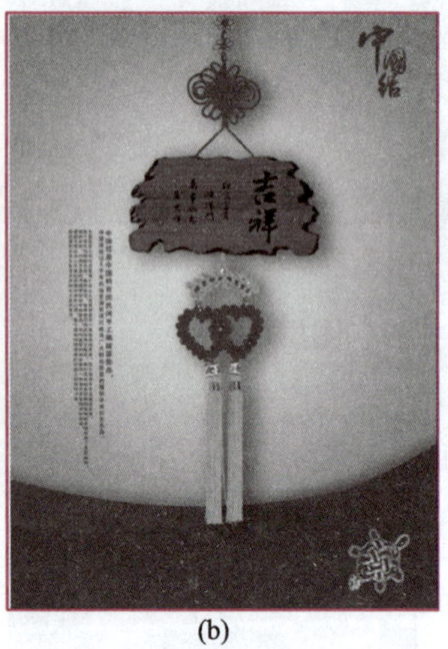

(b)

图 7.21 “大小”值为 4 和 40 时的投影效果

7.1.3 管理图层样式

1. 显示与隐藏图层样式

要显示或隐藏图层样式可以按下述的方法操作：

• 要显示或隐藏某一种或某几种图层样式，只需单击该图层样式名称左侧的图标👁，使其显示或隐藏。

• 要隐藏或显示全部图层样式，选择“图层”→“图层样式”→“隐藏所有效果”或“显示所有效果”命令，也可以单击“图层”面板中该图层下方的“效果”左侧的图标👁，使其显示或隐藏。

2. 粘贴图层样式

微课 7-8
复制、粘贴与删除图层样式

通过复制与粘贴图层样式，可以减少重复性操作，其操作步骤如下。

（1）在“图层”面板中选择包含要复制的图层样式的源图层。

（2）选择“图层”→“图层样式”→“副本图层样式”命令。

（3）在“图层”面板中分别选择目标图层。

（4）选择“图层”→“图层样式”→“粘贴图层样式”命令。

3. 粘贴到多个图层

微课 7-9
为图层组设置图层样式

要将图层样式粘贴到多个图层，其操作步骤如下。

（1）在“图层”面板中链接需要得到图层样式的多个图层。

（2）在“图层”面板中选择包含要复制的图层样式的源图层，选择“图层”→“图层样式”→“副本图层样式”命令。

（3）在“图层”面板中选择步骤 1 链接图层中的任意一个图层，选择“图层”→

“图层样式”→“粘贴图层样式”命令。

除使用上面的方法外，还可以直接拖动图层样式进行复制操作，只需将光标放在图 7.22 所示的“图层”面板中小手图标所在的位置，然后按住 Alt 键向其他图层拖动，即可完成复制图层样式的操作。如果在操作时没有按住 Alt 键，则可以直接将一个图层的图层样式转换到另一个图层中，图 7.23 为按住 Alt 键的操作结果，图 7.24 为没有按住 Alt 键的操作结果。

拓展知识 7-2
删除图层样式

图 7.22 将光标放在小手图标所指示的位置

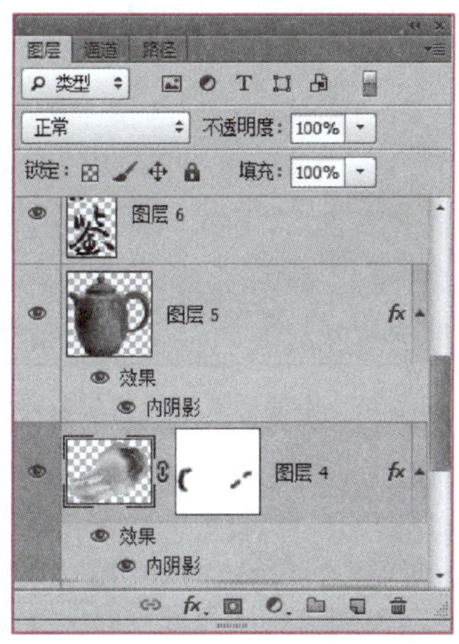

图 7.23 按住 Alt 键的操作结果

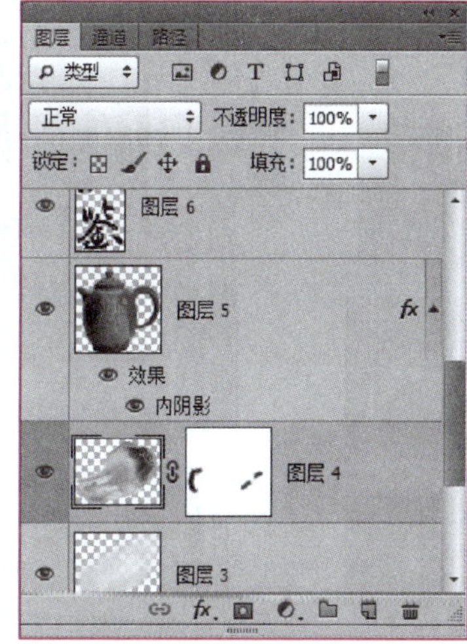

图 7.24 没有按住 Alt 键的操作结果

7.1.4 填充与图层样式

与“不透明度”参数不同，图层的“填充”数值仅改变在当前图层中像素的填充数量，从而得到降低图像透明度的结果，这一特点在设置带有图层样式的图层透明属性时最为明显。

图 7.25 为原图像，图 7.26 为添加样式后的效果及对应的“图层”面板。

微课 7-10
不透明度与填充

图 7.25 原图像

笔 记

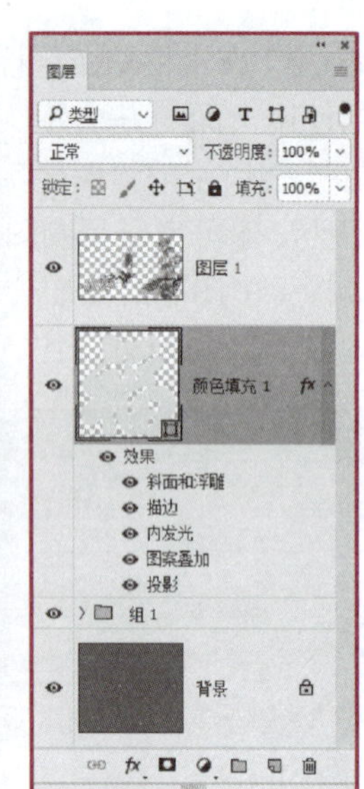

图 7.26 添加样式后的效果及对应的“图层”面板

此时如果将该图层的“填充”数值设置为 30%，将得到如图 7.27 所示的效果。可以看出，此时图像中的黄色变淡了，但由图层样式产生的浮雕及光泽效果仍在。如果此处将“不透明度”数值设置为 30%，将得到如图 7.28 所示的效果。可以看出，包括图层样式在内的所有图像都已经变淡了，由此对比就不难看出“填充”数值的特点了。

图 7.27 “填充”数值设置为 30%的效果

图 7.28 “不透明度”设置为 30%的效果

7.2 剪贴蒙版

7.2.1 剪贴蒙版的原理

Photoshop 提供了一种被称为剪贴蒙版的技术，来创建以一个图层控制另一个图层显示形状及透明度的效果。

剪贴蒙版实际上是一组图层的总称，它由基底图层和内容图层组成，如图 7.29 所示。在一个剪贴蒙版中，基底图层只能有一个且位于剪贴蒙版的底部，而内容图层则可以有很多个，且每个内容图层前面都会有一个↓图标。

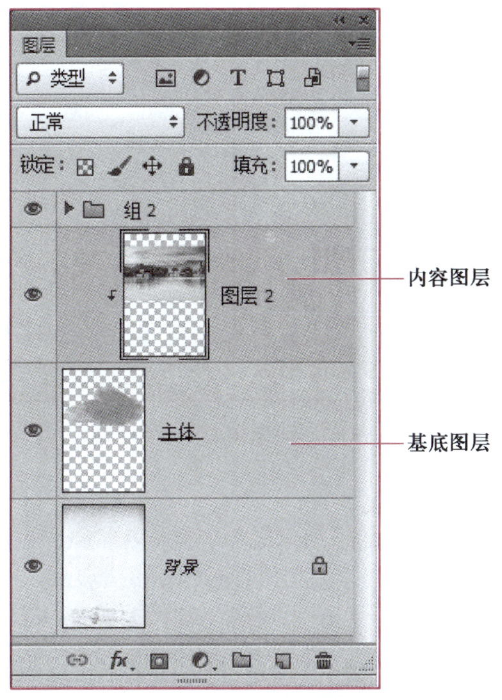

图 7.29　剪贴蒙版示例

笔 记

剪贴蒙版可以由多种类型的图层组成，如文字图层、形状图层，以及在后面将讲到的调整图层等，它们都可以用来作为剪贴蒙版中的基底图层或者内容图层。

使用剪贴蒙版能够定义图像的显示区域。图 7.30 为原图像及对应的“图层”面板。图 7.31 为创建剪贴蒙版后的图像效果及对应的“图层”面板。

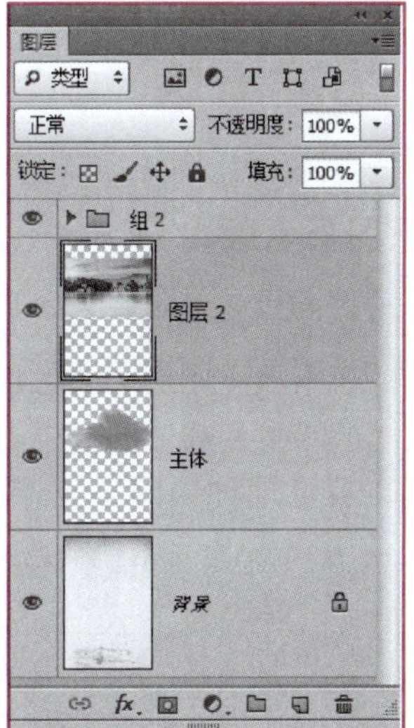

图 7.30　原图像及对应的“图层”面板

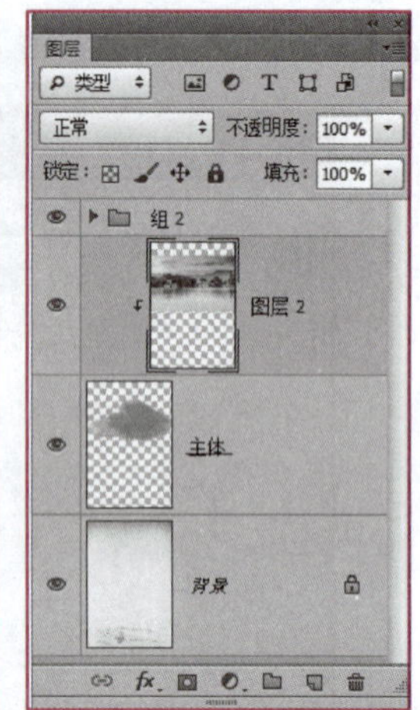

图 7.31　创建剪贴蒙版后的图像效果及对应的“图层”面板

7.2.2　创建与取消剪贴蒙版

微课 7-11
创建剪贴蒙版

1. 创建剪贴蒙版

创建剪贴蒙版的操作步骤如下。

（1）在“图层”面板中，将要剪切的两个图层放在合适的上下层位置上。

（2）按 Alt 键，将光标放在两个图层的中间。

（3）当光标变为↓□形状时单击，即可创建剪贴蒙版效果。

（4）选择处于上方的图层，然后按 Alt+Ctrl+G 键。

微课 7-12
取消剪贴蒙版

2. 取消剪贴蒙版

要取消上下两个图层的剪切关系，再次按 Alt 键，将光标放在两个图层的中间，当光标变为↘□形状时单击，即可取消剪贴蒙版的关系。

7.3　图层蒙版

7.3.1　认识图层蒙版

图层蒙版是制作图像混合效果时最常用的一种手段。使用图层蒙版混合图像的好处是可以在不改变图层中图像像素的情况下，实现多种混合图像的方案并进行反复更改，最终得到需要的效果。

要正确、灵活地使用图层蒙版，必须了解图层蒙版的原理。简单地说，图层蒙版就是使用一张灰度图“有选择”地屏蔽当前图层中的图像，从而得到混合效果。

这里所说的“有选择”，是指图层蒙版中的白色区域可以起到显示当前图层中图像对应区域的作用，图层蒙版中的黑色区域可以起到隐藏当前图层中图像对应区域的作用，如果图层蒙版中存在灰色，则使对应的图像呈现半透明效果。

每天全世界各地有数不清的图像设计师在使用图层蒙版创作着不同风格、不同效果的合成图像，图 7.32 展示了三幅使用图层蒙版所得到的精美效果。

图 7.32 经典作品

用户可以通过改变图层蒙版不同区域的黑白程度，控制图像对应区域的显示或隐藏状态，为图层增加许多特殊效果，因此对比“图层”面板与图层所显示的实际效果，可以看出：

- 图层蒙版中黑色区域部分可以使图像对应的区域被隐藏，显示底层图像。
- 图层蒙版中白色区域部分可以使图像对应的区域显示。
- 如果有灰色部分，则会使图像对应的区域半隐半显。

7.3.2 创建图层蒙版

在 Photoshop 中有若干种创建图层蒙版的方法，下面分别讲解各种操作方法。

微课 7-13
创建图层蒙版

1. 直接添加图层蒙版

要直接为图层添加蒙版，可以使用下面的操作方法之一。

- 选择要“添加图层蒙版”的图层，单击“图层”面板底部的“添加图层蒙版”按钮，或选择“图层”→“图层蒙版”→“显示全部”命令，此时创建出来的图层蒙版为白色，如图 7.33 所示。
- 如要创建一个隐藏整个图层的蒙版，按住 Alt 键，单击“添加图层蒙版”按钮，或者选择“图层”→“图层蒙版”→“隐藏全部”命令，此时创建出来的图层蒙版为黑色，如图 7.34 所示。

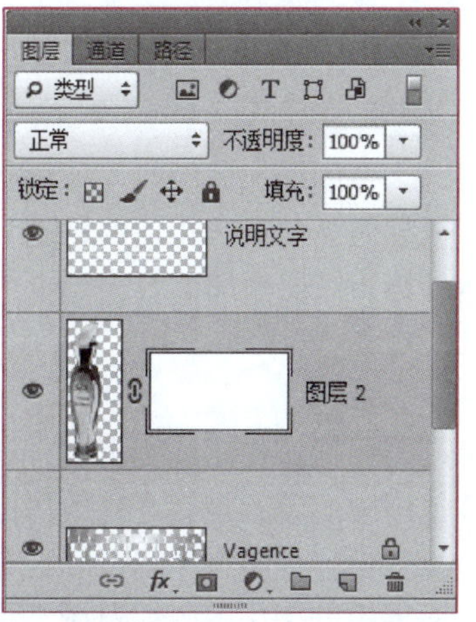

图 7.33 默认的图层蒙版

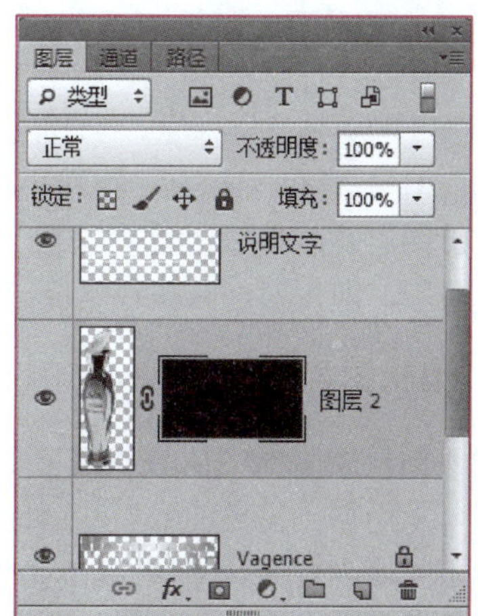

图 7.34 按住 Alt 键“添加图层蒙版”的状态

笔记

2. 依据选区添加蒙版

如果当前图像中存在选区，可以利用该选区添加图层蒙版，并决定添加图层蒙版后是显示或者隐藏选区内部的图像。可以按照以下操作之一来利用选区添加图层蒙版。

- 依据选区范围添加蒙版：选择要“添加图层蒙版”的图层，在“图层”面板中单击“添加图层蒙版”按钮，即可依据当前选区的选择范围为图像添加蒙版。以图 7.35 所示的选区状态为例，添加蒙版后的效果及“图层”面板状态如图 7.36 所示。

图 7.35 依据当前选区添加蒙版

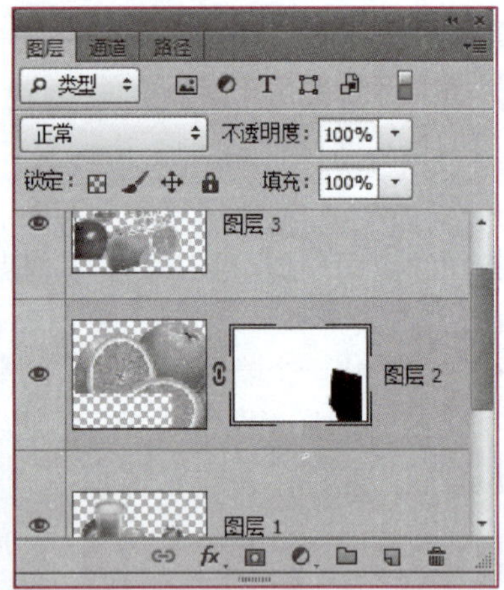

图 7.36 添加蒙版后的效果及“图层”面板

- 依据与选区相反的范围添加蒙版：在依据选区范围添加蒙版时，如果在单击“添加图层蒙版”按钮前按住 Alt 键，即可依据与当前选区相反的范围为图层添加蒙版，即先对选区执行“反相”操作，然后再为图层添加蒙版。

7.3.3 编辑图层蒙版

微课 7-14
编辑图层蒙版

由于图层蒙版的实质是一张灰度图，因此可以采用任何作图或编辑类方法调整蒙版，从而得到需要的效果，这也是为什么称使用图层蒙版是有选择地对图像进行屏蔽的原因。

（1）要编辑图层蒙版，首先要单击“图层”面板中的图层蒙版缩览图，将其激活。

提示：确定是否操作在蒙版中非常重要，此操作保证了操作结果的正确性。

（2）选择任何一种编辑或绘画工具，并按以下述准则操作。

- 如果要隐藏当前图层，用黑色在蒙版中绘图。
- 如果要显示当前图层，用白色在蒙版中绘图。
- 如果要使当前图层部分可见，用灰色在蒙版中绘图。

（3）如果要退出图层蒙版编辑状态，编辑图层中的图像，需要单击“图层”面板中该图层的缩览图，将其激活。

例如，图 7.37 为由 5 个图层组成的图像及对应的“图层”面板，希望通过使用蒙版得到如图 7.38 所示的效果。很显然，目前由于蒙版的效果不理想，因此未得到目标效果，在这种情况下，可以按下面的操作步骤得到所需要的图像效果。

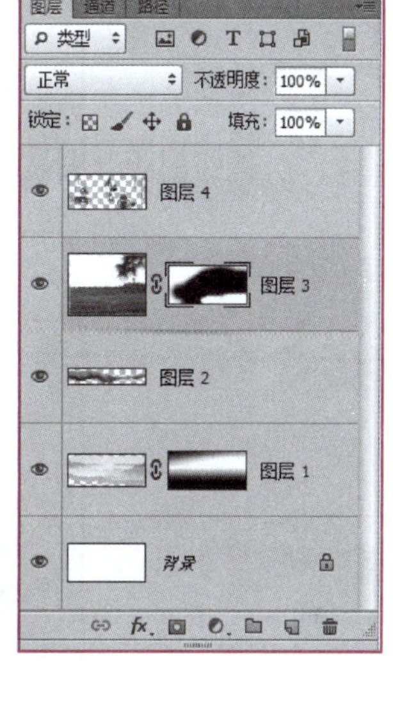

图 7.37　不理想的图像效果及“图层”面板

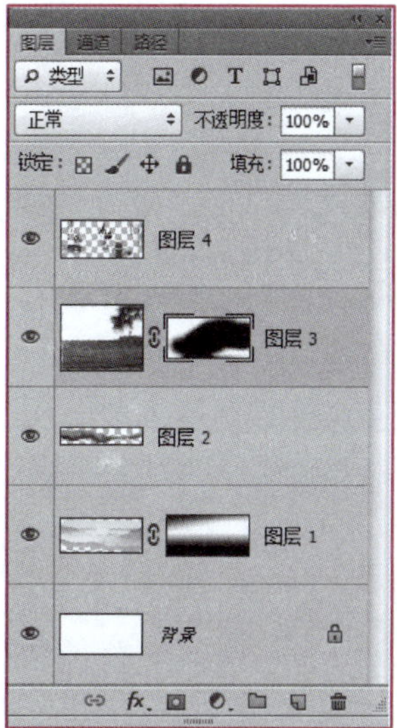

图 7.38　目标图像效果

笔 记

（1）打开文件“项目 7\7.3.3-素材.psd”，单击“图层”面板中“图层 3”的蒙版缩览图，将其激活。

（2）选择“画笔工具”，设置画笔大小为 200 像素，不透明度数值设置为 80%。

（3）确认操作在图层蒙版中，将前景色设置为黑色，在“图层 3”的蒙版中进行涂抹，得到目标图像效果。

（4）此时的图像效果如图 7.39 所示，图层蒙版如图 7.40 所示，“图层”面板如图 7.41 所示。

图 7.39 图像效果

图 7.40 蒙版效果

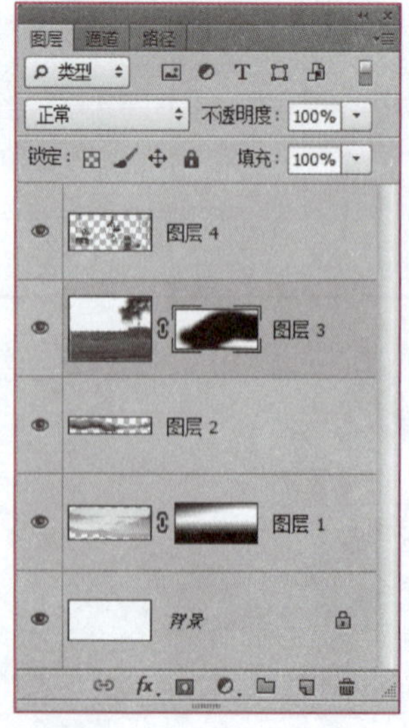

图 7.41 “图层”面板

除了使用“画笔工具” 操作外，还可以使用填充操作、“渐变工具” ，以及“滤镜”命令对图层蒙版进行操作，从而达到屏蔽不需要的图像区域，只显示需要的图像区域的目的。

拓展知识 7-3
图层蒙版的浓度和羽化

7.3.4 应用与删除图层蒙版

1. 应用图层蒙版

应用图层蒙版可以减小图像文件。图 7.42 为应用图层蒙版前的图像与其“图层”面板，图 7.43 为应用图层蒙版后的图像与其“图层”面板。

微课 7-15
更改图层蒙版的浓度

微课 7-16
调整蒙版边缘及色彩范围

微课 7-17
羽化蒙版边缘

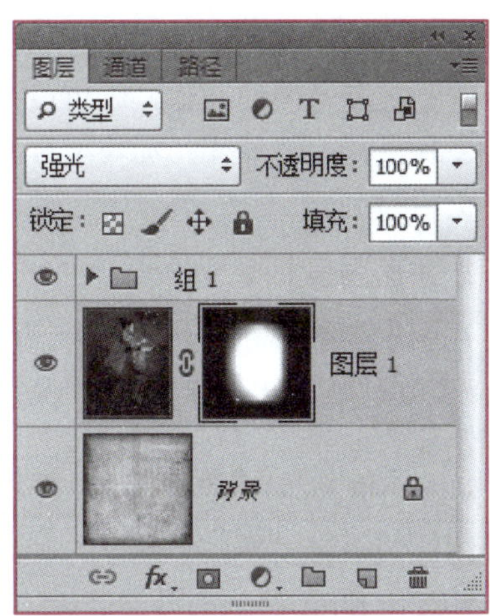

图 7.42 应用图层蒙版前的图像与“图层”面板

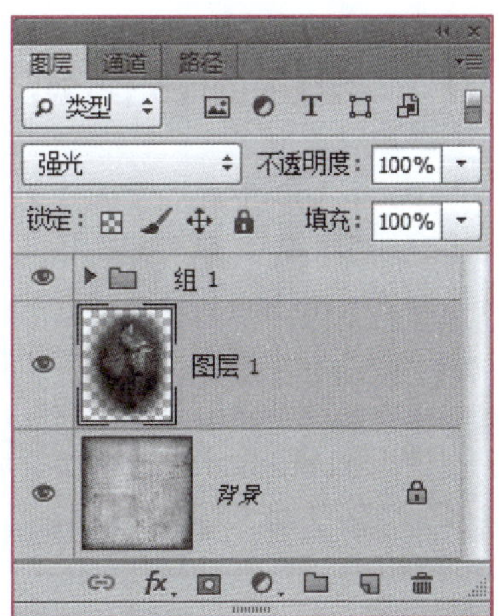

图 7.43 应用图层蒙版后的图像与其“图层”面板

可以看出，在应用蒙版后，“图层 1”蒙版中黑色所对应的区域被删除，而白色所对应的区域则被保留下来。

要应用图层蒙版，可以按以下两种方法中的一种操作。

- 激活图层蒙版缩览图，单击“图层”面板下方的“删除图层”按钮 ，在弹出的对话框中单击“应用”按钮。
- 选择“图层”→“图层蒙版”→“应用”命令。

2. 删除图层蒙版

要删除图层蒙版，可以按以下两种方法中的一种操作。

- 激活图层蒙版缩览图，单击“图层”面板下方的“删除图层”按钮，在弹出的对话框中单击“删除”按钮。
- 选择“图层”→“图层蒙版”→“删除”命令。

7.3.5 显示与屏蔽图层蒙版

微课 7-18
显示与屏蔽图层蒙版

1. 显示图层蒙版

在通常情况下，图层蒙版的效果图不会显示在图像中。但通过按住 Alt 键单击图层蒙版缩览图的操作，则可以在图像中显示蒙版，在此状态下可以更加直观地对蒙版进行编辑操作。如果要恢复图像显示状态，再次按住 Alt 键单击图层蒙版缩览图即可。

2. 屏蔽图层蒙版

在图层蒙版存在的状态下，只能观察到未被图层蒙版隐藏的部分图像，因此不利于对图像进行编辑。在此情况下，可以执行下面的操作之一，完成停用/启用图层蒙版的操作。

- 在“属性”面板中单击底部的“停用/启用蒙版”图标即可，此时该图层蒙版缩览图中将出现一个红色的“×”，再次单击，该图标即可重新启用蒙版。
- 按住 Shift 键单击图层蒙版缩览图，暂时停用图层蒙版效果。再次按住 Shift 键单击图层蒙版缩览图，即可重新启用蒙版效果。

7.4 图层混合模式

微课 7-19
图层混合模式

在 Photoshop 中，混合模式的应用非常广泛，画笔、铅笔、渐变、图章等工具中均有使用，但其意义基本相同，因此如果掌握了图层的混合模式，则不难掌握其他位置所出现的混合模式选项。

图层的混合模式用于控制上下图层中图像的混合效果，在设置混合模式的同时通常还需要调节图层的不透明度，以使其效果更加理想。

在使用 Photoshop 进行图像合成时，图层混合模式是使用最为频繁的一种技术。例如，图 7.44 所示的几幅图像都大量地使用了不同的图层混合模式。

图 7.44 使用混合模式进行合成的图像

图层混合模式的使用方法非常简单，只需要将不同的图层按一定的顺序排列，选择要设置混合模式的图层，单击“图层”面板中的“正常”按钮，在弹出的 27 种混合模式的下拉列表中选择合适的混合模式即可。

笔 记

混合模式的下拉列表中选项的具体含义如下。

- 正常：选择该选项，上方图层完全遮盖下方图层。
- 溶解：如果上方图像具有柔和的半透明边缘，则选择该选项，可创建像素点状效果。
- 变暗：选择此选项，将以上方图层中较暗像素代替下方图层中与之相对应的较亮像素，且以下方图层中的较暗区域代替上方图层中的较亮区域，因此叠加后整体图像呈暗色调。
- 正片叠底：选择此选项，整体效果显示则由上方图层及下方图层像素值中较暗的像素合成的图像效果。
- 颜色加深：此选项通常用于创建非常暗的阴影效果。
- 线性加深：此选项察看每一个颜色通道的颜色信息，加暗所有通道的基色，并通过提高其他颜色的亮度来反映混合颜色，此模式对于白色无效。
- 深色：选择此模式，可以依据图像的饱和度，用当前图层中的颜色，直接覆盖下方图层中的暗调区域颜色。
- 变亮：此模式与变暗模式相反，Photoshop 以上方图层中较亮像素代替下方图层中与之相对应的较暗像素，且以下方图层中的较亮区域代替上方图层中的较暗区域，因此叠加后整体图像呈亮色调。
- 滤色：此选项与正片叠底相反，在整体效果上显示由上方图层及下方图层像素值中较亮的像素合成图像效果，通常能够得到一种漂白图像中的颜色效果。
- 颜色减淡：选择此选项，可以生成非常亮的合成效果，其原理为上方图层的像素值与下方图层的像素值采取一定的算法相加，此选项通常被用来创建光源中心点极亮的效果。
- 线性减淡（添加）：此选项察看每一个颜色通道的颜色信息，加亮所有通道的基色，并通过降低其他颜色的亮度来反映混合颜色，此模式对于黑色无效。
- 浅色：与“深色”模式刚好相反，选择此模式，可以依据图像的饱和度，用当前图层中的颜色，直接覆盖下方图层中的高光区域颜色。
- 叠加：选择此选项，图像最终的效果取决于下方图层。但上方图层的明暗对比效果也将直接影响到整体效果，叠加后下方图层的亮度区与阴影区仍被保留。
- 柔光：使颜色变亮或变暗，具体取决于混合色。如果上方图层的像素比 50% 灰色亮，则图像变亮；反之，则图像变暗。
- 强光：选择此选项所产生的叠加效果与柔光类似，但其加亮与变暗的程度较柔光模式大许多。
- 亮光：如果混合色比 50% 灰度亮，图像通过降低对比度来加亮图像，反之通过提高对比度来使图像变暗。
- 线性光：如果混合色比 50% 灰度亮，图像通过提高对比度来加亮图像，反之通过降低对比度来使图像变暗。
- 点光：选择此选项，则通过置换颜色像素来混合图像，如果混合色比 50%

笔记

灰度亮，比源图像暗的像素会被置换，而比源图像亮的像素无变化；反之，比源图像亮的像素会被置换，而比源图像暗的像素无变化。

- 实色混合：选择此选项，可创建一种具有较硬的边缘的图像效果，类似于多块实色相混合。
- 差值：选择此选项，可从上方图层中减去下方图层相应处像素的颜色值，此模式通常使图像变暗并取得反相效果。
- 排除：选择此选项，可创建一种与差值模式相似但对比度较低的效果。
- 减去：使用此混合模式，可以使用上方图层中亮调的图像隐藏下方的内容。
- 划分：使用此混合模式，可以在上方图层中加上下方图层相应处像素的颜色值，通常用于使图像变亮。
- 色相：选择此选项，则最终图像的像素值由下方图层亮度和饱和度值及上方图层的色相值构成。
- 饱和度：选择此选项，则最终图像的像素值由下方图层亮度和色相值及上方图层的饱和度值构成。
- 颜色：选择此选项，则最终图像的像素值由下方图层的亮度及上方图层的色相和饱和度值构成。
- 明度：选择此选项，则最终图像的像素值由下方图的色相和饱和度值及上方图层的明度构成。

以图 7.45 所示的素材图像为例，当两幅图像分别以上述混合模式相互叠加后，将得到不同的效果，读者可以打开文件“项目 5\3.10-素材.psd”，逐个进行试验，以观察其效果。

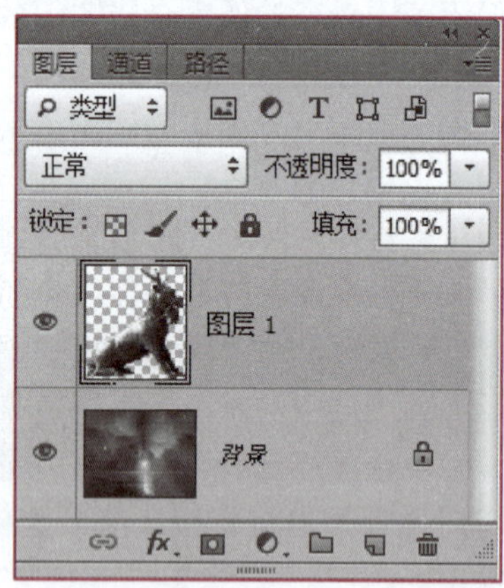

图 7.45 混合模式实例

项目实训

戒指宣传设计

（1）按 Ctrl+N 键新建一个文件，打开如图 7.46 所示对话框，单击“确定”按钮退出对话框，创建了一个新的空白文件。设置前景色为 1c5391，按 Alt+Delete 键填充背景。

提示：下面利用素材图像，结合变换、混合模式以及复制图层等功能，制作背景中的图像效果。

（2）打开文件“项目 7\项目实训-素材 1.psd”，如图 7.47 所示。使用“移动工具”将其拖至步骤 1 新建的文件中，同时得到“图层 1”。

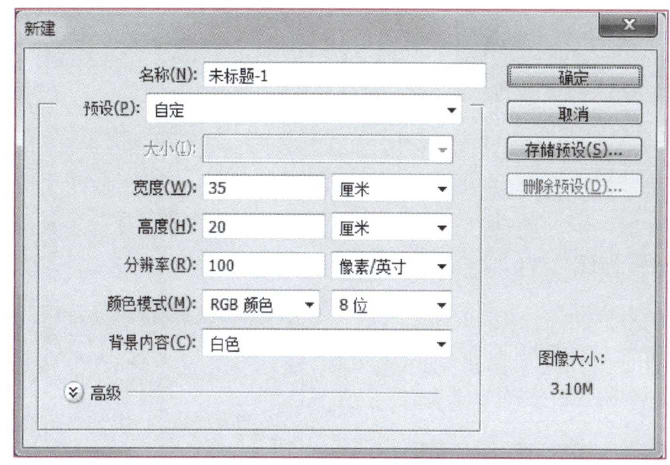

图 7.46 “新建”对话框

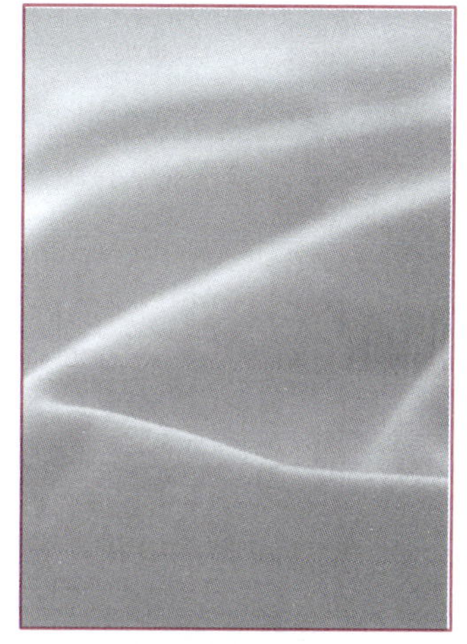

图 7.47 素材图像

（3）在“图层 1”图层名称上右击，在弹出的快捷菜单中选择“转换为智能对象”图层，从而将其转换为智能对象图层，在 100%的比例内反复变换时不会影响图像的质量。此时“图层”面板如图 7.48 所示。

（4）按 Ctrl+T 键调出自由变换控制框，在控制框内右击，在弹出的快捷菜单中选择“水平翻转”命令，然后调整图像的高度、宽度以及位置，如图 7.49 所示。按 Enter 键确认操作。

图 7.48 “图层”面板

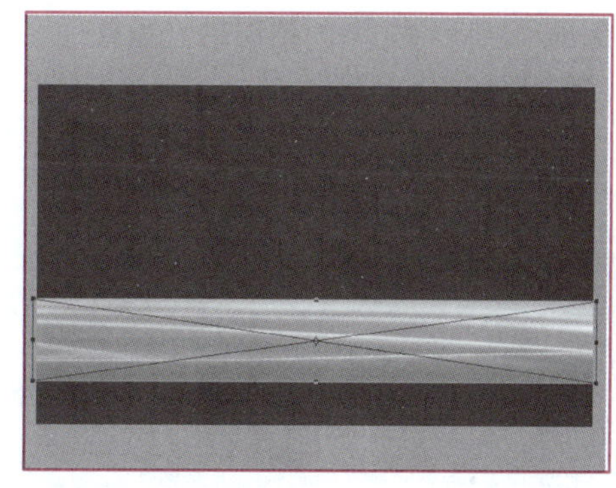

图 7.49 变换状态

（5）设置“图层 1”的混合模式为“叠加”，以混合图像，得到的效果如图 7.50 所示。复制“图层 1”得到“图层 1 副本”，利用自由变换控制框进行水平翻转、调整大小及位置，如图 7.51 所示。按 Enter 键确认操作。

笔 记

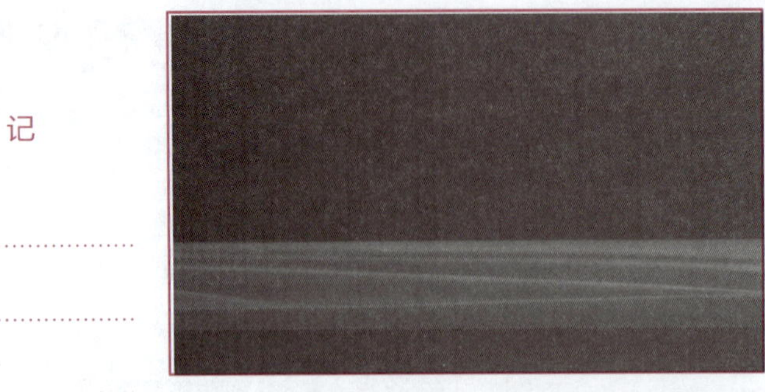

图 7.50 设置混合模式后的效果

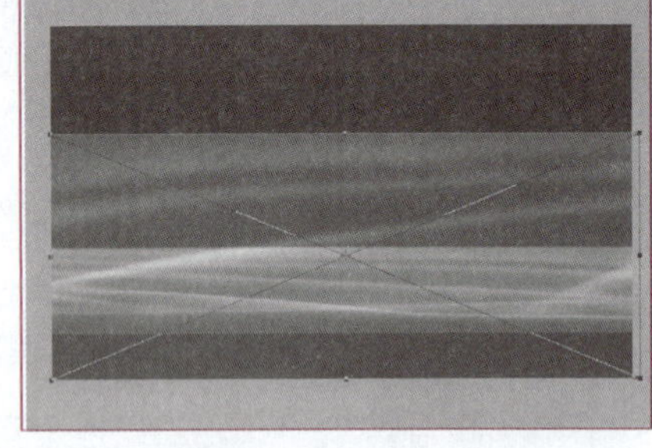

图 7.51 变换状态

(6) 按照步骤 (5) 的操作方法，结合复制图层及变换功能，制作画布下方的波纹效果，如图 7.52 所示，同时得到“图层 1 副本 2”。选中“图层 1”及其副本图层，此时“图层”面板如图 7.53 所示。

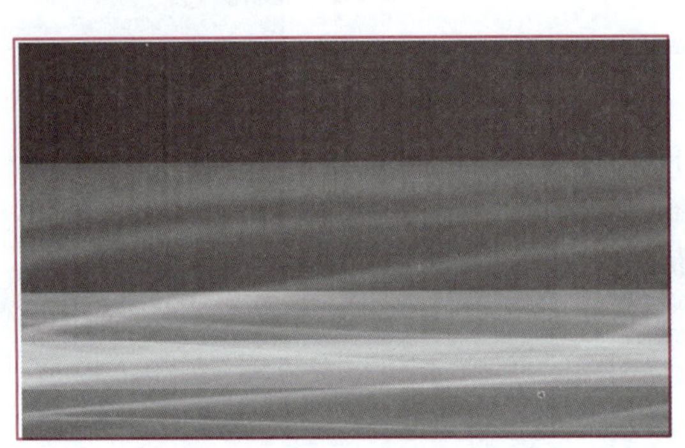

图 7.52 制作波纹效果

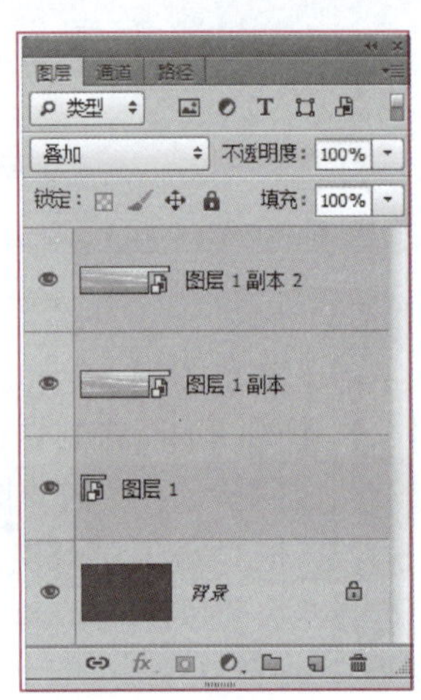

图 7.53 “图层”面板

(7) 在选中的图层名称上单击右键，在弹出的快捷菜单中选择“删格化图层”命令，从而将选中的图层转换为普通图层。

(8) 选择“图层 1”，选择“图像”→“调整”→“去色”命令，以去除图像的色彩，得到的效果如图 7.54 所示。重复刚才的操作，分别将“图层 1 副本”及“图层 1 副本 2”图层中图像的色彩去除，得到的效果如图 7.55 所示。

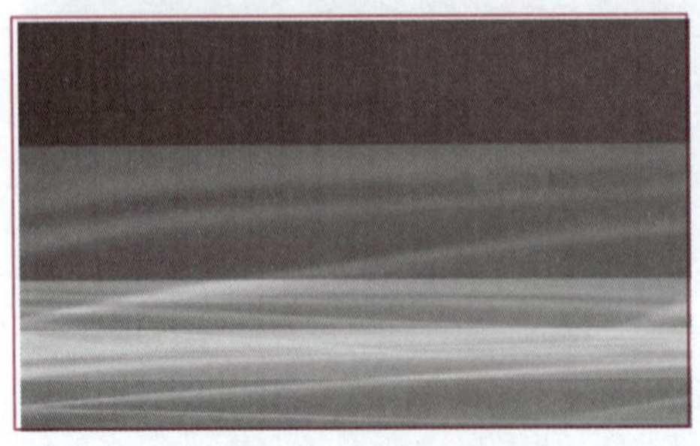

图 7.54 去色后的效果 (1)

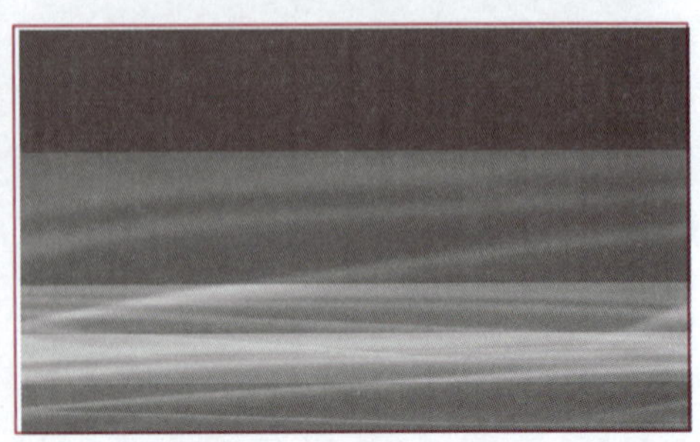

图 7.55 去色后的效果 (2)

提示： 利用图层蒙版的功能，使整体图像融为一体。

（9）选择“图层 1 副本”，单击“添加图层蒙版”按钮，为当前图层添加蒙版，设置前景色为黑色，选择“画笔工具”，在其工具选项栏中设置适当的画笔大小及不透明度，在图层蒙版中进行涂抹，将上方的图像隐藏起来，直至得到如图 7.56 所示的效果，此时蒙版中的状态如图 7.57 所示。

图 7.56　添加图层蒙版后的效果

图 7.57　蒙版中的状态

提示：用画笔涂抹蒙版时，如果遇到较直的区域，可以配合 Shift 键进行涂抹，这样可以涂抹出很直的直线，方法是在一端单击，然后将鼠标指针移动另一处按 Shift 键单击即可。

（10）按照步骤（9）的操作方法，分别为“图层 1”和“图层 1 副本 2”添加蒙版，应用“画笔工具”在蒙版中进行涂抹，将不需要的图像隐藏，得到的效果如图 7.58 所示，“图层”面板如图 7.59 所示。

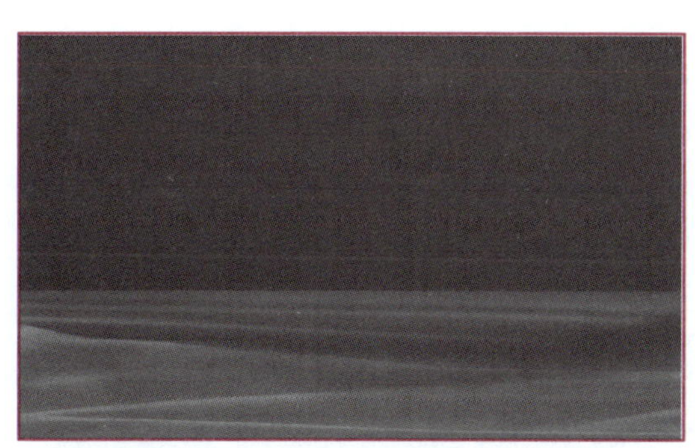

图 7.58　隐藏不需要的图像

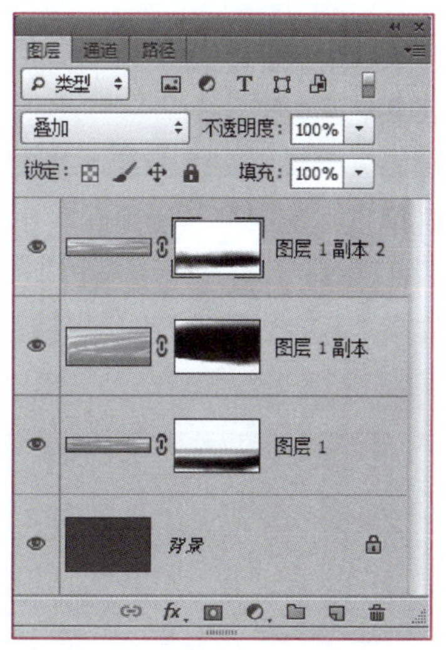

图 7.59　“图层”面板

（11）更改“图层 1 副本 2”的混合模式为“线性加深”，混合图像，得到的效果如图 7.60 所示。

提示：利用素材图像制作画面中的人物。

（12）打开文件“项目 7\项目实训-素材 2.psd”，如图 7.61 所示。按 Shift 键使用“移动工具”，将其拖至步骤（11）制作的文件中，得到的效果如图 7.62 所示。

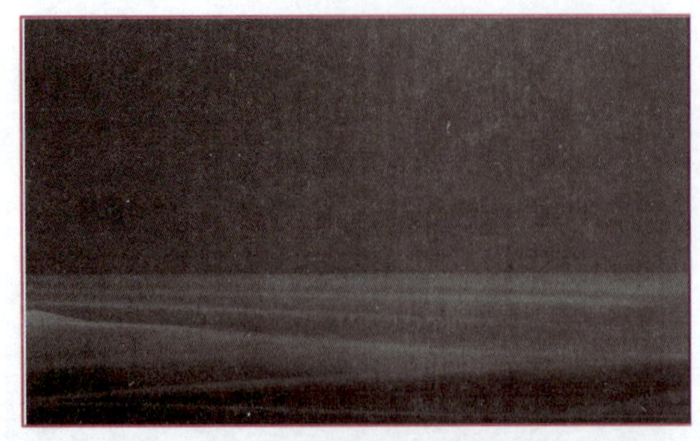

图 7.60 更改混合模式后的效果

图 7.61 素材图像

提示：本步骤是以组的形式给的素材，由于不是本例讲解的重点，读者可以参考最终效果源文件进行参数设置，展开组即可观看到操作的过程。下面制作飘带及戒指图像。

（13）按照前面所讲解的操作方法，打开文件“项目 7\项目实训-素材 3.psd”，结合变换以及复制图层等功能，制作画面中的飘带图像，如图 7.63 所示。此时“图层”面板如图 7.64 所示。

图 7.62 拖入素材图像

图 7.63 制作飘带图像

（14）打开文件“项目 7\项目实训-素材 4.psd”，如图 7.65 所示。结合“移动工具”、变换以及图层蒙版的功能，制作飘带中间的戒指图像，如图 7.66 所示。同时得到“图层 3”。

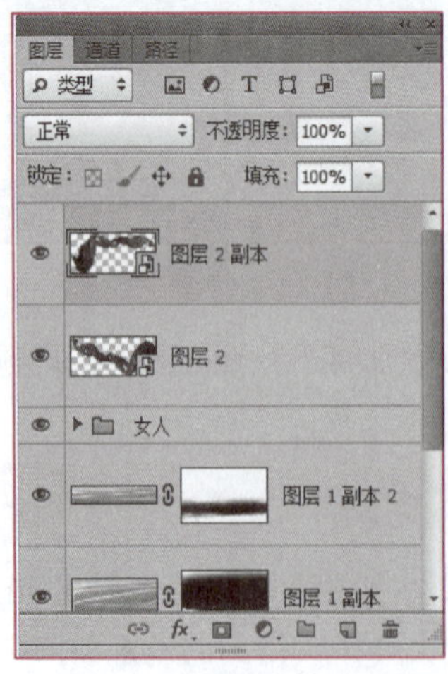

图 7.64 “图层”面板

图 7.65 素材图像

（15）选择“图层 3”图层缩览图，在工具箱中选择“涂抹工具”，并在其工具选项栏中设置适当的画笔大小及强度，在戒指两端涂抹，使整体具有完整性，以达到逼真效果，如图 7.67 所示。

图 7.66　制作戒指图像

图 7.67　涂抹后的效果

（16）最后，打开文件“项目 7\项目实训-素材 5.psd”，制作画面中的形状及文字图像，得到如图 7.68 所示的最终效果。“图层”面板如图 7.69 所示。

图 7.68　最终效果

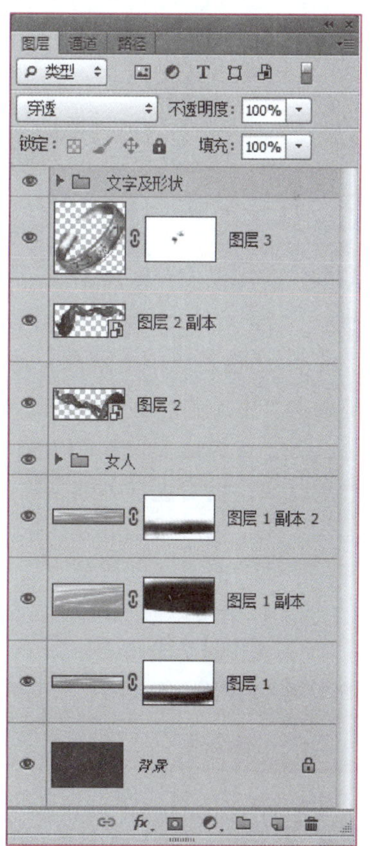

图 7.69　“图层”面板

笔记

拓展实训 7-1
快速抠图并更换背景色

课后练习

文本 习题答案

笔 记

一、选择题

1. 下列关于“图层样式”中“光照”参数的说法中，正确的是（　　）。

A. 光照角度是固定的

B. 光照角度可任意设定

C. 光线照射的角度只能是60°、120°、240°或300°

D. 光线照射的角度只能是0°、90°、180°或270°

2. 若在“投影”图层样式对话框中，选中“使用全局光”选项，并设置“角度”数值为15，则默认情况下，（　　）图层样式的角度也会随之变化。

A. 外发光　　B. 内阴影

C. 斜面和浮雕　　D. 内发光

3. 下面关于不透明度与填充不透明度的的描述中，正确的是（　　）。

A. 不透明度将对图层中的所有像素起作用

B. 填充不透明度只对图层中的像素起作用，对图层样式不起作用

C. 不透明度不会影响到图层样式

D. 填充不透明度不会影响到图层样式

4. 以下可以添加图层样式的是（　　）。

A. 图层组　　B. 形状图层

C. 文字图层　　D. 普通图层

5. 下列关于图层蒙版的说法正确的是（　　）。

A. 单击“添加图层蒙版”按钮，可以为当前所选的单个图层添加图层蒙版

B. 图层蒙版可以用来显示和隐藏图像内容

C. 在图层蒙版中，黑色可以隐藏图像

D. 在图层蒙版中，白色可以显示图像

6. 当前存在一个选区，按Alt键单击“添加图层蒙版”按钮，与不按Alt键单击“添加图层蒙版”按钮，下列描述正确的是（　　）。

A. 蒙版是反相的关系

B. 前者无法创建蒙版，而后能够创建蒙版

C. 前者添加的是图层蒙版，后者添加的是矢量蒙版

D. 前者在创建蒙版后选区仍然存在，而后者在创建蒙版后选区不再存在

7. 以下可以添加图层蒙版的是（　　）。

A. 图层组　　B. 文字图层

C. 形状图层　　D. 背景图层

二、操作题

1. 打开文件“项目7/操作题1-素材.psd”，如图7.70所示，结合本章对于图层样式功能的讲解，制作得到如图7.71所示的金属立体文字效果。

笔 记

图 7.70 素材图像

图 7.71 文字效果

2. 打开文件“项目 7/操作题 2-素材 1.tif”“项目 7/3 操作题 2-素材 2.tif”“项目 7/操作颞 2-素材 3.tif”，如图 7.72～图 7.74 所示。结合本章讲解的图层混合模式及图层蒙版等功能，制作得到如图 7.75 所示的效果。

图 7.72 素材 1

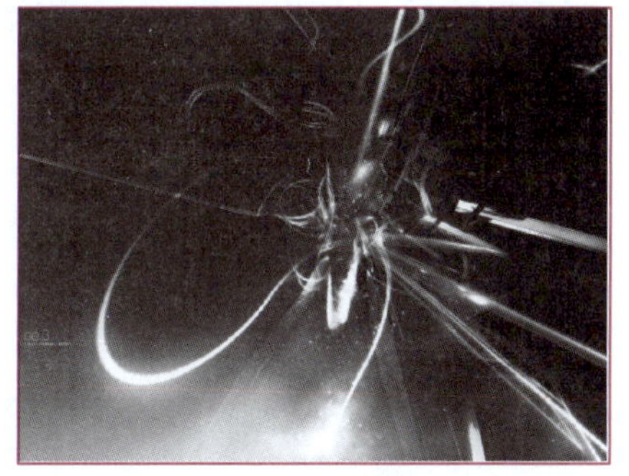

图 7.73 素材 2

图 7.74 素材 3

图 7.75 合成后的效果

3. 打开文件“项目 7/操作题 3-素材 1.psd”“项目 7/操作题 3-素材 2.psd”“项目 7/操作题 3-素材 3.psd”，如图 7.76～图 7.78 所示，结合本章讲解的图层混合模式、图层蒙版以及前面章节中讲解的选区等功能，制作得到如图 7.79 所示的效果。

笔记

图 7.76 素材 1

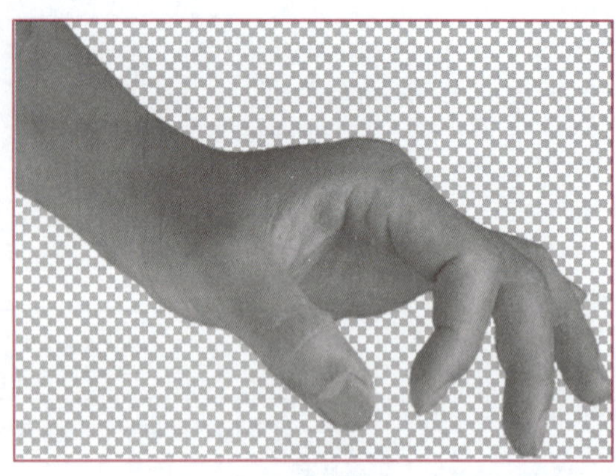

图 7.77 素材 2

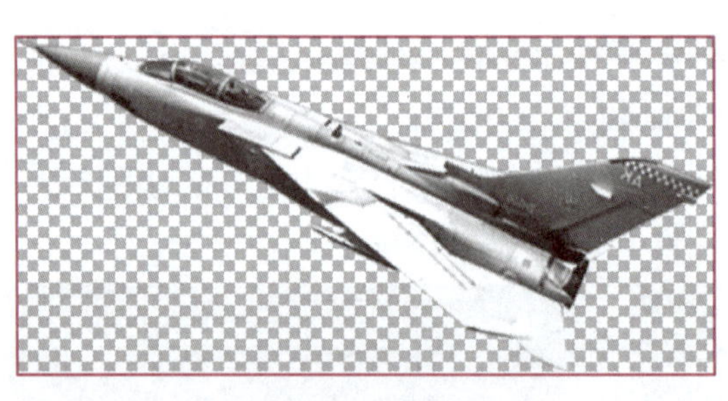

图 7.78 素材 3

图 7.79 合成后的效果

4. 打开文件“项目 7\操作题 4-素材.psd”，如图 7.80 所示，其对应的“图层”面板如图 7.81 所示。请结合本章中讲解的“图层样式”功能，尝试制作得到如图 7.82 所示的效果。

图 7.80 素材图像

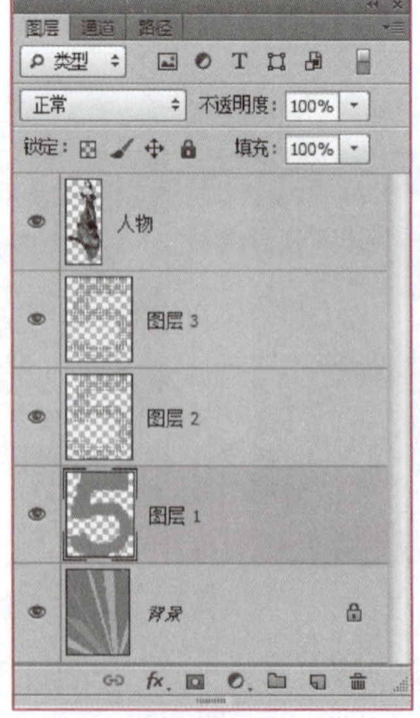

图 7.81 “图层”面板

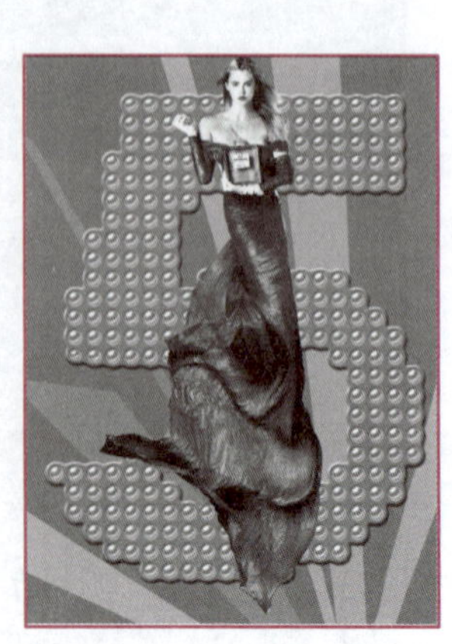

图 7.82 最终效果

第 8 章

特殊图层功能

学习目标

- 掌握智能对象图层的原理及相关操作方法。
- 掌握调整图层的原理及相关操作方法。

本章导读

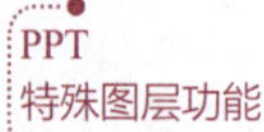

所谓的特殊图层，主要是指一些具有特殊功能的图层，如可以作为图层容器的智能对象图层、可以实现无损调整的调整图层，以及可以制作 3D 图像的 3D 图层等。本章主要针对这些较为常见、常用的特殊图层进行讲解。

值得一提的是，特殊图层的本质仍然是图层，因此仍可以像对待普通图层一样，对其执行复制、重命名、设置混合模式、添加图层样式等操作，因此本章主要讲解的是特殊图层本身的特点及其功能操作。

知识详解

8.1 智能对象图层

自 Photoshop CS2 版本，Photoshop 新增了一个新的图层类型，即智能对象图层。其作用就是，由同一个智能对象图层复制出来的副本图层，在修改了其中任意一个智能对象图层的内容后，其他图层中的内容也会随之发生变化。

下面讲解一下关于智能对象图层的相关操作。

8.1.1 创建智能对象图层

微课 8-1
创建智能对象图层

创建智能对象有多种操作方法，可以根据实际工作情况选择最适合的方法。

- 选择一个或多个图层后，在其中任意一个图层名称上单击右键，在弹出的菜单中选择“转换为智能对象”命令。
- 选择“文件”→“置入”命令，在弹出的对话框中选择一个矢量格式、PSD 格式或其他格式的图像文件。
- 在 AI 软件中对矢量对象执行副本操作，到 Photoshop 中执行粘贴操作。
- 直接将一个 PDF 文件或 AI 软件中的图层拖入 Photoshop 文件中。
- 选择“文件”→“打开为智能对象”命令，在弹出的对话框中打开一个矢量、位图等格式的文件，即可自动创建一个智能对象图层，该图层中包括了全部所打开文件中的内容（含图层、通道等信息）。
- 从外部直接拖入到当前图像的窗口内，即可将其以智能对象的形式置入到当前图像中。

下面通过一个具体的示例来认识智能对象，图 8.1 所示的作品，龙的图像使用了智能对象，图 8.2 为此图像的“图层”面板，在此智能对象即“图层 0”。

图 8.1 智能对象图层

图 8.2 对应的“图层”面板

笔 记

双击“图层 0”，则 Photoshop 将打开一个新文件，此文件就是嵌入到智能对象“图层 0”中的子文件，可以看出该智能对象由两个图层构成，“图层”面板如图 8.3 所示，其效果如图 8.4 所示。

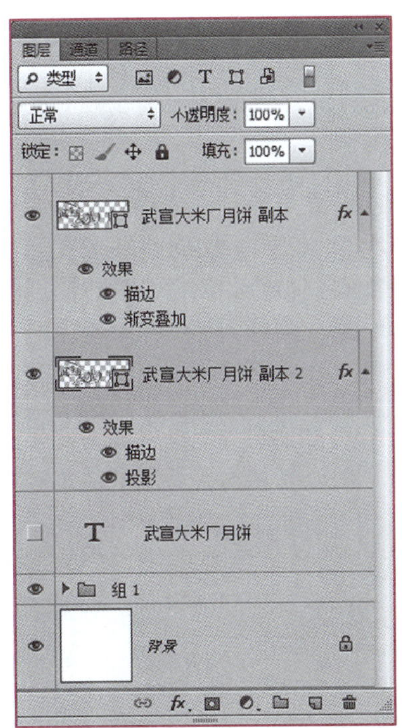

图 8.3 智能对象对应的“图层”面板

图 8.4 智能对象效果

8.1.2 编辑智能对象图层

微课 8-2
编辑智能对象图层

1. 编辑智能对象的限制

智能对象图层是比较特殊的图层，其特殊性主要表现在，无法在选择此类图层的情况下，使用绘图工具、修饰工具对其进行处理，同时也无法应用任何的滤镜或图像调整命令。

但下面所列举一些操作对于智能对象图层是有效的。

- 变换：可以像编辑普通图像一样对智能对象图层中的图像进行缩放、旋转等变换操作。
- 设置图层属性：可以像对待普通图层一样来设置其智能对象图层的属性，如混合模式、不透明度、填充不透明度以及添加图层样式等。
- 调色：虽然无法直接使用大部分图像调整命令对智能对象图层进行调整，但可以利用添加调整图层的方法对智能对象图层进行调色等操作。

2. 编辑智能对象图层源文件

智能对象是由一个或多个图层组成的，因此在对其源文件进行编辑时，完全可以采用以往讲解过的任意一种图层及图像编辑方法，直至满意为止。编辑智能对象的源文件的操作步骤如下。

（1）在“图层”面板中选择智能对象图层。

（2）直接双击智能对象图层，或选择“图层”→“智能对象”→“编辑内容”命令，也可以直接在“图层”面板的菜单中选择“编辑内容”命令。

提示：默认情况下，无论是使用上面的哪一种方法，都会弹出对话框，以提示操作者。

（3）在弹出的对话框中单击“确定”按钮，进入智能对象的源文件中。

（4）在源文件中进行修改操作，然后选择“文件”→“存储”命令，关闭此文件。

执行上面的操作后，则修改后源文件的变化会体现在智能对象中。如果希望取消对智能对象的修改，可以按 Ctrl+Z 组合键，此操作不仅能够取消在当前 Photoshop 文件中智能对象的修改效果，而且还能够使被修改的源文件也回退至未修改前的状态。

拓展知识 8-1
导出与复制智能对象

3. 栅格化智能对象图层

要栅格化智能对象图层，可以选择“图层”→“智能对象”→“栅格化”命令。需要注意的是，将智能对象图层栅格化后，即将其转换为普通图层，此时将无法再继续编辑其中的图像。

8.2 调整图层

8.2.1 认识调整图层

微课 8-3
调整图层

在本书前面的内容中已经讲解了大量的调色功能，而调整图层则是在其中常用调色功能的基础上，同时兼备图层特性的产物。下面讲解一下调整图层的使用方法。

调整图层是在图像处理过程中经常用到的功能，从功能上来说，它与“图像”→“调整”子菜单中的图像调整命令的功能是完全相同的，只不过它是以一个图层的形式存在，从而更便于进行编辑和调整，其优点归纳如下。

- 不破坏图像：调整图层即为调整命令与图层的结合体，它以一个图层的形式对其下方图层中的图像进行调整，因此，在需要的情况下，可以删除这个图层，这样就可以将图像恢复至调整前的状态了。

笔 记

- 可反复编辑参数：调整图层最大的特点之一就是可以反复编辑其参数，这对于调整图像非常方便。
- 可调整多个图层：在使用调整命令调整图像时，每次只能对一个图层中的图像进行调整，而调整图层则可以对所有其下方图层中的图像进行调整。当然，如果仅需要调整某个图层中的图像，那么可以在调整图层与该图层之间创建剪贴蒙版。
- 可设置图层属性：调整图层是一个图层，因此可以对它应用很多对普通图层的操作。除了最基本复制、删除等操作外，还可以根据需要，为调整图层设置混合模式、添加蒙版、设置不透明度等很多操作，因此在调整过程中，更是极大地方便了对于调整效果的控制。这一点，读者可以在后面的讲解及实例操作过程中细细体会。

8.2.2 “调整”面板

“调整”面板的作用就是在创建调整图层时，将不再通过对应的调整命令对话框设置其参数，而是转为在此面板中。

在没有创建或选择任意一个调整图层的情况下，选择“窗口”→“调整”命令，调出如图 8.5 所示的“调整”面板。

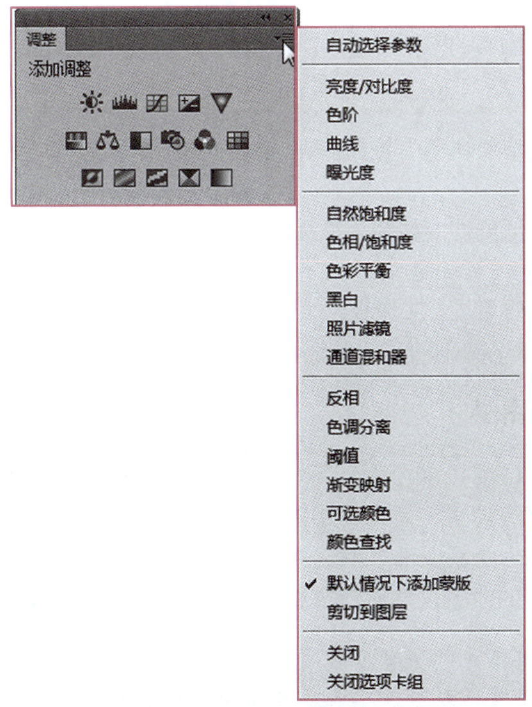

图 8.5 默认状态下的“调整”面板

在选中或创建了调整图层后，则根据调整图层的不同，在面板中显示出对应的参数，如图 8.6 是在选择了不同调整图层时的面板状态。

拓展知识 8-2
填充图层

微课 8-4
填充图层

拓展知识 8-3
3D 图层

拓展知识 8-4
深度映射 3D 网格

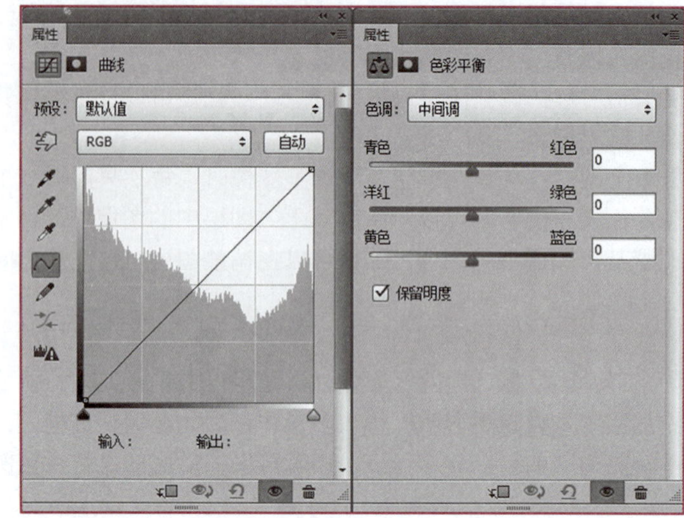

图 8.6 选择不同调整图层时的“属性”面板

在此状态下，面板底部的按钮功能如下。

- “剪切到图层”按钮：单击此按钮，可以在当前调整图层与下面的图层之间创建剪贴蒙版，再次单击则取消剪贴蒙版。
- “查看上一状态”按钮：在按住此按钮的情况下，可以预览本次编辑调整图层参数最初始与刚刚调整完参数时的对比状态。

> **提示：**这里所说的“本次编辑调整图层参数”，是指刚刚创建调整图层，或切换至其他图层后再重新选择此调整图层。

- “复位到调整默认值”按钮：单击此按钮，完全复位到该调整图层默认的参数状态。
- “切换图层可见性”按钮：单击此按钮，可以控制当前所选调整图层的显示状态。
- “删除此调整图层”按钮：单击此按钮，在弹出的对话框中单击“确定”按钮，则可以删除当前所选的调整图层。

拓展知识 8-5
从文字生成 3D 模型

微课 8-5
创建 3D 明信片

8.2.3 创建调整图层

自 Photoshop CS4 以来，由于新增了“调整”面板功能，所以创建调整图层的方式大大丰富且方便了，可以使用以下常用方法创建调整图层。

- 单击“图层”面板底部“创建新的填充”或“调整图层”按钮，在弹出的菜单中选择需要的命令，然后在“属性”面板中设置参数即可。

> **提示：**由于调整图层仅影响其下方的所有可见图层，所以在创建调整图层时，图层位置的选择非常重要。在默认情况下，调整图层创建于当前选择的图层上方。

- 在“调整”面板中单击各个图标，即可创建对应的调整图层。

图 8.7 所示，组成画面的花卉、植物及文字等图像，分别位于不同的图层和图层组中，图 8.8 是创建“色相/饱和度”调整图层，对整体的色彩进行修改后的效果。

图 8.7　原图像及对应的“图层”面板

图 8.8　创建调整图层后的效果及“图层”面板

8.2.4　编辑调整图层

要编辑调整图层中所包含的参数，可以先选择要修改的调整图层，然后双击调整图层的图层缩览图，即可在“属性”面板中调整其参数。

提示：如果用户当前已经显示了“属性”面板，则只需要选择要编辑参数的调整图层，即可在面板中进行修改了。如果用户添加的是“反相”调整图层，则无法对其进行调整，因为该命令没有任何参数。

项目实训

校正逆光拍摄导致的人物曝光不足

在本例中，主要是使用“色阶”调整图层对照片的中间调区域进行初步的提亮，然后再结合“亮度/对比度”及“曲线”“色彩平衡”“自然饱和度”等调整对画面的对比度与色彩进行美化即可。需要注意的是，在提高人像照片整体的饱和度时，应对皮肤进行适当的恢复处理，使其饱和度不要过高，从而显得白皙。

笔 记

（1）打开“项目 8\项目实训-素材.JPG”。

（2）单击“创建新的填充”或“调整图层”按钮，在弹出的菜单中选择“色阶”命令，得到图层“色阶 1”，在“属性”面板中向左侧拖动“输入色阶”中的“中间调”滑块，如图 8.9 所示，以大幅提高照片中间调的亮度，如图 8.10 所示。

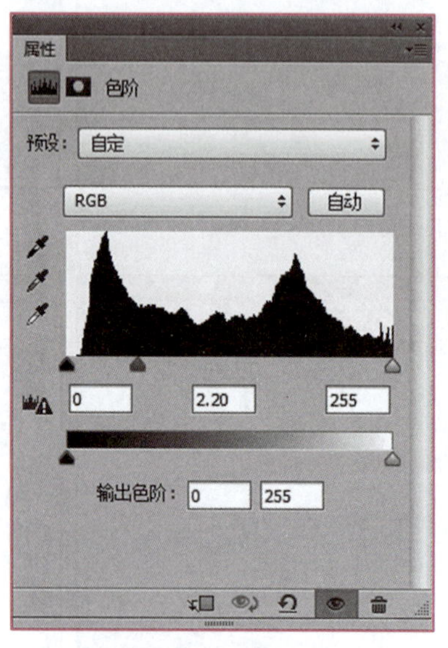

图 8.9 “色阶”面板

图 8.10 提高“中间调”后的图像效果

（3）提亮后的照片，暗部基本都被提亮成为正常的状态，但整体的对比度稍显不足，下面来对其进行适当的强化。单击“创建新的填充”或“调整图层”按钮，在弹出的菜单中选择“亮度/对比度”命令，得到图层“亮度/对比度 1”，在“属性”面板中设置其参数，如图 8.11 所示，调整照片的亮度及对比度，如图 8.12 所示。

图 8.11 “亮度/对比度”面板

图 8.12 调整亮度/对比度后的图像效果

（4）通过步骤（3）的操作，不仅大幅提亮了照片，同时也让色彩在一定程度上变淡了，因此对其色彩进行适当的美化处理。单击“创建新的填充”或“调整图层”按钮，在弹出的菜单中选择“曲线”命令，得到图层“曲线 1”。在“属性”面板中分别选择“红”和“蓝”通道并设置具体的参数，如图 8.13 和图 8.14 所示。将人物调整为以暖调色彩为主的效果，如图 8.15 所示，此时的“图层”面板，如图 8.16 所示。

笔 记

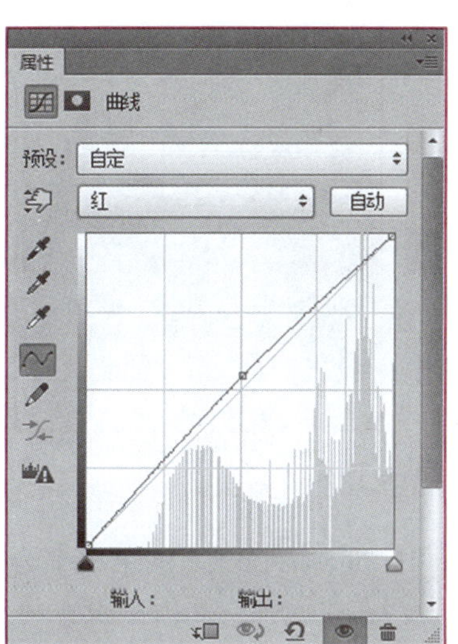

图 8.13 设置“红”通道曲线

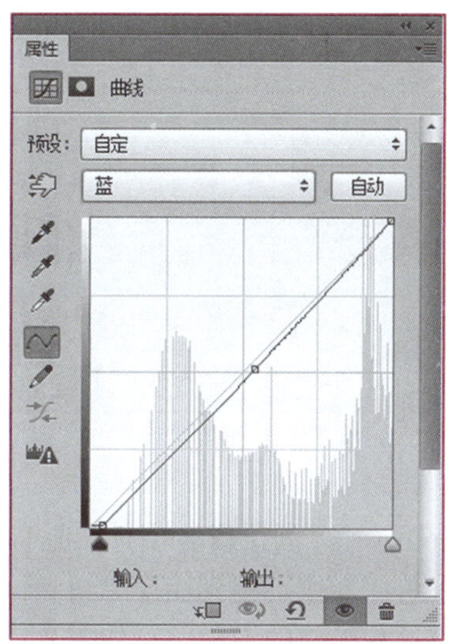

图 8.14 设置“蓝”通道曲线

图 8.15 调整后的图像效果

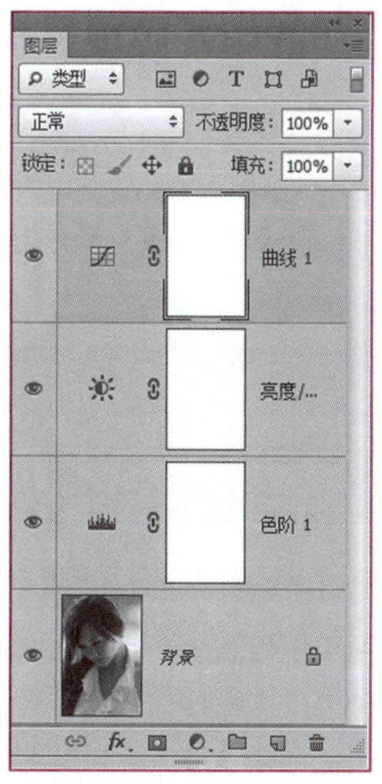

图 8.16 对应的“图层”面板

（5）单击“创建新的填充”或“调整图层”按钮，在弹出的菜单中选择“色彩平衡”命令，得到图层“色彩平衡 1”，在“属性”面板中设置其参数，以调

笔 记

整照片的颜色，如图 8.17 和图 8.18 所示。

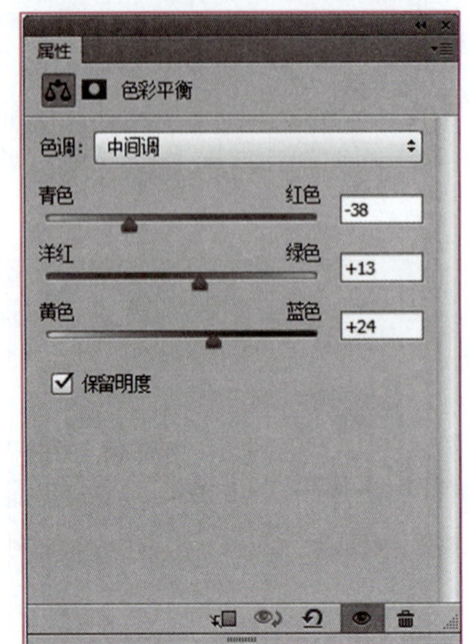

图 8.17 “色彩平衡”调整面板

图 8.18 调整色彩平衡后的图像效果

（6）单击“创建新的填充”或“调整图层”按钮，在弹出的菜单中选择“自然饱和度”命令，得到图层“自然饱和度 1”，在“属性”面板中设置其参数，以调整照片整体的饱和度，如图 8.19 和图 8.20 所示。

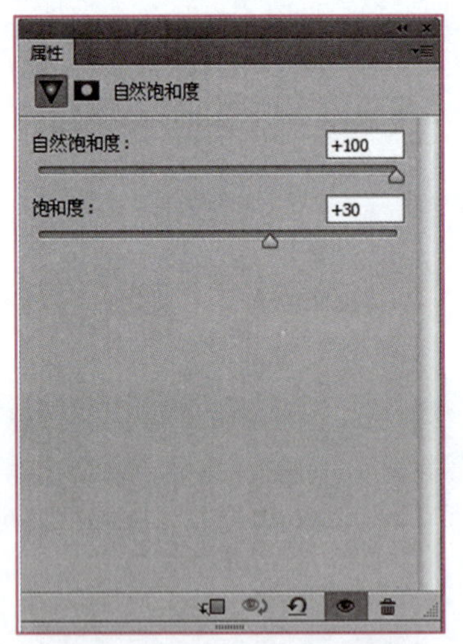

图 8.19 “自然饱和度”调整面板

图 8.20 调整自然饱和度后的图像效果

（7）大幅提高照片的饱和度，并不是调整的最终目的，而是在提高色彩饱和度的基础上，实现具有一定层次的色彩效果，具体方法就是利用图层蒙版隐藏调整的效果。选择“自然饱和度 1”的图层蒙版，按 Ctrl+I 键执行“反相”操作，设置前景色为白色，选择“画笔工具”，并在其工具选项栏上设置适当画笔大小及不透明度等参数，然后在人物上进行涂抹，以适当显示出调整图层对该区域的处理，如图 8.21 所示。

笔 记

按住 Alt 键，单击“自然饱和度 1”的图层蒙版缩略图，可以查看其中的状态，如图 8.22 所示。

图 8.21 应用图层蒙版后的图像效果

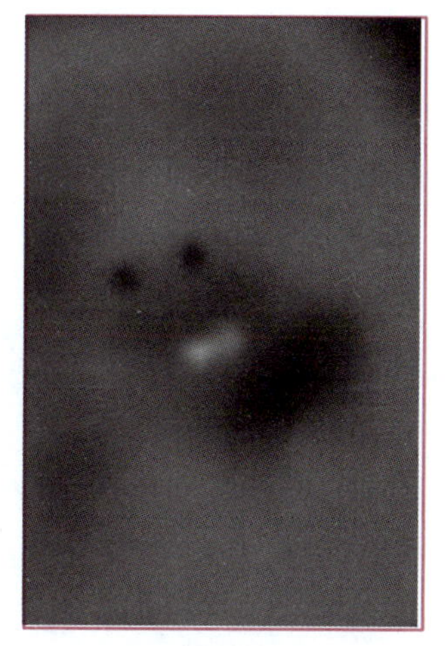

图 8.22 图层蒙版的状态

（8）接下来为人物增加一些光晕效果，使之变得更加清新。单击“创建新的填充”或“调整图层”按钮，在弹出的菜单中选择“纯色”命令，在弹出的对话框中设置颜色值为 0df284，同时得到图层“颜色填充 1”。设置“颜色填充 1”的混合模式为“滤色”，使之与照片融合在一起，如图 8.23 所示。

（9）选择“颜色填充 1”的图层蒙版，按 Ctrl+I 键执行“反相”操作，设置前景色为白色，选择“画笔工具”，并在其工具选项栏上设置适当画笔大小及不透明度等参数，然后在人物右上方和左侧中间的头发上各单击一次，以制作出光晕效果，如图 8.24 所示，对应的图层蒙版状态如图 8.25 所示，此时的“图层”面板如图 8.26 所示。

图 8.23 填充颜色并设置为“滤色”后的图像效果

图 8.24 添加光晕的图像效果

图 8.25 光晕的图层蒙版状态

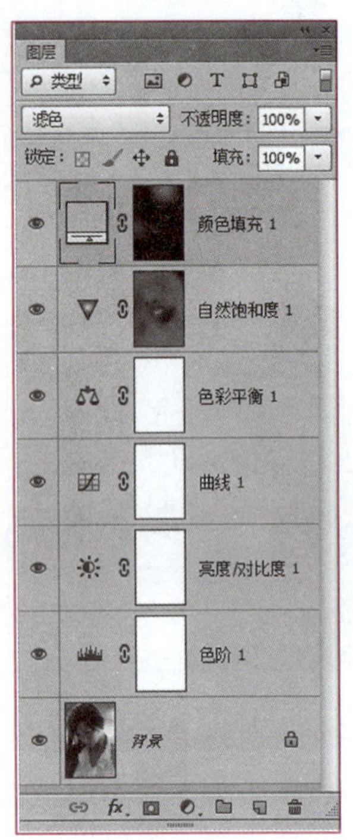

图 8.26 对应的“图层”面板

拓展实训 8-1
制作包装盒立体效果

课后练习

文本 习题答案

一、选择题

1. 以下关于调整图层的描述错误的是（　　）。

A. 可通过创建“曲线”调整图层或者通过“图像”→“调整”→“曲线”菜单命令对图像进行色彩调整，两种方法都对图像本身没有影响，而且方便修改

B. 调整图层可以在“图层”面板中更改透明度

C. 调整图层可以在“图层”面板中更改图层混合模式

D. 调整图层可以在“图层”面板中添加图层蒙版

2. 在复制智能对象图层时，若不希望原图层与副本图层之间有关系，则下列方法错误的是（　　）。

A. 在智能对象图层的名称上单击右键，在弹出的菜单中选择“通过副本新建智能对象”命令

B. 按 Ctrl+J 键

C. 将智能对象图层拖至“创建新图层”按钮上

D. 按住 Alt 键，将智能对象图层拖至“创建新图层”按钮上

3. 下面关于调整图层特性的说法中，正确的是（　　）。

A. 调整图层是用来对图像进行色彩编辑，并不影响图像本身

B. 调整图层可以通过调整不透明度、选择不同的图层混合模式来达到特

殊的效果

C. 调整图层可以删除，且删除后不会影响原图像

D. 选择任何一个“图像”→“调整”弹出菜单中的色彩调整命令，都可以生成一个新的调整图层

笔 记

4. 下列无法在 Photoshop 中创建的 3D 对象是（　　）。

A. 明信片　　B. 体积

C. 锥形　　D. 树形

5. 下列可以显示 3D 面板的方法有（　　）。

A. 选择“窗口”→“3D”命令　　B. 双击 3D 图层的缩览图

C. 按 F3 键　　D. 按 F4 键

6. 下列可以创建的网格预设是（　　）。

A. 帽子　　B. 金字塔

C. 全景球体　　D. 球体

7. 在 Photoshop 中，可以为 3D 对象设置（　　）。

A. 灯光　　B. 纹理

C. 渲染参数　　D. 阴影

8. 下列属于调整模型的工具是（　　）。

A. “旋转 3D 对象工具”　　B. “滚动 3D 对象工具”

C. “拖动 3D 对象工具”　　D. “滑动 3D 对象工具”

二、操作题

1. 打开“项目 8/操作题 1-素材.psd”，如图 8.27 所示。将其中的“图层 1”和“图层 2”转换为智能对象，并结合混合模式、图层蒙版功能，制作得到如图 8.28 所示的效果。

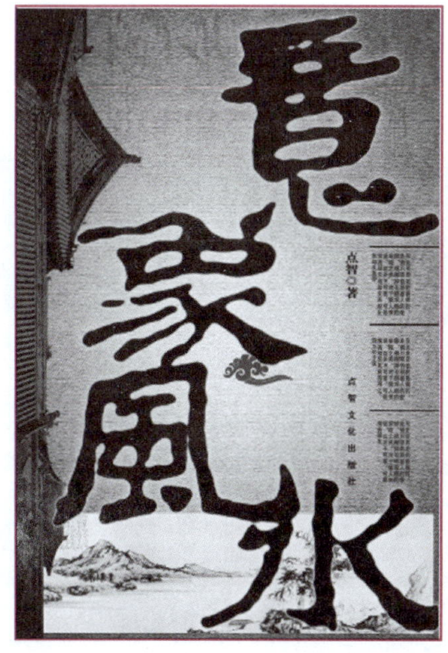

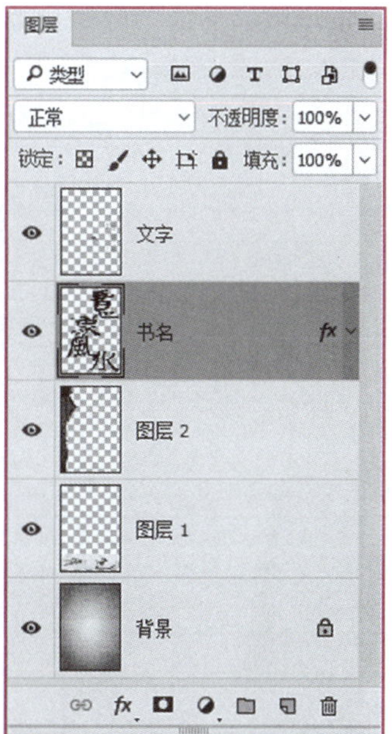

图 8.27 素材文件及对应的“图层”面板

笔记

图 8.28 最终效果

2. 重做本书第 4 章的操作题，但所有的调整命令改为尽量使用调整图层进行处理，并得到完全相同的效果，仔细体会使用命令与调整图层的异同。

3. 打开文件“项目 8/操作题 3-素材 1.3ds”“项目 8/操作题 3-素材 2.tif”“项目 8/操作题 3-素材 3.tif”素材，如图 8.29（已导入 Photoshop 后的状态）～图 8.31 所示，结合本章讲解的 3D 功能，制作得到如图 8.32 所示的效果。

图 8.29 素材 1

图 8.30 素材 2

图 8.31　素材 3

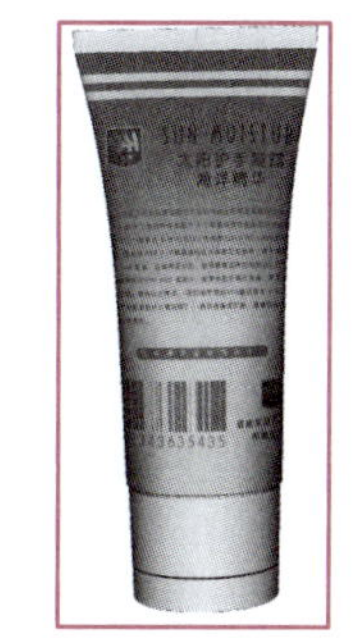

图 8.32　调整后的效果

笔记

第 9 章

通道

学习目标

- 了解通道的概念、类型。
- 熟悉“通道”面板的功能。
- 掌握新建 Alpha 通道并作为选区载入的操作方法。
- 掌握编辑 Alpha 通道的原理与方法。

本章导读

PPT
通道

PPT

在 Photoshop 强大功能中，通道并不像图层那样拥有很多的参数，如混合模式、不透明度、图层样式等，但却丝毫不影响通道成为 Photoshop 的核心功能。

很多 Photoshop 初学者都对通道功能非常迷惑，而实际上则恰恰相反，单就功能的多样性来看，通道远远比不上图层，甚至没有路径的功能丰富。其核心功能简单来说，就是在通道中根据需要将要转换为选区的部分处理成为白色，再将其转换成为选区即可。

通过本章对通道的类型及其基本的工作进行讲解，掌握并深刻理解这些知识，就能够灵活运用通道。

知识详解

9.1 通道与“通道”面板

9.1.1 通道

微课 9-1
通道与“通道”面板

在 Photoshop 中，通道有三种类型，分别是颜色通道、专色通道以及 Alpha 通道，不同类型的通道都有各自不同的功能和作用。

颜色通道的数目由图像颜色模式所决定，“RGB 颜色”模式的图像有 4 个颜色通道，如图 9.1 所示，而 CMYK 模式的图像则有 5 个。

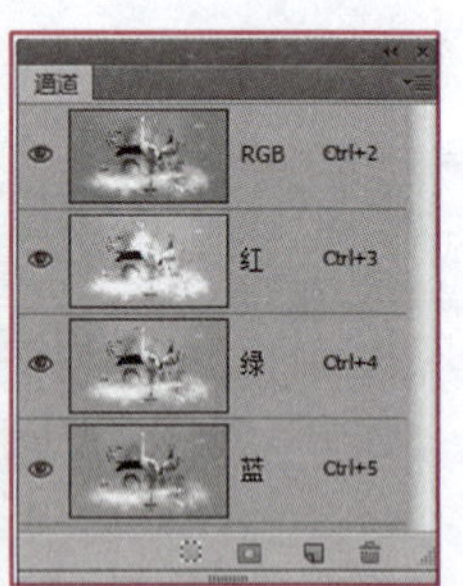

图 9.1 RGB 模式图像

专色通道、Alpha 通道属于需要用户自行创建的通道，其中专色通道用于在进行专色印刷或 UV、烫金、烫银等特殊印刷工艺时，生成用于限定特殊工艺的专色版。

Alpha 通道的主要功能是制作与保存选区，一些在图层中不易得到的选区，可以灵活使用 Alpha 通道得到。

拓展知识 9-1
专色通道

9.1.2 “通道”面板

“通道”面板与“路径”面板、“图层”面板一样具有很高的使用率，选择

“窗口”→“通道”命令即可显示“通道”面板。

“通道”面板中各个按钮的作用如下：

- 单击“将通道作为选区载入”按钮，可以调出当前通道所保存的选区。
- 在当前图像存在选区的状态下，单击“将选区存储为通道”按钮，可以将当前选区保存为 Alpha 通道。
- 单击“创建新通道”按钮，创建一个新的 Alpha 通道。
- 单击“删除当前通道”按钮，删除当前选择的通道。

微课 9-2
颜色通道

9.2 编辑与使用 Alpha 通道

Alpha 通道的主要功能是制作与保存选区，一些在图层中不易得到的选区，可以灵活使用 Alpha 通道得到。在后面讲解过程中提到的“通道”通常就是指此类型通道。

图 9.2 为原图像，图 9.3 为经过灵活操作得到的 Alpha 通道，图 9.4 为使用此 Alpha 通道得到的选择区域。

图 9.2 原图像

图 9.3 Alpha 通道

图 9.4 选择区域

9.2.1 新建 Alpha 通道

要创建新的 Alpha 通道，可以按住 Alt 键单击“创建新通道”按钮或选择“通道”面板弹出菜单中的“新建通道”命令，设置如图 9.5 所示的对话框。

微课 9-3
新建 **Alpha** 通道

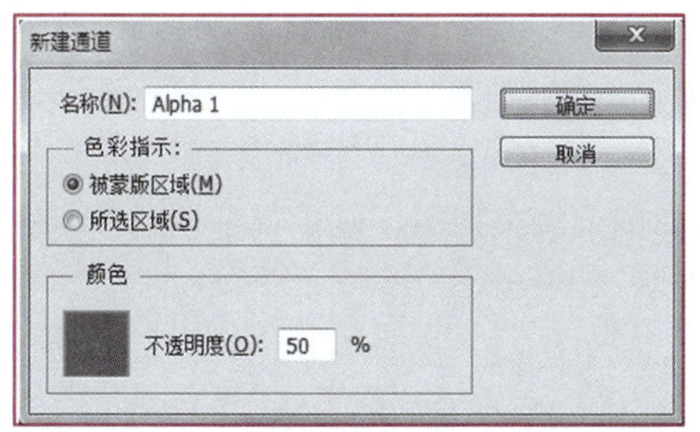

图 9.5 “新建通道”对话框

"新建通道"对话框中各参数的含义如下：

- 被蒙版区域：选择此选项，新建的通道显示为黑色，利用白色在通道中做图，白色区域则成为对应的选区。
- 所选区域：选择此选项，新建通道中显示白色，利用黑色在通道做图，黑色区域为对应的选区。图 9.6 是分别选择"被蒙版区域"和"所选区域"而创建的不同显示状态的通道。

图 9.6 创建 Alpha 通道的两种效果

- 颜色：单击其后的色标，在弹出的"拾色器"中指定快速蒙版的颜色。
- 不透明度：在此指定快速蒙版的不透明度显示。

如果需要以默认的参数创建 Alpha，可以直接单击"通道"面板下方的"创建新通道"按钮。

微课 9-4
从选区创建同形状 Alpha 通道

9.2.2 将 Alpha 通道作为选区载入

在"通道"面板中选择任一个 Alpha 通道，单击面板下面的"将通道作为选区载入"按钮，即可将此 Alpha 通道所保存的选区调出。

微课 9-5
将 Alpha 通道作为选区载入

此外，还可以使用快捷键进行操作，具体方法如下。

- 按住 Ctrl 键单击通道，可直接调用此通道所保存的选区。
- 在选区已存在的情况下，如果按住 Ctrl+Shift 键单击通道，则可在当前选区中增加该通道所保存的选区。
- 如果按住 Alt+Ctrl 键单击通道，则可在当前选区中减去该通道所保存的选区。
- 如果按住 Alt+Ctrl+Shift 键单击通道，则可得到当前选区与该通道所保存的选区重叠的选区。
- 如果按住 Ctrl 键单击颜色通道，则同样能够将此类通道保存的选区调出，如图 9.7 所示。

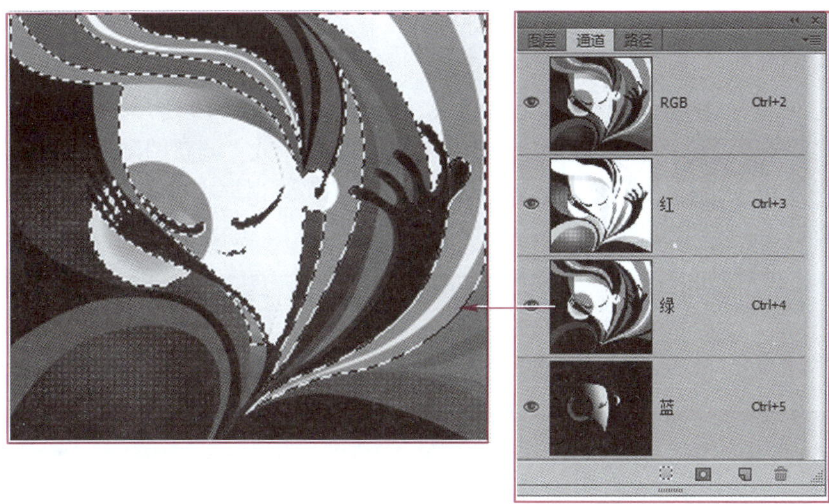

图 9.7 将通道作为选区载入

提示：上述将 Alpha 通道作为选区载入的方法，也适用于颜色通道和专色通道。

9.2.3 编辑 Alpha 通道

由于 Alpha 通道类似于一个灰度图像，因此在 Alpha 通道中可以用绘图工具、图像调整以及滤镜等命令进行处理，以编辑 Alpha 通道中的黑色与白色区域的大小与位置，从而创建相对应的合适的选区，这也是 Alpha 通道之所以被应用如此广泛的一个原因，更是许多初学者不甚理解的地方。

拓展知识 9-2
复制与删除通道

微课 9-6
复制通道

例如，图 9.8 是利用“高斯模糊”滤镜对通道中的龙形图像进行处理后的效果，图 9.9 是以此通道为基础，制作得到的白银质感图像。

图 9.8 通道状态

图 9.9 白银质感图像

微课 9-7
删除通道

项目实训

给人物换个唯美的虚拟背景

本例主要讲解如何给人物换个唯美的背景。在制作的过程中，重点就是对人物头发的抠选，主要结合了通道、“曲线”命令以及“画笔工具”等。另外，对投影的抠选，也是本例的另外一个重点。

（1）打开文件“项目 9\项目实训-素材.jpg”，如图 9.10 所示。

（2）在“图层”面板底部单击“创建新的填充”或“调整图层”按钮，在弹出的菜单中选择“渐变”命令，在“渐变填充”对话框中单击渐变显示框，设置“渐变编辑器”如图 9.11 所示对话框。

图 9.10 素材图像

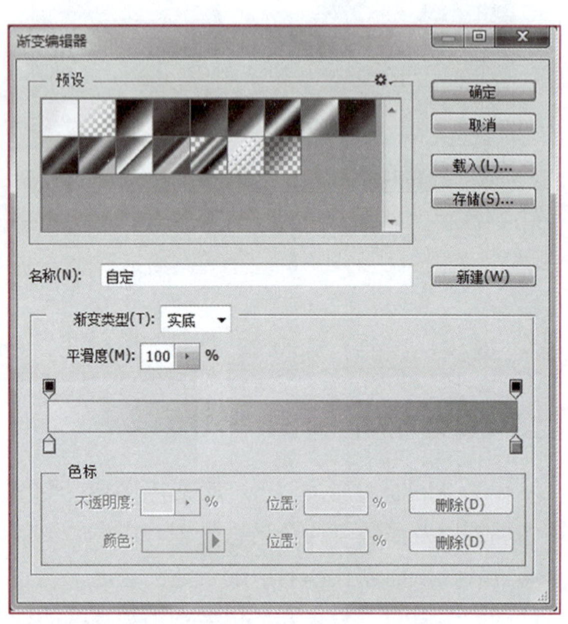

图 9.11 “渐变编辑器”对话框

提示：在“渐变编辑器”对话框中，渐变类型为“从 ffecf0 到 f591ab”。

（3）单击“确定”按钮，返回到“渐变填充”对话框，设置其对话框如图 9.12 所示。在画布中使用“移动工具”调整渐变的位置，如图 9.13 所示。单击“确定”按钮退出对话框，同时得到图层“渐变填充 1”。

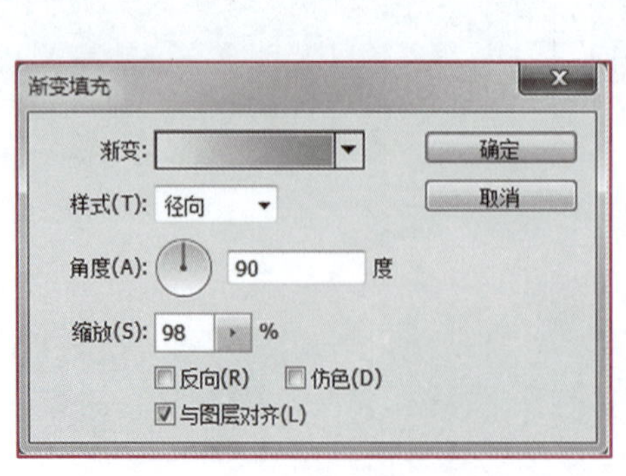

图 9.12 “渐变填充”对话框

图 9.13 调整渐变的位置

（4）将“背景”图层拖至“图层”面板底部“创建新图层”按钮上得到“背景 副本”，并将副本图层拖至“渐变填充 1”图层的上方，此时“图层”面板如图 9.14 所示。

笔 记

（5）切换至“通道”面板，分别选择“红”“绿”“蓝”通道，以查看各个通道中的状态，如图 9.15～图 9.17 所示。选择一个对比度较好的通道，在此选择“红”通道，并将此通道拖至“通道”面板底部“创建新通道”按钮上，得到“红 副本”，此时，“通道”面板如图 9.18 所示。

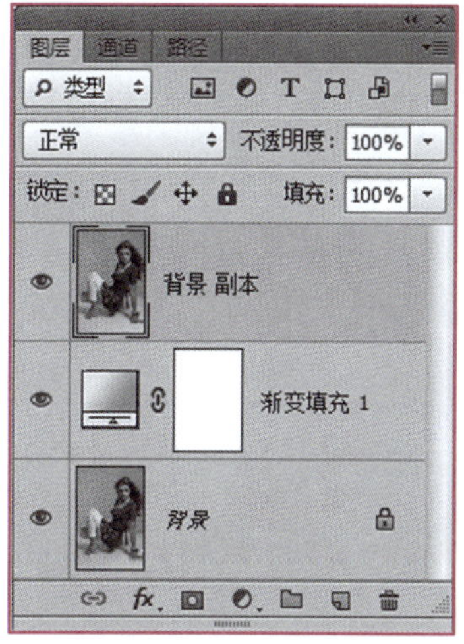

图 9.14 “图层”面板

图 9.15 “红”通道中的状态

图 9.16 “绿”通道中的状态

图 9.17 “蓝”通道中的状态

（6）在工具箱中设置前景色为白色，并选择“画笔工具”，在其工具选项栏中设置适当的画笔大小，在人物的身体区域涂抹，使涂抹区域变为白色，如图 9.19 所示。

（7）按 Ctrl+M 键调出“曲线”对话框，在弹出的对话框中向右拖动左下角的节点，如图 9.20 所示，以增强图像的对比度。此时，通道中的状态如图 9.21 所示。

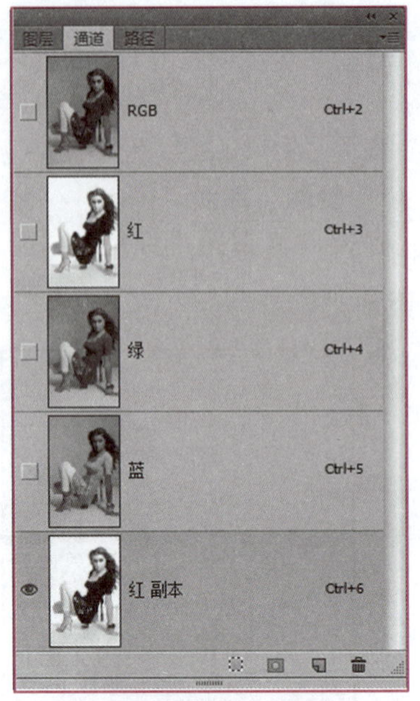

图 9.18 “通道”面板

图 9.19 涂抹后的效果

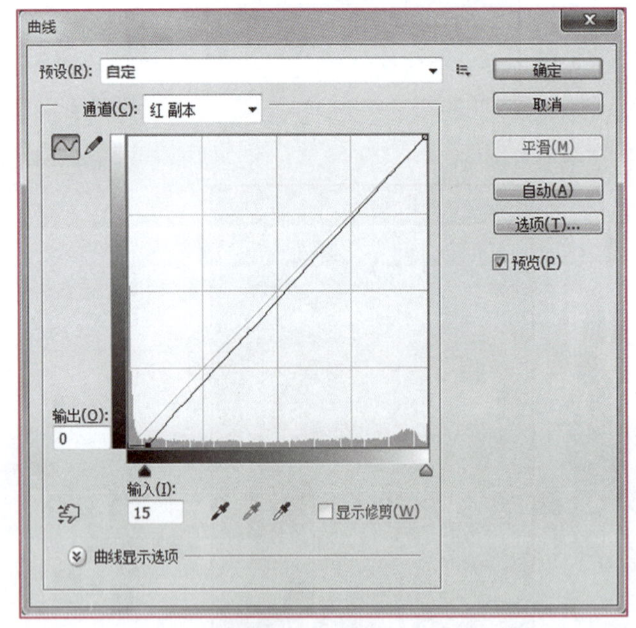

图 9.20 “曲线”对话框

图 9.21 应用“曲线”命令后的效果

（8）按 Ctrl+I 键应用“反相”命令，得到如图 9.22 所示的效果。此时，“通道”面板状态如图 9.23 所示。

（9）按 Ctrl 键，单击“红 副本”通道缩览图以载入其选区，如图 9.24 所示。切换回“图层”面板，选择“背景 副本”图层，在“图层”面板底部单击“添加图层蒙版”按钮，得到的效果如图 9.25 所示。“图层”面板如图 9.26 所示。

图 9.22　应用“反相”命令后的效果

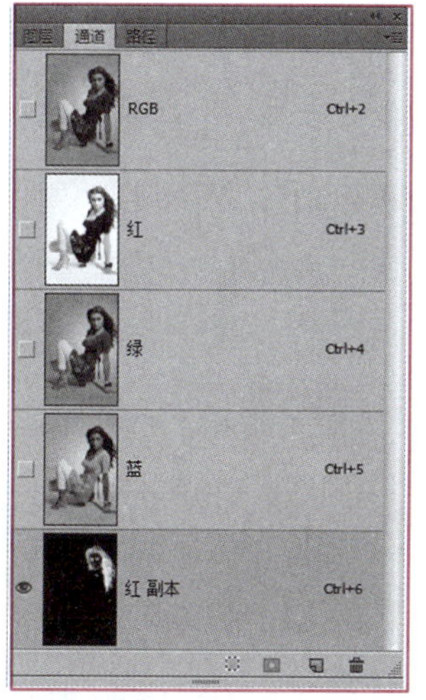

图 9.23　“通道”面板

笔 记

图 9.24　载入的选区状态

图 9.25　添加图层蒙版后的效果

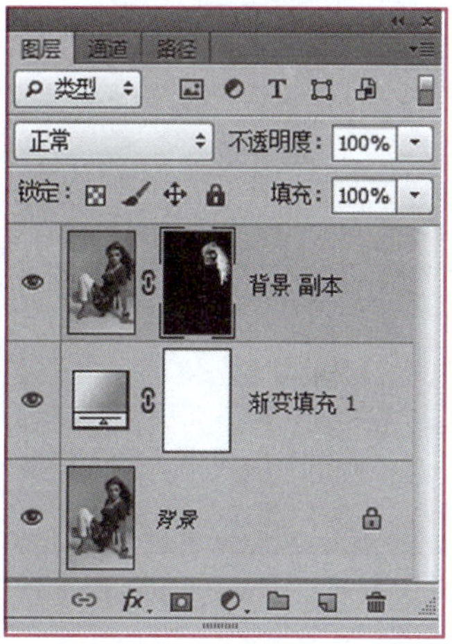

图 9.26　“图层”面板

图 9.27　绘制路径

笔 记

（10）将“背景”图层拖至“图层”面板底部“创建新图层”按钮上，得到“背景 副本 2”，并将副本图层拖至“背景 副本”的上方，在工具箱中选择“钢笔工具”，并在其工具选项栏中选择“路径”选项，沿着人物的轮廓绘制路径（除头发边缘），如图 9.27 所示。

（11）按 Ctrl+Enter 键将路径转换为选区，按 Ctrl+Shift 键，单击“背景 副本”蒙版缩览图以载入其选区，进行加选，如图 9.28 所示。在“图层”面板底部单击“添加图层蒙版”按钮，为“背景 副本 2”添加蒙版，得到的效果如图 9.29 所示。此时，蒙版中的状态如图 9.30 所示。

图 9.28 选区状态

图 9.29 添加图层蒙版后的效果

（12）选中“背景 副本 2”图层蒙版，在工具箱中设置前景色为白色，并选择“画笔工具”，在其工具选项栏中设置画笔为“柔角 9 像素”，不透明度为 50%，在头发边缘的生硬处进行涂抹，以融合图像，如图 9.31 所示。此时，蒙版中的状态如图 9.32 所示。“图层”面板如图 9.33 所示。

图 9.30 蒙版中的状态

图 9.31 编辑蒙版后的效果

图 9.32 蒙版中的状态

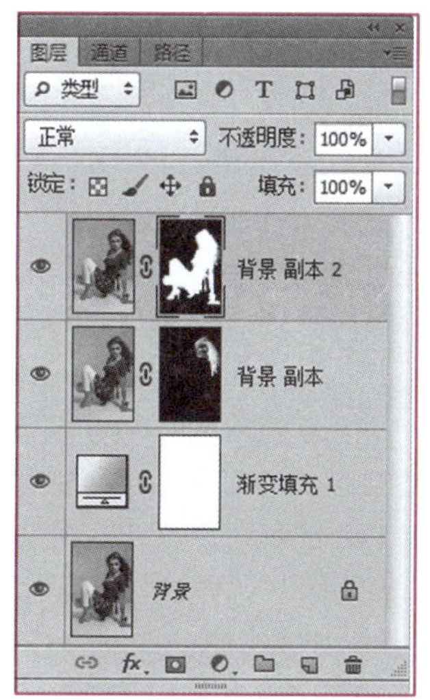

图 9.33 “图层”面板

笔 记

至此，人物就全部抠选出来了。另外，还可以根据需要，将阴影再抠选出来，其制作方法相对较为简单，且不是本例讲解的重点，故不再详细说明。完成本例后，最终整体效果如图 9.34 所示。“图层”面板如图 9.35 所示。

图 9.34 最终效果

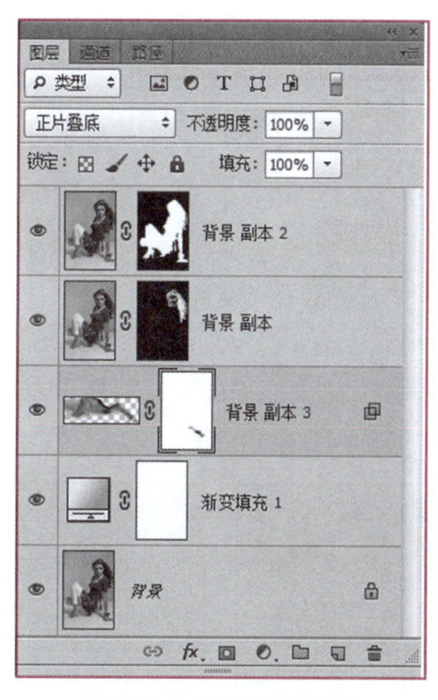

图 9.35 “图层”面板

拓展实训 9-1
彩色半调装饰的包装

课后练习

一、选择题

1. RGB 模式的图像，拥有（　　）原色通道。

   A. 3 个　　B. 4 个　　C. 5 个　　D. 6 个

2. Alpha 通道最主要的用途是（　　）。

文本 习题答案

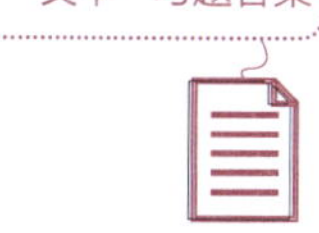

笔 记

A．保存图像色彩信息　　B．保存图像未修改前的状态
C．用来存储和建立选区　　D．保存路径

3．显示“通道”面板的快捷键是（　　）。
A．F5　　B．F6　　C．F7　　D．无快捷键

4．下列可以创建全新空白 Alpha 通道的操作是（　　）。
A．单击“通道”面板中的“创建新通道”按钮。
B．在“通道”面板弹出的菜单中选择“新建通道”命令，在对话框中单击“确定”即可。
C．在当前存在选区的情况下，单击“将选区存储为通道”按钮。
D．选择“图层”→“通道”→“新建通道”命令，在弹出的对话框中单击“确定”即可。

5．下列载入通道选区操作方法正确的是（　　）。
A．按 Ctrl 键单击通道的名称
B．按 Ctrl 键单击通道的缩览图
C．将通道拖至“将通道作为选区载入”按钮上
D．选择一个通道，然后单击“将通道作为选区载入”按钮

6．下列关于编辑 Alpha 通道的说法正确的是（　　）。
A．Alpha 通道可以使用部分绘图工具进行编辑
B．Alpha 通道可以使用所有的图像调整命令进行编辑
C．Alpha 通道可以使用所有的滤镜命令进行编辑
D．以上说法都不对

二、操作题

1．打开文件“项目 9/ 操作题 1-素材 1.tif”，如图 9.36 所示。结合本章讲解的通道功能，将其中的书法文字抠选出来，再打开文件“项目 9/ 操作题 1-素材 2.tif”，如图 9.37 所示，结合图层混合模式、图层样式等功能，制作得到如图 9.38 所示的书法雕刻文字效果。

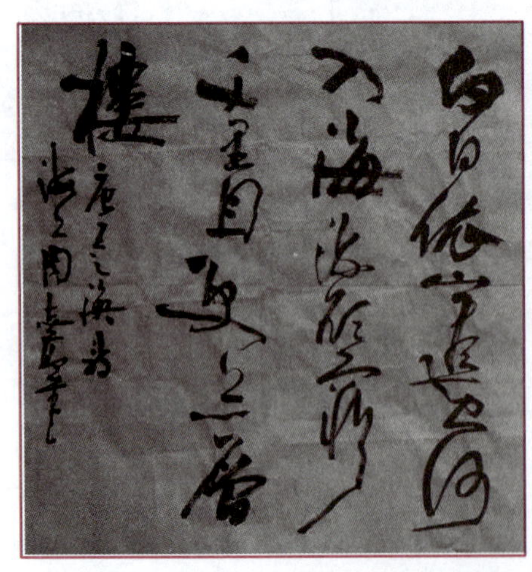
图 9.36　书法素材

图 9.37　素材图像

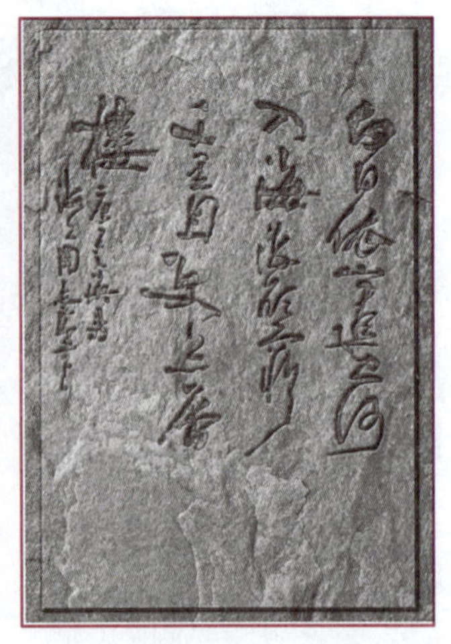
图 9.38　最终效果

2．打开文件“项目 9\操作题 2-素材 1.psd”，如图 9.39 所示，结合本章中

讲解的知识，尝试将人物的头发抠选出来，得到如图 9.40 所示的效果。再打开文件“项目 9\操作题 2-素材 2.psd”，如图 9.41 所示，将抠出的人物置于该场景中，如图 9.42 所示。

笔 记

图 9.39　原图像

图 9.40　抠图后的效果

图 9.41　素材图像

图 9.42　完整效果

3. 打开文件“项目 9\操作题 3-素材 1.psd”，如图 9.43 所示，使用该文件给出的文字 5，结合文件“项目 9\操作题 3-素材 2.psd”，如图 9.44 所示，在通道中进行编辑，直至得到如图 9.45 和图 9.46 所示的效果，然后返回至“图层”面板，结合图层样式功能制作得到如图 9.47 所示的效果。制作完成后的效果可以参考文件“项目 9\操作题 3.psd”。

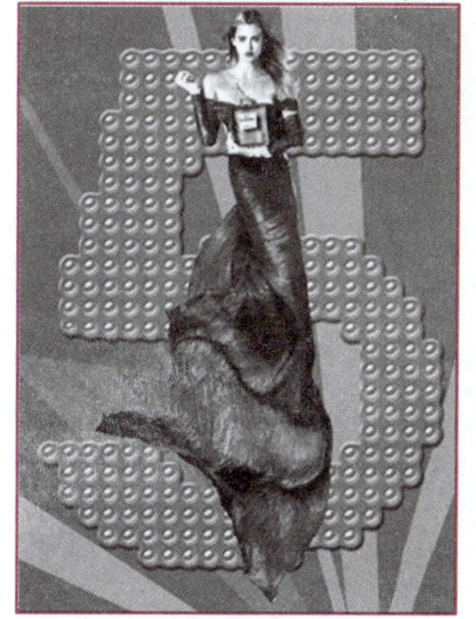

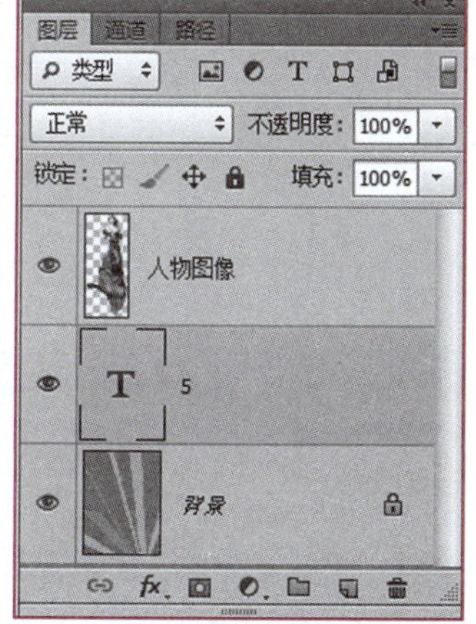

图 9.43　素材图像及对应的“图层”面板

图 9.44　图案素材

图 9.45 在通道中编辑的效果（1）

图 9.46 在通道中编辑的效果（2）

图 9.47 完整效果

提示： 在通道中处理图像时，将会用到“滤镜”→“模糊”→“高斯模糊”滤镜。

4．打开文件“项目 9\操作题 4-素材.psd”，如图 9.48 所示，结合本章中讲解的知识，为图像增加如图 9.49 所示的光线透射效果。制作完成后的效果可以参考文件“项目 9\操作题 4.psd”。

图 9.48 素材图像

图 9.49 放射光效果

第10章

输入与格式化文字

- 掌握输入与转换水平文字、垂直文字的方法。
- 掌握输入与转换点文字、段落文字的方法。
- 熟悉设置文本的字符与段落属性的方法。
- 熟悉将文本转换为普通图像、路径及形状的原理与方法。

本章导读

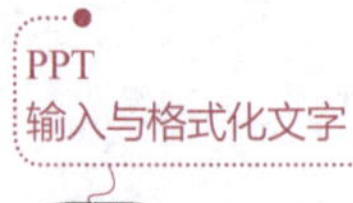

作为图像处理软件，Photoshop 的文字已经非常完善，且随着版本的升级，文字的编辑与处理功能越来越强大，在 Photoshop 中可以随意改变文字的字体、字号等属性，也可以通过变形文字，将文字绕排于路径等操作，使文字具有特殊的效果。

本章详细讲解了有关文字的输入、编辑、修改、艺术化处理等多方面的知识与相关的操作技巧。

知识详解

10.1 输入文字

在 Photoshop 中输入文字，必须使用如图 10.1 所示的 4 种文字工具中的一种。4 种工具的作用通过其名称即能够轻松理解。

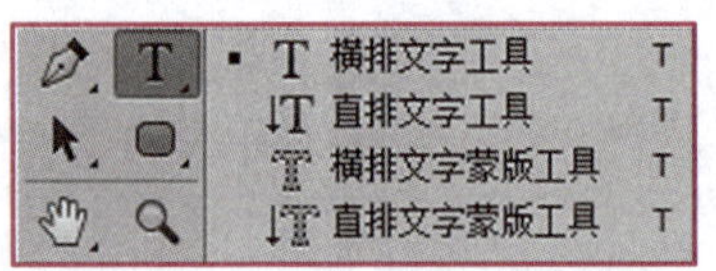

图 10.1 文字工具

10.1.1 输入与转换水平或垂直文字

1. 输入水平或垂直文字

在文字的排列方式中，横排是最常用的一种方式。使用“横排文字工具”[T]可以输入横排文字，此工具的工具选项栏如图 10.2 所示。

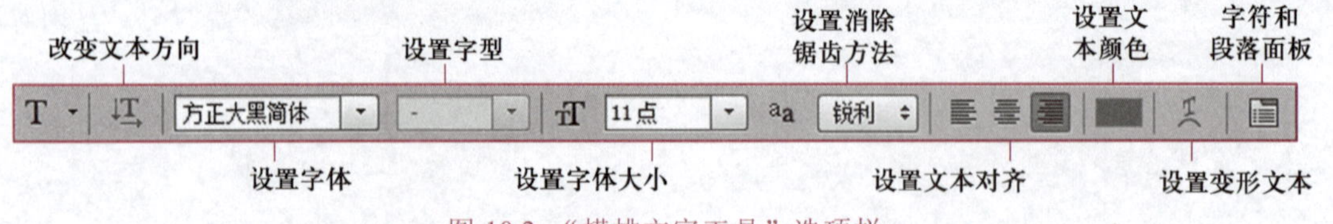

图 10.2 “横排文字工具”选项栏

输入横排文字的操作方法非常简单，只需要使用“横排文字工具”[T]在要输入文字的位置单击，即可得到文本光标，然后在此光标后面输入文字即可。

输入文字之前，也可以先在“设置字体”下拉列表中选择合适的字体，在“设置字体大小”下拉列表中选择合适字号，单击“设置文本对齐”的三个按钮设置适当的对齐方式，单击“设置文本颜色”图标，在弹出的“拾色器”对话框中选择文字颜色，然后再按上面的方法输入文字，从而得到符合自己需要的文字效果。

输入文字后，可单击工具选项栏右侧的☑按钮或按 Ctrl+Enter 键即可确认输入文字，如果单击⊘按钮或按 Esc 键，则可以取消文字输入。

图 10.3 为横排文字的示例。

图 10.3 横排文字示例

创建直排文本的操作方法与创建横排文本相同。单击“横排文字工具”T片刻，在隐藏工具中选择“直排文字工具”IT，然后在页面中单击并在光标后面输入文字，则文本呈竖向排列，如图 10.4 所示。

图 10.4 垂直排列的文本

2. 转换横排文字与直排文字

虽然使用“横排文字工具”T只能创建水平排列的文字，使用“直排文字工具”IT只能创建垂直排列的文字，但在需要的情况下，可以选中文本图层，执行下列操作中的任意一种，即可改变文字方向。

- 单击工具选项栏中的“切换文本取向”按钮。
- 选择“文字”→“取向”→“垂直”或“文字”→“取向”→“水平”命令。

例如，在单击“切换文本取向”按钮后，将图 10.5 所示的直排文字转换为图 10.6 所示的横排文字。

图 10.5 直排文字

图 10.6 转换为横排文字

拓展知识 10-1
创建文字型选区

10.1.2 输入与转换点文字或段落文字

1. 输入点文字

点文字是一类不会自动换行的文本，即在输入的过程中，除非人为按 Enter 键进行换行，否则文字行将随着文字数量的增加不断水平扩展，点文字是设计与制作工作中使用最为广泛的一类文字。使用 10.1 节所讲的方法输入的文字就属于点文字的类型。

2. 输入段落文字

段落文字与点文字最大的不同之处在于，当输入的文字长度到达段落定界框的边缘时，文字自动换行。因此，段落文字对于以一个或多个段落的形式输入文字并设置格式非常适用。

输入段落文字的操作步骤如下。

（1）打开文件“项目 10\8.10.1.2-2-素材.psd”。

（2）选择“横排文字工具” T 或“直排文字工具” ↓T。

（3）在页面中拖动光标，创建一个段落文字定界框，文字光标显示在定界框内，如图 10.7 所示。

（4）在工具选项栏“字符”面板和“段落”面板中设置文字选项。

（5）在文字光标后输入文字，如图 10.8 所示，单击“提交所有当前编辑”按钮 ✔ 确认。

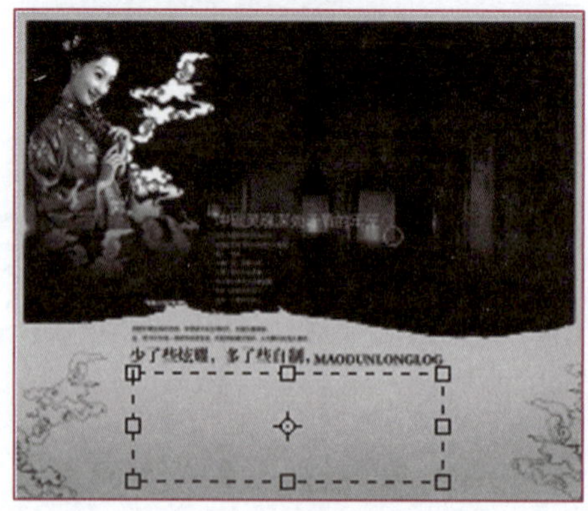

图 10.7 创建定界框

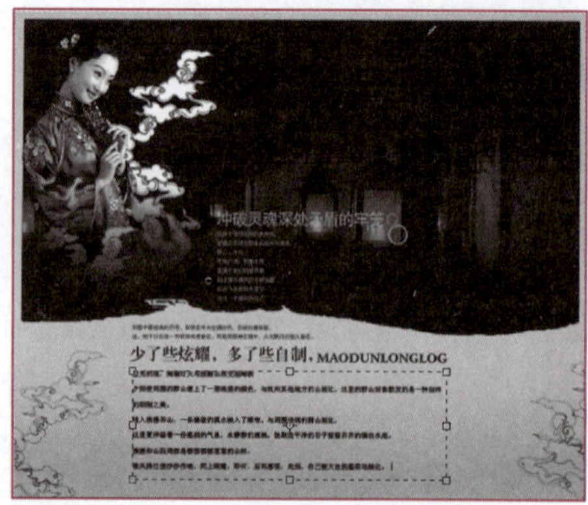

图 10.8 输入文字

拓展知识 10-2
编辑定界框

3. 转换点文字与段落文字

类似于转换水平排列的文字与垂直排列的文字，也可以相互转换点文字和段落文字。

转换时选择“文字”→“转换为段落文本”或选择“文字”→“转换为点文本”命令即可。

10.2 设置文本属性

10.2.1 设置文本的字符属性

在一个设计作品中，文字的字体、字号运用是否得当，文字的段落排列是否整齐、美观，在很大程度上决定了文字蕴含的信息是否能够很好地表达出来。

每一个设计作品中的每一个或每一段文字都应该具有美观的文字外观，图 10.9（a）设计作品中的文字表现中规中矩，比较能够清晰表达文字内容，图 10.9（b）所示的作品虽然从文字的排列形式与外观效果上看起来表达效果不好，但属于在排列形式上有创意的类型。

(a)

(b)

图 10.9 文字设计美观的作品

要使文字具有较好的视觉效果及可读性，就必须掌握本节所讲解的设置文字属性的操作及 10.2.2 节将要讲解的设置段落属性的相关操作。

设置字符属性的操作步骤如下。

（1）在“图层”面板中双击要设置字符的文字图层缩览图，或利用相应的文字工具在图像上的文字中双击，以选择当前文字图层的所有文字或要设置文字属性的部分文字。

（2）单击工具选项栏中的“切换字符和段落面板”按钮，弹出图 10.10 所示的“字符”面板。

（3）在面板中设置字体、字号、水平比例等属性后，单击工具选项栏中的按钮确认。

“字符”面板中各参数的含义如下。

- 设置字体系列：单击此下拉列表按钮，可在弹出的下拉列表中选择不同的字体。

字符
设置字体系列 黑体
设置字体样式
设置字体大小 4点
设置行距 7点
设置两个字符间的字距微调
设置所选字符的字距调整 0
设置所选字符的比例间距 0%
垂直缩放 100%
水平缩放 100%
设置基线偏移 0点
颜色：
设置文本颜色
设置字体特殊样式
英文字体语言设置 美国英语
设置消除锯齿的方法 锐利

图 10.10 “字符”面板

- 设置字体样式：单击此下拉列表按钮，可以设置字型为“正常”和“斜体”类型。
- 设置字体大小：在此数值框中输入数值或在下拉列表中选择一个数值，可以设置文字的大小。
- 设置行距：在此数值框中输入数值，或在下拉列表中选择一个数值，可以设置两行文字之间的距离，数值越大，行间距越大。图 10.11 为同一段文字应用不同行间距后的效果。

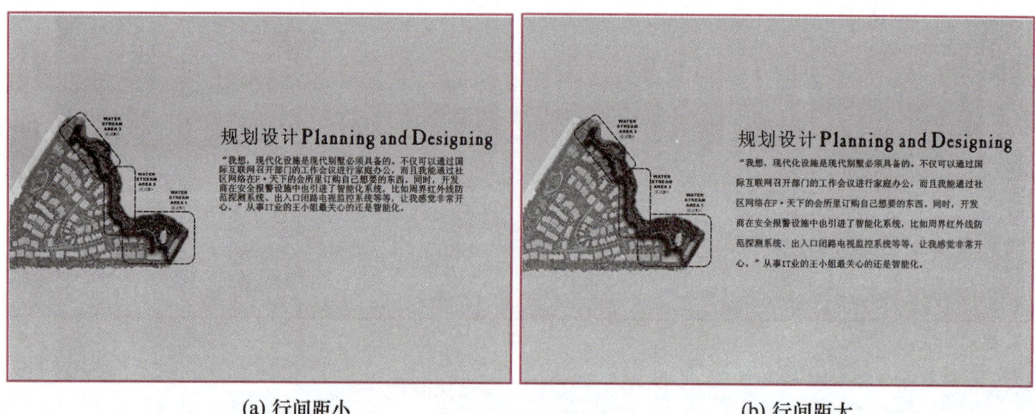

(a) 行间距小　　(b) 行间距大

图 10.11 为段落设置不同行间距的效果

- 垂直缩放：在此数值框中输入百分比，可以调整文字垂直方向上的比例。
- 水平缩放：在此数值框中输入百分比，可以调整文字水平方向上的比例。
- 设置所选字符的比例间距：比例间距按指定的百分比值减少字符周围的空间。当向字符添加比例间距时，字符两侧的间距按相同的百分比减小。
- 设置所选字符的字距调整：只有选中文字时此参数才可用，此参数控制所有选中文字的间距，数值越大，间距越大。图 10.12 为设置不同文字间距的效果。
- 设置两个字符间的字距微调：仅在文字光标插入文字中，字符微调参数才被激活。在数值框中输入数值，或在下拉列表中选择一个数值，可以设置光标距前一个字符的距离。

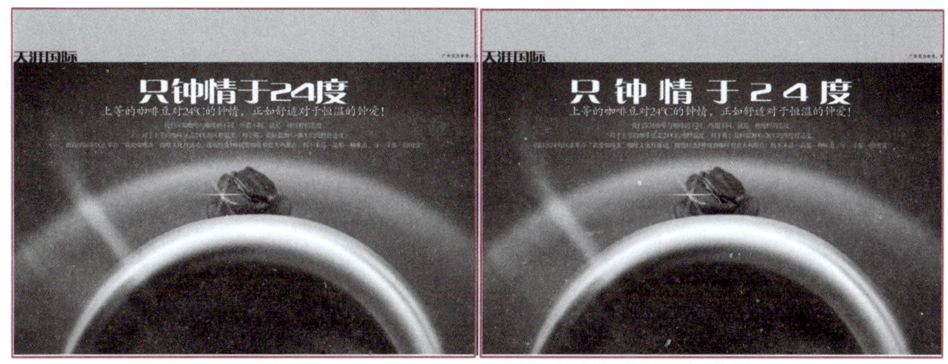

(a) 字间距小　　(b) 字间距大

图 10.12　不同字间距效果

- 设置基线偏移：此参数仅用于设置选中文字的基线值，正数向上移，负数向下移。图 10.13 是调整文字基线位置后的效果。

图 10.13　调整基线位置

- 设置文本颜色：单击此颜色块，在弹出的“拾色器”对话框中可以设置文字的颜色。
- 设置字体特殊样式：单击其中的按钮，可以将选中的字体改变为某种形式显示。其中的按钮依次代表为仿粗体、仿斜体、全部大写字母、小型大写字母、上标、下标、下画线和删除线，其中“全部大写字母”“小型大写字母”只对 Roman 字体有效。
- 设置消除锯齿的方法：在此下拉列表中选择一种消除锯齿的方法，以设置文字的边缘光滑程度，通常情况下选择“平滑”选项。

10.2.2　设置文本的段落属性

恰当地使用段落属性能够大大增强文字的可读性与美观度，本节将详细讲解在 Photoshop 中设置段落属性的方法。

设置段落属性需要使用“段落”面板，相应的操作步骤如下。

拓展知识 10-3
设置与应用字符样式

（1）选择任意文字工具，在要设置段落属性的文字中单击插入光标，如要一次性设置多段文字的属性，用文字光标选中这些段落中的文字。

（2）单击“字符”面板右侧的“段落”标签，显示如图 10.14 所示“段落”面板。

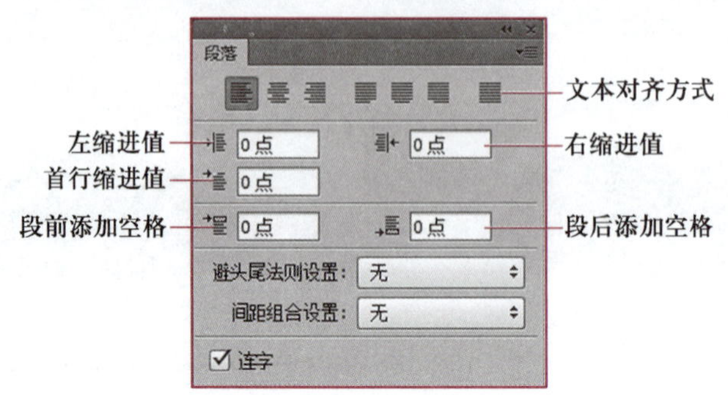

图 10.14 “段落”面板

（3）属性设置完毕后，单击工具选项栏中的✓按钮确认。

“段落”面板中各参数的含义如下。

- 文本对齐方式：单击其中的选项，光标所在的段落将以相应的方式对齐。图 10.15 分别为图像中间位置的一段文字运用三种不同的对齐方式所得到的不同效果。

(a) 左对齐效果 (b) 居中对齐效果 (c) 右对齐效果

图 10.15 “段落”面板

- 左缩进值：设置当前段落的左侧相对于左定界框的缩进值。
- 右缩进值：设置当前段落的右侧相对于右定界框的缩进值。
- 首行缩进值：设置选中段落的首行相对其他行的缩进值。
- 段前添加空格：设置当前段落与上一段落之间的垂直间距。
- 段后添加空格：设置当前段落与下一段落之间的垂直间距。图 10.16 是将段后间距设置成为 0 点时的状态，图 10.17 是将该数值设置成为 24 点时的效果。

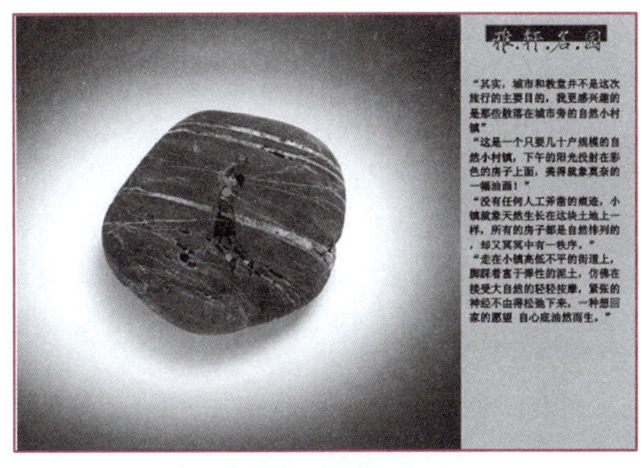

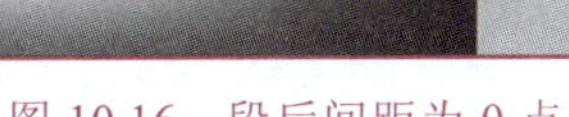
图 10.16　段后间距为 0 点

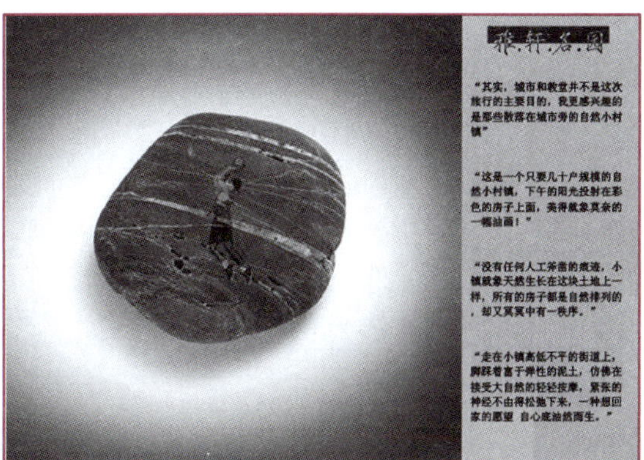

图 10.17　段后间距为 24 点

- 连字：设置手动或自动断字，仅适用于 Roman 字符。

拓展知识 10–4
设置与应用段落样式

10.3　转换文字

10.3.1　转换文字图层为普通图层

文字图层具有不可编辑的特性，因此，如果希望在文字图层中进行绘画或使用颜色调整命令、滤镜命令对文字图层中的文字进行编辑，可以选择"文字"→"栅格化文字图层"命令，将文字图层转换为普通图层。

10.3.2　由文字生成路径

选择"文字"→"创建工作路径"命令，可以生成与文字外形相同的工作路径且文字图层仍然存在。使用工作路径可以制作"填充""描边"等效果，图 10.18 为对由文字转换生成的工作路径描边后的效果及"路径"面板。

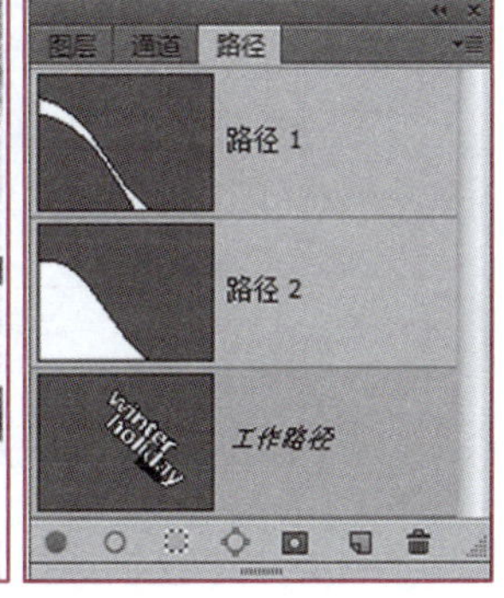

图 10.18　将文字转换为路径后的效果及对应的"路径"面板

10.3.3　将文字图层转换成为形状图层

将文字转换为形状后，可以制做出各式各样的特效文字，尽情发挥创造力。要将文字转换为形状，比较快捷的方法是在文字图层的名称上单击右键，在弹出的快捷菜单中选择"转换为形状"命令即可。

笔 记

下面将以实例讲解结合路径编辑功能编辑文字形状的方法，其操作步骤如下。

（1）打开文件“项目 10\10.3.2-素材.psd”，如图 10.19 所示。

（2）复制文字图层“武宣大米厂月饼”，得到其副本，隐藏文字图层，并在副本图层名称上单击右键，在弹出的菜单中选择“转换为形状”命令，用“直接选择工具”选中“武”字的一个锚点，如图 10.20 所示，然后向右上方拖动锚点的位置，得到如图 10.21 所示的状态。图 10.22 为拖动其他锚点后的状态。

图 10.19 素材文件

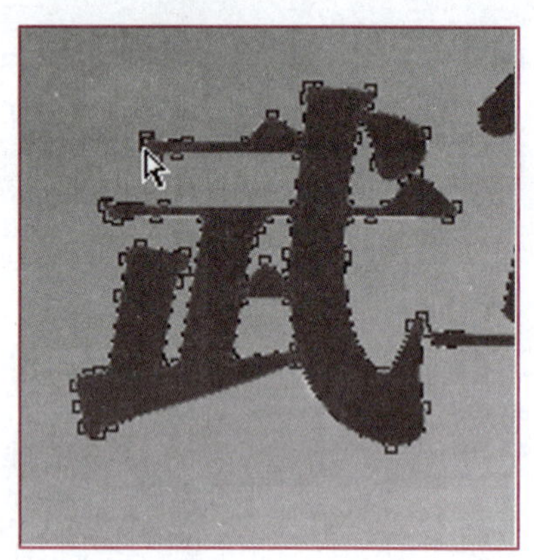

图 10.20 选中“武”字的一个锚点

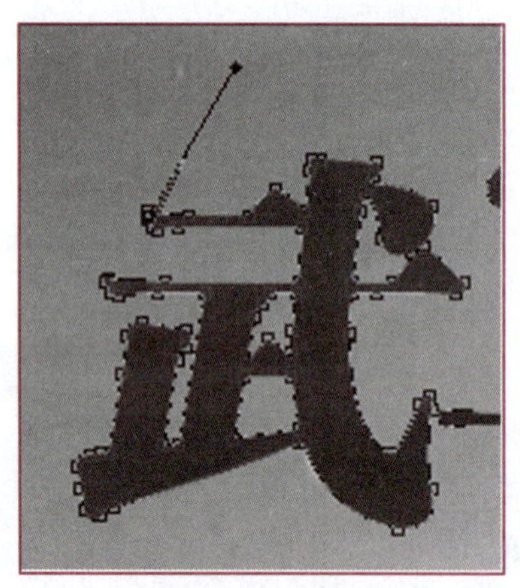

图 10.21 拖动锚点状态

图 10.22 拖动其他锚点后的状态

提示：为了方便查看节点的位置，在制作的过程中，可随时调整图像的显示比例。

（3）结合“直接选择工具”、“转换点工具”以及“添加锚点工具”，调整“武”字上方的图形的状态，如图 10.23 所示。按 Shift 键，使用“直接选择工具”将“宣”下方的一横选中，按 Delete 键删除选中的锚点，状态如图 10.24 所示。

（4）按照步骤（2）的操作方法移动“大”字的锚点，得到如图 10.25 所示的效果。结合“直接选择工具”、“转换点工具”、“添加锚点工具”以及“钢笔工具”，编辑其他文字的状态，如图 10.26 所示。

笔 记

图 10.23 编辑“武”上方图像的状态

图 10.24 删除“宣”下方的横

图 10.25 编辑“大”字的锚点

图 10.26 编辑其他文字的状态

（5）单击“添加图层样式”按钮 fx.，在弹出的菜单中选择“渐变叠加”命令，设置如图 10.27 所示对话框，然后在“图层样式”对话框中继续选择“描边”选项，设置其对话框，如图 10.28 所示，得到如图 10.29 所示的效果。

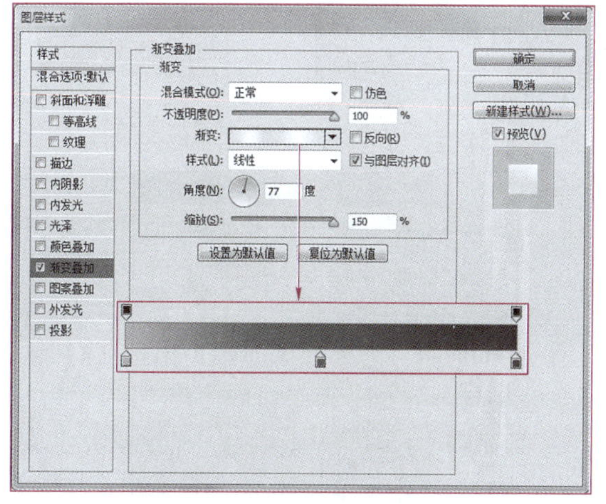

图 10.27 “渐变叠加”对话框

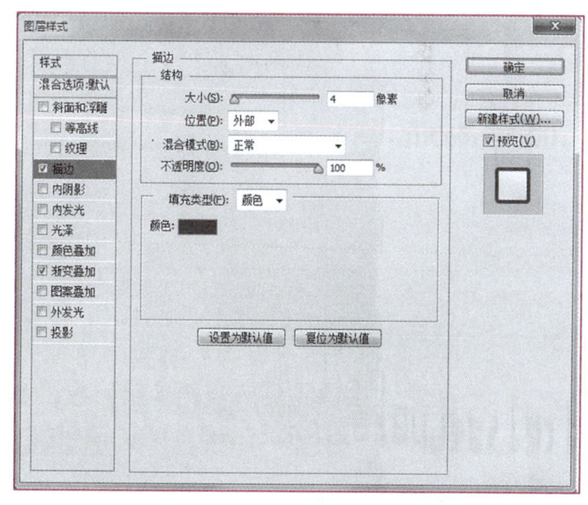

图 10.28 “描边”对话框

提示：在“渐变叠加”对话框中，渐变类型的各种标值从左至右分别为 fff100、fffde5、fff100、fffde5 和 fff100；在“描边”对话框中，颜色块的颜色值为 893d0f。

（6）按 Alt 键，将“武宣大米厂月饼 副本”拖至其下方，得到“副本 2”图层，双击任一图层样式名称，在弹出的对话框中将“渐变叠加”图层样式取消，并分别设置“投影”以及“描边”对话框中的参数，如图 10.30 和图 10.31 所示，得到如图 10.32 所示的效果。“图层”面板如图 10.33 所示。

图 10.29 添加图层样式后的效果

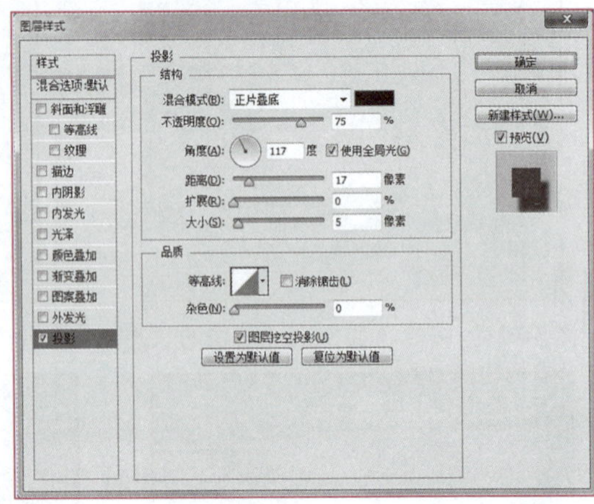

图 10.30 “投影”对话框

拓展知识 10-5
变形文字

拓展知识 10-6
制作异形文字

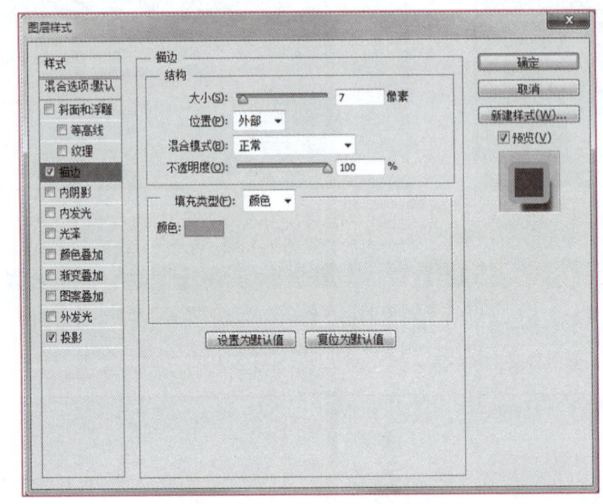

图 10.31 “描边”对话框

图 10.32 最终效果

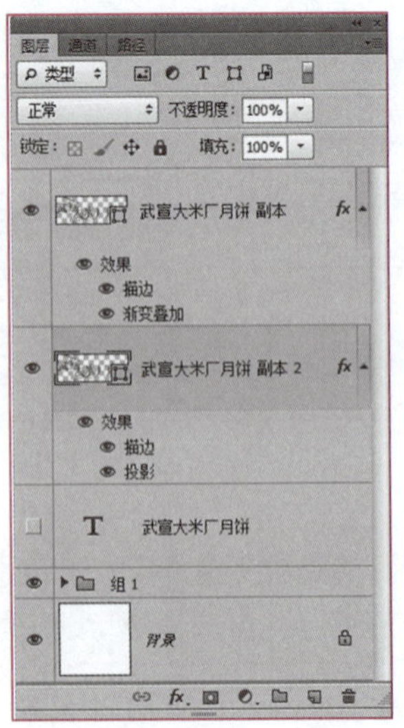

图 10.33 “图层”面板

提示：在“描边”对话框中，颜色块的颜色值为f5b700。

项目实训

笔 记

数字环绕效果

（1）打开文件“项目10\项目实训-素材.tif”，如图10.34所示，设置其前景色的颜色为白色，选择“横排文字工具”T，在画布中绘制如图10.35所示的文本框，按照如图10.36所示在工具选项栏中设置适当的字体与字号后，在文本框中输入一排任意的数字，并得到相应的文字图层，为了方便后面的讲述，将图层名称命名为“文1”。

图10.34 素材文件

图10.35 绘制文本框

（2）保持选择“横排文字工具”T不变，在其工具选项栏中单击“创建文字变形”按钮，在弹出的对话框中进行设置，如图10.37所示，单击“确定”按钮，得到如图10.38所示的效果。

图10.36 输入文字

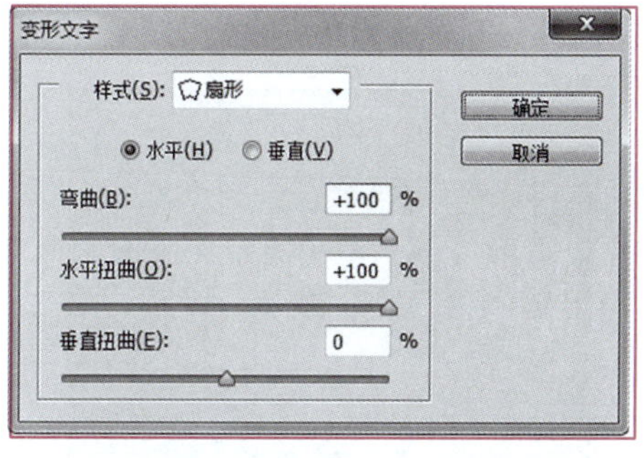

图10.37 “变形文字”对话框

（3）按Ctrl+Alt+T键调出自由变换控制框，顺时针旋转90°并向右移至如图10.39所示的位置，按Enter键确认变换操作，得到“文1 副本”，按两次Ctrl+Alt+Shift+T键执行“再次变换并复制”操作，得到如图10.40所示的效果，得到“文1 副本2”和“文1 副本3”。

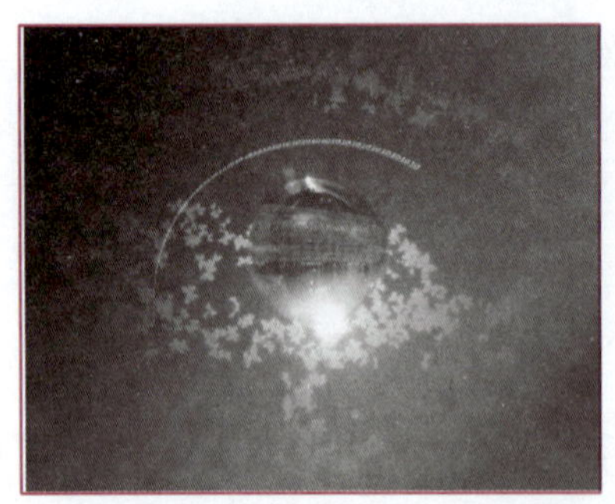

图 10.38 文字变形后的效果

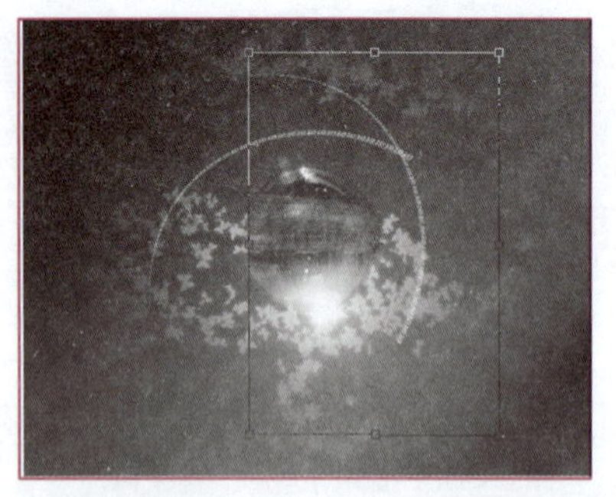

图 10.39 复制并变换控制框

（4）选择“文 1”为当前操作图层，按住 Shift 键单击“文 1 副本 3”的图层名称，按 Ctrl+Shift+Alt+E 键执行“盖印”操作，将得到的图层重命名为“图层 1”，隐藏“文 1”“文 1 副本”“文 1 副本 2”和“文 1 副本 3”。

提示： 为了方便读者了解制作流程，笔者将文字图层保留下来，读者在制作的过程中可以直接执行“合并图层”操作，不对文字图层进行保留。

（5）设置“图层 1”的混合模式为“叠加”，得到如图 10.41 所示的效果，按 Ctrl+Alt+T 键调出自由变换控制框，顺时针旋转 15° 并按住 Shift 键成比例缩放图像 90%，如图 10.42 所示，此时工具选项栏的状态如图 10.43 所示，按 Enter 键确认变换操作。

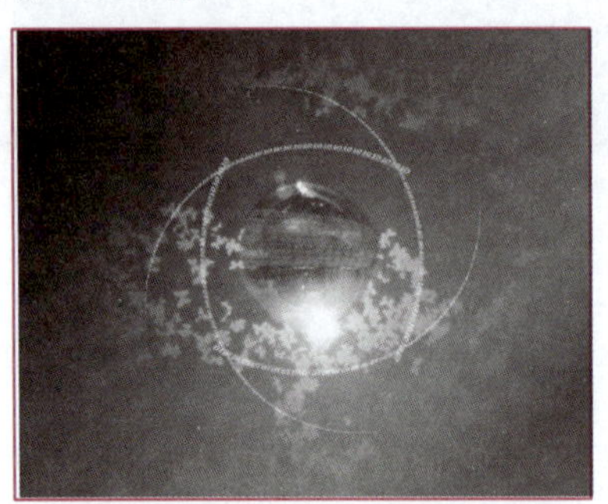

图 10.40 执行“再次变换并复制”操作后的效果

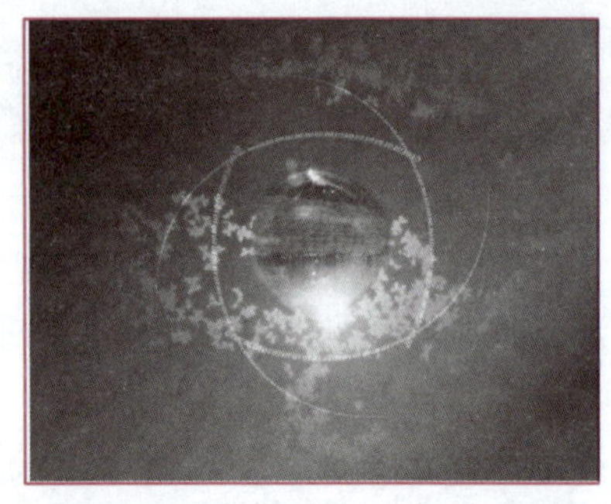

图 10.41 设置混合模式后的效果

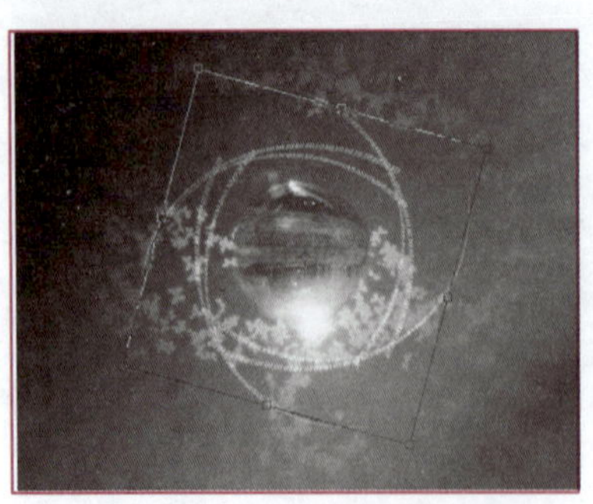

图 10.42 复制并变换图像

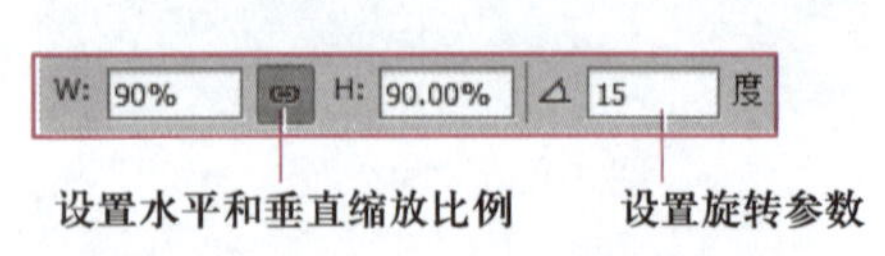

图 10.43 自由变换控制框参数条

提示： 如果读者无法准确估算出角度及比例的数值，可以按照如图的参数栏直接进行设置即可。

（6）连续按 Ctrl+Alt+Shift+T 键执行“再次变换并复制”操作，得到如图 10.44 所示的效果，并得到如图 10.45 所示“图层”面板中相应的图层。

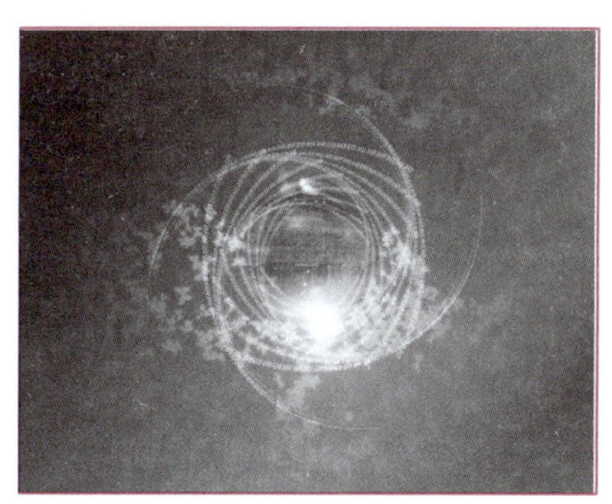

图 10.44　执行“再次变换并复制”操作后的效果

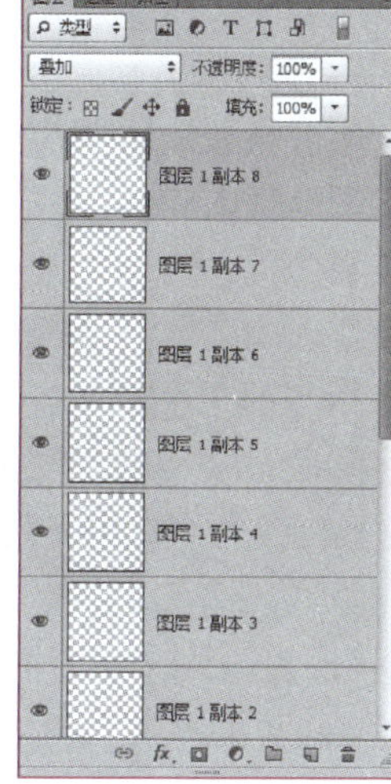

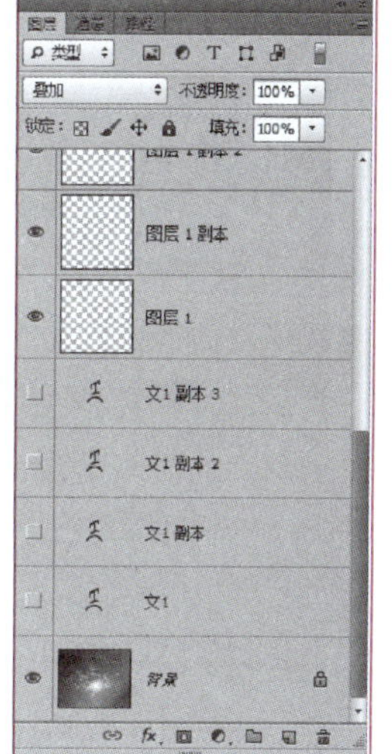

图 10.45　“图层”面板

（7）选择“图层 1 副本 8”为当前操作图层，按住 Shift 键选择“图层 1”，以选中该图层并选中两图层之间的所有图层，按 Ctrl+Alt+E 键执行“盖印”操作，将得到的图层命名为“图层 2”。

（8）设置“图层 2”的“混合模式”为“叠加”，按 Ctrl+Alt+T 键调出自由变换控制框，在控制框中单击鼠标右键，在弹出的快捷菜单中选择“水平翻转”命令，按 Enter 键确认变换操作，得到如图 10.46 所示的效果，“图层”面板的状态如图 10.47 所示。

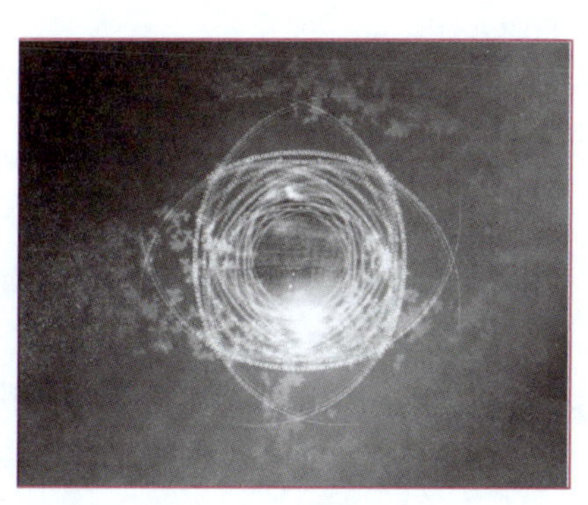

图 10.46　最终效果

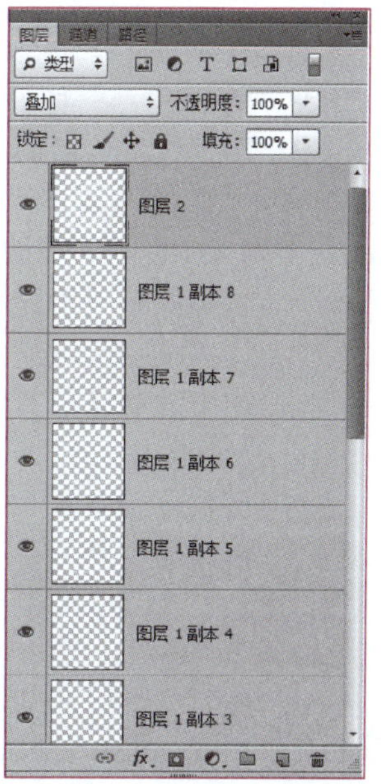

图 10.47　“图层”面板

笔记

拓展实训 10-1
中国传统艺术设计招贴

拓展实训 10-2
汽车广告特效字设计

课后练习

文本 习题答案

笔 记

一、选择题

1. 下列可以输入文字并生成文字图层的工具是（　　）。
   A. “横排文字工具” T
   B. “直排文字工具” IT
   C. “横排文字蒙版工具” T
   D. “直排文字蒙版工具” IT
2. 下列关于点文字和段落文字的说法正确的是（　　）。
   A. 要将段落文字转换为点文字，可以选择“文字”→“转换为点文本”命令
   B. 要将点文字转换为段落文字，可以选择“文字”→“转换为段落文本”命令
   C. 输入点文字，在换行时必须按 Enter 键才可以
   D. 段落文字可以依据文本控制框的范围自动换行
3. 要将文字图层转换成为形状图层，下列操作方法错误的是（　　）。
   A. 选择“文字”→“转换为形状”命令
   B. 在文字图层的名称上单击右键，在弹出的菜单中选择“转换为形状”命令
   C. 在文字图层的缩览图上单击右键，在弹出的快捷菜单中选择“转换为形状”命令
   D. 选择“图层”→“转换为形状”命令
4. 下列关于路径绕排文字说法正确的是（　　）。
   A. 路径绕排文字只能建立在封闭的路径上
   B. 路径绕排文字可以建立在任意类型的路径上
   C. 路径绕排文字输入后就不能再修改其字符属性
   D. 路径绕排文字输入后，还可以编辑路径，以改变绕排文字的状态
5. 下列关于区域文字的说法正确的是（　　）。
   A. 区域文字只能建立在封闭的路径上
   B. 区域文字可以建立在任意类型的路径上
   C. 如果当前显示了某形状图层中的封闭路径，同样可以依此路径来创建区域文字
   D. 区域文字输入后，仍可以改变路径的形状，以改变整体区域文字的形状

二、操作题

1. 打开文件“项目 10/操作题 1-素材.tif”，如图 10.48 所示，结合本章讲解的输入文字功能，设置适当的文字属性，制作得到如图 10.49 所示的效果。

笔 记

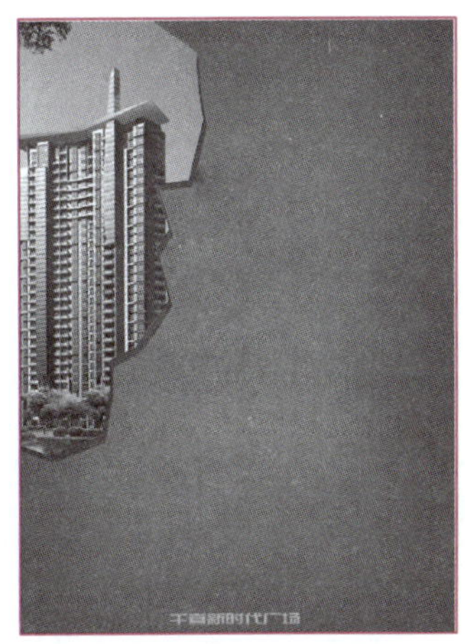

图 10.48 原图像

图 10.49 输入文字后的效果

2. 打开文件“项目 10/操作题 2-素材.tif”，如图 10.50 所示，结合本章讲解的文字变形功能，输入文字“带你去天堂 HI 舞”，制作得到如图 10.51 所示的效果。

图 10.50 素材图像

图 10.51 最终效果

3. 打开文件“项目 10/操作题 3-素材.psd”，如图 10.52 所示，结合本章中讲解的知识，将其中的文字转换成为形状并编辑为如图 10.53 所示的状态。

图 10.52 素材图像

图 10.53 编辑文字形状后的效果

笔 记

4. 打开文件“项目 10/操作题 4-素材.psd”，如图 10.54 所示，结合本章中的讲解，制作得到如图 10.55 所示的异形区域文字效果。

图 10.54 素材图像

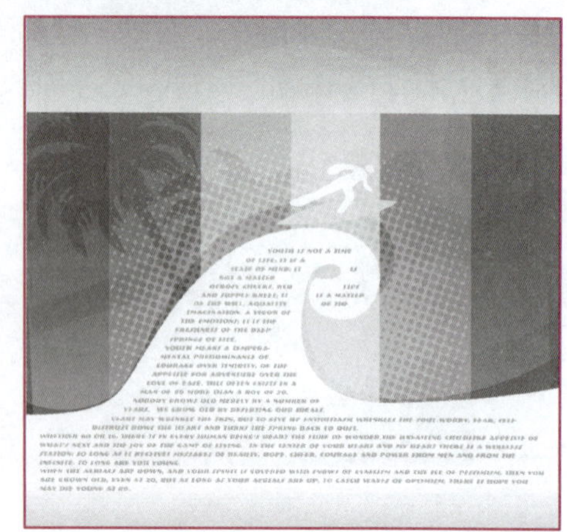

图 10.55 异形区域文本

第11章 滤镜

- 了解内置滤镜的概念与功能。
- 了解“滤镜库”的功能与用法。
- 熟悉“液化”命令的使用方法。
- 熟悉“油画”命令的使用方法。
- 熟悉“场景模糊”命令的使用方法。
- 掌握智能滤镜功能的使用方法。

PPT 滤镜

PPT

笔 记

本章导读

滤镜是 Photoshop 中非常强大的功能，其特点在于种类繁多、变化无穷，其中基本的内置滤镜就多达 13 类上百个滤镜命令。此外，Photoshop 还将大部分滤镜“装”在了“滤镜库”命令中，以便于统一应用与管理滤镜。用户还可以结合智能滤镜功能，记录滤镜的设置，以便于随时进行修改。

另外，还包括了一些具有特殊功能的滤镜，如可以对图像进行任意变形处理的“液化”命令、制作油画效果的“油画”滤镜及制作特殊模糊效果的“场景模糊”滤镜等，本章将对这些重要滤镜的用法进行讲解。

知识详解

11.1 内置滤镜与滤镜库

11.1.1 内置滤镜概述

除了上面提到的几个功能较为突出的特殊滤镜外，Photoshop 还具有上百个功能各异的内置滤镜命令，这些滤镜命令共同构成了丰富多彩的庞大内置滤镜命令库。

由于每一个滤镜命令的使用方法都大同小异，故在此不再讲解。

下面讲解一些有关于滤镜使用时的技巧，掌握这些技巧可以更好地使用滤镜。

- 在较大的图像上运行滤镜命令之前，先使用“编辑”→“清理”→“全部”命令释放内存。
- 如果图像很大，可采取分别在图像中单个颜色通道上运用滤镜命令的方法来为图像施加滤镜效果。
- 在图像上选择一小部分区域试验滤镜和设置，得到满意的效果后，再应用于整幅图像中。
- 如果最终效果在普通黑白打印机上打印，最好在应用滤镜前先将图像的一个副本转换为灰度图像。因为如果将滤镜应用于彩色图像，然后再将彩色图像转换为灰度图像，所得到的效果可能与该滤镜直接应用于此灰度图像所得到的效果不相同。
- 上一次使用的滤镜通常会出现在“滤镜”菜单顶部，因此要再次使用这些滤镜，应按 Ctrl+F 键。
- 不能将滤镜应用于位图模式或索引颜色模式的图像，要应用于这样的图像，可以先将这些图像转换成为 RGB 模式的图像，再运用滤镜命令。
- 如果要将滤镜应用于图层的某一个区域，应该选择该区域。如果要将滤镜应用于整个图层，不要选择任何图像区域。

- 在滤镜对话框中按住 Alt 键，可以将“取消”按钮转换为“复位”按钮，单击此按钮，可以将所有参数值恢复至默认值。
- 在滤镜对话框中反复点按预览窗口，可以查看应用滤镜命令前后的效果。

11.1.2 滤镜库的使用

微课 11-1
滤镜库

“滤镜库”命令实际上不是一个特定的命令，而是 Photoshop 中滤镜命令使用的一种新方式，通过这种新的方式，不仅能够在一个对话框中使用若干个滤镜命令，而且还能够重复使用一个或数个相同或不同的滤镜命令。

要使用滤镜库功能，选择“滤镜”→“滤镜库”命令，此命令弹出的对话框如图 11.1 所示。

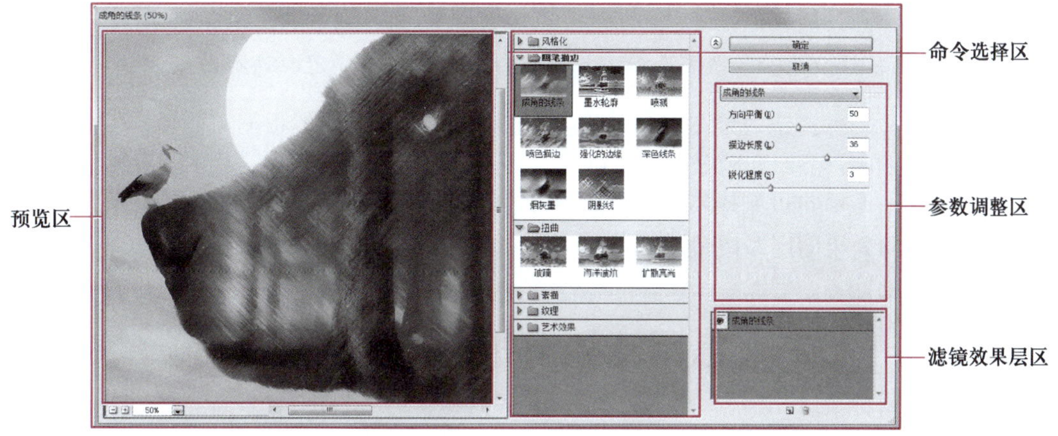

图 11.1 “滤镜库”对话框

- 预览区：用于预览由当前滤镜处理得到的效果。
- 命令选择区：用于选择处理图像的滤镜。
- 参数调整区：用于设置所选滤镜的参数。
- 滤镜效果层区：用于排列叠加应用在图像上的滤镜命令。

“滤镜库”的学习重点是其新颖的以图层形式使用滤镜命令的特点，即可以在“滤镜库”对话框的滤镜效果层区采取叠加图层的形式，对当前操作的图像应用多个滤镜命令。

微课 11-2
添加滤镜效果图层

下面讲解关于滤镜效果图层的操作。

- 要添加滤镜效果图层，可以在滤镜效果层区中，单击“新建效果图层”按钮，即可创建一个新的滤镜效果图层。
- 如果需要使用多个相同滤镜命令以增强该滤镜的效果，单击“新建效果图层”按钮，此时所添加的新滤镜效果图层将延续上一个滤镜效果图层的命令及参数，如图 11.2 所示。根据需要，也可以调整新的滤镜效果图层的参数，直至得到满意效果。
- 如果需要叠加应用不同的滤镜命令，可以在添加相同滤镜效果图层后，选择任意一个滤镜效果图层，然后在命令选择区域中选择一款新的滤镜命令，此时参数调整区域中的参数将同时发生变化，调整这些参数，即可得到满意的效果。

微课 11-3
滤镜效果图层的相关操作

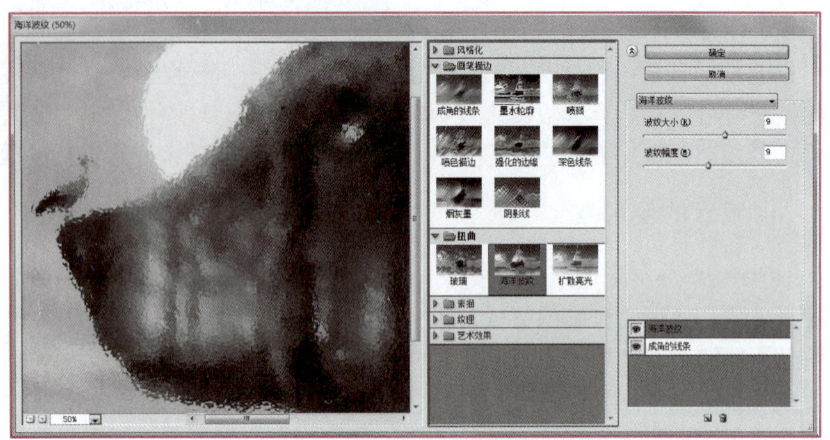

图 11.2 添加一个滤镜效果图层的效果

注意：虽然在命令选择区域可选择多种滤镜命令，但也并不包括所有滤镜命令。

- 滤镜效果图层具有图层的部分功能，因此可以根据需要调整各个层之间的顺序，显示和隐藏各个滤镜层，其操作方法与图层相同，故不再重述。
- 可以删除不再需要的滤镜效果图层，先选中要删除的图层，然后单击“删除效果图层”按钮。

11.2 常用滤镜解析

11.2.1 液化

微课 11-4
“液化”滤镜

“液化”是一个可以对图像进行液化变形处理的命令，在此命令的对话框中，当用户使用以推、拉、旋转、反射、折叠和膨胀图像等方式移动图像的像素的工具对图像进行操作时，图像也将相应变换成这些工具所定义的效果。

此命令常用于对图像进行扭曲变形操作，下面以一个具体操作实例讲解如何对图像使用“液化”命令操作。

（1）打开文件“项目 9\9.2-素材.tif”，选择“滤镜”→“液化”命令，弹出如图 11.3 所示的对话框。

（2）在“液化”对话框的左侧选择相应的工具，并在对话框右侧的“工具选项”区域设置操作工具的参数和选项。

- “向前变形工具”：在图像上拖动，可以使图像的像素随着涂抹产生变形。
- “重建工具”：扭曲预览图像之后，使用“重建工具”可以完全或部分地恢复更改。
- “顺时针旋转扭曲工具”：使图像产生顺时针旋转效果。

提示：如果希望得到逆时针旋转效果，可以按住 Alt 键操作。此方法对于“膨胀工具”同样适用。

图 11.3 “液化”对话框

笔 记

- “褶皱工具”：使图像向操作中心点处收缩，从而产生挤压效果。
- “膨胀工具”：使图像背离操作中心点，从而产生膨胀效果。
- “左推工具”：移动与描边方向垂直的像素。直接拖移使像素向左移；按住 Alt 键拖移，将使像素向右移。
- “冻结蒙版工具”：用此工具拖过的范围被保护，以免被进一步编辑。
- “解冻蒙版工具”：解除使用“冻结蒙版工具”所冻结的区域，使其还原为可编辑状态。

（3）在“液化”对话框右侧的参数设置区域设置所使用的工具或工作模式的参数。

- 画笔大小：设置使用上述各工具操作时，图像受影响区域的大小。
- 画笔压力：设置使用上述各工具操作时，一次操作影响图像的程度大小。
- 光笔压力：使用光笔绘图板中的压力读数。
- 重建选项：单击“重建”按钮，可使图像以该模式动态地向原图像效果恢复。在动态恢复过程中，按空格键可以中止恢复进程，从而中断进程并截获恢复过程的某个图像状态。
- 蒙版选项：在此区域可以通过单击选择 5 个按钮，在弹出的菜单中选择无、全部蒙住、全部反相三个选项，控制当前图像存在的选择区域、当前图层的不透明区域及当前图层的蒙版之间的叠加关系。

（4）在“液化”对话框右侧的“蒙版选项”设置不允许操作的区域。

（5）利用“液化”对话框中的工具操作图像后，单击“确定”按钮。

图 11.4 为原图像及经过“液化”命令，将人物腰部进行扭曲后的效果对比。

拓展知识 11-1
镜头校正

微课 11-5
“镜头校正”滤镜

(a)原图

(b)经“液化”命令变形后的效果

图 11.4 原图及应用“液化”命令后的效果

微课 11-6
“自适应广角”滤镜

11.2.2 油画

“油画”滤镜是 Photoshop CS6 中新增的功能，使用它可以快速、逼真地处理出油画的效果。以图 11.5 所示的图像为例，选择“滤镜”→“油画”命令，在弹出的对话框右侧可以设置其参数，如图 11.6 所示。

图 11.5 原图像

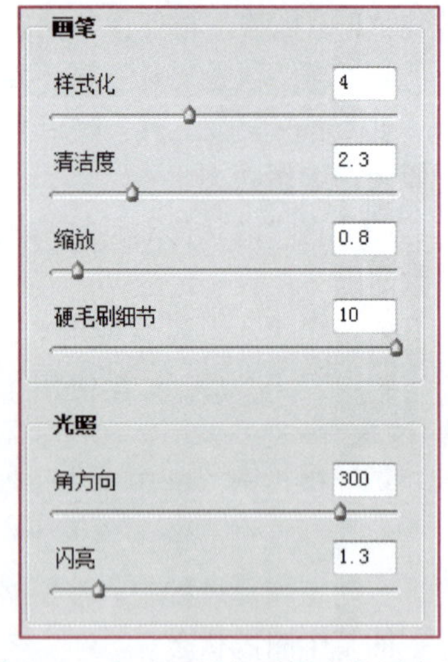

图 11.6 在“画笔”面板中设置参数

- 样式化：此参数用于控制油画纹理的圆滑程度。数值越大，油画的纹理显得更平滑。
- 清洁度：此参数用于控制油画效果表面的干净程度。数值越大，画面越显得干净，反之，数值越小，则画面会变黑，整体显得笔触较重。
- 缩放：此参数用于控制油画纹理的缩放比例。
- 硬行刷细节：此参数用于控制笔触的轻重。数值越小，纹理的立体感就越小。

微课 11-7
“油画”滤镜

● 角方向：此参数用于控制光照的方向，从而使画面呈现出不同的光线从不同方向进行照射时的不同的立体感。

● 闪亮：此参数用于控制光照的强度。此数值越大，光照的效果越强，得到的立体感效果也越强。

图 11.7 和图 11.8 所示是设置适当的参数后，得到的油画效果。

图 11.7 油画效果 1

图 11.8 油画效果 2

11.2.3 场景模糊

微课 11-8
“场景模糊”滤镜

在 Photoshop CS6 中，使用新增的“场景模糊”滤镜，默认情况下可以对整幅照片进行模糊处理，通过添加并调整模糊图钉及其参数，可以调整模糊的范围及效果。下面将通过一个实例来讲解此滤镜的使用方法。

（1）打开文件“项目 11\11.2.3-素材.jpg”，如图 11.9 所示。在本例中，将加强人物背景中的虚化效果，并为其制作漂亮的光斑效果。

（2）选择“滤镜”→“模糊”→“场景模糊”命令，此时将显示如图 11.10 所示的工具选项。

图 11.9 素材图像

图 11.10 “场景模糊”工具选项栏

“场景模糊”滤镜选项栏各参数的含义如下。

● 选区出血：应用“场景模糊”滤镜前绘制了选区，则可以在此设置选区周围模糊效果的过渡。

● 聚焦：此参数可控制选区内图像的模糊量。

● 将蒙版存储到通道：选中此选项，将在应用“场景模糊”滤镜后，根据当前的模糊范围，创建一个相应的通道。

● 高品质：选中此选项，将生成更高品质、更逼真的模糊效果。

● “移去所有图钉”按钮：单击此按钮，可清除当前图像中所有的模糊图钉。

（3）在软件界面的右侧，还会显示两个面板，可在其中调整参数，以控制模糊效果，如图 11.11 所示。

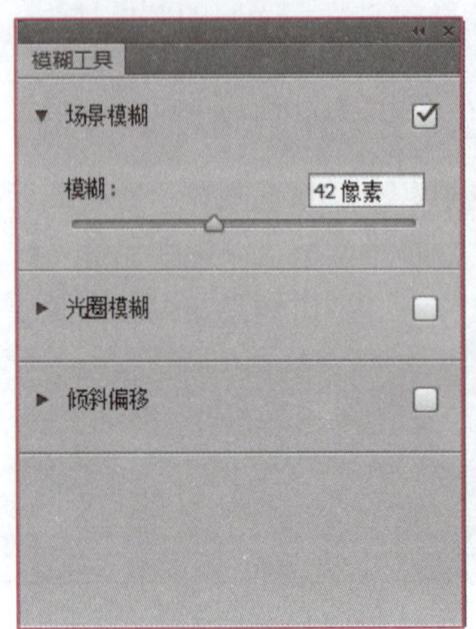

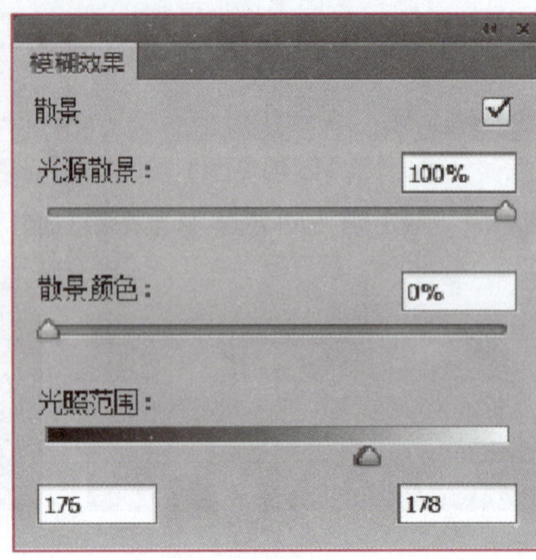

图 11.11 “模糊工具”及“模糊效果”面板

拓展知识 11-2
光圈模糊

微课 11-9
“光圈模糊”滤镜

拓展知识 11-3
倾斜偏移

微课 11-10
“倾斜偏移”滤镜

（4）选择“场景模糊”滤镜后，画面中将自动创建一个新的模糊图钉，并按照默认的参数，对画面整体进行模糊处理，如图 11.12 所示。

（5）设置完成后，单击选项栏中的“确定”按钮即可。图 11.13 是对整体进行调色处理后的效果。

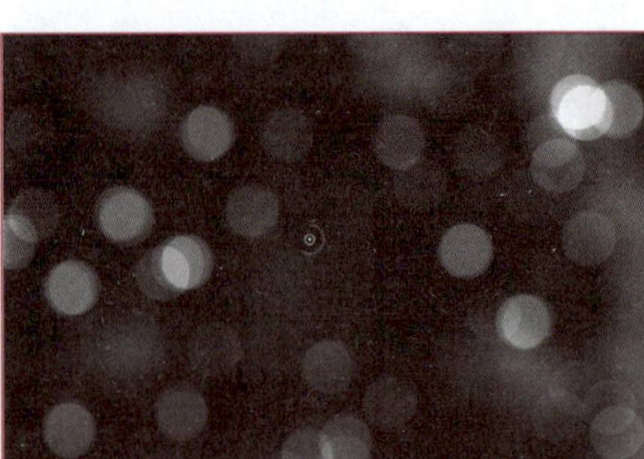

图 11.12 模糊后的效果

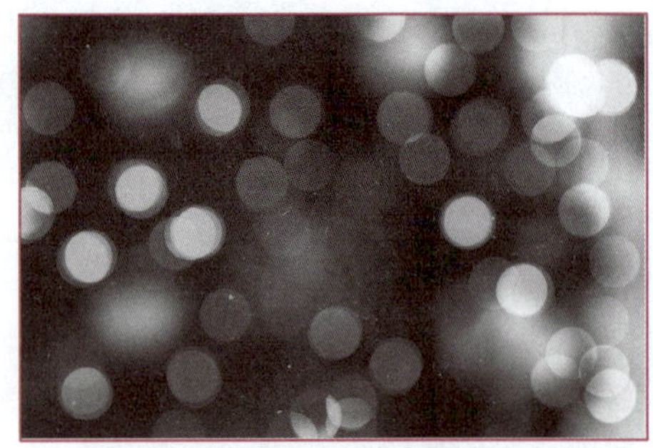

图 11.13 最终效果

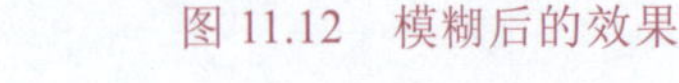

11.3 智能滤镜

11.3.1 添加智能滤镜

微课 11-11
添加智能滤镜

要添加智能滤镜，可以按照下面的方法操作。

（1）选择要应用智能滤镜的智能对象图层。在“滤镜”菜单中选择要应用的滤镜命令并设置适当的参数。

（2）设置完毕后，单击“确定”按钮退出对话框，生成一个对应的智能滤镜图层。

（3）如果要继续添加多个智能滤镜，可以重复步骤（1）和步骤（2）的操作，直至得到满意的效果为止。

提示：如果选择的是没有参数的滤镜（如“查找边缘”“云彩”等），则直接对智能对象图层中的图像进行处理并创建对应的智能滤镜图层。

图 11.14 为原图像及对应的“图层”面板，图 11.15 是利用“滤镜”→“艺术效果”→“海报边缘”和“滤镜”→“画笔描边”→“成角的线条”滤镜对图像进行处理后的效果，以及对应的“图层”面板，此时可以看到，在原智能对象图层的下方多了相应的智能滤镜图层。

笔记

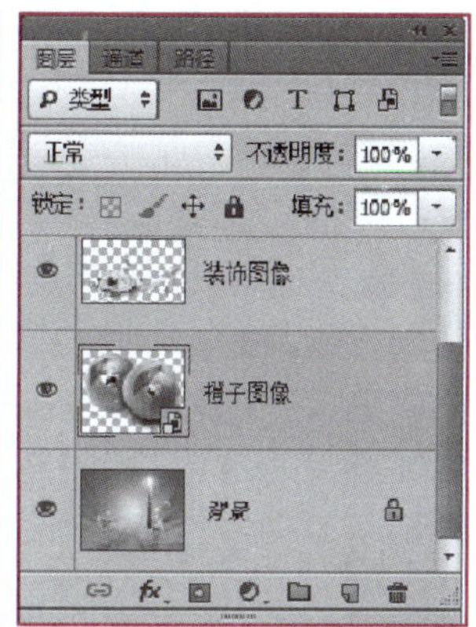

图 11.14 原图像及对应的“图层”面板

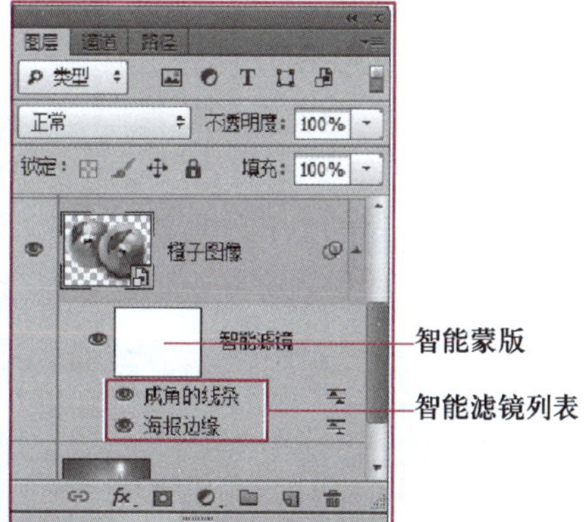

图 11.15 应用滤镜处理后的效果及对应的“图层”面板

可以看出，智能对象图层主要是由智能蒙版以及智能滤镜列表构成的。其中，智能蒙版主要是用于隐藏智能滤镜对图像的处理效果，而智能滤镜列表则显示了当前智能滤镜图层中所应用的滤镜名称。

11.3.2 编辑智能滤镜

智能滤镜的优点之一，就是可以反复编辑所应用的滤镜参数，其操作方法非常简单，直接在“图层”面板中双击要修改参数的滤镜名称即可。

例如，图 11.16 是同时修改了“成角的线条”和“海报边缘”滤镜以后的图像效果。

微课 11-12
编辑智能滤镜

微课 11-13
编辑智能滤镜混合选项

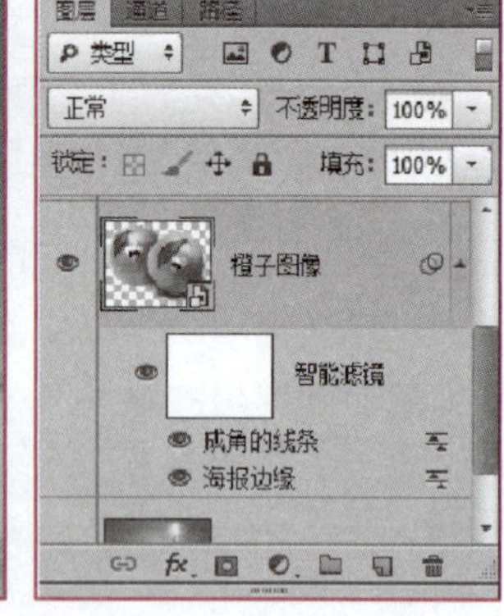

图 11.16 修改智能滤镜参数后的效果

11.3.3 编辑智能蒙版

使用智能蒙版，可以隐藏滤镜处理图像后的图像效果，其操作原理与图层蒙版的原理是完全相同的，即使用黑色来隐藏图像，白色显示图像，而灰色则产生一定的透明效果。

微课 11-14
编辑智能蒙版

1. 编辑智能蒙版

要编辑智能蒙版，可以按照下面的方法进行操作。

（1）选中要编辑的智能蒙版。

（2）选择绘图工具，如“画笔工具”、“渐变工具”等。

（3）根据需要设置适当的颜色，然后在蒙版中涂抹即可。

图 11.17 为直接在智能对象图层“橙子图像”上使用“滤镜”→“纹理”→“染色玻璃”滤镜后的效果，图 11.18 为智能蒙版中用“画笔工具”以黑色在橙子面部五官的位置进行涂抹后的效果，以及对应的“图层”面板。可以看出，由于五官区域已经被涂抹为黑色，导致该智能滤镜的效果完全隐藏。

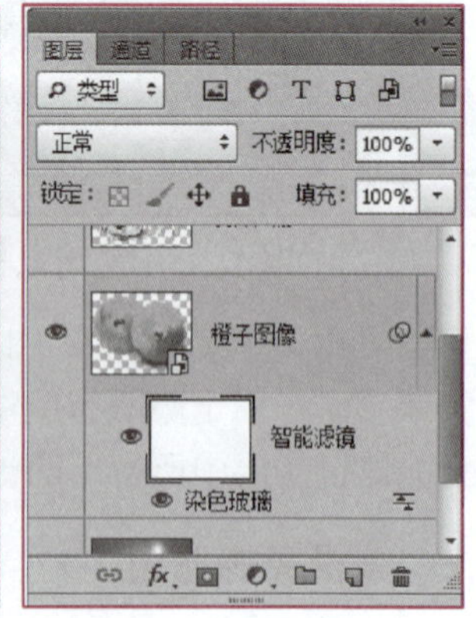

图 11.17 使用“染色玻璃”滤镜后的效果

微课 11-15
删除智能蒙版

2. 删除智能蒙版

如果要删除智能蒙版，可以直接在蒙版缩览图上单击右键，在弹出的快捷菜单中选择“删除滤镜蒙版”命令，如图 11.19 所示，或者选择“图层”→“智能滤镜”→“删除滤镜蒙版”命令即可。

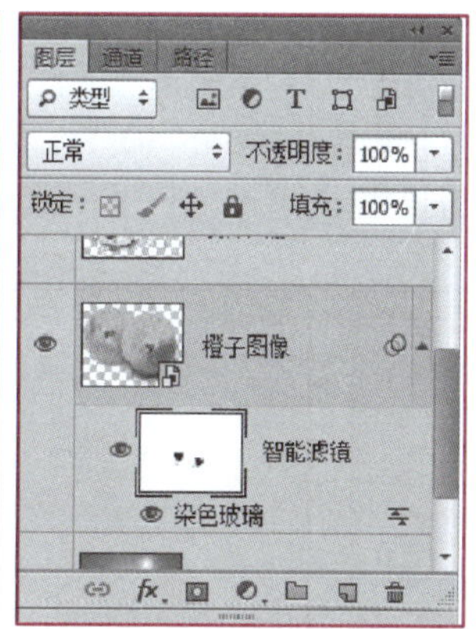

图 11.18 编辑智能蒙版后的效果

在删除蒙版后，如果要重新添加蒙版，则必须在“智能滤镜”这 4 个字上单击右键，在弹出的快捷菜单中选择“添加滤镜蒙版”命令，如图 11.20 所示，或选择“图层”→“智能滤镜”→“添加滤镜蒙版”命令即可。

拓展知识 11-4
管理智能滤镜

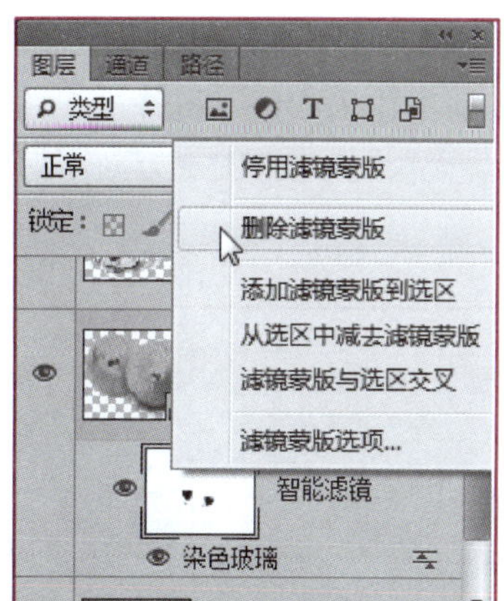

图 11.19 删除滤镜蒙版

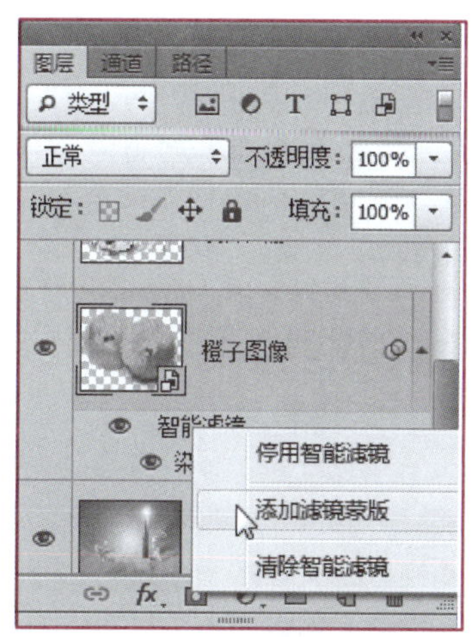

图 11.20 添加滤镜蒙版

微课 11-16
停用和启用智能蒙版

微课 11-17
更换智能蒙版

项目实训

星球爆炸

（1）按 Ctrl+N 键新建一个文件，在弹出的对话框中设置“宽度”和“高度”均为 1024 像素。设置前景色为黑色，按 Alt+Delete 键，用前景色填充“背景”图层。新建“图层 1”，设置前景色为白色，按 Alt+Delete 键，用前景色填充图层。

（2）选择“滤镜”→“杂色”→“添加杂色”命令，设置弹出的对话框如图 11.21 所示。单击“创建新的填充”或“调整图层”按钮，在弹出的菜单中选择“阈值”命令，得到“阈值 1”，在弹出面板中设置参数为 220，得到如图 11.22 所示的效果。

（3）按住 Ctrl 键，单击“图层 1”的图层名称，将“阈值 1”与“图层 1”选中。按 Ctrl+E 键，将这两个图层合并。得到“阈值 1”图层。选择“滤镜”→“模糊”→“动感模糊”命令，设置弹出的对话框，如图 11.23 所示，得到如图 11.24 所示的效果。

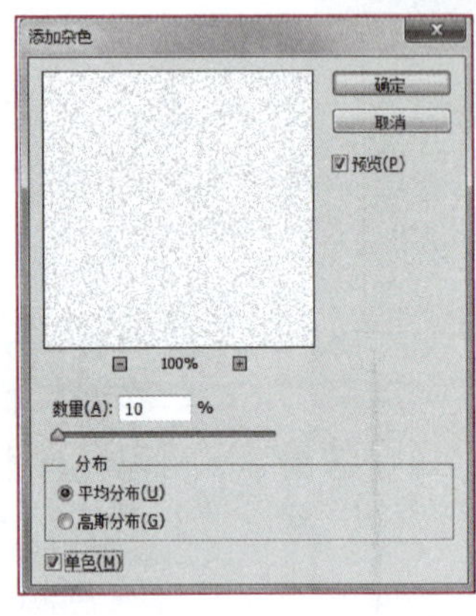

图 11.21 “添加杂色”对话框

图 11.22 应用“阈值”后的效果

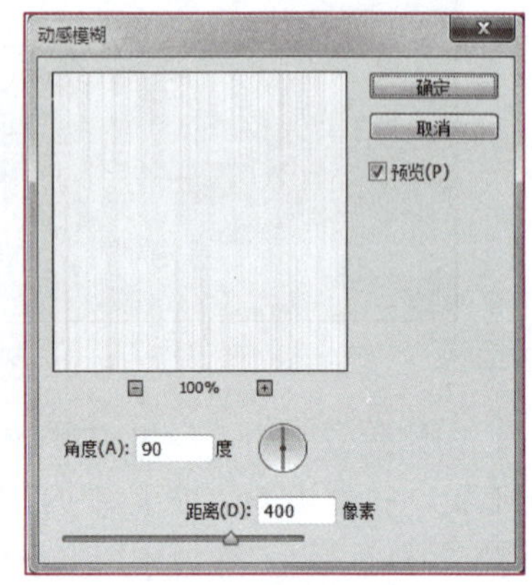

图 11.23 “动感模糊”对话框

（4）按 Ctrl+I 键执行“反相”操作。设置前景色为白色，选择“线性渐变工具”，设置渐变的类型为“前景色到透明渐变”，从图像的上方向图像中间位置绘制渐变，得到如图 11.25 所示的效果。

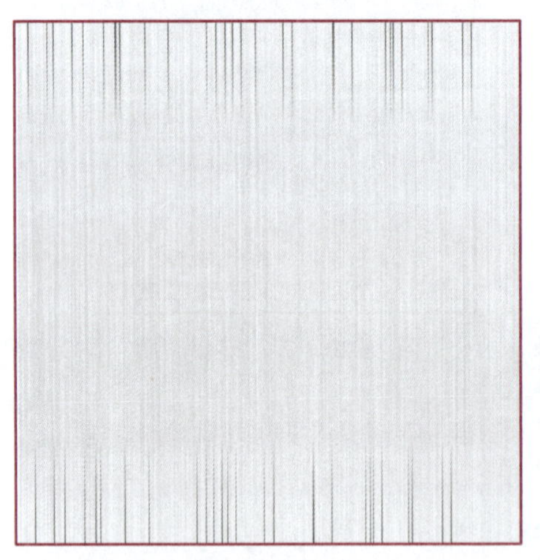

图 11.24 应用“动感模糊”后的效果

图 11.25 绘制渐变后的效果

（5）选择“滤镜”→“扭曲”→“极坐标”命令，在弹出的对话框中选择“平面坐标到极坐标”选项，单击“确定”按钮退出对话框，得到如图 11.26 所示的效果。

（6）按 Ctrl+T 键调出自由变换控制框，按住 Shift+Alt 键，缩小图像至如图 11.27 所示的状态。选择“滤镜”→“模糊”→“径向模糊”命令，设置弹出的对话框，如图 11.28 所示，得到如图 11.29 所示的效果。

图 11.26　应用“极坐标”后的效果

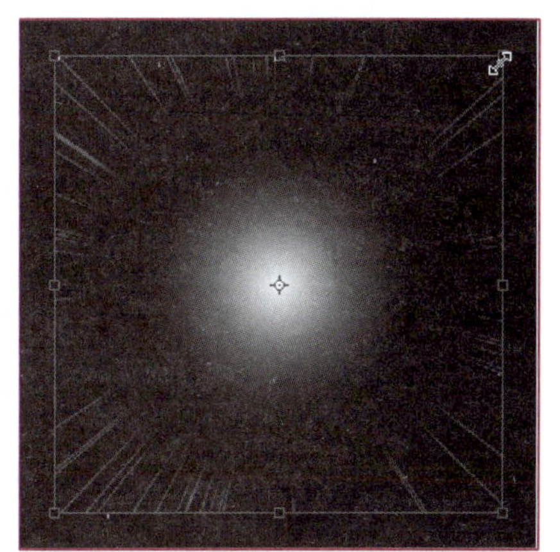
图 11.27　缩小图像

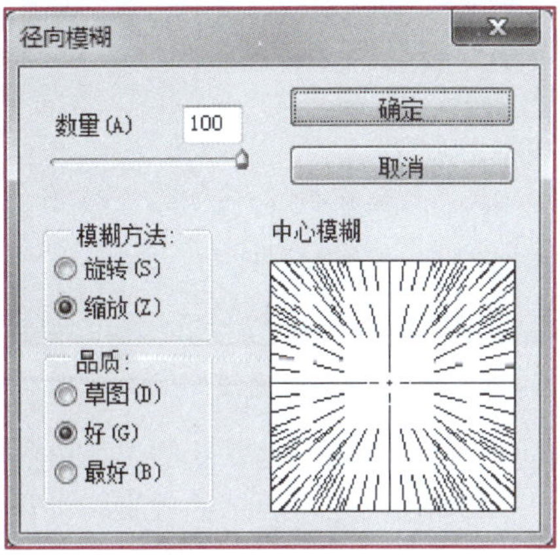

笔记

图 11.28　“径向模糊”对话框

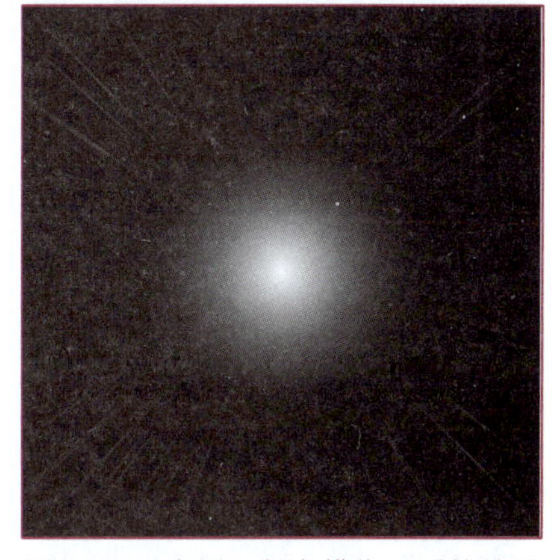
图 11.29　应用“径向模糊”后的效果

（7）单击“创建新的填充”或“调整图层”按钮，在弹出的菜单中选择“色相/饱和度”命令，得到“色相/饱和度 1”，设置弹出的面板，如图 11.30 所示，得到如图 11.31 所示的效果。

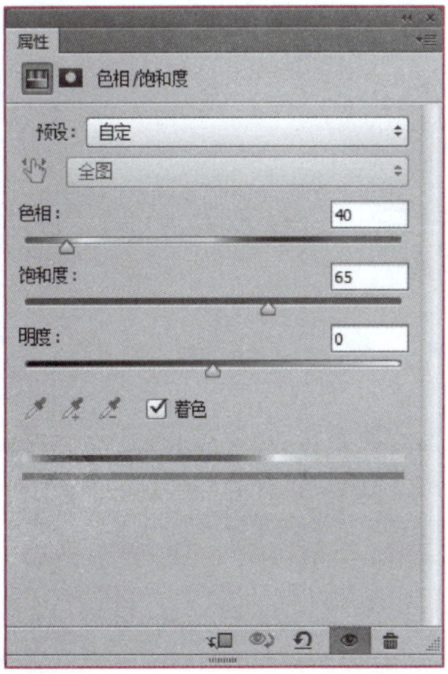

图 11.30　“色相/饱和度”面板

图 11.31　应用“色相/饱和度”后的效果

笔 记

（8）单击“创建新的填充”或“调整图层”按钮 ，在弹出的菜单中选择“曲线”命令，得到“曲线 1”，设置弹出的面板，如图 11.32 所示，得到如图 11.33 所示的效果。

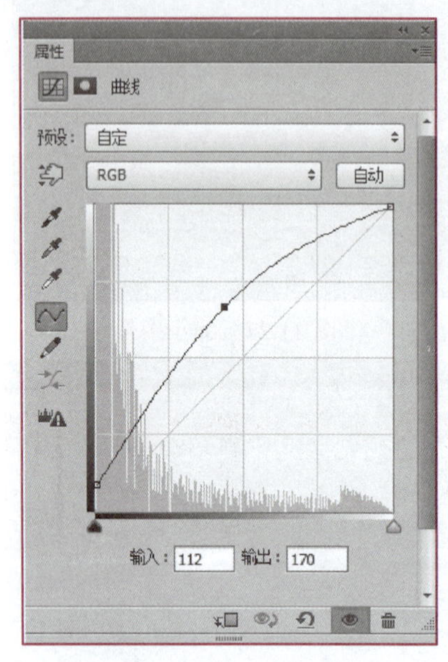

图 11.32 “曲线”面板

图 11.33 应用“曲线”后的效果

（9）新建“图层 1”。按 D 键，将前景色和背景色恢复为默认的黑、白色，选择“滤镜”→“渲染”→“云彩”命令，得到如图 11.34 所示的效果。设置其混合模式为“颜色减淡”，得到如图 11.35 所示的效果。选择“滤镜”→“渲染”→“分层云彩”命令，得到如图 11.36 所示的效果。

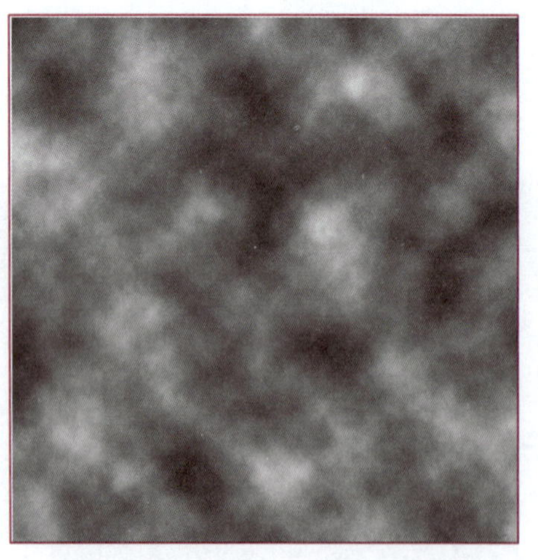

图 11.34 应用“云彩”后的效果

图 11.35 设置混合模式后的效果

（10）打开文件“项目 9\9.8.1-素材.psd”，如图 11.37 所示，使用“移动工具” ，将其拖入步骤（1）新建的文件中，将得到的图层重命名为“图层 2”，并移动到图像中心，如图 11.38 所示。设置“图层 2”的混合模式为“叠加”，得到如图 11.39 所示的效果。

图 11.36　应用“分层云彩”后的效果

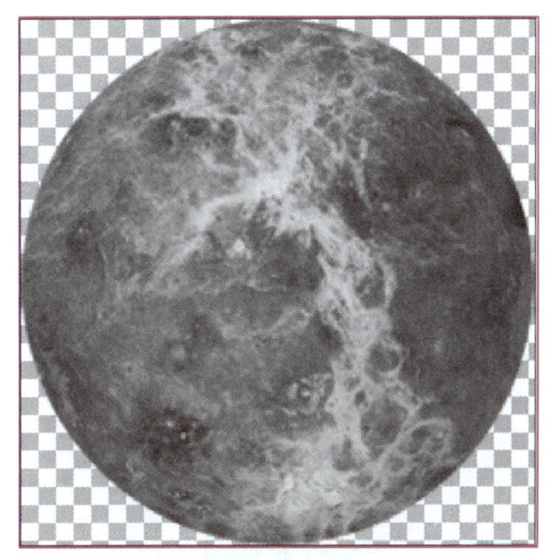

图 11.37　素材图像

笔记

图 11.38　移动素材图像后的效果

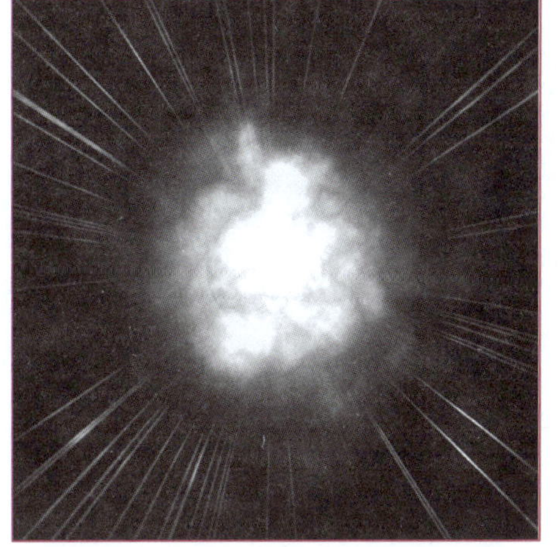

图 11.39　设置混合模式后的效果

（11）单击“添加图层样式”按钮 fx，在弹出的菜单中选择“外发光”命令，设置弹出的对话框，如图 11.40 所示，得到如图 11.41 所示的效果。

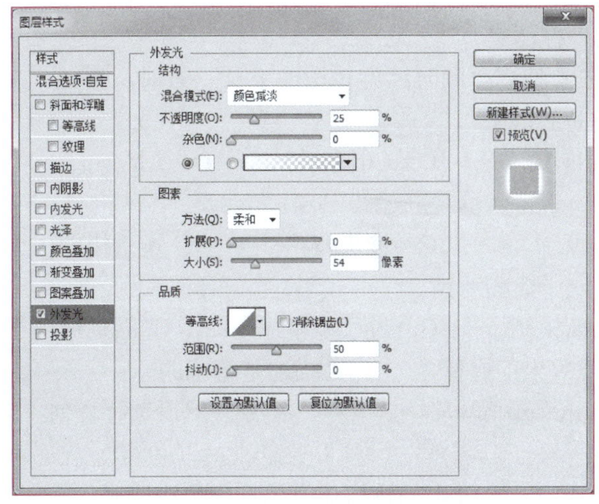

图 11.40　“图层样式”对话框

图 11.41　应用“外发光”后的效果

提示：“图层样式”对话框中颜色块的颜色值为 ffffbe。

拓展实训 11-1
炫光效果

（12）最后在图像的下方位置输入相应文字，得到如图 11.42 所示的最终效果。此时的“图层”面板状态如图 11.43 所示。

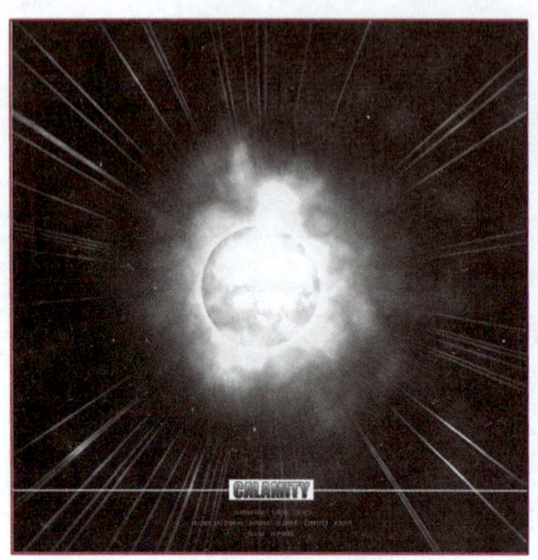

图 11.42 最终效果

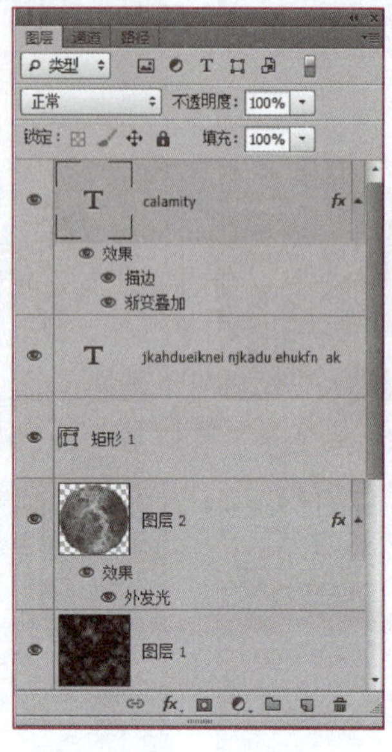

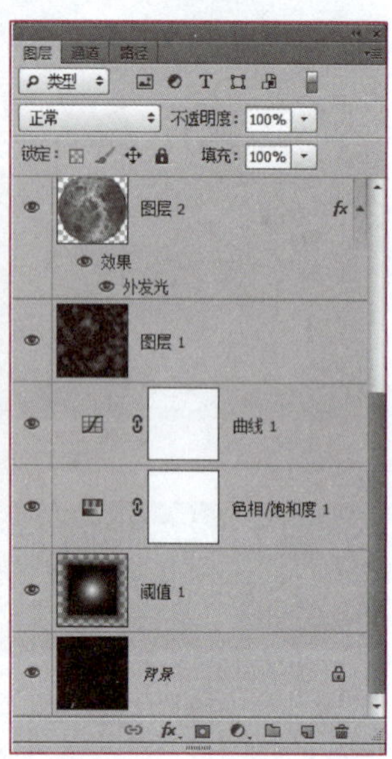

图 11.43 “图层”面板

课后练习

文本 习题答案

一、选择题

1. “滤镜库”命令的功用包括（　　）。

A. 提供一种模糊的效果

B. 应用多个滤镜时定义其应用顺序

C. 以集成的方式使用若干滤镜命令

D. 调用 Photoshop 的外挂滤镜

2. 在“液化”命令对话框中使用“顺时针旋转扭曲工具”时，按（　　）快捷键可以得到逆时针旋转扭曲的效果。

A. Ctrl　　B. Ctrl+Alt　　C. Ctrl+Shift　　D. Alt

3. 下列选项中，（　　）属于特殊滤镜。

A. 液化　　B. 油画　　C. 镜头校正　　D. 场景模糊

4. 下列选项中，（　　）属于模糊滤镜。

A. 动感模糊　　B. 高斯模糊　　C. 进一步模糊　　D. 光圈模糊

5. 关于文字图层执行滤镜效果的操作，（　　）描述是正确的。

A. 首先选择“图层”→“栅格化”→“文字”命令，然后选择任何一个滤镜命令

B. 直接选择一个滤镜命令，在弹出的栅格化提示框中单击“是”按钮

C. 必须确认文字图层和其他图层没有链接，然后才可以选择滤镜命令

D．必须使得这些文字变成选择状态，然后选择一个滤镜命令

笔 记

二、操作题

1．打开文件“项目 11\操作题 1-素材.psd”，如图 11.44 所示，使用“液化”命令尝试对人物的胳膊进行变形处理，直至得到如图 11.45 所示的肌肉增加效果。制作完成后的效果可以参考文件“项目 11\操作题 1.psd”。

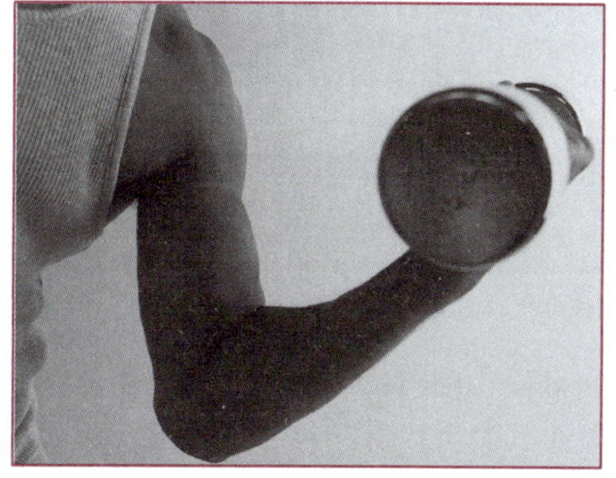

图 11.44　素材图像

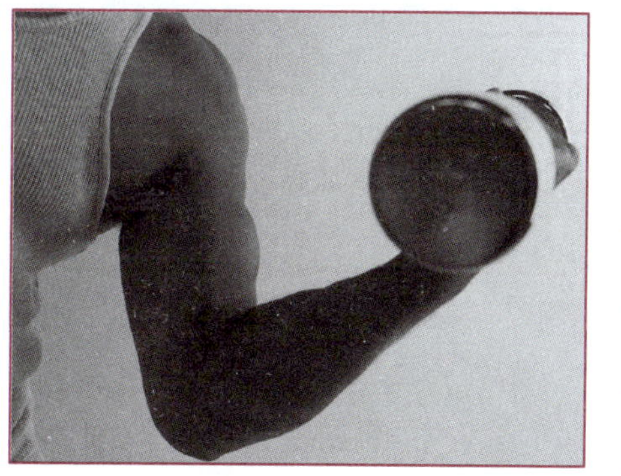

图 11.45　液化后的效果

2．打开文件“项目 11\操作题 2-素材.jpg”，如图 11.46 所示，使用“油画”滤镜制作出类似如图 11.47 所示的油画效果。制作完成后的效果可以参考文件“项目 11\操作题 2.jpg”。

图 11.46　素材图像

图 11.47　油画效果

3．打开文件“项目 11\操作题 3-素材.tif”，如图 11.48 所示，使用 Photoshop 中的“喷溅”“云彩”“查找边缘”以及调整功能等，制作得到如图 11.49 所示的印章效果。制作完成后的效果可以参考文件“项目 11\操作题 3.psd”。

图 11.48　素材图像

图 11.49　印章效果

笔记

4. 打开文件“项目 11\操作题 4-素材.tif”，如图 11.50 所示，结合“镜头光晕”滤镜制作出如图 11.51 所示的光晕效果。制作完成后的效果可以参考文件“项目 11\操作题 4.psd”。

图 11.50 素材图像

图 11.51 光晕效果

5. 打开文件“项目 11\操作题 5-素材.psd”，如图 11.52 所示，使用 4 种以上的方法模拟得到如图 11.53 所示的景深效果，其中至少有一种方法要配合通道功能一同使用。制作完成后的效果可以参考文件“项目 11\操作题 5.psd”。

图 11.52 素材图像

图 11.53 景深效果

第 12 章

使用动作及自动化命令

学习目标

- 了解“动作”面板的基本功能。
- 掌握录制与编辑动作的方法。
- 掌握批量处理与拼合全景图的方法。

PPT
使用动作及自动化命令

PPT

本章导读

动作是 Photoshop 中非常重要的提高工作效率的功能，而配合“批处理”命令来使用动作，更是能够以极高的速度处理一个文件夹中的所有图像文件，从而再次提高工作效率。

本章不仅讲解如何使用动作、录制动作，还讲解如何成批处理图像，提高工作效率。

笔 记

知识详解

12.1 录制并编辑动作

12.1.1 “动作”面板

有关于动作的各类操作，都集中在“动作”面板中，因此要掌握并灵活地运用动作，首先要掌握“动作”面板。选择“窗口”→“动作”命令，将弹出如图 12.1 所示的“动作”面板。

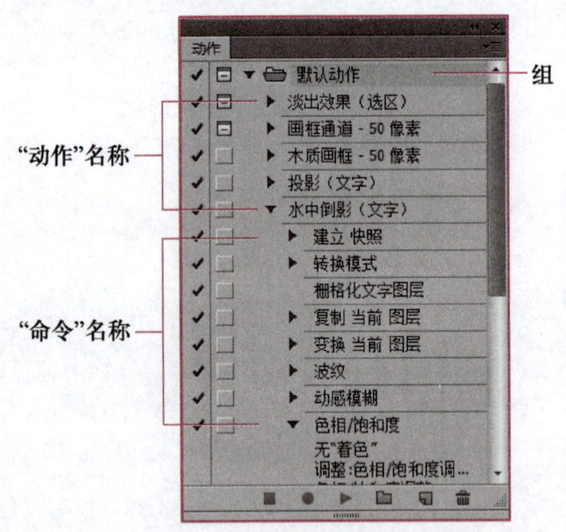

图 12.1 “动作”面板

“动作”面板中各个按钮的含义如下。

- 单击按钮，可以创建一个新动作。
- 单击按钮，在弹出的对话框单击“确定”按钮，即可删除当前选择的动作。
- 单击按钮，可以创建一个新动作组。
- 单击按钮，应用当前选择的动作。
- 单击按钮，开始录制动作。

- 单击■按钮，停止录制动作。
- 单击✔使其显示为，可以使该图标右侧的动作或命令不被执行。
- 单击✔右侧的□图标，使其显示为▣，可以使此图标右侧的命令在执行时弹出命令对话框，再次单击▣图标使其显示为□，可取消显示对话框。

由图 12.1 可见，录制动作时，不仅应用的命令被录制在动作中，如果该命令具有参数，则其参数也同样会被录制在动作中，这样在应用动作时就可以得到非常精确的结果。

“动作”面板中的“组”在使用意义上与“图层”面板中的图层组相同，如果录制的动作较多，可将同类动作（如“文字类”“纹理类”）保存在一个动作组中，以便查看，从而提高面板的使用效率。

12.1.2 录制动作

大多数情况下，用户需要创建自定义的动作，以满足不同的工作需求。

录制新动作的步骤如下：

（1）单击“动作”面板下方的“创建新组”按钮，在弹出的“新建组”对话框中输入组的名称，单击“确定”按钮。

提示：创建新组这一操作并非必要，可根据实际情况确定是否需要创建一个放置新动作的组。

（2）单击“动作”面板中的“创建新动作”按钮，或单击“动作”面板右上方的面板按钮，在弹出菜单中选择“新建动作”命令，弹出如图 12.2 所示的对话框。

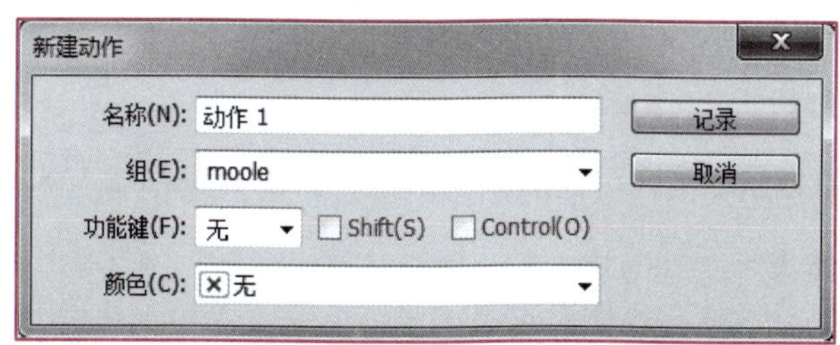

图 12.2 “新建动作”对话框

“新建动作”对话框中的参数含义如下。

- 名称：在此文本框中输入新动作的名称。
- 组：在此下拉列表中选择新动作所要放置的序列名称。
- 功能键：在此下拉列表中选择一个功能键，从而实现单击功能键即应用动作的功能。
- 颜色：在此下拉菜单中，可以选择一种颜色作为在按钮显示模式下新动作的颜色。

（3）设置“新建动作”对话框中的参数后，单击“记录”按钮，此时，“开始记录”按钮●自动被激活，显示为红色，表示进入动作的录制阶段。

（4）选择需要录制在当前动作中的若干命令，如果这些命令有参数，需要按情况设置其参数。

（5）执行所有需要的操作后，单击“停止播放/记录”按钮■。此时，“动作”面板中将显示录制的新动作。

提示：动作中无法记录撤销操作及使用绘图工具所进行的绘制类操作。

在录制完成后，就可以通过在“动作”面板中单击“播放选定的动作”按钮▶，或在“动作”面板弹出菜单中选择“播放”命令，来播放此动作。

12.1.3 修改动作命令参数

要修改动作中某个命令的参数，可以在“动作”面板中双击需要改变参数的命令，在弹出的对话框中进行重新设置，设置完毕后单击“确定”按钮即可。

提示：在改变命令参数时，面板中的“开始记录”按钮●与“播放选定的动作”按钮▶都会被激活。

拓展知识 12-1
插入停止

拓展知识 12-2
设置动作回放选项

12.1.4 继续录制动作

单击“停止播放/记录”按钮■，可以结束一个动作记录，但仍然可以使用下面的步骤在动作中继续记录其他命令。

（1）在“动作”面板中选择一个命令。

（2）单击“动作”面板底部的“开始记录”按钮●。

（3）执行需要记录的操作。

（4）继续录制动作，单击“停止播放/记录”按钮■，则新的命令被录制在动作中。

12.1.5 存储和载入动作集

将动作集保存起来，在以后的工作中重复使用，或分享给他人使用。

1. 存储动作集

要保存动作集，首先在“动作”面板中选择该动作集名称，然后在面板弹出菜单中选择“存储动作”命令，在弹出的对话框中为该动作集输入名称并选择合适的存储位置。

2. 载入动作集

要载入已经保存成为文件的动作集，可以从“动作”面板中选择“载入动作”命令，在弹出的对话框中选择“动作集”文件夹，单击“载入”按钮即可。

在“动作”面板下拉菜单的底部有 Photoshop 默认动作集，如图 12.3 所示，直接单击所需要的动作集名称，即可载入该动作集所包含的动作。

命令
画框
图像效果
LAB - 黑白技术
制作
流星
文字效果
纹理
视频动作

图 12.3　Photoshop 默认动作

12.2 自动化处理

笔 记

12.2.1 批处理

“批处理”命令能够对指定文件夹中的所有图像文件执行指定的动作。例如，如果希望将某一个文件夹中的图像文件转存成为 TIFF 格式的文件，只需要录制一个相应的动作并在“批处理”命令中为要处理的图像指定这个动作，即可快速完成这个任务。

应用“批处理”命令进行批处理的具体操作步骤如下。

（1）录制要完成指定任务的动作，选择“文件”→“自动”→“批处理”命令，弹出如图 12.4 所示的对话框。

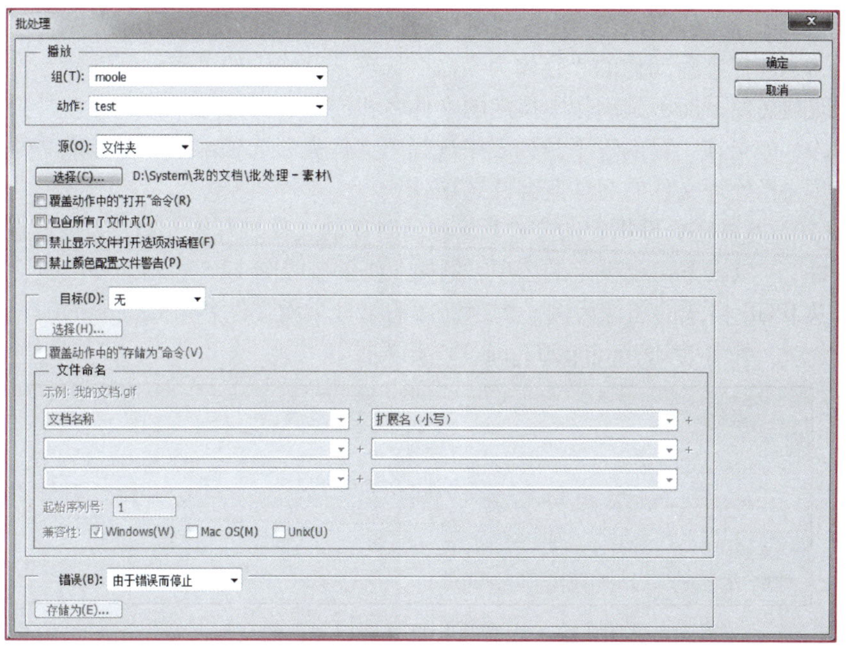

图 12.4 “批处理”对话框

（2）从“播放”区域的“组”和“动作”下拉列表中选择需要应用动作所在的“组”及此动作的名称。

（3）从“源”下拉列表中选择要应用“批处理”的文件，下拉列表中各个选项的含义如下。

- 文件夹：此选项为默认选项，可以将批处理的运行范围指定为文件夹，选择此选项必须单击“选择”按钮，在弹出的“浏览文件中”对话框中选择要执行批处理的文件夹。
- 导入：此选项用于对来自数码相机或扫描仪的图像应用动作。
- 打开的文件：如果要对所有已打开的文件执行批处理，应选中此选项。
- Bridge：选择此选项，可以对显示于 Bridge 中的文件应用在此对话框中指定的动作。

（4）选择“覆盖动作中的‘打开’命令”选项，动作中的“打开”命令将引

笔 记

用“批处理”的文件而不是动作中指定的文件名，选择此选项将弹出提示框，单击“确定”即可。

（5）选择“包含所有子文件夹”选项，可以使动作同时处理指定文件夹中所有子文件夹包含的可用文件。

（6）选择“禁止颜色配置文件警告”选项，将关闭颜色方案信息的显示。

（7）从“目的”下拉列表中选择执行“批处理”命令后的文件所放置的位置，其中各个选项的含义如下。

- 无：选择此选项，使批处理的文件保持打开而不存储更改（除非动作包括“存储”命令）。
- 存储并关闭：选择此选项，将文件存储至其当前位置，如果两幅图像的格式相同，则自动覆盖源文件，并不会弹出任何提示对话框。
- 文件夹：选择此选项，将处理后的文件存储到另一位置。此时可以单击其下方的“选择”按钮，在弹出的“浏览文件中”对话框中指定目标文件夹。

（8）选择覆盖动作的“存储为”命令选项，动作中的“存储为”命令将引用批处理的文件，而不是动作中指定的文件名和位置。

（9）如果在“目的”下拉列表中选择“文件夹”选项，则可以指定文件命名规范并选择处理文件的文件兼容性选项。

（10）如果在处理指定的文件后，希望对新的文件进行统一命名，可以在“文件命名”区域设置需要设定的选项。例如，如果按照图 12.5 所示的参数执行批处理，以 JPGE 格式的图像为例，则存储后的第一个新文件名为 designjpg001.jpg，第二个新文件名为 designjpg002.jpg，以此类推。

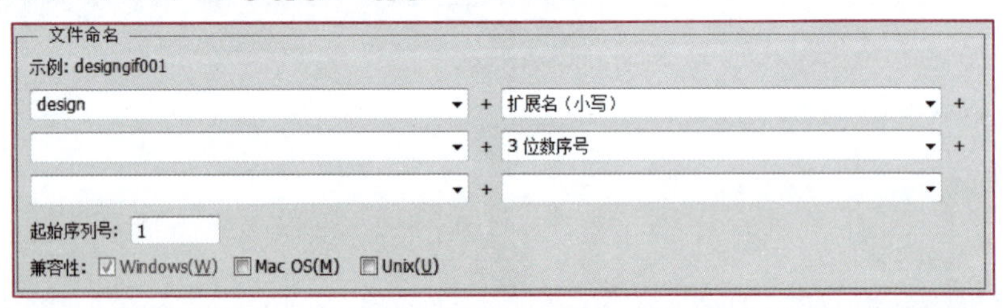

图 12.5 设置执行批处理后文件的名称

提示：此选项仅在“目的”下拉列表中的“文件夹”选项被选中的情况下才会被激活。

（11）从“错误”下拉列表中选择处理错误的选项，该下拉列表中各个选项的含义如下。

- 由于错误而停止：选择此选项，在动作执行过程中如果遇到错误将中止批处理，建议不选择此选项。
- 将错误记录到文件：选择此选项，并单击下面的“存储为”按钮，在弹出的“存储”对话框输入文件名，可以将批处理运行过程中所遇到的每个错误记录并保存在一个文本文件中。

（12）设置所有选项后单击“确定”按钮，则 Photoshop 开始自动执行指定的动作。

在掌握了此命令的基本操作后，可以针对不同的情况使用不同的动作完成指定的任务。

12.2.2 合并全景图

笔 记

Photomerge 命令能够拼合具有重叠区域的连续拍摄照片，使其拼合成一个连续的全景图像。使用此命令拼合全景图像，要求拍摄者拍摄出几张在边缘有重合区域的照片。比较简单的方法是，拍摄时手举相机保持高度不变，身体连续旋转几次，从几个角度将要拍摄的景物分成几个部分拍摄出来，然后在 Photoshop 中使用 Photomerge 命令完成拼接操作。

例如，图 12.6 为素材图像，图 12.7 为使用 Photomerge 命令拼合后的全景图。

图 12.6　素材图

图 12.7　合并后的全景图

合成图像的操作步骤如下：

（1）选择“文件”→“自动”→“Photomerge”命令，弹出如图 12.8 所示的对话框。

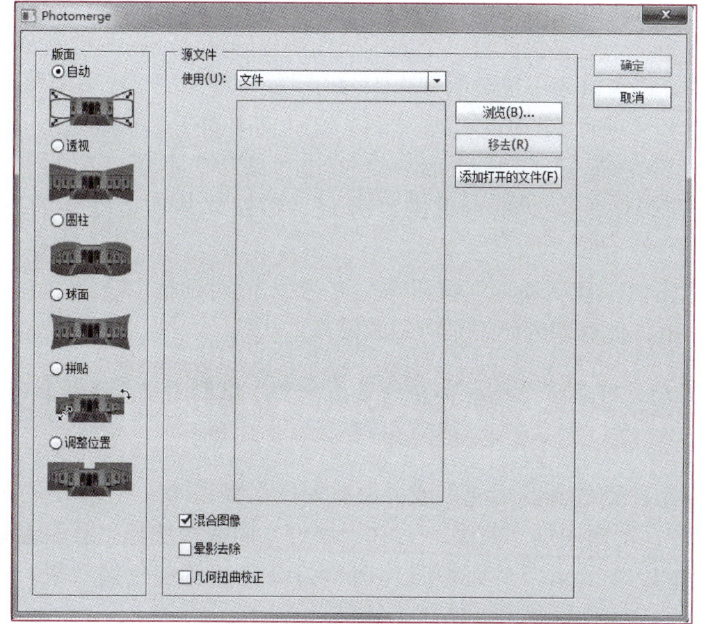

图 12.8　Photomerge 对话框

拓展知识 12-3
图像处理器

拓展知识 12-4
合并到 HDR Pro

拓展知识 12-5
PDF 演示文稿

（2）从“使用”下拉列表框中选择一个选项。如果希望使用已经打开的文件，单击“添加打开的文件”按钮。

Photomerge 对话框中各参数的含义如下。

- 文件：可使用单个文件生成 Photomerge 合成图像。
- 文件夹：使用存储在一个文件夹中的所有图像来创建 Photomerge 合成图像。该文件夹中的文件会出现在此对话框中。
- 混合图像：选择此选项，可以使 Photoshop 自动混合图像，以尽可能地智能化拼合图像。
- 晕影去除：选择此选项，可以补偿由于镜头瑕疵或者镜头遮光处理不当而导致照片边缘较暗的现象，以去除晕影并执行曝光度补偿操作。
- 几何扭曲校正：选择此选项，可以补偿由于拍摄问题在照片中出现的桶形、枕形或者鱼眼失真。

（3）在对话框的左侧选择一种图片拼接类型，在此选择“自动”选项。

（4）单击“确定”按钮退出此对话框，即可得到 Photoshop 按图片拼接类型生成的全景图像。

拼合全景图后，边缘容易出现空白，因此可以使用“裁剪工具”对图像进行裁切，并使用“仿制图章工具”进行修补，直至得到满意效果即可。

项目实训

批量对照片进行调色

在处理图像时，常常存在将一组或一系列图像进行相同或相似处理的情况，此时，比较高效的做法就是将要执行的处理操作录制成为动作，然后借助“批处理”命令进行处理。在本例中，录制一个将照片调整为经典蓝黄色调效果的动作。在录制过程中，一定要保证每一个步骤操作的正确性，或在做错或要做其他操作时停止动作，以免录入不需要的操作。

（1）打开“项目12\项目实训-素材”文件夹中的任意一幅照片。

（2）按 F9 键显示“动作”面板，单击“动作”面板底部的“创建新组”按钮，在弹出的对话框中单击“确定”按钮，从而以默认的名称创建一个新组。

（3）单击“创建新动作”按钮，在弹出的对话框中直接单击“记录”按钮退出对话框，此时即开始记录所做的操作。

注意：Photoshop 中的动作可以记录绝大部分的菜单命令，但无法记录选择和使用工具执行的操作。

（4）单击“创建新的填充”或“调整图层”按钮，在弹出的菜单中选择“曲线”命令，得到图层“曲线 1”，在“属性”面板中选择“蓝”通道并设置其参数，如图 12.9 所示，从而将照片调整为经典的蓝黄色调效果，如图 12.10 所示。

笔 记

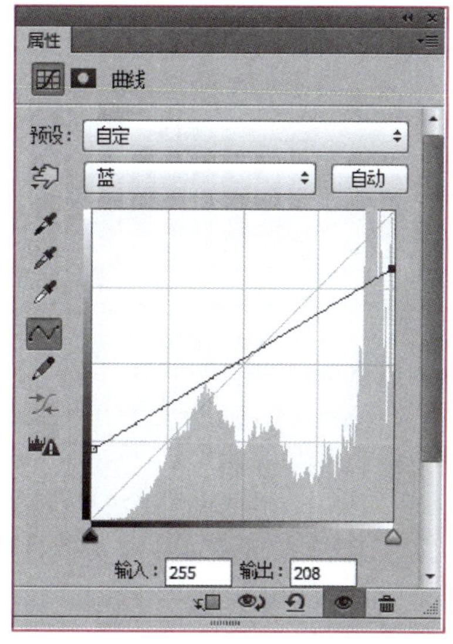

图 12.9 设置“蓝”通道曲线

图 12.10 调整后的图像效果

（5）确认得到满意的效果后，按 Ctrl+E 键向下合并图层，然后单击“动作”面板底部的“停止播放/记录”按钮，完成当前动作的录制，如图 12.11 所示。

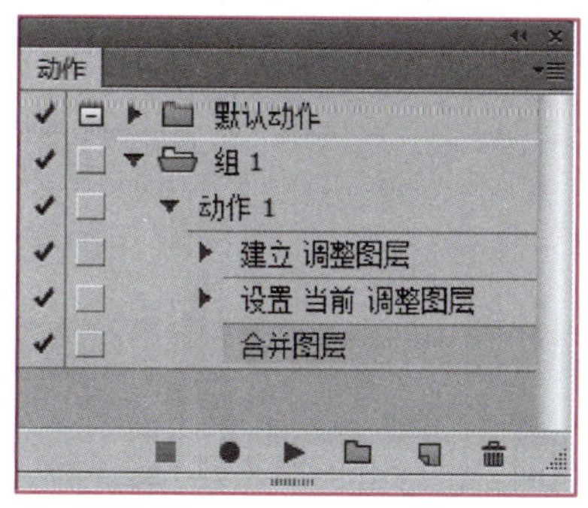

图 12.11 “动作”面板

在本例中，录制了一个简单的照片处理命令，将照片调整为蓝黄色调效果。用户掌握本例的方法后，也可以根据实际情况，再结合前面讲解的相关知识，自行设置批处理的参数。

（6）要对照片进行批量处理，可以将要处理的照片统一放在一个文件夹中，本例将以文件“项目 12\项目实训-素材”文件夹中的照片为对象。执行“文件”→“自动”→“批处理”命令，调出其对话框。在“组”和“动作”下拉列表中选择前面录制的动作。

（7）在“源”下拉列表中选择“文件夹”选项，然后单击“选择”按钮，在弹出的对话框中选择要处理的照片所在的文件夹，然后单击“确定”按钮返回“批处理”对话框。

（8）在“目标”下拉列表中选择“存储并关闭”选项即可，如图 12.12 所示。

（9）若在“目标”下拉列表中选择“文件夹”选项，则可以单击下面的“选择”按钮，在弹出的对话框中选择处理后照片保存的文件夹，但此时要在动作中增加保存操作，否则无法保存动作的调整结果。另外，还可以在底部的“文件命名”区域中，设置适当的参数，从而对处理后的文件进行重命名处理。

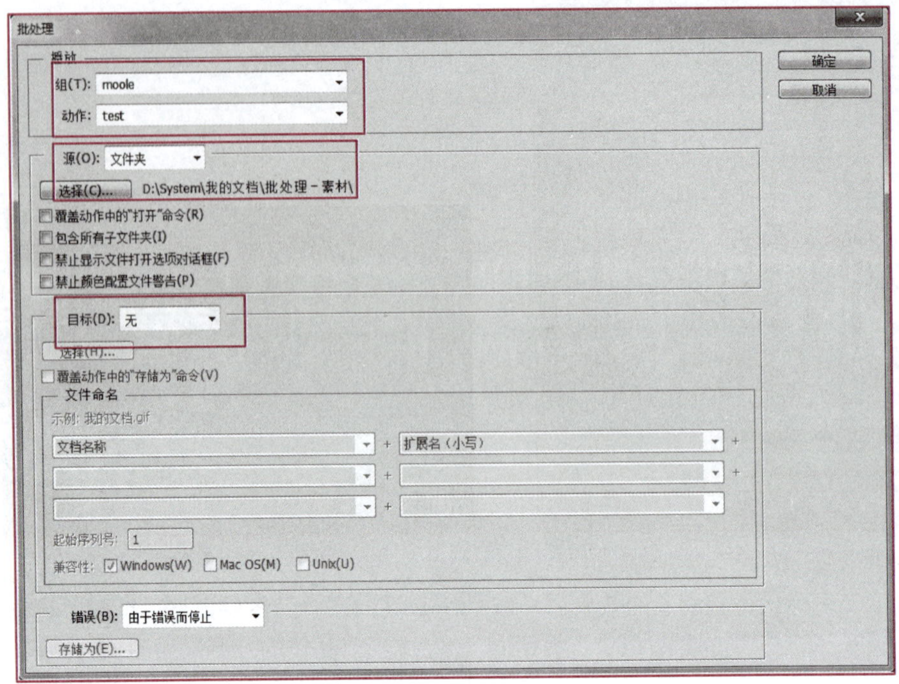

拓展实训 12-1
使用批处理命令重命名图像

图 12.12 “批处理”面板

（10）单击“确定”按钮，即可开始进行批处理操作，直至完成。

课后练习

一、选择题

1. 下面选项中，（　　）无法记录在动作中。
   A. “画笔工具”进行的绘画操作
   B. 使用“渐变工具”绘制渐变
   C. 使用“矩形工具”绘制路径
   D. 使用“钢笔工具”绘制路径
2. 单击（　　）图标，可以显示被执行命令的对话框。
   A. 　　B. ✔　　C. 　　D.
3. 要修改已录制在动作中的命令参数，（　　）叙述是正确的。
   A. 此类命令的参数无法修改
   B. 单击✔图标后，在运行动作时修改
   C. 双击动作中需要修改的命令
   D. 新命令拖至按钮上，在弹出的对话框中进行修改
4. 使用“批处理”命令时，下列叙述（　　）是正确的。
   A. 可以对一批 JPEG 格式的图像文件进行操作
   B. 无法对有通道的 PSD 格式的图像文件进行操作
   C. 无法对有子文件夹的图像文件操作

D. 可以对图像进行重命名

5. 关于动作与“批处理”命令，下列叙述正确的是（　　）。

A. 对打开的大量图像文件进行操作，动作的效率低于“批处理”命令

B. 对打开的大量图像文件进行操作，动作的效率高于“批处理”命令

C. 任何情况下动作的效率都低于“批处理”命令

D. 没有动作，“批处理”命令同样能够运行

笔 记

二、操作题

1. 随意找一幅图像素材，录制一个新的动作，完成以下操作任务：将图像模式转换成为 RGB 颜色模式，将背景色设置为黑色，均匀向外侧扩展画面 25 个像素，将图像保存成为 JPEG 格式的图像文件，“品质”选项设置为“最佳”。

2. 寻找一批自然风景素材图像文件存放于一个文件夹中，使用“批处理”命令结合操作题 1 录制的新动作，完成以下任务：将所有图像的颜色模式换成为 RGB 颜色模式，图像画布向外扩展 25 个像素形成黑色边框效果，所有被处理的图像均需要保存成为 JPEG 格式的图像文件，并以“beau-natu+序列号+操作当日日期.jpg”的形式命名。

3. 打开文件“项目 12\操作题 3-素材.jpg”，如图 12.13 所示。使用“油画”滤镜，处理得到如图 12.14 所示的效果。

图 12.13　素材图像

图 12.14　最终效果

4. 打开文件“项目 12\操作题 4-素材.jpg”，如图 12.15 所示。使用“场景模糊”滤镜，处理得到如图 12.16 所示的效果。

图 12.15　素材图像

图 12.16　最终效果

第 13 章 实战演练

学习目标

- 通过 6 个实战项目的演练，对前面所学的知识和技能进行融汇贯通。

13.1 运动 APP 界面设计

1. 例前导读

本例是一款运动 APP 设计的界面，用于展示其运动、统计及一卡通三大主界面的内容。 为便于管理和设计，本例将按照其三大主界面将内容分置于各个图层组中。在具体的设计尺寸上，本例采用较为常见的 1080×1920 像素。目前，APP 界面普遍以简约风格为主，因此本例在设计上也采用了大量的图形，并配合明快的单色及渐变色进行设计。此外，作为界面设计的重要元素，图标也是其重点，本例以简约的单线条图标为主并以素材的形式给出。

2. 操作步骤

（1）启动 Photoshop，按 Ctrl+N 键新建一个文档，在弹出的“新建”对话框中设置参数，如图 13.1 所示，单击“确定”按钮，退出对话框，创建一个新的空白文件。

（2）单击“创建新的填充”或“调整图层”按钮，在弹出的菜单中选择“渐变”命令，设置如图 13.2 所示对话框，然后单击“确定”按钮退出对话框，得到如图 13.3 所示的效果，同时得到图层“渐变填充 1”。

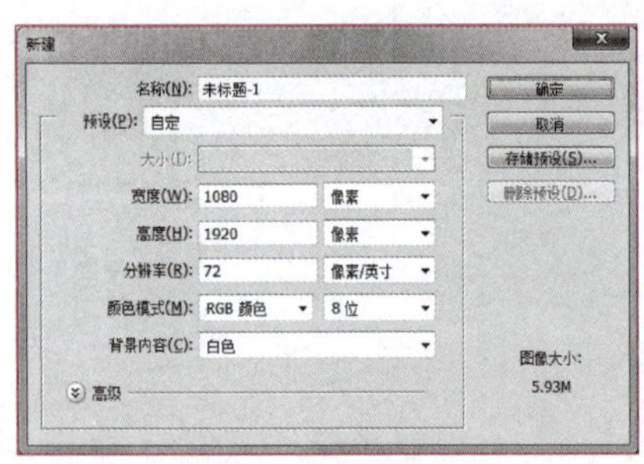

图 13.1 “新建”对话框

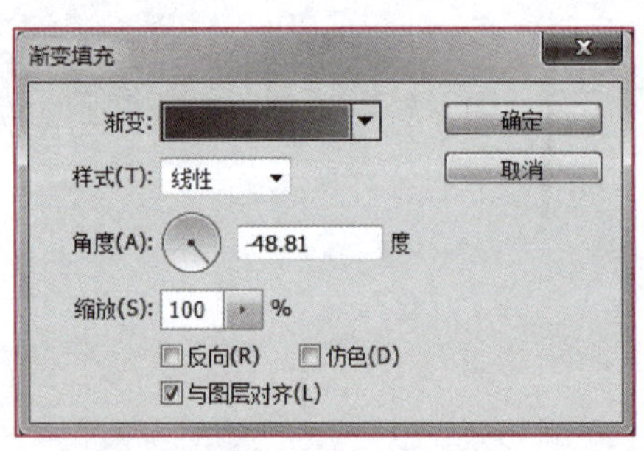

图 13.2 “渐变填充”对话框

图 13.3 渐变填充效果

提示：在“渐变填充”对话框中，所使用的渐变色从左至右各个色标的颜色值依次为 7a4ad2 和 3faef6。

（3）设置前景色为白色，选择“矩形工具”，在其工具选项栏上选择“形状”选项及“合并形状”选项，然后在画布下方绘制一个白色矩形，如图 13.4 所示，同时得到图层“矩形 1”。

（4）复制“矩形 1”得到“矩形 1 副本”，双击其图层缩略图，在弹出的对话框中修改其颜色值为 254365，并使用“移动工具”向下拖动图像，直至得到如图 13.5 所示的效果。

（5）下面置入并处理底部的图标。选择“文件”→“置入链接的智能对象”命令，在弹出的对话框中打开“项目 13\13.1\素材 1.ai”，然后在弹出的对话框中单击“确定”按钮，适当调整图像的大小并置于底部中间处，如图 13.6 所示。

图 13.4 绘制白色矩形

图 13.5 矩形副本填充颜色

图 13.6 置入素材 1

笔 记

（6）按 Etner 键确认置入，并将得到的图层重命名为“图层 1”。单击“添加图层样式”按钮 fx，在弹出的菜单中选择“颜色叠加”命令，设置如图 13.7 所示对话框，其中颜色块的颜色值为 14bfe0。

（7）继续选择“描边”和“外发光”选项并设置其参数，如图 13.8 和图 13.9 所示，其中颜色块的颜色值分别为 3cdfff 和 3cdfff，得到类似如图 13.10 所示的效果。

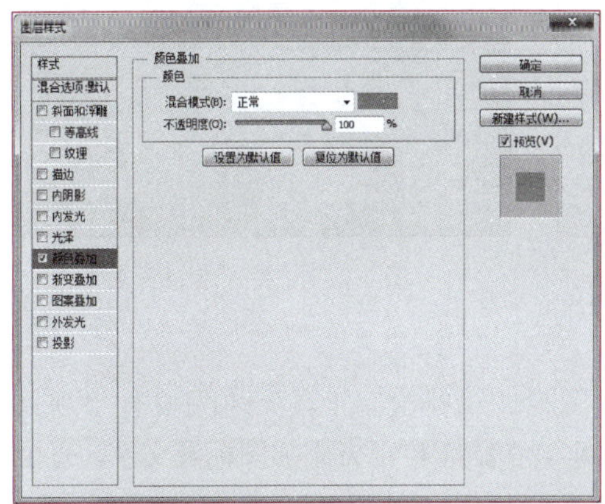

图 13.7 设置“颜色叠加”图层样式

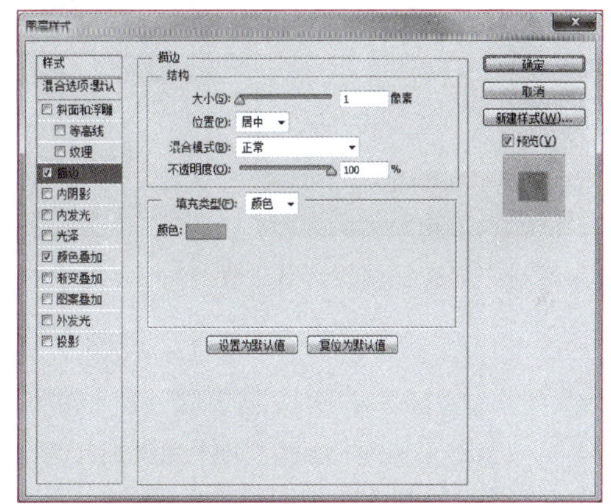

图 13.8 设置“描边”图层样式

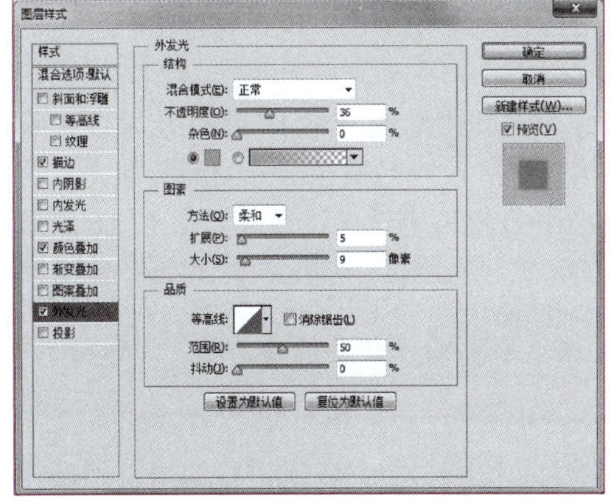

图 13.9 设置“外发光”图层样式

图 13.10 应用后的效果

（8）按照步骤（5）～（7）的方法，再置入文件“项目 13\13.1\素材 2.ai”“项目 13\13.1\素材 3.ai”，并分别将其置于蓝色图标的左右两侧，同时得到图层“图层 2”和“图层 3”，并为其添加“颜色叠加”图层样式，设置叠加的颜色为白色即可，得到如图 13.11 所示的效果，此时的“图层”面板如图 13.12 所示。

（9）打开“项目 13\13.1\素材 4.jpg”，使用“移动工具”，按住 Shift 键将其拖至本例操作的文件中，得到“图层 4”，并设置其混合模式为“滤色”，然后将图像移至文档的顶部，以作为界面顶部的状态栏，如图 13.13 所示。

图 13.11 置入素材 2 并添加图层样式

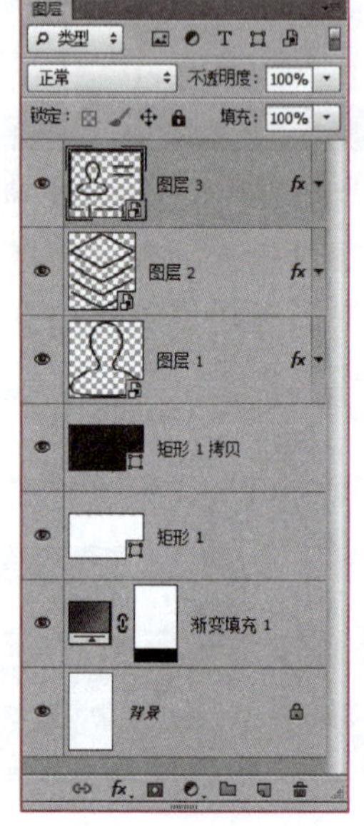

图 13.12 对应的“图层”面板

图 13.13 置入素材 4 并进行调整

（10）再次按照步骤（8）的方法，结合“横排文字工具”及文件“项目 13\13.1\素材 5.ai”“项目 13\13.1\素材 6.ai”，在状态栏下方添加图标及文字，直至得到如图 13.14 所示的效果。

（11）此时，界面底部的渐变色彩中蓝色的部分较少，因此下面来做适当的调整。使用“矩形选框工具”沿界面边缘绘制一个选区，仅在底部留有一定的空白，如图 13.15 所示。

（12）按 Ctrl+shift+I 键执行反选操作，选择“渐变填充 1”的图层蒙版，设置前景色为黑色，然后按 Alt+Delete 键填充选区，以隐藏该部分的渐变填充，这样该渐变填充图层会自动更新渐变，按 Ctrl+D 键取消选区，得到如图 13.16 所示的效果。

提示：至此，当前 APP 界面的基本框架已经制作完成，在后面设计其他界面时，为保持一致，也需要调用这些基础元素。

（13）为便于管理，可以将现有的图层选中并按 Ctrl+G 键进行编组，然后将其重命名为“基本组件”，此时的“图层”面板如图 13.17 所示。

图 13.14 置入素材 5 和素材 6

图 13.15 绘制矩形选区

图 13.16 渐变填充

（14）下面绘制界面上方的主体图像。设置前景色为任意色，选择“椭圆工具”，在其工具选项栏上选择“形状”选项及“合并形状”选项，然后按住 Shift 键在界面中上方绘制正圆，如图 13.18 所示，同时得到一个图层“椭圆 1”。

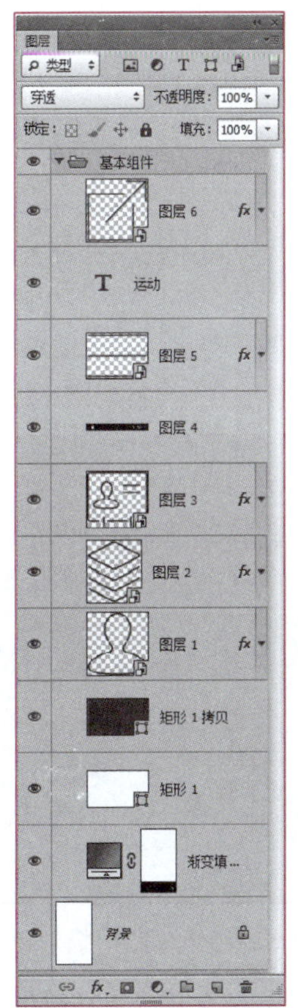

图 13.17 对应的“图层”面板

图 13.18 绘制圆形

（15）在工具选项栏中设置椭圆的填充色为无，描边色为白色，粗细为 2 像素，如图 13.19 所示，以制作一个细圆框效果，如图 13.20 所示。设置“椭圆 1”的不透明度为 50%，得到如图 13.21 所示的效果。

图 13.19 设置椭圆工具选项栏

（16）复制“椭圆 1”得到“椭圆 1 副本”，并设置其不透明度为 100%，再在工具选项栏中设置其描边色为 3cdfff，粗细为 16 像素，得到如图 13.22 所示的效果。

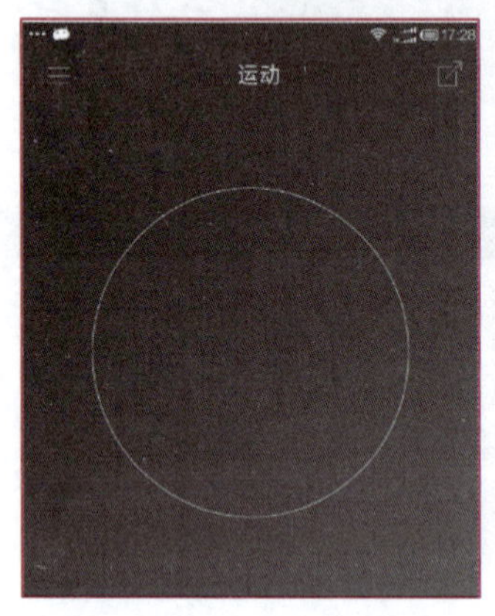

图 13.20 制作细圆框效果

图 13.21 设置不透明度

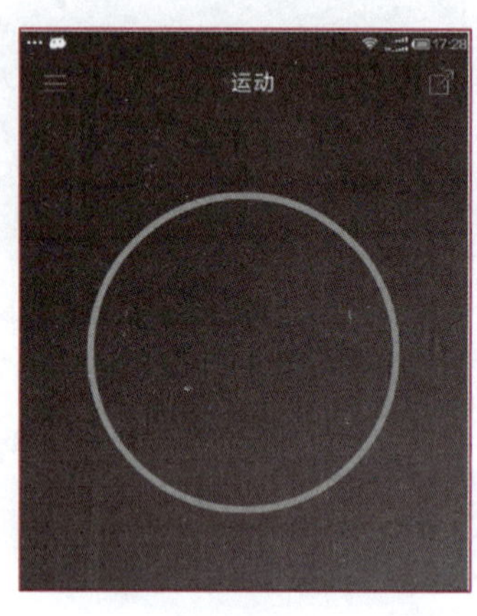

图 13.22 椭圆 1 副本并添加描边

（17）使用“直接选择工具”选中圆形最左侧的锚点，如图 13.23 所示，并按 Delete 键将其删除，得到如图 13.24 所示的效果。

（18）选择“椭圆 1”，按 Shift 键单击“椭圆 1 副本”，以选中这两个图层，然后按 Ctrl+T 键调出自由变换控制框，将其旋转一定角度，再按 Alt+Shift 键向内缩小一些，并按 Enter 键确认变换，然后修改较粗的线条的描边色为 efc76f，粗细为 12 像素，得到如图 13.25 所示的效果。

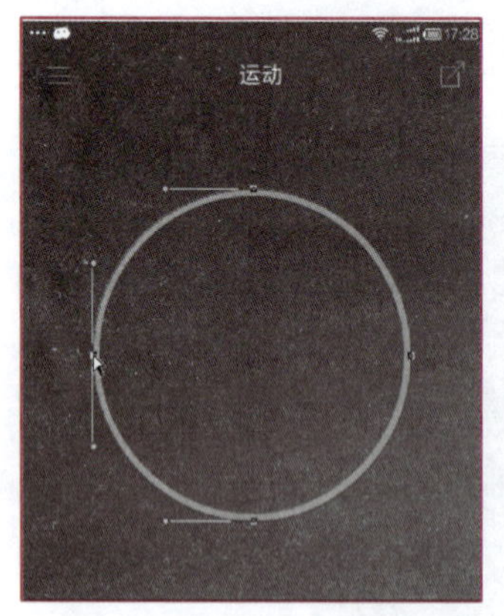

图 13.23 选中左侧锚点

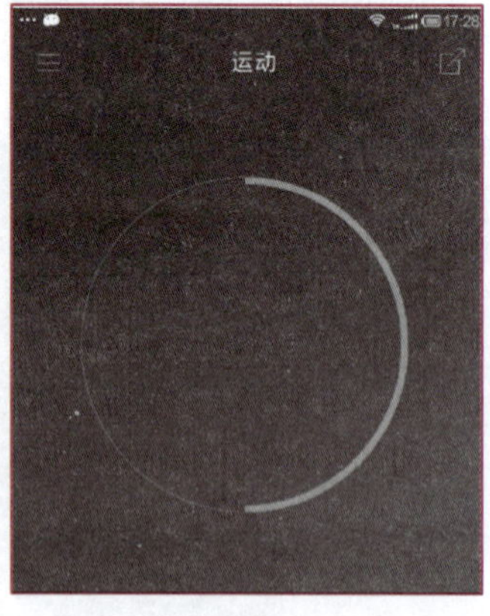

图 13.24 删除左侧锚点

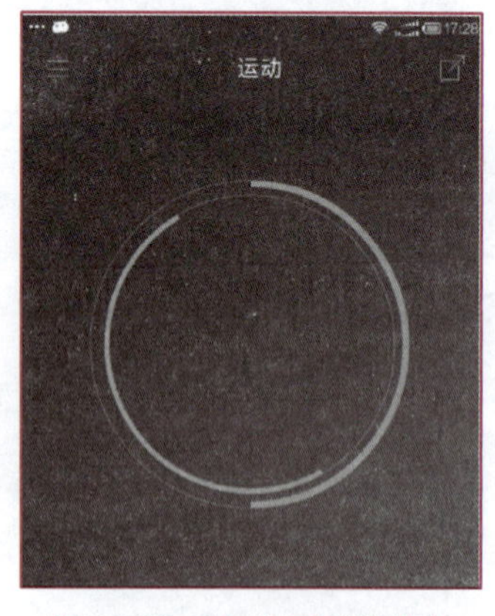

图 13.25 修改圆形描边色

（19）按照步骤 18 的方法，再次向内复制两个圆框并适当调整粗线框的颜色，直至得到如图 13.26 所示的效果，此时的“图层”面板如图 13.27 所示。

（20）利用“横排文字工具”，并在其工具选项栏上设置适当的字体、字号等参数，在圆环内部位置输入文字，得到如图 13.28 所示的效果，同时得到对应的文字图层。

笔 记

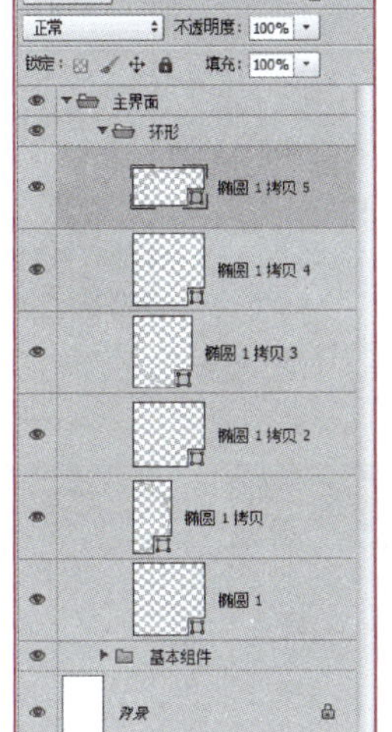

图 13.26 复制圆框并调整　　图 13.27 对应的“图层”面板　　图 13.28 输入文字

（21）下面来设计界面下方白色区域的图像。设置前景色为任意色，选择“直线工具”，在其工具选项栏上选择“形状”选项及“合并形状”选项，然后按住 Shift 键在白色图形内部绘制一条垂直直线，如图 13.29 所示，同时得到图层“形状 1”。

图 13.29 绘制垂直线

（22）在工具选项栏中设置“形状 1”的填充色为黑白渐变色，如图 13.30 所示，以制作一个从中间向两端渐变的线条，如图 13.31 所示。

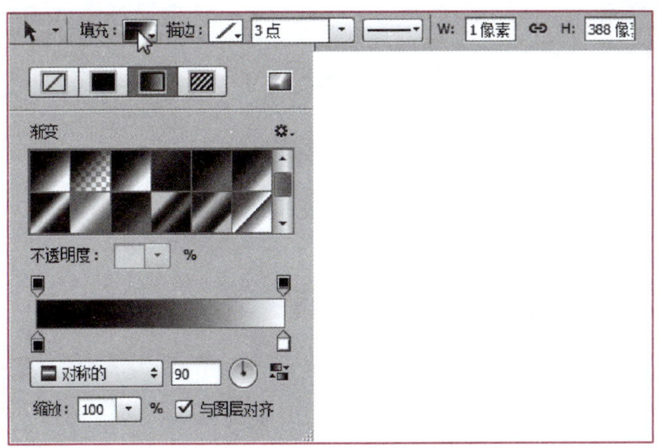

图 13.30 选择黑白渐变色

（23）使用“移动工具”，按住Alt+Shift键向右侧拖动以复制“形状1”得到“形状1副本”，并置于偏右侧的位置，如图13.32所示。

（24）按照前面讲解的方法，结合文件“项目 13\13.1\素材 7.ai”“项目 13\13.1\素材 8.ai”“项目 13\13.1\素材 9.ai”，在分隔出来的三部分空间中添加图标及文字，直至得到如图13.33所示的效果。

图13.31 制作渐变色线条

图13.32 复制“形状1”

图13.33 置入素材7～9并添加文字

提示：至此，第一个界面已经制作完成，另外两个界面可以复制现有的背景、状态栏及底栏等元素至新的图层组中，然后结合打开“项目 13\13.1\素材 10.ai”~“项目 13\13.1\素材 14.psd”、绘图及输入并设置文本属性等功能，制作其中的元素即可，其基本方法相同，故不再详细说明。

图13.34为最终完成后的效果，对应的“图层”面板如图13.35所示。设计完成后，可以按照上述的方法，将三个图层组中的界面导出为图片，以便于浏览。

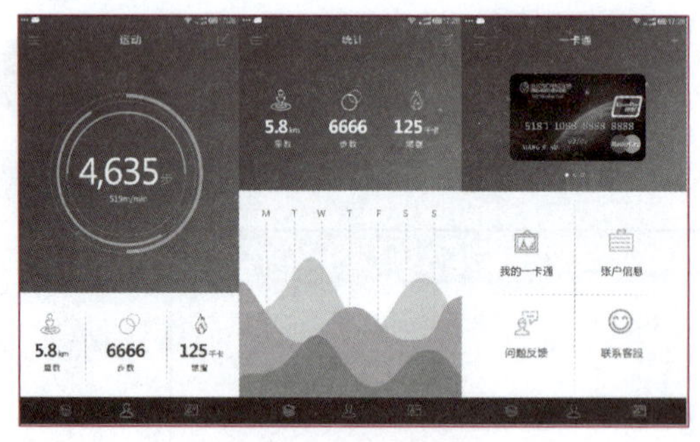

图13.34 最终效果

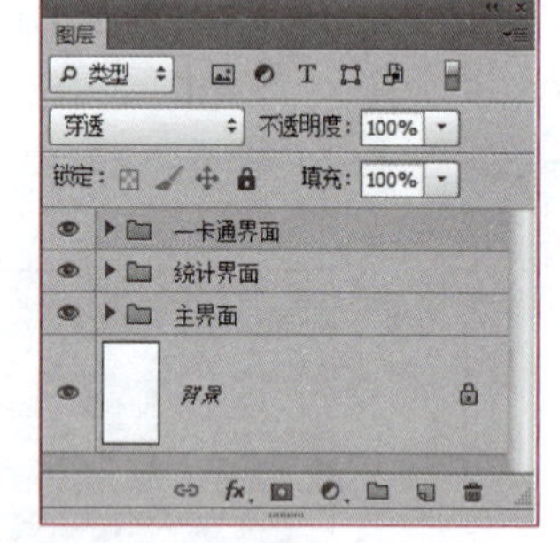

图13.35 对应的“图层”面板

13.2 节日促销海报设计

1. 例前导读

本例设计的是一个大幅面的招贴，净尺寸为0.6 m×0.9 m，并以写真喷绘的方

笔 记

式输出，根据写真喷绘的需求，将分辨率设置为 100 dpi（通常为 100～150 dpi 之间）。写真喷绘可根据设备需求设置为 RGB 或 CMYK 颜色模式，可在设计前与商家或印厂沟通此事，本例就是使用 RGB 颜色模式设计的。另外，作为喷绘输出，不需要设置出血。

值得一提的是，本例中的海报尺寸相对还比较小，以正常的尺寸和分辨率设置，大多数设计用电脑都能够较为顺利地完成工作，但如果是更大尺寸的海报或易拉宝等，往往尺寸会达到 1.5 m×3 m 甚至更大，此时以完整的尺寸创建并设计时，就容易占用过多的系统资源，尤其在设计阶段，可能需要反复的编辑和调试，过大的文件会在很大程度上影响工作效率，因此可以考虑以一定比例先设计小样文件。例如，对于一幅 1 m×1.5 m 的海报，为了设计方便，可以以其 1/5 的大小创建文件，即 200 mm×300 mm，在最终以 JPEG 格式进行导出时，可根据将 PSD 格式文件的尺寸放大 5 倍再导出 JPG 格式文件。这样做的好处就在于可以使得在 Photoshop 中进行设计时，以较小的尺寸进行设计，避免占用系统资源过多。但要注意的是，为了保证在最后放大时图像不会变虚（质量下降），因此绘图时尽量以矢量图形为主，位图素材要确定能够满足放大 5 倍后仍保持高质量的水平，并转换为智能对象再做缩放等调整。

2．操作步骤

（1）按 Ctrl+N 键新建一个文档，在弹出的“新建”对话框中设置参数，如图 13.36 所示，单击“确定”按钮，退出对话框，创建一个新的空白文件。

（2）设置前景色的颜色值为 fedf08，按 Alt+Delete 键，用前景色填充当前的背景。

（3）打开“项目 13\13.2\素材 1.psd”，使用“移动工具”，按住 Shift 键将其拖至本例操作的文件中，得到图层“形状 1”。

（4）按 Ctrl+T 键调出自由变换控制框，按住 Shift 键将其放大并置于文档的中上方，如图 13.37 所示。按 Enter 键确认变换操作。

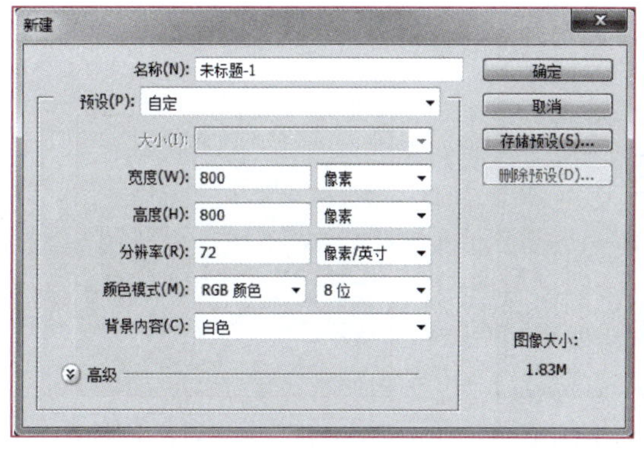

图 13.36 “新建”对话框

图 13.37　调整素材图像大小

（5）双击“形状 1”的缩略图，在弹出的对话框中设置其颜色值为 ffd50f，得到如图 13.38 所示的效果。

（6）使用“椭圆工具”，按住 Shift 键，在放射状图形的中间绘制一个正圆，如图 13.39 所示，得到图层“椭圆 1”。

笔 记

图 13.38 为形状 1 填充颜色

图 13.39 绘制圆形

（7）然后在工具选项栏中设置其填充色为渐变，如图 13.40 所示，其中所使用的渐变从左至右各个色标的颜色值依次为 fff9c1、ffe28d，如图 13.41 所示。

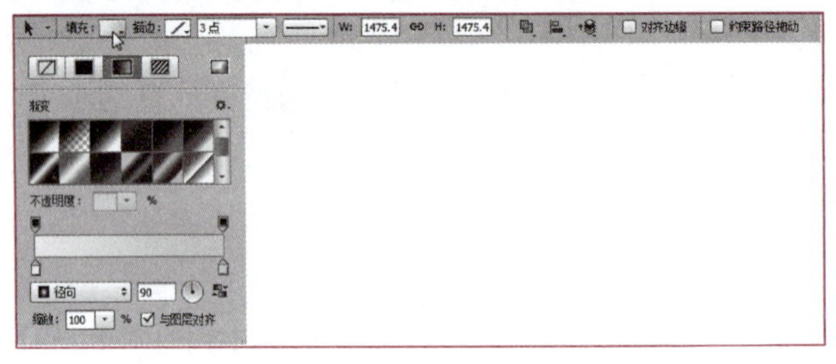

图 13.40 在工具选项栏中设置渐变参数

图 13.41 渐变填充后的图像效果

（8）单击“添加图层样式”按钮fx，在弹出的菜单中选择“斜面和浮雕”命令，设置如图 13.42 所示对话框，得到如图 13.43 所示的效果。

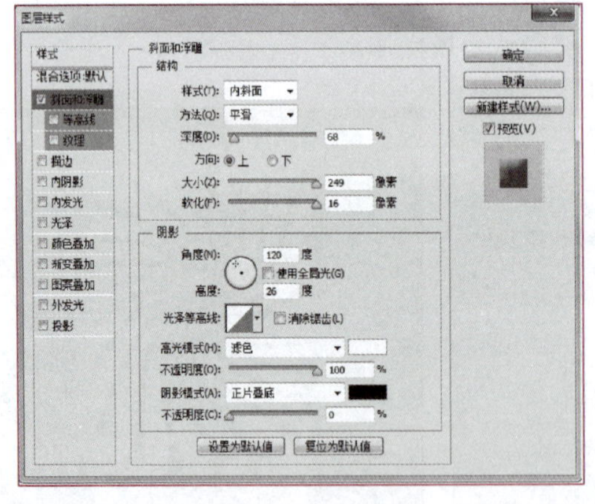

图 13.42 设置“斜面和浮雕”图层样式

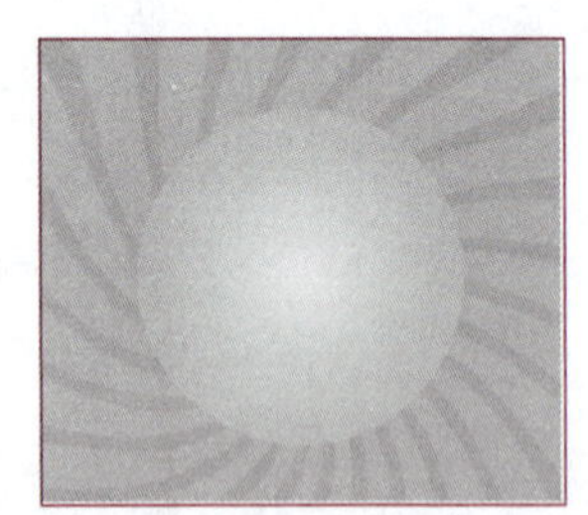

图 13.43 应用斜面和浮雕的图像效果

（9）复制图层“形状 1”得到“形状 1 副本”，并将其拖至“椭圆 1”上方，按 Ctrl+Alt+G 键创建剪贴蒙版，设置“形状 1 副本”的不透明度为 70%，再适当移动其位置，直至得到如图 13.44 所示的效果。

（10）继续使用“椭圆工具”，绘制一个比现有圆略大的正圆，并保持二者是同心的，然后设置其填充色为无，描边色的颜色值为 ffe80a，描边粗细为 80 像素，得到如图 13.45 所示的效果。

图 13.44　制作“形状 1 副本”

图 13.45　绘制圆形并进行描边

（11）单击“添加图层样式”按钮 fx，在弹出的菜单中选择“斜面和浮雕”命令，如图 13.46 所示。在弹出的对话框中设置参数，其中“阴影模式”后面颜色块的颜色值为 ffa200。选择“外发光”和“内发光”选项并设置其参数，如图 13.47 和图 13.48 所示，其中“外发光”图层样式中颜色块的颜色值为 c20000，得到如图 13.49 所示的效果。

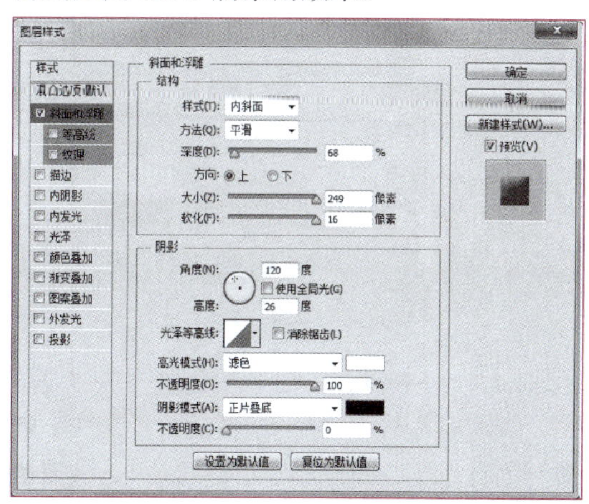

图 13.46　设置“斜面和浮雕”图层样式

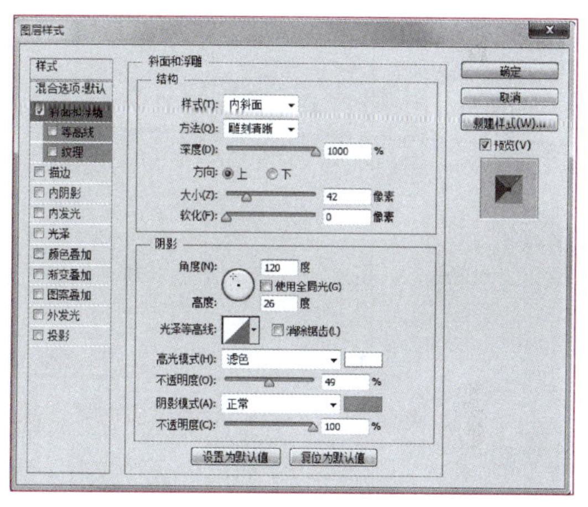

图 13.47　设置“外发光”图层样式

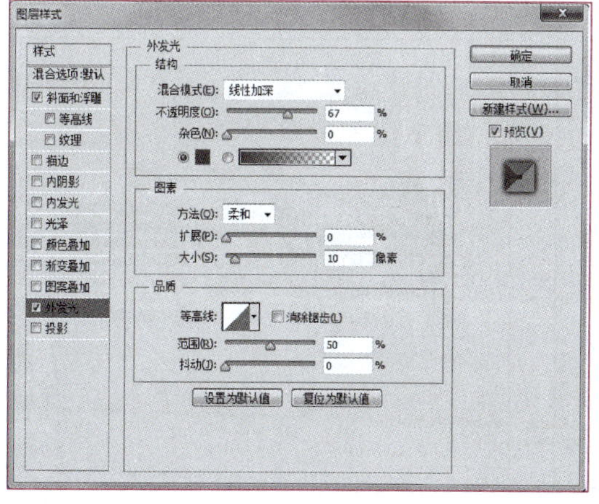

图 13.48　设置“内发光”图层样式

图 13.49　应用效果

笔 记

（12）选中圆形图像相关的图层，按 Ctrl+G 键将其编组，并重命名为“圆圈”，以便于管理，此时的“图层”面板如图 13.50 所示。

（13）下面来制作海报的主体文字。选择“横排文字工具”T，在圆形附近输入文字“有惊喜”，并在“字符”面板中设置适当的参数，如图 13.51 所示，得到如图 13.52 所示的效果。

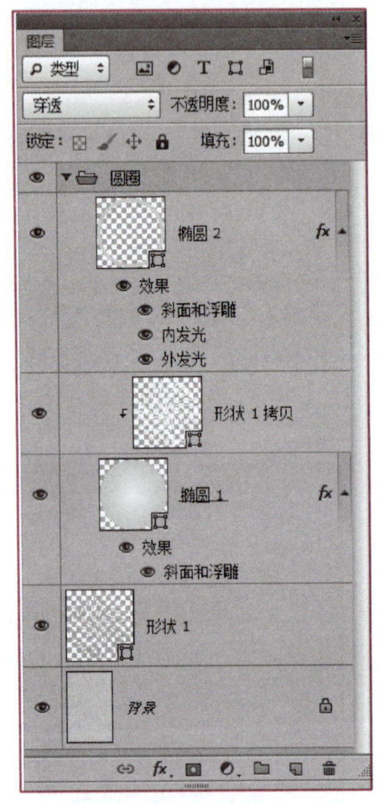

图 13.50 编组图形图层后的“图层”面板

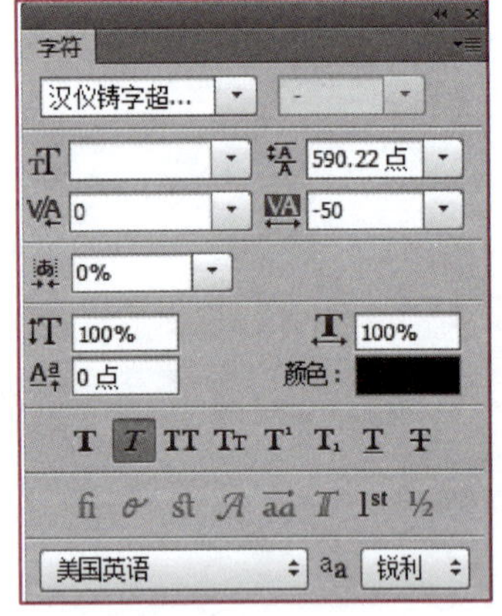

图 13.51 设置“字符”面板参数

（14）分别选中各个文字，适当增大“有”字，再缩小一些“惊喜”。按照类似的方法再输入“扫一扫”，然后使用“钢笔工具”在其工具选项栏上选择“形状”选项，在文字周围绘制一些装饰性的三角形，如图 13.53 所示。

图 13.52 输入文字后的图像效果

图 13.53 调整文字及绘制装饰性的三角形

（15）将上述的文字及三角图形所在的图层编组，并将其重命名为“有惊喜”，为该组添加“渐变叠加”和“投影”图层样式，其设置如图 13.54 和图 13.55 所示。其中，“渐变叠加”对话框中使用的渐变色从左到右各色标的颜色值依次为 ffff66 和 ffffbc，“投影”对话框中颜色块的颜色值为 c55000，设置完毕后，得到如图 13.56 所示的效果。

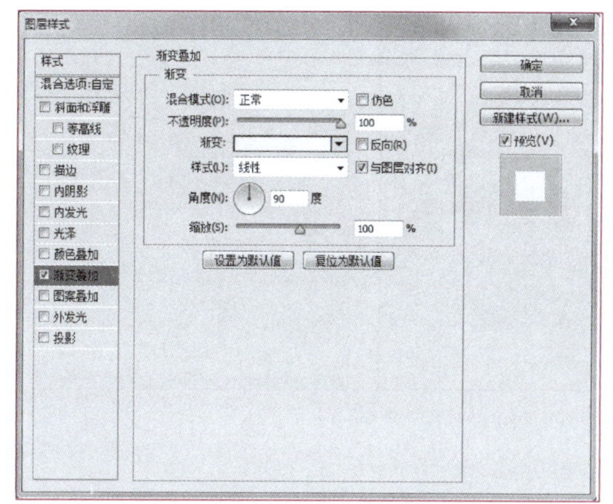

图 13.54　设置“渐变叠加”图层样式

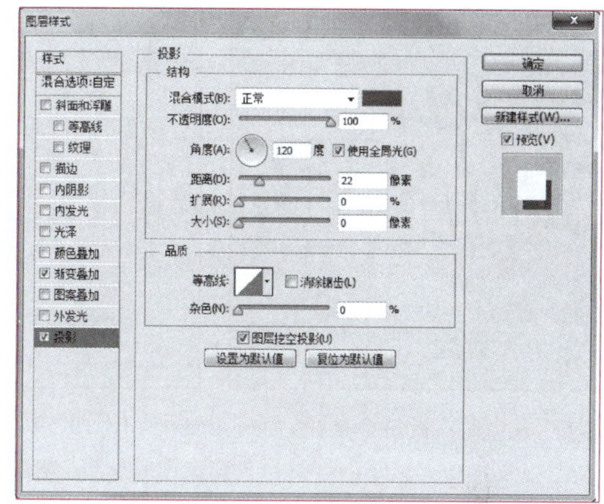

图 13.55　设置“投影”图层样式

（16）设置前景色的颜色值为 540000，选择“钢笔工具”，并在其工具选项栏上选择“形状”选项及“合并形状”选项，然后沿着文字的边缘绘制一个略大一些的形状，并将其置于组“有惊喜”下方，如图 13.57 所示，同时得到对应的图层“形状 2”。

图 13.56　应用效果

图 13.57　绘制“形状 2”

（17）按照上述绘制图形并设置填充、描边及图层样式等操作，结合打开“项目 13\13.2\素材 2.psd”，在主体文字周围继续绘制飘带及星形等装饰图像，并将其置于“有惊喜”图层组的下方，直至得到如图 13.58 所示的效果，图 13.59 是隐藏图层组“有惊喜”时的效果，对应的“图层”面板如图 13.60 所示。

图 13.58　置入素材 2 图像

图 13.59　隐藏“有惊喜”图层组的效果

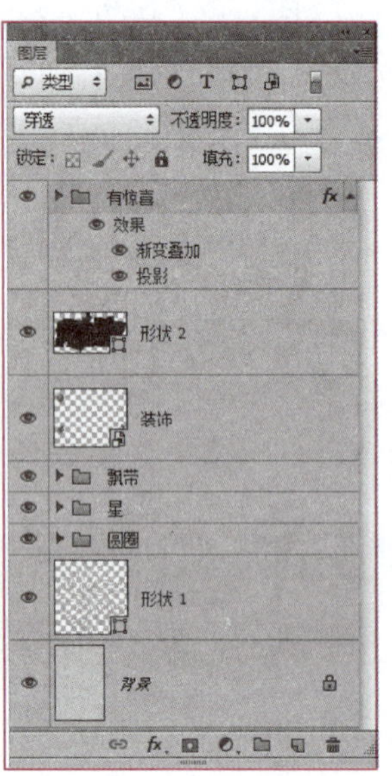

图 13.60　对应的“图层”面板

（18）下面来为主体文字添加一些炫光，使文字效果更加突出。打开“项目 13\13.2\素材 3.jpg”，使用“移动工具” 将其拖至本例操作的文件中，并将其重命名为“炫光”，然后按 Ctrl+T 键调出自由变换控制框，适当调整其大小及位置，如图 13.61 所示。

（19）按 Enter 键确认变换操作，并设置图层“炫光”的混合模式为“滤色”，使之与下面的文字融合在一起，如图 13.62 所示。

图 13.61　置入素材 3 图像

图 13.62　为素材 3 图像设置混合模式

（20）使用“移动工具” ，按住 Alt 键拖动多次，以复制“炫光”图层，然后结合自由变换功能，分别调整各炫光的大小及位置，直至为文字添加出如图 13.63 所示的效果。

（21）结合文件“项目 13\13.2\素材 4.psd”，为海报添加其他装饰元素，并输入相关的说明文字，直至得到如图 13.64 所示的最终效果，对应的“图层”面板如图 13.65 所示。

图 13.63 调整各炫光的大小及位置

图 13.64 最终效果

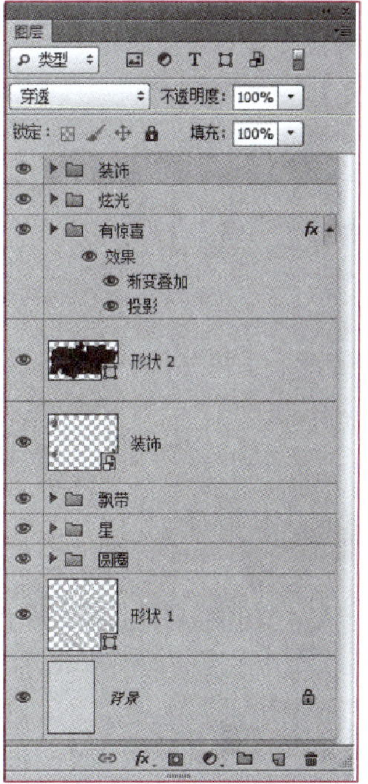

图 13.65 最终“图层”面板

13.3 淘宝直通车广告设计

笔 记

1. 例前导读

本例设计的是一款淘宝直通车广告，主要用于家电类店铺的年终促销，因此在色彩上采用了较为常见的红、黄两种颜色，再配以家电的组合图，以及鲜明、简洁的文字，达到吸引用户眼球的目的。

2. 操作步骤

（1）按 Ctrl+N 键新建一个文档，在弹出的“新建”对话框中设置参数，如图 13.66 所示，单击“确定”按钮，退出对话框，创建一个新的空白文件。

（2）单击“创建新的填充”或“调整图层”按钮，在弹出的菜单中选择“渐变”命令，在弹出的对话框中设置参数，如图 13.67 所示，所使用的渐变色从左至右各个色标的颜色值依次为 f8592a 和 b70b05。然后单击“确定”按钮退出对话框，得到如图 13.68 所示的效果，同时得到图层“渐变填充 1”。

（3）下面制作背景的装饰底纹。设置前景色的颜色值为 ff8b6f，选择矩形工具，在其工具选项栏上选择“形状”选项及“合并形状”选项，然后在画布中绘制一个较宽的矩形条，同时得到图层“矩形 1”。

（4）按 Ctrl+Alt+T 键调出自由变换控制框并复制控制框，将光标置于控制框内，按住 Shift 键将矩形旋转 45°，并置于画布以外的左上角，且矩形的宽度要超过文档的对角线长度，如图 13.69 所示。按 Enter 键确认变换。

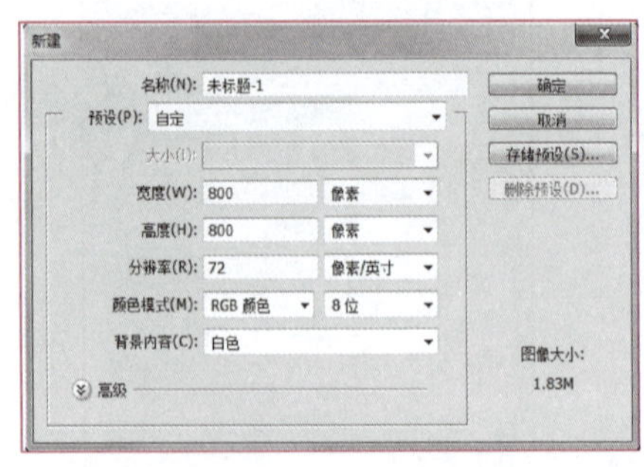

图 13.66 “新建”对话框

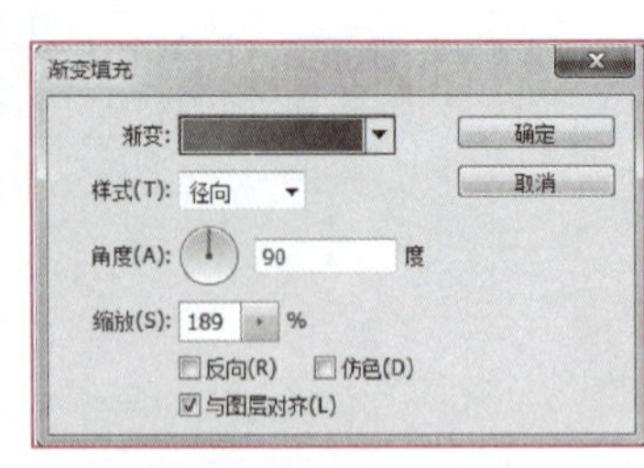

图 13.67 “渐变填充”对话框

图 13.68 填充渐变后的效果

（5）按 Ctrl+Alt+T 键调出自由变换控制框并复制控制框，将光标置于控制框内并向右下方稍移动，使两个矩形有一定距离，按 Enter 键确认变换，同时得到其对象副本。连续按 Ctrl+Alt+Shift+T 键执行连续变换并复制操作多次，直至得到如图 13.70 所示的效果。

（6）设置图层“矩形 1”的不透明度为 10%，得到如图 13.71 所示的效果。

图 13.69 绘制矩形并调整角度

图 13.70 复制多个矩形

图 13.71 设置“矩形 1”的不透明度

（7）下面开始制作广告主体图像。选择椭圆工具，在其工具选项栏上选择“形状”选项及“合并形状”选项，在画布中按住 Shift 键绘制正圆，同时得到一个图层“椭圆 1”。然后在工具选项栏上设置该圆形的填充色，如图 13.72 所示，所使用的渐变色从左至右各个色标的颜色值依次为 f8592a 和 b70b05，得到如图 13.73 所示的效果。

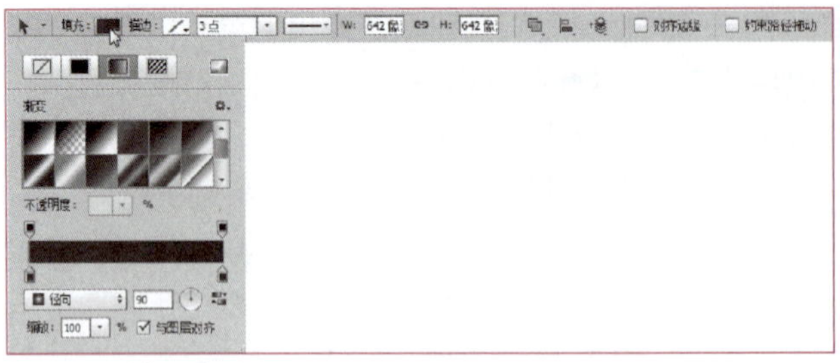

图 13.72 在工具选项栏上设置圆形的填充色

图 13.73 圆形应用渐变色的效果

（8）单击“添加图层样式”按钮，在弹出的菜单中选择“投影”命令，设置如图 13.74 所示对话框，得到如图 13.75 所示的效果，此时的“图层”面板如图 13.76 所示。

笔 记

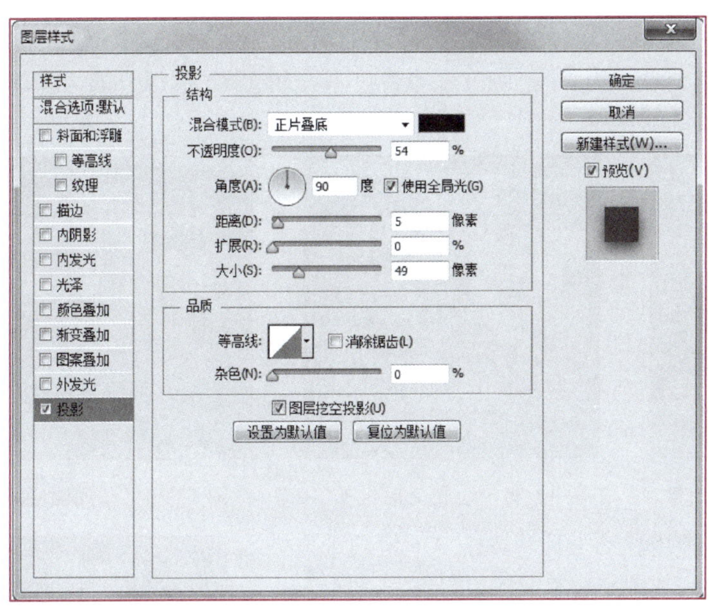

图 13.74　设置“投影”图层样式

图 13.75　应用投影的图像效果

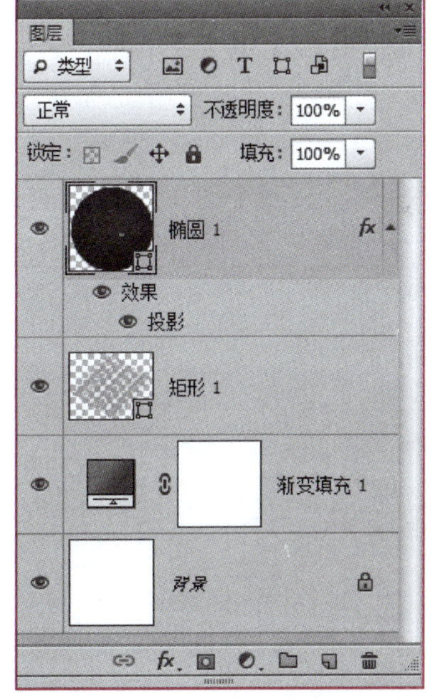

图 13.76　对应的“图层”面板

（9）打开“项目 13\13.3\素材.psd”，使用移动工具，按住 Shift 键将其拖至本例操作的文件中，得到“图层 1”，并将其置于圆形的中间位置，如图 13.77 所示。

（10）设置前景色的颜色值为 e1810c，选择钢笔工具并在其工具选项栏上选择“形状”选项及“合并形状”选项，在画布中绘制一个如图 13.78 所示的形状，同时得到对应的图层“形状 1”。

（11）按 Ctrl 键单击“椭圆 1”的缩览图以载入其选区，单击“添加图层蒙版”按钮，以当前选区为“图层 1”添加蒙版，从而隐藏选区以外的内容，如图 13.79 所示。

图 13.77 置入素材图像

图 13.78 绘制“形状 1”

图 13.79 添加图层蒙版

（12）使用移动工具，按住 Alt 键向下拖动图形，得到其副本对象及图层“形状 1 副本”。双击“形状 1 副本”的缩略图，在弹出的对话框中修改其颜色值为 f9bc01，得到如图 13.80 所示的效果。

（13）单击“添加图层样式”按钮，在弹出的菜单中选择“内阴影”命令，设置如图 13.81 所示对话框，得到如图 13.82 所示的效果。

图 13.80 为“形状 1 副本”改变颜色

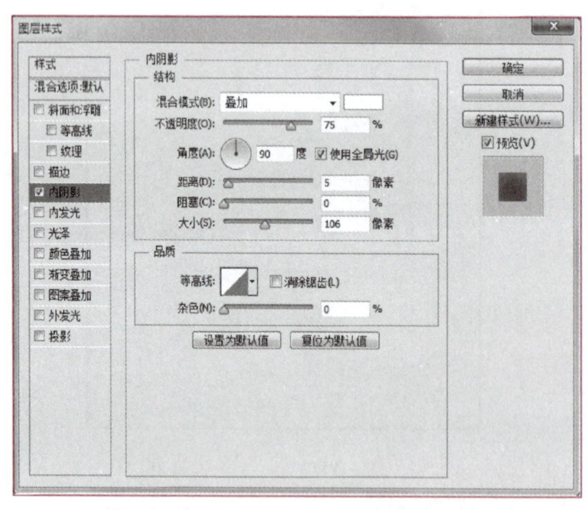

图 13.81 设置“内阴影”图层样式

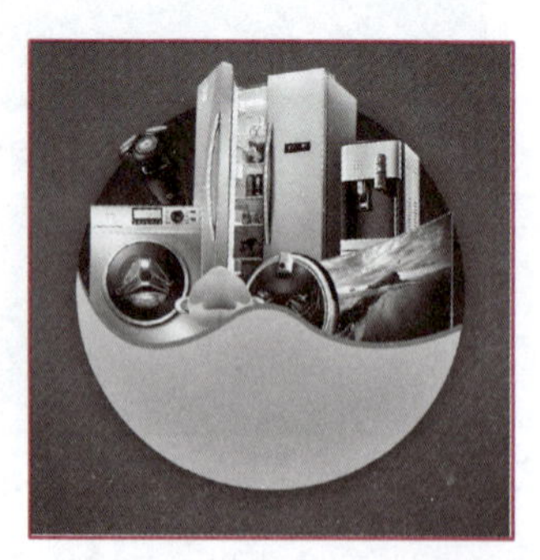

图 13.82 应用内阴影的图像效果

（14）设置前景色的颜色值为 cd1300，选择圆角矩形工具，在其工具选项栏上选择“形状”选项及“合并形状”选项，并设置“半径”数值为 50 像素，在画布底部绘制一个较宽的圆角矩形，同时得到图层“圆角矩形 1”。

（15）单击“添加图层样式”按钮，在弹出的菜单中选择“内阴影”命令，设置如图 13.83 所示对话框，其中颜色块的颜色值为 541400。然后选择“投影”选项并设置其参数，如图 13.84 所示，得到如图 13.85 所示的效果。

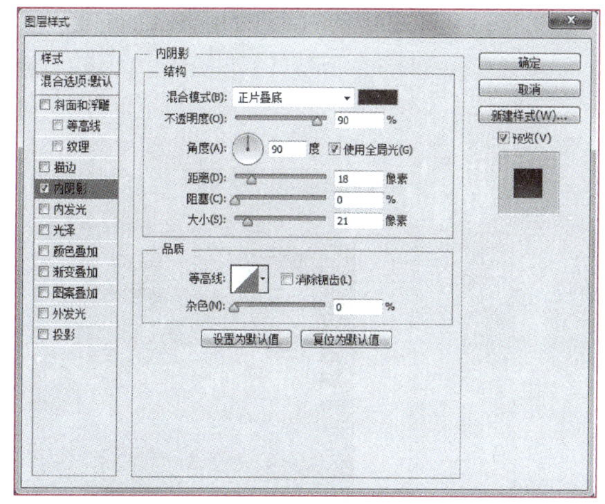

图 13.83　设置“内阴影”图层样式

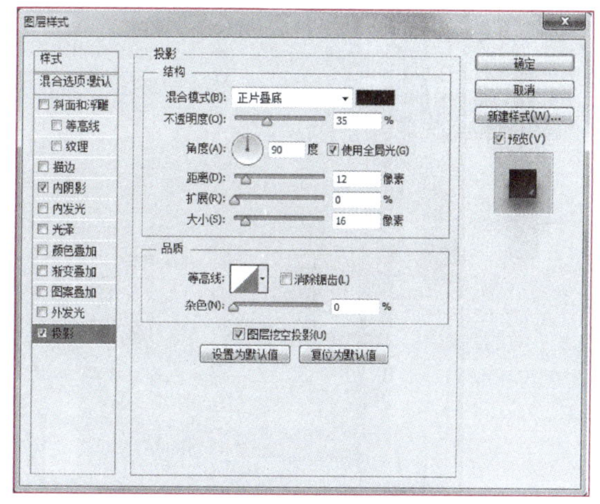

图 13.84　设置“投影”图层样式

（16）复制“圆角矩形 1”得到“圆角矩形 1 副本”，并在使用路径选择工具时，其工具选项栏中设置填充色为无，设置描边颜色为 961300，描边粗细为 10 点，如图 13.86 所示，得到如图 13.87 所示的效果。

（17）单击“添加图层样式”按钮，在弹出的菜单中选择“斜面和浮雕”命令，设置如图 13.88 所示对话框，其中“高光模式”颜色块的颜色值为 ff9000，“阴影模式”颜色块的颜色值为 991600，得到如图 13.89 所示的效果。

图 13.85　应用效果

图 13.86　复制“圆角矩形 1”并设置工具选项栏参数

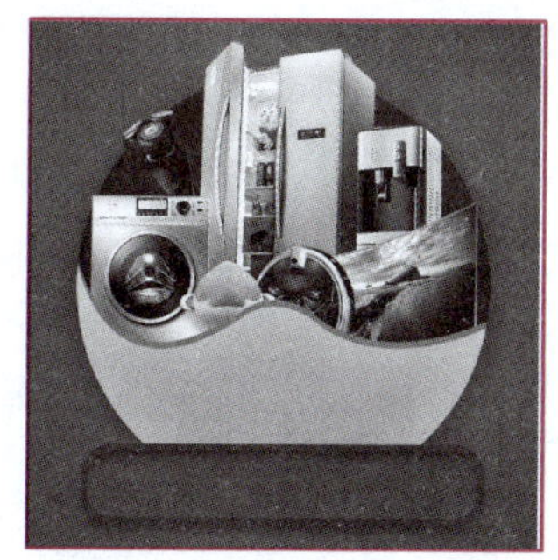

图 13.87　“圆角矩形 1 副本”的应用效果

笔 记

（18）下面制作圆角矩形上的装饰光点。设置前景色为白色，选择椭圆工具，在其工具选项栏上选择“形状”选项及“合并形状”选项，然后按住 Shift 键，在圆角矩形边缘绘制一个小的正圆，同时得到一个图层“椭圆 2”。

（19）使用路径选择工具选中步骤 18 绘制的正圆，按住 Alt 键拖动以复制正圆到其他位置，直至得到类似如图 13.90 所示的效果。

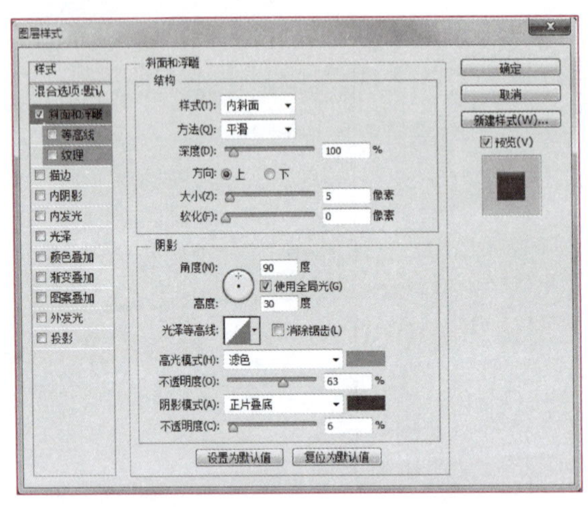

图 13.88 设置“斜面和浮雕”图层样式

图 13.89 应用效果

（20）单击“添加图层样式”按钮，在弹出的菜单中选择“外发光”命令，设置如图 13.91 所示对话框，其中颜色块的颜色值为 ffffbe，得到如图 13.92 所示的效果。

图 13.90 添加多个小圆形

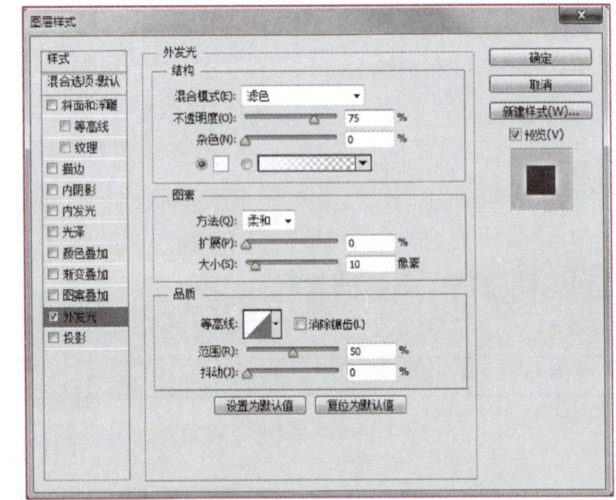

图 13.91 设置“外发光”图层样式

（21）利用“横排文字工具” T，在其工具选项栏上设置适当的字体、字号等参数，在圆角矩形内部输入文字“年终盛宴 ”，如图 13.93 所示，同时得到一个对应的文字图层。

（22）单击“添加图层样式”按钮 fx，在弹出的菜单中选择“斜面和浮雕”命令，设置如图 13.94 所示对话框，其中“高光模式”颜色块为白色，“阴影模式”颜色块的颜色值为 ff9600。然后选择“投影”选项并设置其参数，如图 13.95 所示，得到如图 13.96 所示的效果。

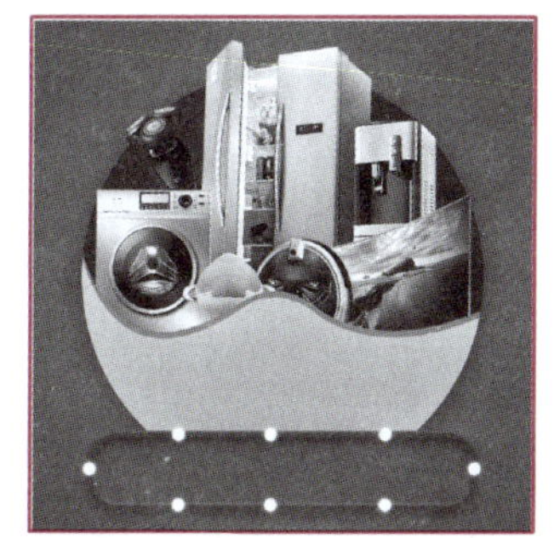

图 13.92 应用外发光的图像效果

图 13.93 输入文字“年终盛宴”

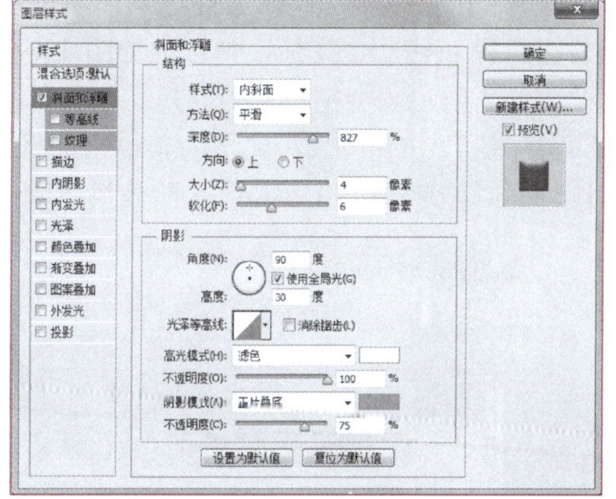

图 13.94 设置“斜面和浮雕”样式

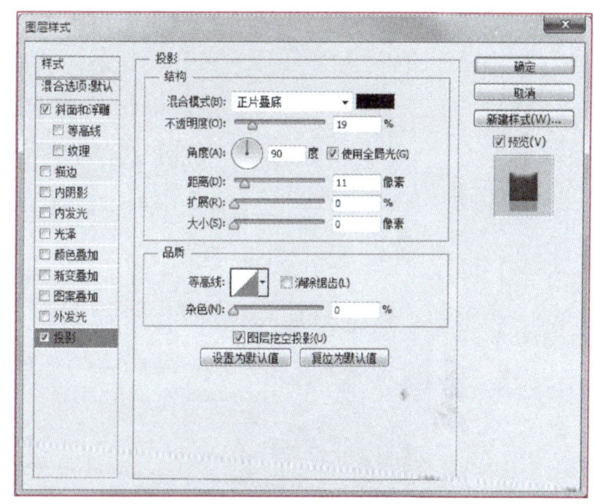

图 13.95 设置“投影”图层样式

（23）结合前面的讲解，再继续绘制其他一些装饰图形并添加图层样式等，直至得到如图 13.97 所示的最终效果即可，此时的“图层”面板如图 13.98 所示。

图 13.96 应用效果

图 13.97 最终效果

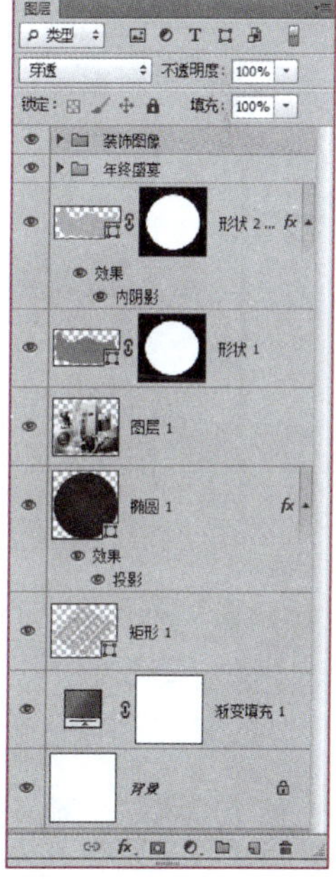

图 13.98 最终对应的“图层”面板

笔 记

13.4 商品详情页网络广告设计

1. 例前导读

本例设计的是商品详情页中的广告，通常是摆放在详情页的起始处，用于展示店铺的促销信息、其他商品介绍等，较常见的是宽度尺寸为 790 像素（天猫店铺）、750 像素（淘宝店铺），高度则没有具体要求，可根据设计需要进行设置或由客户指定。在本例中，具体尺寸为 790×386 像素。

2. 操作步骤

（1）启动 Photoshop，按 Ctrl+N 组合键新建一个文档，弹出的如图 13.99 所示对话框，单击“确定”按钮退出对话框，创建一个空白文档。

（2）单击“创建新的填充”或“调整图层”按钮，在弹出的菜单中选择“渐变”命令，设置如图 13.100 所示对话框，得到如图 13.101 所示的效果，同时得到图层“渐变填充 1”。

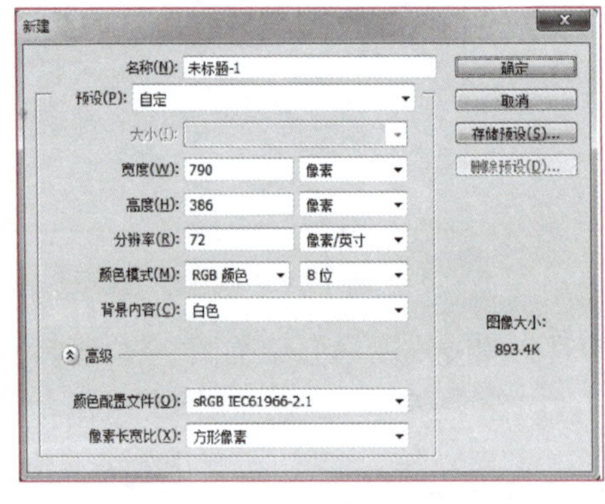

图 13.99 “新建”对话框

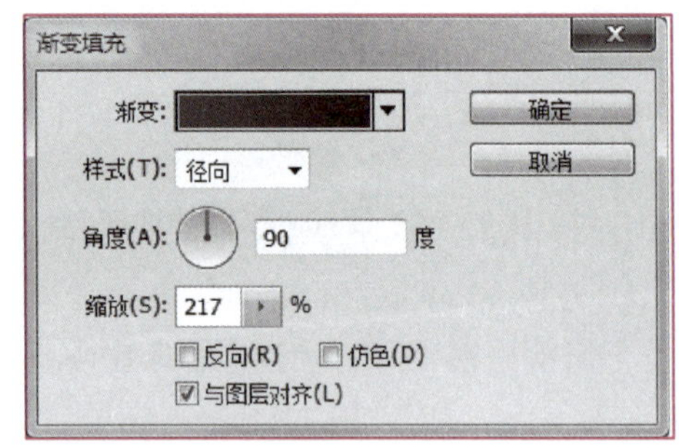

图 13.100 “渐变填充”对话框

图 13.101 填充渐变后的效果

提示：在“渐变填充”对话框中，所使用的渐变从左至右各个色标的颜色值依次为 a922e1 和 540887。

（3）选择“横排文字工具”，在文档中输入文字“满 1000 返 3%”，其中文字“满 1000 返”的颜色为白色，其他属性设置如图 13.102 所示；文字“3%”的颜色值为 fff600，其他属性设置如图 13.103 所示，确认输入并适当调整其位置，如图 13.104 所示，同时得到一个对应的文字图层。

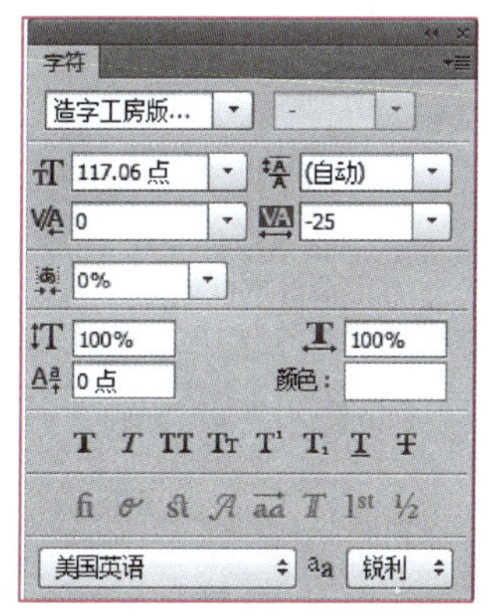

图 13.102 设置“满 1000 返”的字符参数

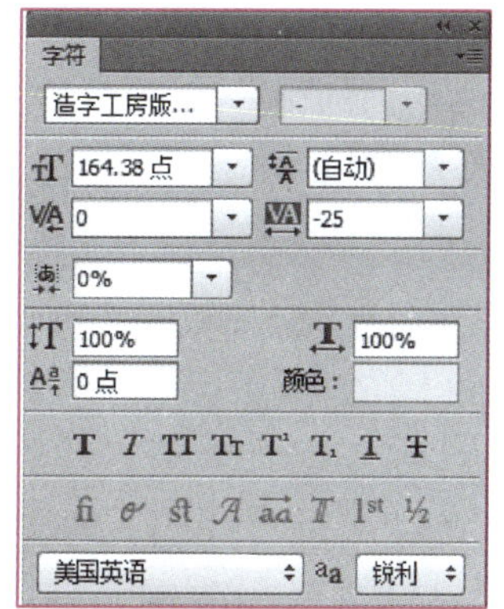

图 13.103 设置“3%”的字符参数

图 13.104 应用效果

（4）下面为文字增加立体感及发光等特殊效果。单击“添加图层样式”按钮 fx.，在弹出的菜单中选择“斜面和浮雕”命令，设置如图 13.105 所示对话框，然后继续选择“投影”和“外发光”图层样式并分别设置其参数，如图 13.106 和图 13.107 所示，得到如图 13.108 所示的效果。

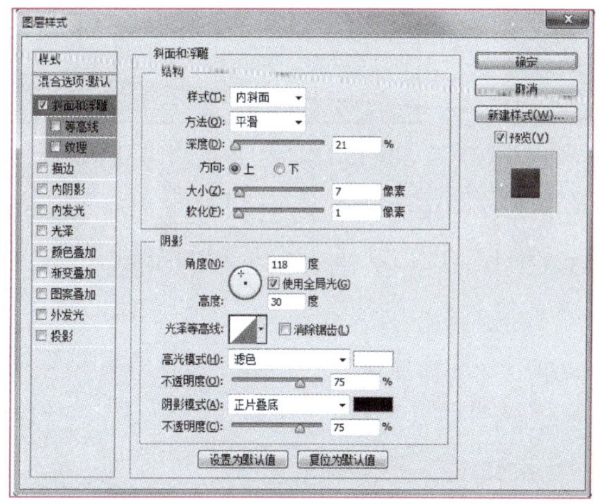

图 13.105 设置“斜面和浮雕”图层样式

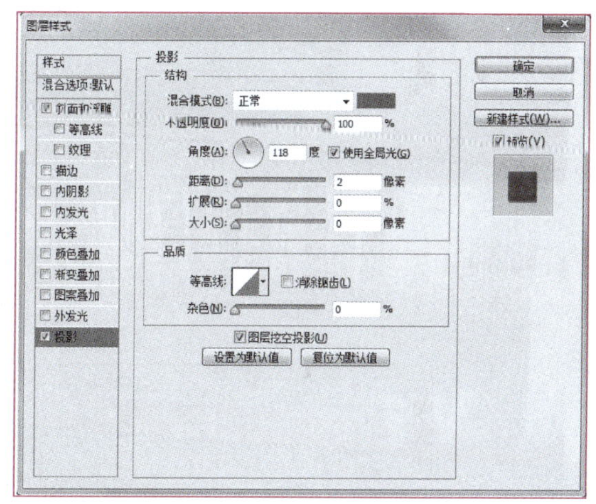

图 13.106 设置“投影”图层样式

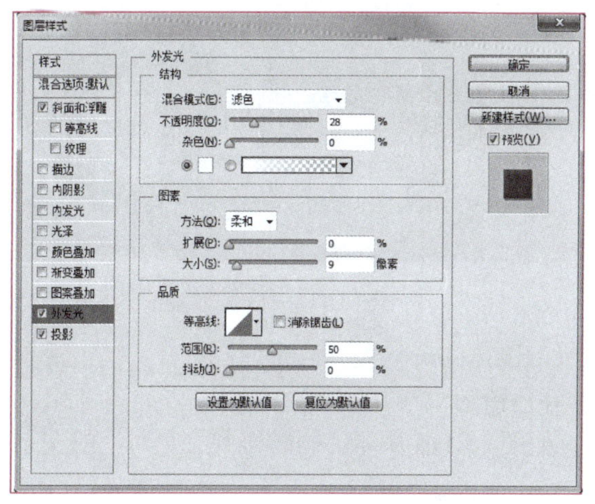

图 13.107 设置“外发光”图层样式

图 13.108 应用效果

笔 记

（5）进一步增加文字的层次。复制文字图层“满 1000 返 3%”，得到“满 1000 返 3% 副本”，并将其移至“满 1000 返 3%”下方，在“字符”面板中将整个文字图层中的文字颜色修改为 b5248c，然后向右下移动一些，得到如图 13.109 所示的效果，此时的“图层”面板如图 13.110 所示。

图 13.109 制作“满 1000 返 3%副本”的格式

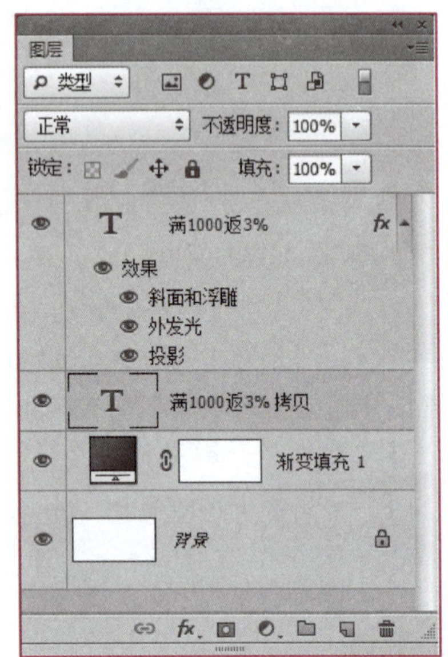

图 13.110 对应的“图层”面板

（6）单击“添加图层样式”按钮 fx，在弹出的菜单中选择“描边”命令，设置如图 13.111 所示对话框，得到如图 13.112 所示的效果。其中颜色块的颜色值为 470f5f。

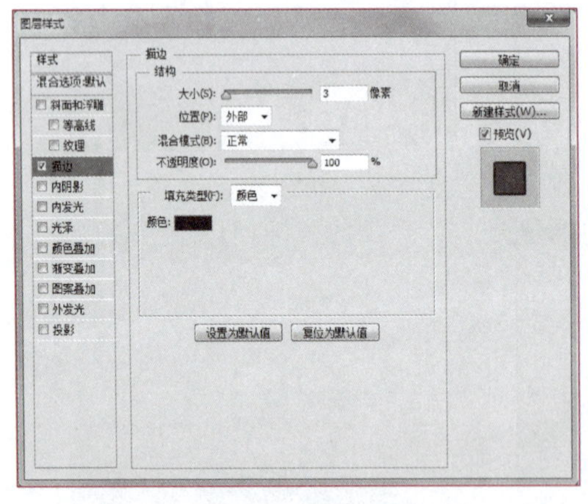

图 13.111 设置“描边”图层样式

图 13.112 应用描边的效果

（7）下面继续制作其他文字效果。选择“横排文字工具” T，在文档中输入文字“现场下现场返”，其中文字的颜色值为 27edf9，其他属性设置如图 13.113 所示，确认输入并适当调整其位置，如图 13.114 所示，同时得到一个对应的文字图层。

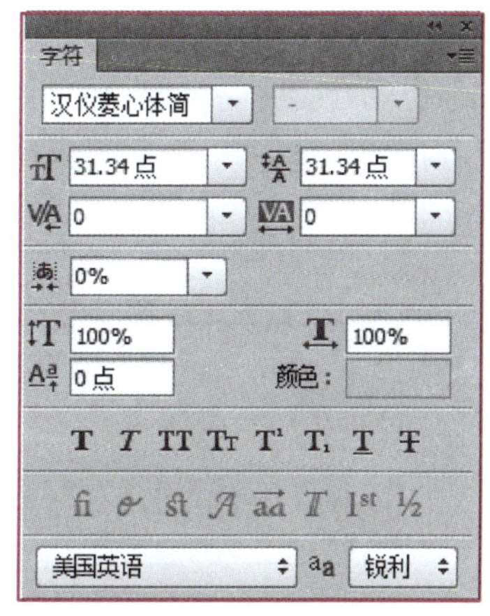

图 13.113 设置“现场下现场返”的字符参数

图 13.114 “现场下现场返”的应用效果

（8）单击“添加图层样式”按钮 fx，在弹出的菜单中选择“描边”命令，设置如图 13.115 所示对话框，得到如图 13.116 所示的效果。其中颜色块的颜色值为 470f5f。

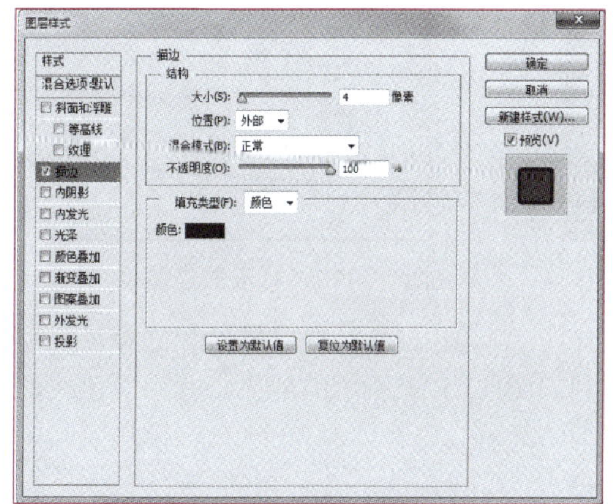

图 13.115 设置“描边”图层样式

图 13.116 描边应用效果

（9）下面在描边后的文字下方再涂抹一些图像。新建得到“图层 1”，将其拖至文字图层“现场下现场返”下方，设置前景色的颜色值为 3d0c54，选择“画笔工具”并设置适当画笔大小及不透明度，在文字下方涂抹，得到如图 13.117 所示的效果。

（10）按照步骤 9 的方法在文档下方中间处输入文字“正式定单定金满 1000 返现 3%”，如图 13.118 所示。

图 13.117 添加文字下方的底色

图 13.118 输入“正式定单定金满 1000 返现 3%”文字

笔 记

（11）选择文字图层“现场下现场返”，选择“文件”→“置入”命令，在弹出的对话框中打开“项目 13\13.3\素材.ai”，在弹出的“打开智能对象”对话框中直接单击“确定”按钮，然后调整其大小及位置，如图 13.119 所示。按 Enter 键确认置入素材，并将对应的图层名称修改为“图层 2”，此时的“图层”面板如图 13.120 所示。

图 13.119 置入素材文件

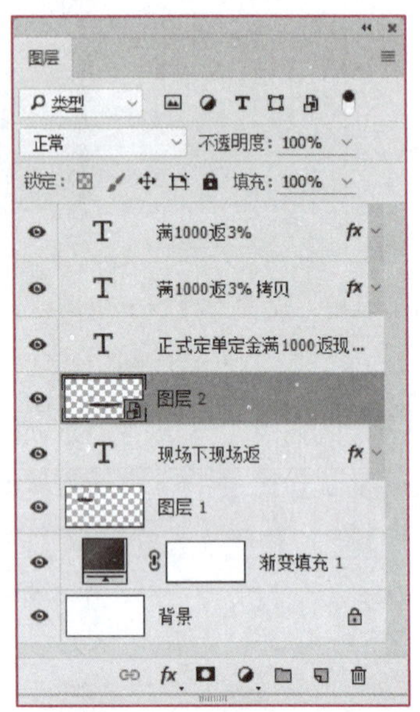

图 13.120 对应的“图层”面板

（12）单击“添加图层样式”按钮 fx，在弹出的菜单中选择“颜色叠加”命令，设置如图 13.121 所示对话框，得到如图 13.122 所示的效果。其中颜色块的颜色值为 ff2cd3。

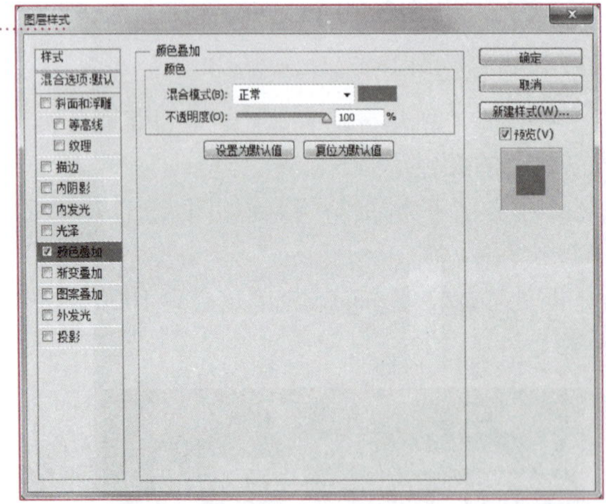

图 13.121 设置“颜色叠加”图层样式

图 13.122 应用颜色叠加的效果

（13）下面再为主体文字的空白处增加一些装饰色。选择文字图层“满 1000 返 3% 副本”，新建得到“图层 3”，选择矩形工具，并在其工具选项栏上选择“像素”选项，分别设置前景色的颜色值为 0af1ad、ff49b7、3ceff9 和 01ff16，然后在主题文字的 3 个“0”和“%”处绘制图形，得到类似如图 13.123 所示的效果，图 13.124 是仅显示“图层 3”时的状态。

图 13.123 绘制矩形图案

图 13.124 仅显示“图层 3”时的状态

提示：至此，广告的主体图像已经基本完成，下面来绘制一些装饰元素，使画面变得更加丰富。

（14）设置前景色的颜色值为 31ece2，选择“钢笔工具”，并在其工具选项栏上选择“形状”选项及“合并形状”选项，在画布中绘制一个三角形，如图 13.125 所示，同时得到对应的图层“形状 1”。

（15）使用“路径选择工具”选中步骤 14 绘制的路径，按 Ctrl+C 组合键进行复制，按 Ctrl+V 组合键进行粘贴。然后，使用“直接选择工具”分别选择三角形的各个节点并向内拖动，并在工具选项栏上设置其运算模式为“减去顶层形状”，得到如图 13.126 所示的效果。

图 13.125 绘制三角形图案

图 13.126 制作出空心三角形的效果

（16）单击“添加图层样式”按钮，在弹出的菜单中选择“投影”命令，设置如图 13.127 所示对话框，得到如图 13.128 所示的效果。其中颜色块的颜色值为 00575f。

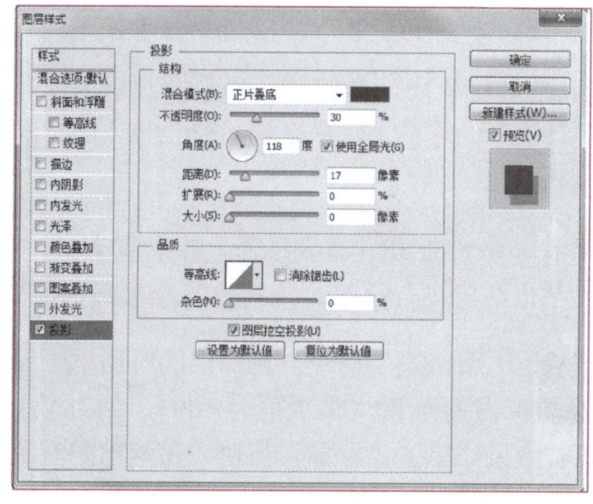

图 13.127 设置“投影”图层样式

图 13.128 应用投影的效果

笔记

（17）复制“形状 1”得到“形状 1 副本”，按 Ctrl+T 组合键调出自由变换控制框，按住 Shift 键将其缩小并适当旋转一定角度，然后置于文档右上角的位置，按 Enter 键确认变换，得到如图 13.129 所示的效果。

（18）按照步骤 17 的方法，再复制三次并调整大小及位置，将其中两个的颜色值修改为 ff2bc9，得到如图 13.130 所示的效果。

图 13.129 制作三角形副本

图 13.130 制作其他小三角形

（19）选中右上角大三角形所在的图层，并将其转换为智能对象图层，然后选择“滤镜”→“模糊”→“高斯模糊”命令，在弹出的对话框中设置其参数，如图 13.131 所示，单击“确定”按钮退出对话框，得到如图 13.132 所示的效果，使画面更有层次感。

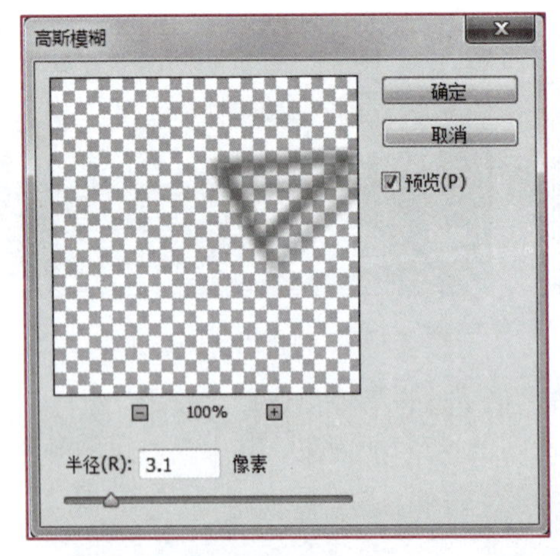

图 13.131 设置“高斯模糊”参数

图 13.132 应用高斯模糊的效果

（20）按照上述方法，分别绘制其他装饰元素，如圆环、彩带及圆形等，并适当调整元素的大小、颜色及位置等，得到如图 13.133 所示的最终效果，此时的“图层”面板如图 13.134 所示。

提示：至此，整个广告已经全部设计完毕，下面将其导出为 JPG 格式文件。为了便于以后在工作过程中快速导出，本例将对 Photoshop 及相关导出功能进行设置。

（21）选择“文件”→“存储为 Web 所用格式”命令，在弹出的对话框中设置参数，如图 13.135 所示。其中“品质”设置为 80（最大值为 100），是为了少量对图片进行压缩，但基本不影响观看效果。单击“存储”按钮，在弹出的对话框中选择要保存的位置并单击“保存”按钮即可。

笔 记

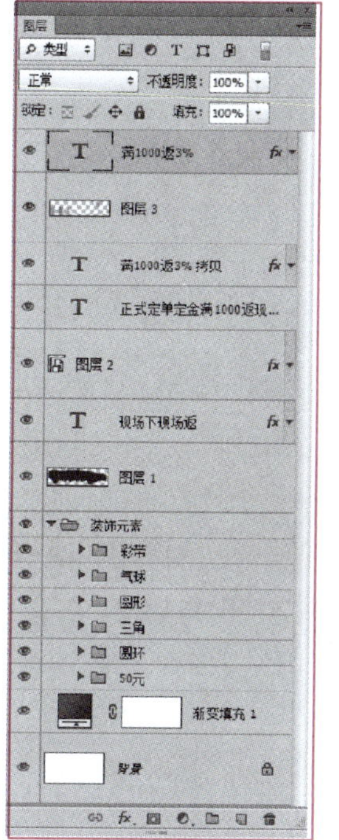

图 13.133 绘制其他装饰元素

图 13.134 对应的“图层”面板

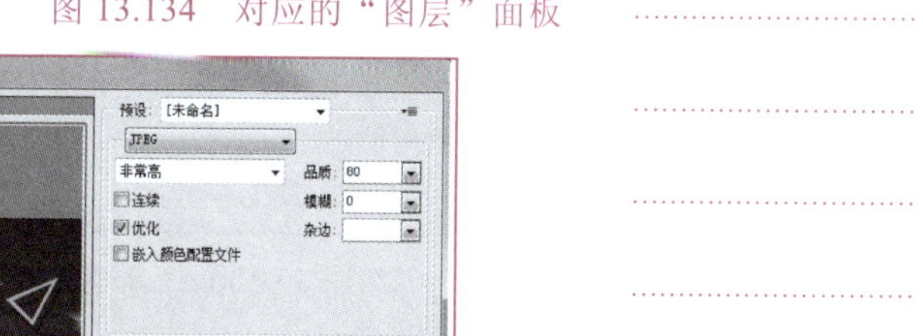

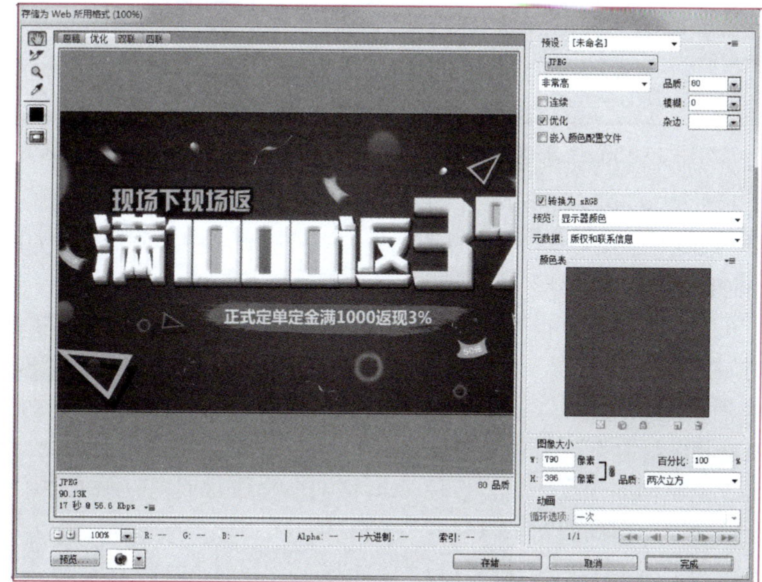

图 13.135 设置存储的参数

13.5 日系餐具网店详情页设计

1. 案例导读

本例是为日系餐具设计的网店详情页，其主要内容为展示餐具的设计理念、尺寸规格等，并根据展示内容的不同，分为首屏图及几大部分的详细介绍。为便

笔 记

于管理和设计，本例将按照首屏图及详细介绍的各部分，将内容分置于各个文件中。在具体的设计尺寸上，本例详情页的宽度为 790 像素，高度通常没有严格限制，可根据设计需要进行设置。

2. 操作步骤

（1）启动 Photoshop，按 Ctrl+N 键新建一个文档，在弹出的“新建”对话框中设置参数，如图 13.136 所示，单击“确定”按钮，退出对话框，创建一个新的空白文件。

（2）打开“项目 13\13.5\素材 1.jpg”，使用“移动工具”，按住 Shift 键将其拖至本例操作的文件中，得到“图层 2”。按 Ctrl+T 键调出自由变换控制框，将光标置于控制框的任意一角，按住 Shift 键对图像进行等比例缩放操作，使其覆盖整个画布，如图 13.137 所示，按 Enter 键确认变换操作。

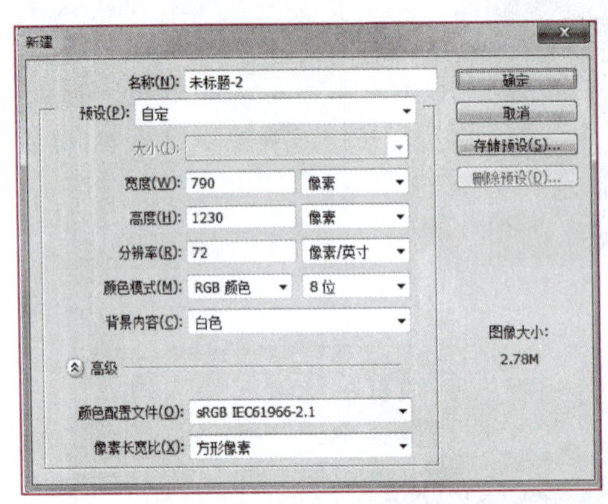

图 13.136 “新建”对话框

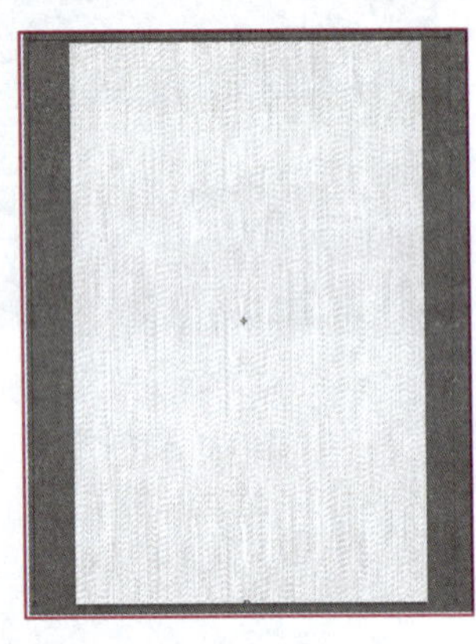
图 13.137 置入素材 1 文件

（3）下面绘制两个线形边框作为装饰。选择“矩形工具”，在其工具选项栏上选择“形状”选项及“合并形状”选项，然后在画布中绘制矩形，如图 13.138 所示，同时得到图层“矩形 1”。

（4）在工具选项栏上设置矩形的填充色为无，描边色为 99ccf2，粗细为 2 像素，得到如图 13.139 所示的效果。设置“矩形 1”的不透明度为 50%，得到如图 13.140 所示的效果。

（5）复制“矩形 1”，得到“矩形 1 副本”，按 Ctrl+T 键调出自由变换控制框，将光标置于控制框的任意一角，按住 Alt 键对图像进行向内收缩处理，按 Enter 键确认变换操作，得到如图 13.141 所示的效果。

（6）按照步骤（2）的方法，打开“项目 13\13.5\素材 2.psd”，将其拖至本例操作的文件中，得到“图层 3”，如图 13.142 所示，此时的“图层”面板如图 13.143 所示。

（7）按照步骤（2）的方法，打开“项目 13\13.5\素材 3.psd”，将其拖至本例操作的文件中，得到“图层 4”，并置于文件的左上方，如图 13.144 所示。

（8）复制“图层 4”两次，结合自由变换功能，改变副本图层中图像的角度，分别置于文件的右上方和右下方，如图 13.145 所示。

（9）下面绘制用于放置主体文字的装饰圆环。选择“矩形工具”，在其工具选项栏上选择“形状”选项及“合并形状”选项，然后按住 Shift 键在画布中绘制一个正圆，如图 13.146 所示，同时得到图层“椭圆 1”。

图 13.138 绘制矩形 1

图 13.139 对矩形进行描边

图 13.140 调整矩形的不透明度

图 13.141 制作“矩形 1 副本”

图 13.142 置入素材 2 文件

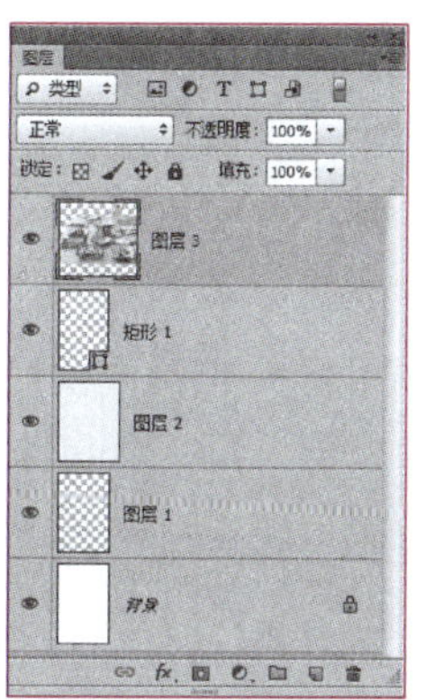

图 13.143 对应的“图层”面板

图 13.144 置入素材 3 文件

图 13.145 制作“图层 4”的副本

（10）在工具选项栏上设置椭圆的填充色为无，描边色为 434343，粗细为 3 像素，得到如图 13.147 所示的效果，此时的“图层”面板如图 13.148 所示。

图 13.146 绘制正圆

图 13.147 对圆形进行描边

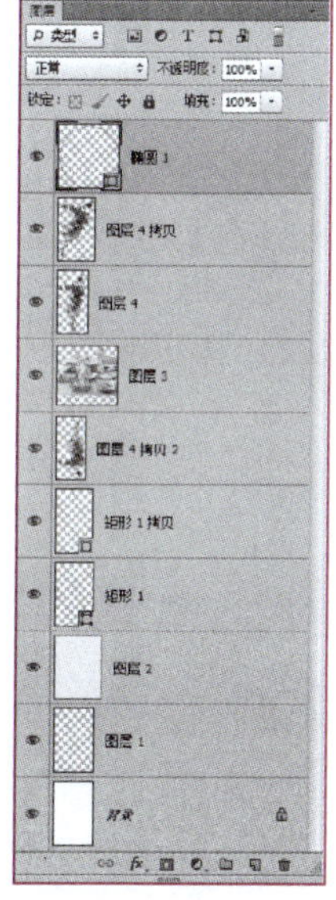

图 13.148 对应的“图层”面板

笔 记

（11）单击“添加图层蒙版”按钮，为“椭圆 1”添加图层蒙版，设置前景色为黑色，选择画笔工具并设置适当的画笔大小及不透明度等参数，如图 13.149 所示。

图 13.149 在画笔工具栏设置参数

（12）使用画笔工具在右上方和左下方的圆环上涂抹，以隐藏相应区域的图像内容，如图 13.150 所示。

（13）复制“椭圆 1”，得到“椭圆 1 副本”，按 Ctrl+T 键调出自由变换控制框，按住 Alt+Shift 键向内适当缩小，并顺时针旋转一定角度，使两个圆环之间有一定错落，按 Enter 键确认变换操作，得到如图 13.151 所示的效果。

（14）选择“椭圆工具”，并在其工具选项栏上设置“椭圆 1 副本”中圆形的描边粗细为 1 像素，得到如图 13.152 所示的效果。

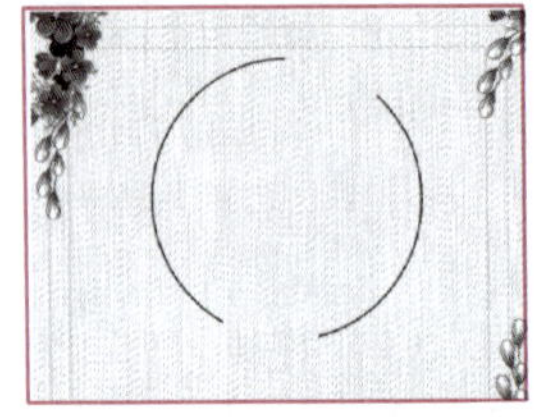

图 13.150 隐藏圆形部分区域图像

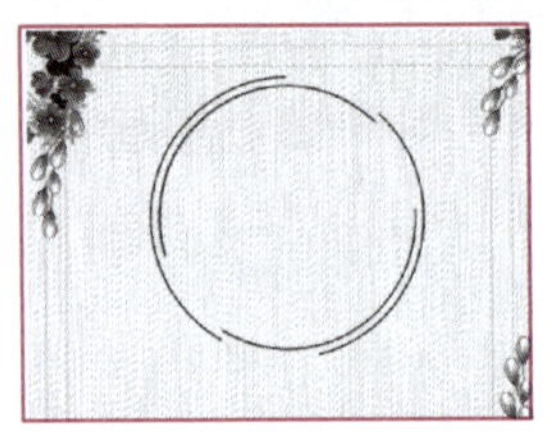

图 13.151 制作“椭圆 1 副本”

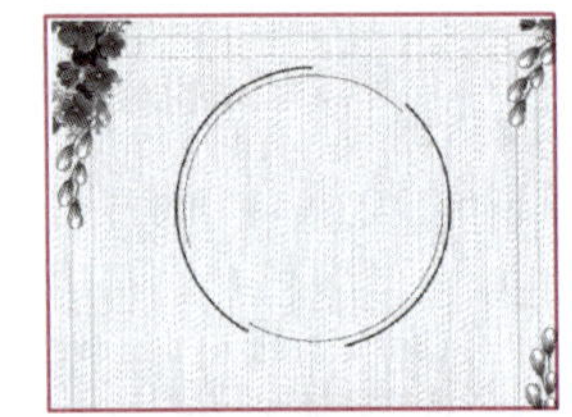

图 13.152 修改圆形副本的描边粗细

（15）下面制作圆环内的主体文字及其装饰图像。利用“横排文字工具”，并在其工具选项栏上设置适当的字体、字号等参数，在圆环内部分别输入文字“日”“系”“餐”“具”，并适当调整它们的位置，如图 13.153 所示，同时得到对应的文字图层。

（16）为了便于为 4 个文字图层统一添加阴影，下面将 4 个文字图层选中，并按 Ctrl+G 键将其编组，得到“组 1”，此时的“图层”面板如图 13.154 所示。

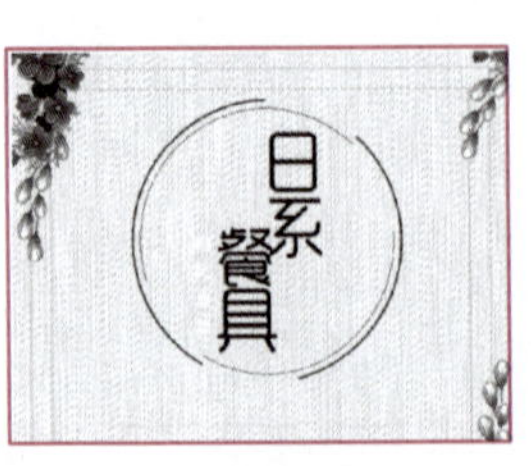

图 13.153 输入文字

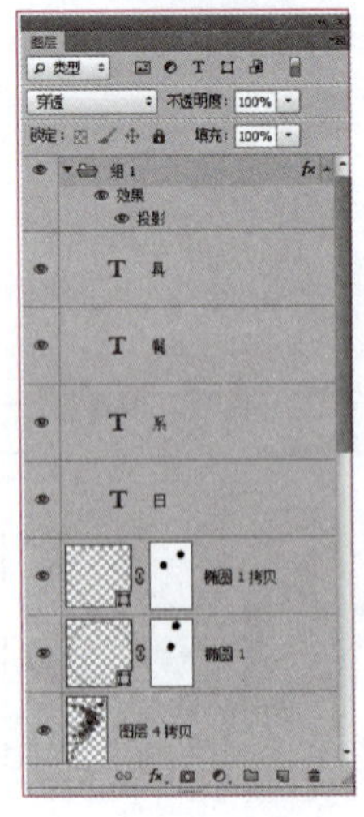

图 13.154 对应的“图层”面板

（17）单击“添加图层样式”按钮 fx，在弹出的菜单中选择“投影”命令，设置如图 13.155 所示对话框，得到如图 13.156 所示的效果，其中颜色块的颜色值为 ccc5c5。

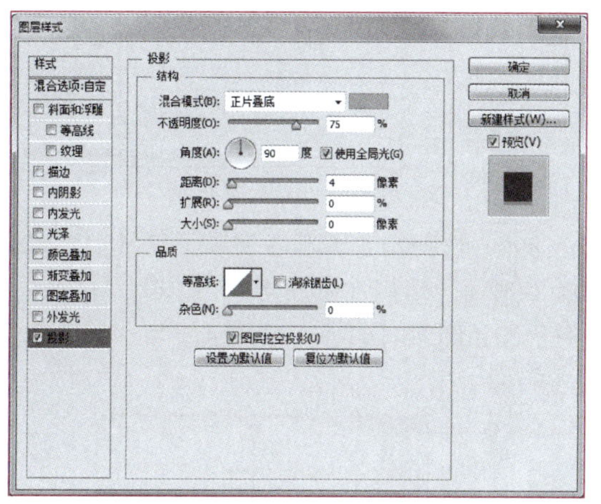

图 13.155　设置“投影”参数

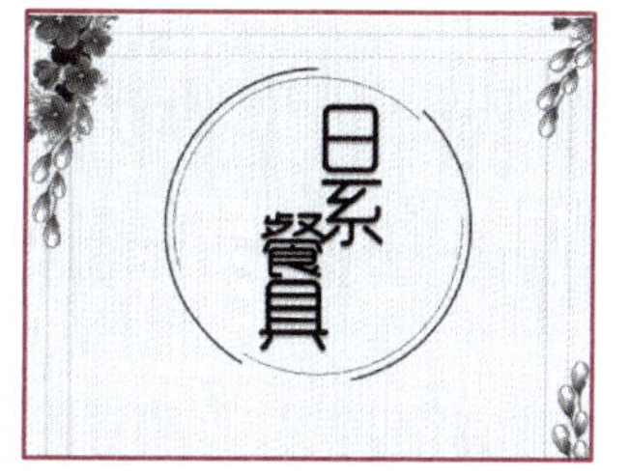

图 13.156　应用投影的效果

（18）按照步骤（2）的方法，打开“项目 13\13.5\素材 4.psd”，将其拖至本例操作的文件中，得到“图层 5”，并置于文字上方，如图 13.157 所示。设置“图层 5”的混合模式为“滤色”，得到如图 13.158 所示的效果。

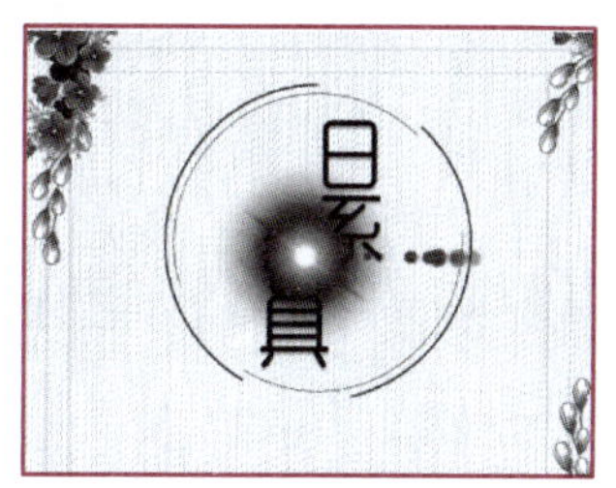

图 13.157　置入素材 4

图 13.158　设置混合模式

（19）按照步骤（9）的方法，在文字“餐具”左侧绘制一个红色正圆，其填充颜色值为 e00534，得到如图 13.159 所示的效果。

（20）使用“路径选择工具”选中圆形路径，按 Ctrl+Alt+T 键调出自由变换控制框并复制控制框，将光标置于控制框内并按住 Shift 键向下拖动，如图 13.160 所示。按 Enter 键确认变换，同时得到其副本对象。

图 13.159　绘制红色圆

图 13.160　制作圆形副本

（21）连续按 Ctrl+Alt+Shift+T 键执行连续变换并复制操作两次，直至得到如图 13.161 所示的效果。

（22）按照步骤（15）的方法，在红色圆形及主体文字周围输入其他说明文

笔 记

字，直至得到如图 13.162 所示的效果。

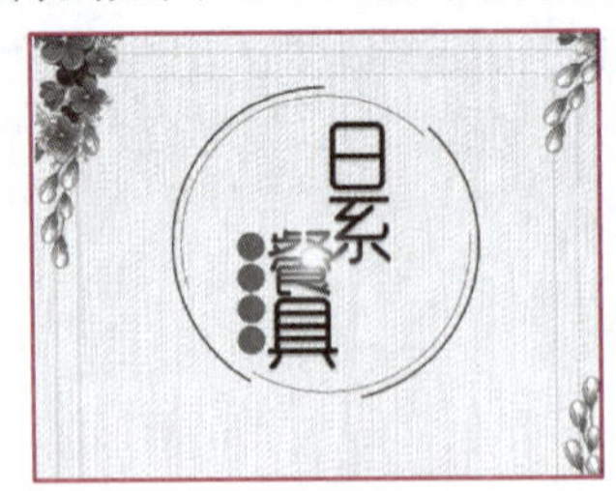

图 13.161 制作圆形副本 3～4

图 13.162 输入说明文字

（23）设置前景色的颜色值为 127898，选择自定形状工具，在其工具选项栏上选择“形状”选项及“合并形状”选项，然后在画布中单击右键，在弹出的形状选择框中选择名为“波浪”的形状，如图 13.163 所示，然后在画布中绘制形状，同时得到图层“形状 1”，如图 13.164 所示。

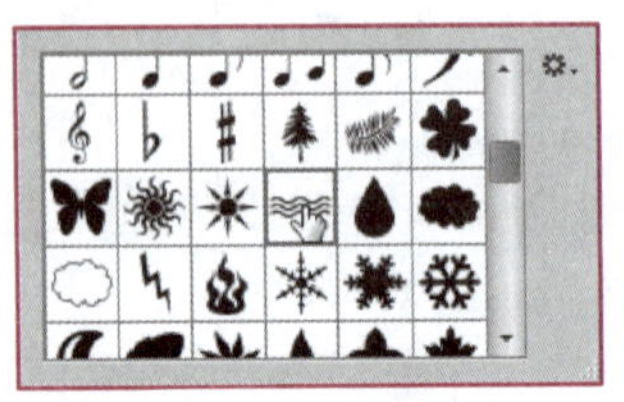

图 13.163 选择“波浪”自定义形状

图 13.164 绘制波浪形状

提示：若形状选择框中没有“波浪”形状，可以在文件中右击，在弹出的形状选择框中单击右上方的设置按钮，在弹出的菜单中选择“全部”命令，然后单击“确定”按钮即可。

（24）按照步骤（2）的方法打开“项目 13\13.5\素材 5.psd”和“项目 13\13.5\素材 6.psd”，并将其移至本例操作的文件中，分别置于圆环内部即可，如图 13.165 所示。

（25）最后，使用“直线工具”在其工具选项栏上设置宽度为 2 像素，分别在圆环周围绘制 4 条装饰斜线，并在下方输入说明文字即可，如图 13.166 所示。

图 13.165 置入素材 5～6 文件

图 13.166 绘制装饰斜线及输入说明文字

（26）至此，详情页的首屏已经设计完毕，保存该文件后，将其另存（主要是为了继承当前图像的宽度），以制作详情页的其他部分。

（27）另存新的图像文件后，可以在其中继续添加其他详细介绍的内容。在本例中，详细介绍的内容相对较为简单，以图片展示和文字说明为主，故不再详细讲解，图 13.167 是设计完成后的效果。

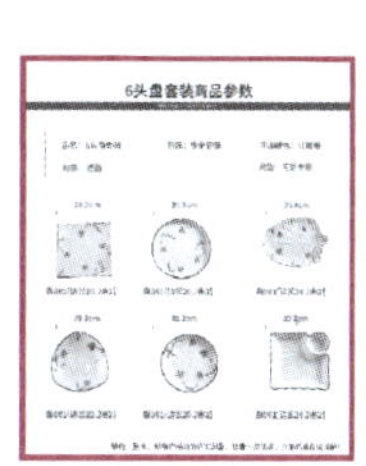

图 13.167　最终效果

（28）可以按照任务五的方法，将每个图像导出为 JPG 格式文件即可。

提示：为了避免单个文件过大，导致图片加载过慢，因此对个别过大的文件，可将其裁剪为两个或多个文件，以降低单个文件的大小，通常单个文件控制在 500 KB 以内即可。

13.6　玻璃质感标志设计

1. 案例导读

本例是为某无线网络公司设计的产品标志，为了突出产品的科技感与时尚的特性，标志以橙色作为主色，以玻璃质感为主调，配合美化后的无线信号图形，使整体突出产品的特性，同时还有别于同类产品中常用的蓝色设计，使之在同类产品中更为突出。

2. 操作步骤

（1）按 Ctrl+N 组合键新建一个空白文件，在弹出的对话框中设置文件的“宽度”为19.7厘米，“高度”为23.4厘米，“分辨率”为72像素/英寸，“背景内容”为白色，“颜色模式”为8位的RGB颜色模式，单击“确定”按钮退出对话框。

（2）设置前景色的颜色值为f36523，选择“椭圆工具”，在工具选项栏中选择“形状”选项，然后按住Shift键，在画布中绘制正圆形状，效果如图13.168所示，同时得到图层“椭圆 1”。

（3）在“图层”面板底部单击“添加图层样式”按钮 fx，在弹出的菜单中选择“内阴影”命令，设置如图13.169所示对话框；在该对话框中选择“描边”选项，设置其参数，如图13.170所示，单击“确定”按钮，得到如图13.171所示的效果。

图13.168 绘制正圆形状

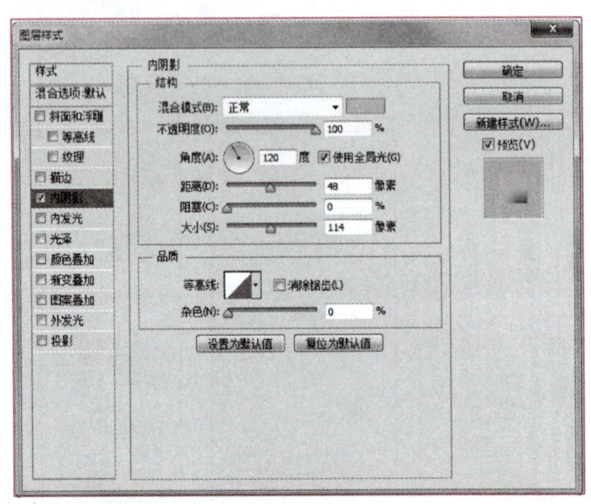

图13.169 “内阴影”图层样式参数设置

提示：在“内阴影”图层样式参数设置中，设置色块的颜色值为fed482；在“描边”图层样式参数设置中，设置色块的颜色值为efd389。

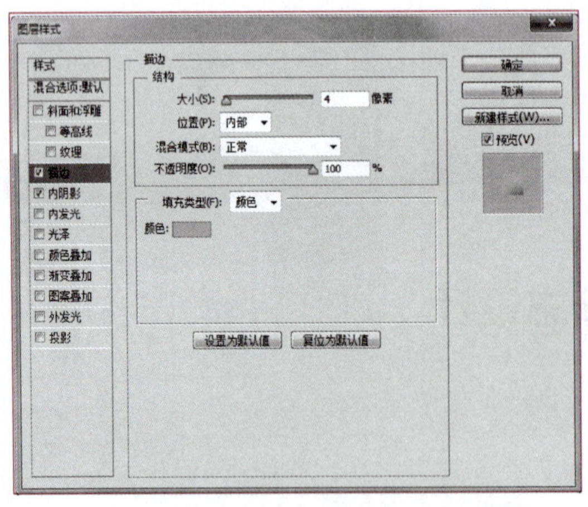

图13.170 “描边”图层样式参数设置

图13.171 应用图层样式后的效果

（4）切换至“路径”面板，新建路径，得到“路径 1”。选择“椭圆工具”，在工具选项栏中选择“路径”选项，按住Shift键，在画布中绘制正圆形路径，效果如图13.172所示。

（5）在“图层”面板底部单击“创建新的填充或调整图层”按钮，在弹出的菜单中选择“渐变”命令，设置如图 13.173 所示对话框，然后在未退出对话框的情况下，将渐变效果向正圆左下方拖动，单击“确定”按钮，得到如图 13.174 所示的效果，同时得到图层“渐变填充 1”。

图 13.172　绘制路径

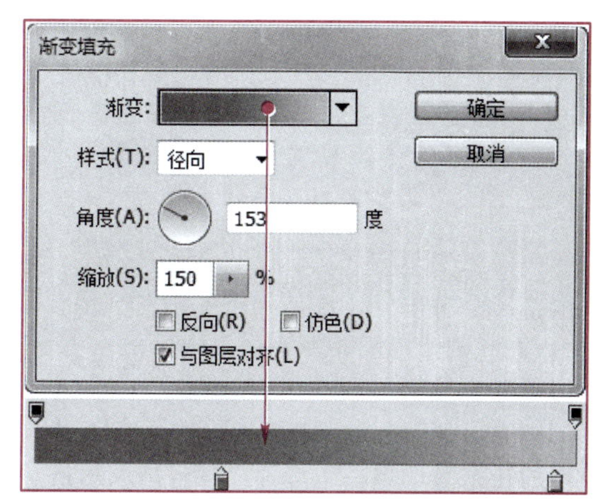

图 13.173　“渐变填充”对话框

提示：在“渐变填充”对话框中，设置渐变色从左至右各色标的颜色值依次为 f36523、fed482。

（6）下面制作标志上方的光泽效果。设置前景色的颜色值为 ff7f18，选择“钢笔工具”，在工具选项栏中选择“形状”选项，在画布中绘制一个类似椭圆的形状，效果如图 13.175 所示，同时得到图层“形状 1”。

图 13.174　应用填充图层后的效果

图 13.175　绘制形状

（7）在“图层”面板底部单击“添加图层样式”按钮，在弹出的菜单中选择“内发光”命令，在弹出的对话框中设置参数，如图 13.176 所示，单击“确定”按钮，得到如图 13.177 所示的效果。

提示：在“内发光”图层样式参数设置中，设置色块的颜色值为 fed482。

（8）设置图层“形状 1”的“不透明度”为 60%，“填充”为 55%，得到如图 13.178 所示的效果。

（9）下面绘制标志右下方的透明图形效果。设置前景色的颜色值为 f36523，选择“椭圆工具”，在工具选项栏中选择“形状”选项，然后按住 Shift 键，在画布中绘制一个比标志略小一些的正圆形状，效果如图 13.179 所示，同时得到

笔 记

图层“椭圆 2”。

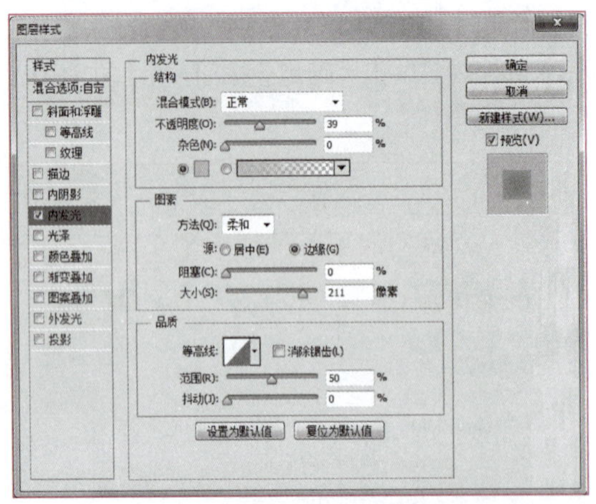

图 13.176 “内发光”图层样式参数设置

图 13.177 应用图层样式后的效果

（10）使用“路径选择工具”，按住 Alt 键向画布左上方拖动以复制该路径，然后在工具选项栏中选择“减去顶层形状”选项，再调整该路径的位置，直至得到如图 13.180 所示的效果。

图 13.178 设置图层属性后的效果

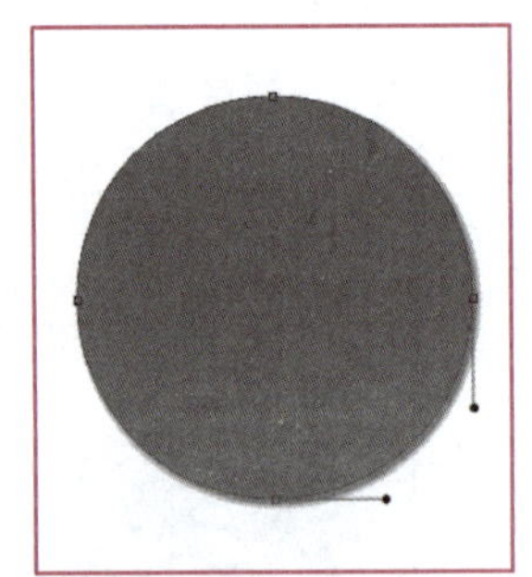

图 13.179 绘制形状

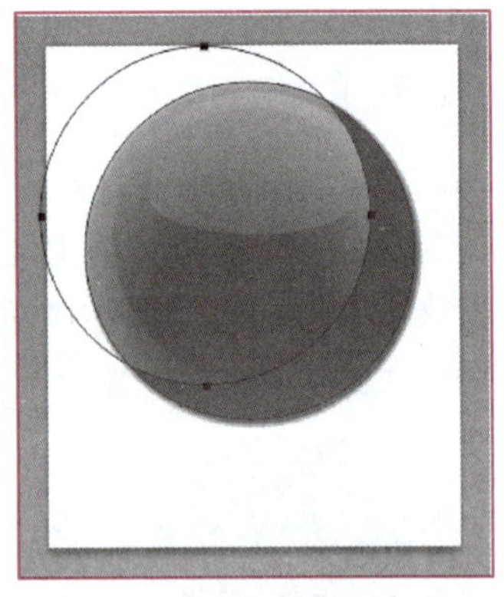

图 13.180 复制并调整路径

（11）设置图层“椭圆 2”的“不透明度”为 68%，“填充”为 60%，得到如图 13.181 所示的效果。

提示：至此，已经初步完成了标志内容的制作。下面再添加阴影效果，使标志更具立体感。

（12）选择“画笔工具”，按 F5 键显示“画笔”面板，按照图 13.182 所示进行参数设置，然后在工具选项栏中设置“不透明度”为 35%。

（13）在图层“背景”的上方新建图层，得到“图层 1”。设置前景色为黑色，在标志的下方单击以绘制阴影效果，效果如图 13.183 所示。

（14）下面在已经完成的球体上绘制标志的主体效果。结合“钢笔工具”及“椭圆工具”等，在标志上绘制如图 13.184 所示的路径。

（15）在“图层”面板底部单击“创建新的填充”或“调整图层”按钮，在弹出的菜单中选择“渐变”命令，设置如图 13.185 所示对话框，单击“确定”按钮，得到如图 13.186 所示的最终效果，同时得到图层“渐变填充 2”，此时的“图层”面板如图 13.187 所示。

图 13.181 设置图层属性后的效果

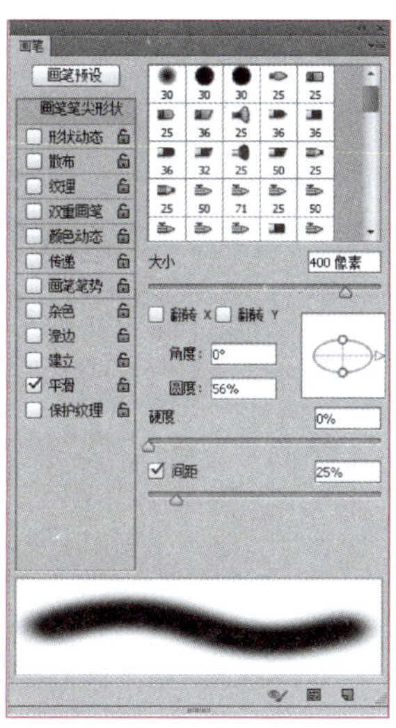

图 13.182 “画笔”面板

图 13.183 绘制阴影效果

图 13.184 绘制路径

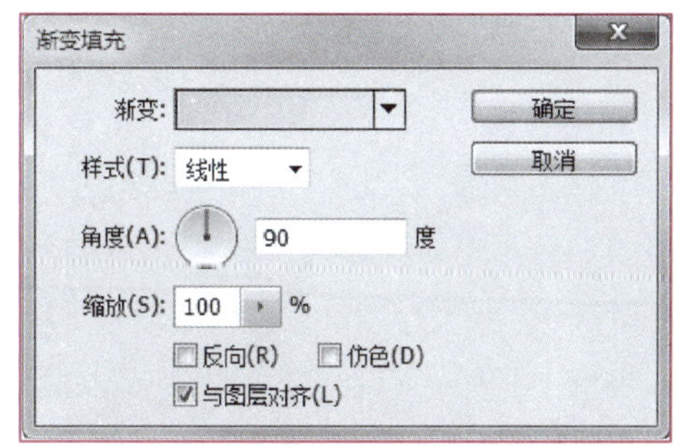

图 13.185 “渐变填充”对话框

图 13.186 最终效果

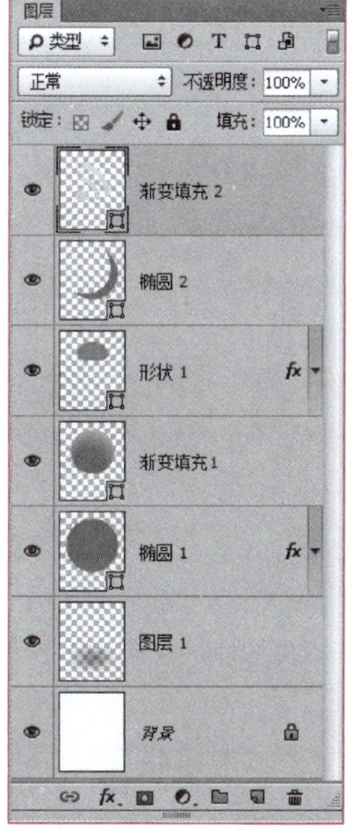

图 13.187 “图层”面板

拓展实训 13-1
水全黑芝麻糊包装袋设计

资源服务提示

欢迎访问职业教育数字化学习中心——“智慧职教”（http://www.icvc.com.cn），以前未在本网站注册的用户，请先注册。用户登录后，在首页或“课程”频道搜索本书对应课程“Photoshop CS6 项目化教程”进行在线学习。用户也可以在“智慧职教”首页下载“智慧职教”移动客户端，通过该客户端进行在线学习。